Kaiser Wilhelm-Institut für
AUSLÄNDISCHES und INTERNATIONALES PRIVATRECHT
Direktor: Hans Dölle

BEITRÄGE ZUM ÖFFENTLICHEN RECHT

Herausgegeben von ERNST WOLFF

Sonderveröffentlichung der Zeitschrift für
AUSLÄNDISCHES und INTERNATIONALES PRIVATRECHT

1950

Im gemeinsamen Verlag von WALTER DE GRUYTER & CO. BERLIN und
J. C. B. MOHR (PAUL SIEBECK) TÜBINGEN

STAATSRECHT

DIE NATIONALISIERUNG UND DAS PRIVATEIGENTUM

Von Dr. Paul Leverkuehn
Rechtsanwalt in Hamburg

Literatur: *Grünhut,* Das Enteignungsrecht (1873) — *Anschütz,* Die Verfassung des Reiches (1919, 11. Aufl. 1933) — *M. Wolff,* Reichsverfassung und Eigentum: Festgabe f. W. Kahl (1923) — *Glum,* Selbstverwaltung der Wirtschaft (1924) — *Landmann,* Moderne Organisationsform der öffentlichen Unternehmung (1931) — *Lotz,* Studien über Verbreitung und Organisation der öffentlichen Unternehmung in der Gegenwart (1933) — *Stödter,* Die öffentlich-rechtliche Entschädigung (1933) — *Koch,* Rechtsformen der Sozialisierung unter besonderer Berücksichtigung der Sozialisierung in Hessen (1947) — *Ule,* Verfassungsrechtliche Probleme der Sozialisierung (1948) — *Stödter,* Deutschlands Rechtslage (1948)—*Giese,* Kommentar zum Grundgesetz (1949) — *Arndt,* Rechtsformen der Sozialisierung: DRZ 2 (1947) 37 — *Michaelis,* Rechtsprobleme der Sozialisierung im Lichte der Betriebsenteignungen in der sowjetischen Zone: DRZ 3 (1948) 161 — *Ehrenpfordt,* Enteignungsentschädigung und Bodenreform: DRZ 4 (1949) 271.

I. Zur Themenstellung und Begriffsbestimmung

Das Wort *Nationalisierung* bedeutet rein sprachlich verstanden die Überführung von Vermögensgegenständen in das Eigentum der Nation; die nächstliegende Übersetzung wäre Verstaatlichung. Im internationalen Sprachgebrauch — wenn man auch die französische und englische Wortbedeutung berücksichtigt — bedeutet aber Nationalisierung nicht jede beliebige Übertragung ohne Rücksicht auf den damit verbundenen Zweck, sondern nur die Übernahme von Wirtschaftsgütern oder eher noch Wirtschaftseinheiten, die der Bewirtschaftung durch die Nation zugeführt werden sollen. Diese Bewirtschaftung soll im Interesse der Gemeinschaft, ohne Rücksicht auf etwa erzielten Nutzen, erfolgen, im Gegensatz zur Bewirtschaftung durch den Privaten zu seinem eigenen Nutzen. Damit beinhaltet das Wort im wesentlichen dasselbe wie die im Deutschen gebräuchlichen Ausdrücke *Sozialisierung* oder *Vergesellschaftung*, freilich mit der Einschränkung, daß eine Sozialisierung nicht

Die nachfolgenden Beiträge sind als deutsche Landesreferate zum III. Internationalen Kongreß für Rechtsvergleichung in London 1950 erstattet worden.

Der vorliegende Band umfaßt die zum 3. Teil des Kongreßprogramms erstatteten Referate. Eine Gesamtausgabe der Referate ist gleichzeitig unter dem Titel „Deutsche Landesreferate zum III. Internationalen Kongreß für Rechtsvergleichung in London 1950“ als Sonderveröffentlichung der „Zeitschrift für Ausländisches und Internationales Privatrecht“ im gemeinsamen Verlag von *Walter de Gruyter & Co., Berlin*, und *J.C.B. Mohr (Paul Siebeck), Tübingen*, erschienen.

Die Einrichtung für den Druck besorgte *Dr. Bernhard C. H. Aubin.*

Druck: Langenscheidt KG., Berlin-Schöneberg

INHALT

Die angegebenen Seitenzahlen beziehen sich auf die Paginierung am inneren Rand der Textseiten

STAATSRECHT

DIE NATIONALISIERUNG UND DAS PRIVATEIGENTUM

Von Dr. Paul Leverkuehn
Rechtsanwalt in Hamburg

Literatur: *Grünhut*, Das Enteignungsrecht (1873) — *Anschütz*, Die Verfassung des Reiches (1919, 11. Aufl. 1933) — *M. Wolff*, Reichsverfassung und Eigentum: Festgabe f. W. Kahl (1923) — *Glum*, Selbstverwaltung der Wirtschaft (1924) — *Landmann*, Moderne Organisationsform der öffentlichen Unternehmung (1931) — *Lotz*, Studien über Verbreitung und Organisation der öffentlichen Unternehmung in der Gegenwart (1933) — *Stödter*, Die öffentlich-rechtliche Entschädigung (1933) — *Koch*, Rechtsformen der Sozialisierung unter besonderer Berücksichtigung der Sozialisierung in Hessen (1947) — *Ule*, Verfassungsrechtliche Probleme der Sozialisierung (1948) — *Stödter*, Deutschlands Rechtslage (1948) — *Giese*, Kommentar zum Grundgesetz (1949) — *Arndt*, Rechtsformen der Sozialisierung: DRZ 2 (1947) 37 — *Michaelis*, Rechtsprobleme der Sozialisierung im Lichte der Betriebsenteignungen in der sowjetischen Zone: DRZ 3 (1948) 161 — *Ehrenpfordt*, Enteignungsentschädigung und Bodenreform: DRZ 4 (1949) 271.

I. Zur Themenstellung und Begriffsbestimmung

Das Wort *Nationalisierung* bedeutet rein sprachlich verstanden die Überführung von Vermögensgegenständen in das Eigentum der Nation; die nächstliegende Übersetzung wäre Verstaatlichung. Im internationalen Sprachgebrauch — wenn man auch die französische und englische Wortbedeutung berücksichtigt — bedeutet aber Nationalisierung nicht jede beliebige Übertragung ohne Rücksicht auf den damit verbundenen Zweck, sondern nur die Übernahme von Wirtschaftsgütern oder eher noch Wirtschaftseinheiten, die der Bewirtschaftung durch die Nation zugeführt werden sollen. Diese Bewirtschaftung soll im Interesse der Gemeinschaft, ohne Rücksicht auf etwa erzielten Nutzen, erfolgen, im Gegensatz zur Bewirtschaftung durch den Privaten zu seinem eigenen Nutzen. Damit beinhaltet das Wort im wesentlichen dasselbe wie die im Deutschen gebräuchlichen Ausdrücke *Sozialisierung* oder *Vergesellschaftung*, freilich mit der Einschränkung, daß eine Sozialisierung nicht notwendigerweise von der Nation durchgeführt zu werden braucht, sondern, insbesondere unter neueren Tendenzen des deutschen Sozialismus, auch durch andere Träger des Gemeinschaftsgedankens durchgeführt werden kann.

In diesem Referat sollen die Begriffe Nationalisierung und Verstaatlichung, Sozialisierung und Vergesellschaftung in ihrem Verhältnis zum *Privateigentum* betrachtet werden, also alle diejenigen Maßnahmen, die von Staats wegen oder von der öffentlichen Hand zum Wohle der Allgemeinheit eingeleitet werden und die Übernahme wichtiger Wirtschaftseinheiten oder Wirtschaftszweige zum Ziele haben.

Die Durchführung solcher Maßnahmen bringt notwendigerweise einen Eingriff in das Privateigentum mit sich. Der stärkste Eingriff ist die *Enteignung*. Es wird zweckmäßig sein, zunächst einen geschichtlichen Überblick über die Enteignung zu geben.

II. Die „klassische" Enteignung, insbes. im 19. Jh.

Was heute unter Enteignung verstanden wird, ist kein Rechtsgebilde der letzten Jahrzehnte. Die Enteignung hat ihre Wurzeln tief in der europäischen Geschichte. Schon *Hugo Grotius* in seinem Buch De jure belli ac pacis (II Kap. 2 VI und Kap. 3 XIX: Classics of Internat. Law [1925]) geht davon aus, daß dem Privateigentum ein stärkeres „*Dominium*" gegenüberstehe und daß aus diesem Dominium die Möglichkeit fließe, im öffentlichen Interesse gegen Entschädigung in das Privateigentum einzugreifen. Dieser Gedanke kehrt, wie in den Verfassungen und Gesetzen der anderen europäischen Völker, so auch in Deutschland und bei den einzelnen deutschen Staaten wieder. So hat sich das preußische ALR (§§ 73 ff. der Einleitung) mit dieser Frage auseinander gesetzt und ebenfalls die Enteignung zum Wohle der Allgemeinheit gegen Entschädigung zugelassen. Erhöhte praktische Bedeutung findet dann dieser Gedanke in der Mitte des 19. Jhs., in der Zeit, zu der überall mit dem Eisenbahnbau begonnen wird. So ergeht in Preußen 1838 ein Gesetz, in dem den Eisenbahngesellschaften Enteignungsrechte verliehen wurden und ein allgemeines Gesetz über die Enteignung von Grundeigentum wird 1874 in Kraft gesetzt. Es entspricht den damaligen Verhältnissen und den Zwecken, die man mit diesen Gesetzen verfolgte, daß sie sich fast ausschließlich mit der Enteignung von *Grundeigentum* beschäftigen; denn das war das Problem, um das es ging. Die privaten Unternehmer brauchten den Grund und Boden, über den ihre Eisenbahnstrecke führen sollte, und hier mußte der Staat helfend eingreifen, wenn durch private Rechtsgeschäfte der Eigentümer des Bodens nicht zum Verkauf zu veranlassen war. Diese Enteignungen konnten stets nur gegen *vollständige Entschädigung* stattfinden. So heißt es in § 1 des erwähnten preußischen Gesetzes von 1874: „Das Grundeigentum kann nur aus Gründen des öffentlichen Wohles für ein Unternehmen, dessen Ausführungen die Ausübung des Ent eignungsrechtes erfordert, gegen vollständige Entschädigung entzogen oder beschränkt werden". (Preußisches Enteignungsgesetz von 1874, Gesetzessammlung 1874, 221). Unter vollständiger Entschädigung versteht die deutsche Rechtsprechung und Wissenschaft jener Zeit den Ersatz des Wertes des enteigneten Grundstücks zuzüglich der Wertminderung des Restgrundbesitzes (RGZ 67/202; 71/204; 112/192). Oder, wie *Grünhut* (a. a. O.) sagt, „der Enteignete muß soviel als möglich in die Lage versetzt werden, sich mit Hilfe der Entschädigungssumme dieselben Rechte und Vorteile zu verschaffen, die ihm durch die Enteignung im allgemeinen Interesse entzogen wurden".

Ein weiteres Kennzeichen der damaligen zum Zwecke des Eisenbahnbaus erfolgenden Enteignungsmaßnahmen ist, daß das Recht zur Enteignung sogenannten *konzessionierten Unternehmern* erteilt wurde, eben denjenigen Eisenbahnunternehmungen, die auf Grund einer staatlichen Konzession den Eisenbahnbau in die Hand nahmen. Der Staat behielt sich in den Konzessionsverträgen das Recht vor, nach Ablauf einer gewissen Frist die Eisenbahnunternehmungen anzukaufen. Dies ist dann auch in Deutschland im Verlauf der folgenden Jahrzehnte in erheblichem Umfange geschehen, so daß am Ende des 1. Weltkrieges die Großbahnen fast ausnahmslos im Besitz der deutschen Länder waren. Die Unternehmer wurden durch die Länder für die gehabten Aufwendungen, wie in den Konzessionsverträgen vorgesehen, vollständig entschädigt. Die Grundenteignungen stellten also keine Nationalisierungs- oder Sozialisierungsmaßnahmen dar, wohl aber trat durch die Übernahme der Unternehmungen eine Nationalisierung ein. Sie war jedoch im wesentlichen nicht durch Sozialisierungsgedanken bestimmt, sondern eher durch *Gedankengänge der Staatswirtschaft*, wie sie auch das 18. Jh. vor allen Dingen in Preußen schon gekannt hatte.

Auch Post, Telegraphie und Fernsprechwesen gingen nach denselben Gedankengängen und Grundsätzen in die Verwaltung und Bewirtschaftung der Einzelstaaten und dann des Reiches über.

III. Die Sozialisierungstendenzen zwischen beiden Weltkriegen

Der *Gedanke der Sozialisierung* trat erst am Ende des 19. Jhs. in den Vordergrund, insbesondere getragen durch die Sozialdemokratische Partei, die auf den Gedankengängen des Marxismus fußend, die *Vergesellschaftung der Produktionsmittel* propagierte.

Als die Sozialdemokraten 1919 als stärkste Partei an die Regierung kamen, war eine der ersten, auf jeden Fall eine der am meisten besprochenen Maßnahmen die Aufstellung umfassender Sozialisierungsprogramme. Ihren gesetzgeberischen Niederschlag fanden sie im *Sozialisierungsgesetz* vom 23. 3. 1919 (RGBl 1919, 341ff.). Hier heißt es in § 2:

„Das Reich ist befugt, im Wege der Gesetzgebung gegen angemessene Entschädigung 1. für eine Vergesellschaftung geeignete wirtschaftliche Unternehmungen, insbesondere solche zur Gewinnung von Bodenschätzen und zur Ausnützung von Naturkräften in Gemeinwirtschaft zu überführen, 2. im Falle dringenden Bedürfnisses die Herstellung und Verteilung wirtschaftlicher Güter gemeinwirtschaftlich zu regeln."

Diese Gedanken fanden Aufnahme in die Weimarer Reichsverfassung von 1919, wo es in Art. 156 heißt:

„Das Reich kann durch Gesetz, unbeschadet der Entschädigung, in sinngemäßer Anwendung der für Enteignung geltenden Bestimmungen, für die Vergesellschaftung geeignete private wirtschaftliche Unternehmungen in Gemeineigentum überführen. Es kann sich selbst, die Länder oder die Gemeinden an der Verwaltung wirtschaftlicher Unternehmungen und Verbände beteiligen oder sich daran in anderer Weise einen bestimmenden Einfluß sichern.

„Das Reich kann ferner im Falle dringenden Bedürfnisses zum Zwecke der Gemeinwirtschaft durch Gesetz wirtschaftliche Unternehmungen und Verbände auf der Grundlage der Selbstverwaltung zusammenschließen mit dem Ziele, die Mitwirkung aller schaffenden Volksteile zu sichern, Arbeitgeber und Arbeitnehmer an der Verwaltung zu beteiligen und Erzeugung, Herstellung, Verteilung, Verwendung, Preisgestaltung sowie Ein- und Ausfuhr der Wirtschaftsgüter nach gemeinwirtschaftlichen Grundsätzen zu regeln.

Die Erwerbs- und Wirtschaftsgenossenschaften und deren Vereinigungen sind auf ihr Verlangen unter Berücksichtigung ihrer Verfassung und Eigenart in die Gemeinwirtschaft einzugliedern."

Damit waren alle erforderlichen verfassungsrechtlichen Grundlagen gegeben, um die Pläne der sozialistischen Parteien in die Tat umzusetzen. Um so auffallender ist es, wie gering das praktische Ergebnis war.

Es erschienen zunächst die Gesetze über die Regelung der *Kohlewirtschaft* (RGBl 1919, 342) und über die Regelung der *Kaliwirtschaft* (RGBl 1919, 413). Durch das ersterwähnte Gesetz erfolgte eine Neuordnung der Kohlewirtschaft unter beträchtlicher Stärkung der staatlichen Einflußnahme, und zwar wurden die Zechen gezwungen, sich innerhalb ihrer Bezirke zu Syndikaten zusammenzuschließen. Die einzelnen Kohlesyndikate wiederum mußten sich zum Reichskohlenverband zusammenschließen, und als Aufsichtsorgan über dem Reichskohlenverband wurde der Reichskohlenrat gebildet. Dem Reichskohlenverband lag es ob, die Preise und sonstigen Absatzbedingungen zu beaufsichtigen und mit verbindlicher Kraft für die Kohleeigentümer zu regeln.

Der Reichskohlenrat bestand aus Mitgliedern der verschiedensten Bevölkerungskreise, der Unternehmer, der Arbeiter, der Konsumenten, des Kohlenhandels und der Länder. Die Oberaufsicht über die gesamte Brennstoffwirtschaft wurde durch den Reichswirtschaftsminister ausgeübt. Dieser hatte insbesondere das Recht, gegen die vom Reichskohlenverband festzusetzenden Brennstoffpreise Einspruch zu erheben und sie aus eigener Machtvollkommenheit herabzusetzen.

Ähnlich erfolgte die Ordnung der Kaliwirtschaft durch Zwangszusammenschluß im Kalisyndikat.

Die so geschaffenen Organisationen entsprechen den in Art. 156 II vorgesehenen Verbänden. Das wesentliche Ziel dieser Maßnahmen war es, die Absatzbedingungen, insbesondere die Verteilung und die Preisgestaltung zu lenken. *Das Eigentum* am Grundstoff Kohle und an den Produktionsmitteln *wurde nicht angetastet*, sondern verblieb in der Hand der bisherigen Eigentümer.

Wenn man bedenkt, daß private Syndikate und Kartelle diesen Zusammenschlüssen vorangegangen waren, die die Eigentümer zum Schutze ihrer eigenen Interessen geschlossen hatten, so dürfte es kaum berechtigt sein zu sagen, daß diese nun vom Staat für den gesamten Wirtschaftszweig erlassenen Vorschriften einen Eingriff in der Richtung auf Nationalisierung oder Sozialisierung darstellen; denn diese Verfügungsbeschränkungen lagen ebenso sehr im Interesse der Unternehmer wie in dem der Allgemeinheit, und die Machtvollkommenheit, über die Verteilung und die Preise der erzeugten Produkte bestimmen zu können, hatten die Unternehmer bereits individuell aufgegeben und ihren gemeinschaftlichen Institutionen — Syndikaten und Kartellen — übertragen. Die Zwangszusammenschlüsse stellen daher meines Erachtens eher *Vorläufer einer modernen Planwirtschaft* als Sozialisierungsmaßnahmen dar.

Weiter als die Kohle- und Kaliregelungen ging das Gesetz über die Sozialisierung der *Elektrizitätswirtschaft.* Nach diesem Gesetz war das Reich befugt, private Elektrizitätsunternehmungen gegen angemessene Entschädigung zu enteignen. Zu einer praktischen Bedeutung ist diese Vorschrift jedoch nicht gelangt.

Eines Wortes der Erwähnung bedarf im Rahmen dieser neuen Wirtschaftsordnung noch das Schicksal der *Deutschen Reichsbahn.* Art. 89 WeimRV sah die Übernahme der Staatsbahnen auf das Reich vor. Diese „Verreichlichung" ist durch Staatsvertrag vom 1. 4. 1920 zwischen dem Deutschen Reich und den Ländern (RGBl 1920, 273) verwirklicht worden. Danach übertrugen die Länder ihre gesamte Eisenbahnhoheit also nicht nur ihre Eigentumsrechte an den bestehenden Anlagen, sondern darüber hinaus auch ihre Erwerbsrechte gegenüber privaten Großbahnen, die ihnen auf Grund der Konzessionsverträge zustanden, an das Reich. Und dieses ersetzt ihnen den Anlagewert oder wahlweise den Anlagewert zuzüglich der Hälfte des Unterschiedes zwischen diesem und dem Ertragswert. Die so verreichlichte Eisenbahn sollte nach Art. 89 als einheitliche Verkehrsanstalt des Reiches verwaltet werden und ihre Rechnungsführung nach Art. 92 in die Haushaltsrechnung des Reiches aufgenommen werden. Diese Regelung ist jedoch nur von kurzer Dauer gewesen. Durch das Londoner Abkommen auf Grund des

Dawes-Planes, verpflichtete sich das Reich, die Reichsbahn in eine selbständige Gesellschaft umzuwandeln. Diese Verpflichtung wurde durch das Gesetz vom 30. 8. 1924 (RGBl II 289) in die Wirklichkeit umgesetzt. Das Vermögen der Deutschen Reichsbahn wurde auf die Deutsche Reichsbahngesellschaft übertragen, deren Rechtsform im wesentlichen der einer Aktiengesellschaft entsprach. Das mit 15 Milliarden Goldmark festgestellte Grundkapital dieser Gesellschaft wurde mit 13 Milliarden Namensaktien auf das Deutsche Reich und auf dessen Verlangen zum Teil auf die Länder übertragen, 2 Milliarden der Aktien wurden als Inhaberaktien ausgegeben. In der nationalsozialistischen Zeit ist diese Deutsche Reichsbahngesellschaft wieder unmittelbar in die Reichsverwaltung übernommen worden und dem Verkehrsminister unterstellt worden. Heute stellt die Reichsbahn einen unmittelbaren Teil der Bundesverwaltung dar. Durch diese Reichsbahngesetzgebung sind private Rechte kaum berührt worden.

Parallel zu dieser Entwicklung in den Einzelstaaten und im Reich lief eine Entwicklung der Betätigung der öffentlichen Hand auf dem Gebiete der *Versorgungsbetriebe:* Wasser, Gas und Elektrizität; charakterisiert jedoch dadurch, daß es sich hier durchweg nicht um Zwangsmaßnahmen, sondern um zweckmäßige, freiwillige wirtschaftliche Betätigung handelte. Die Versorgung der Kommunen mit Wasser ist in Deutschland nur in geringem Umfange durch private Initiative gefördert worden. Sie ist im wesentlichen von den Kommunen in die Hand genommen worden. Die Versorgung mit Gas und Elektrizität ist in stärkerem Maße Gegenstand der privatwirtschaftlichen Betätigung gewesen, zum Teil um die Mitte des 19. Jhs., insbesondere von England gefördert. Die Versorgung mit Gas ist im wesentlichen von lokaler Bedeutung geblieben. Die Elektrizitätswirtschaft dagegen ging bald auf die Bedienung weiter Räume über und diese Entwicklung führte zu einem System des Zusammenarbeitens der privaten Initiative mit der öffentlichen Hand in den sogenannten gemischtwirtschaftlichen Unternehmungen, in denen die Gesellschafteranteile zum Teil in privater Hand liegen, zum Teil in der öffentlichen Hand, und zwar sowohl des Reiches wie der Einzelstaaten wie auch vor allen Dingen der Kommunen und Kommunalverbände. Hierbei sprach das Gewinnstreben der öffentlichen Hand ebenso mit wie Zweckmäßigkeitsgründe der Verwaltung, so daß von einer Vergesellschaftung in einem sozialistischen Sinne kaum die Rede sein kann. Der Einfluß der öffentlichen Hand auf die Elektrizitätswirtschaft ist aber so bedeutend, daß Maßnahmen, die sich gegen das Gemeininteresse richten, kaum zu befürchten sind, und dieses gemischtwirtschaftliche System hat sich in der Praxis so weit bewährt, daß Wünsche nach einer Nationalisierung, wie sie in England durchgeführt worden ist, kaum laut geworden und auch in absehbarer Zukunft nicht zu erwarten sind.

Auch die nat.soz. Periode hat Vergesellschaftungsmaßnahmen in größerem Umfange nicht gebracht.

In der ganzen Epoche vom Ende des 1. Weltkrieges bis zum Ende des 2. Weltkrieges sind Gesetzgebung und Rechtsprechung von dem Gedanken der *Unverletzlichkeit des privaten Eigentums* grundsätzlich nicht abgewichen. Auch in den Gesetzen der nat.-soz. Zeit findet sich zum Teil das alte preußische Enteignungsgesetz noch als Grundlage für die Enteignungsmaßnahmen und für die Entschädigung (z. B. das Gesetz für das Staubecken Turawa vom 4. 12. 1934, RGBl 1934, 1201).

IV. Die Frage der Sozialisierung im heutigen Deutschland

Seit 1945 sind Fragen der Sozialisierung, ihrer Rechtsformen und ihrer Voraussetzungen wieder in erheblichem Maße in den Vordergrund des öffentlichen Interesses getreten. Durch das Fehlen einer einheitlichen Regierungsgewalt und einer einheitlichen Gesetzgebung ergab sich, daß in den verschiedenen deutschen Ländern und in den verschiedenen Zonen unter jeweils verschiedenen Voraussetzungen an die Lösung dieser Fragen herangetreten wurde. Nachdem nunmehr Westdeutschland mit der Annahme des Grundgesetzes (GG) wieder über eine einheitliche Regierungsgewalt verfügt, sind für diesen Teil Deutschlands die rechtlichen Fragen einheitlich, ausgehend vom Grundgesetz, zu beurteilen.

1. Ostdeutschland

Anders als in Westdeutschland verhält es sich mit der Sozialisierung in Ostdeutschland[1]. Schon bald nach der Besetzung durch Sowjetrußland wurden hier weitgehend neue Tatbestände geschaffen. Schon Mitte des Jahres 1946 begann in der Ostzone eine Welle von Enteignungen der sogenannten Kriegsverbrecher und Nazi-Aktivisten. So wurden z. B. in Sachsen durch Volksentscheid vom 30. 6. 1946 „zugunsten des Bundeslandes Sachsen . . . entschädigungslos enteignet: a) Kriegsbetriebe und Unternehmungen, die Naziverbrechern, aktivistischen Nazis oder Kriegsinteressenten gehören oder am 8. Mai 1945 gehörten, b) Rechte usw. an solchen Betrieben.“ Allein in Sachsen fielen unter diese Maßnahmen, die in ähnlicher Form auch in den anderen Ländern der Ostzone durchgeführt wurden, etwa 1760 meist größere und größte Unternehmungen. Damit war in der Ostzone die Basis für eine völlige Neuordnung der Eigentumsverhältnisse geschaffen. Am 23. 4. 1948 erging der Befehl 76 der Sowjetischen Militär-Administration über

---

[1] Angesichts der Schwierigkeiten der Beschaffung von Literatur aus der Ostzone fehlt es leider an wissenschaftlichen Grundlagen. Es mußte im wesentlichen von Zeitungsnachrichten ausgegangen werden; vgl. Rhein-Neckar-Zeitung 3. 1. 1949, Wirtschaftliche Mitteilungen, Lausanne 9. 3. 1949, Wirtschaftszeitung 2. 7. 1948.

die „Neuordnung des Volkseigentums", der die Grundlage für die Organisation der so enteigneten Wirtschaftsunternehmen darstellt. Danach werden die von der Enteignung betroffenen Betriebe zu *volkseigenen Betrieben* erklärt und weiterhin die einzelnen Betriebe zu „Vereinigungen volkseigener Betriebe" zusammengeschlossen. Diese Vereinigungen volkseigener Betriebe sind juristische Personen des öffentlichen Rechts — in der Form öffentlicher Anstalten —, während die einzelnen Betriebe keine Rechtspersönlichkeiten mehr besitzen. Die Leitung der Vereinigungen volkseigener Betriebe liegt bei einem Direktor, der seinerseits von der Deutschen Wirtschaftskommission oder von der Landesregierung ernannt wird, soweit es sich bei der in Frage stehenden Vereinigung um eine Vereinigung auf Landesbasis handelt. Dem Direktor steht ein Verwaltungsrat zur Seite, der aus 11 bis 15 Mitgliedern besteht, die vom Sekretariat der Deutschen Wirtschaftskommission, der zonalen Spitzenbehörde, auf Vorschlag des Bundesvorstandes des Freien Deutschen Gewerkschaftsbundes ernannt werden. Ihre Aufgabe geht im wesentlichen dahin, Vorschläge zu machen. Der Direktor kann, wenn er diesen Vorschlägen nicht folgen will, eine Entscheidung durch die Wirtschaftskommission im Einvernehmen mit den Gewerkschaften herbeiführen.

Neben diesen volkseigenen Betrieben sind ferner in der Ostzone, ebenfalls mit dem Mittel der Enteignung, sogenannte *Sowjet-Aktiengesellschaften* entstanden. Diese Sowjet-Gesellschaften treten in der privatrechtlichen Form der Aktiengesellschaft im Wirtschaftsleben auf. Sie werden mit dem Sitz in Moskau als Zweigniederlassung im Handelsregister eingetragen. Die Aktien befinden sich in Händen des russischen Staates. Insgesamt ist auf diese Weise nach neueren Angaben (vgl. Rhein-Neckar-Zeitung 3. 1. 1949 nach einem Vortrag von *Selbmann* in der Lindenuniversität) nur noch 12—15% der gesamten industriellen Produktion der Groß- und Mittelbetriebe in privater Hand. 55% der Produktion stammt aus volkseigenen Betrieben, und 30—33% der Produktion stammt aus den Sowjet-Aktiengesellschaften.

Mit dieser Regelung ist ein für deutsche Verhältnisse völlig neuer Weg beschritten. Zunächst sind die Enteignungen fast durchweg *ohne angemessene Entschädigung*, ja in aller Mehrzahl sogar *ohne jede Entschädigung* erfolgt. Zwar wird dies damit begründet, daß es sich bei den enteigneten Unternehmen, wie es im Gesetz über den Volksentscheid in Sachsen heißt, um Unternehmen von Kriegsinteressenten und Nazi-Verbrechern handelt. Wer unter diese Kategorie gehört, wird offenbar im Verwaltungswege bestimmt und der als Kriegsinteressent oder Naziverbrecher Bezeichnete hat nicht die Möglichkeit, sich in einem ordentlichen Gerichtsverfahren von dieser Beschuldigung zu reinigen. Praktisch steht es daher den Behörden frei, entschädigungslos zu enteignen. Damit ist der rechtstaatliche Gedanke, daß der Enteignete eine angemessene Entschädigung fordern könne, und daß er wegen der Höhe der Entschädigung die Gerichte anrufen könne, aufgegeben und an seine Stelle tritt die Entscheidung der Behörden eines zentralgelenkten Staatsgebildes.

Auch die *Rechtsform*, in die die so sozialisierte Wirtschaft gekleidet wird, ist in gewisser Weise ein rechtliches Novum. In der Ostzone möchte man das besonders Geartete und Neuartige der volkseigenen Betriebe gerne betont wissen. Durch diese Maßnahmen, so wird gesagt, sei nun endlich das Ziel erreicht, und wirklich das Volk, und nicht der Staat oder irgendwelche kapitalistischen Unternehmer zum Eigentümer und zum Verfügungsberechtigten über das enteignete Vermögen geworden. So geht man zum Teil soweit, daß man im Grundbuch eintragen läßt, das Grundstück stehe im Eigentum des Volkes. Letzten Endes liegt die Geschäftsführung der erwähnten volkseigenen Betriebe in der Hand der obersten staatlichen Verwaltungsstellen. Diese ernennt Direktoren und Verwaltungsräte, und diese bestimmen im Zweifel, was im einzelnen zu geschehen hat. Das Novum dieser Organisationsform ist daher nicht, daß etwa das Volk zum Eigentümer geworden sei, das Novum ist vielmehr, daß es sich um eine besonders krasse und zentralistische *Verstaatlichung* handelt. Auch früher schon hat der Staat als Regieunternehmungen oder in der Form selbständiger juristischer Personen des öffentlichen Rechtes wirtschaftliche Unternehmungen betrieben. Daß aber gleich eine ganze Anzahl von Unternehmungen ihrer Rechtspersönlichkeiten entkleidet werden und als eine Art Verwaltungsnebenstellen der Vereinigung volkseigener Vetriebe jegliche Handlungsfreiheit verlieren, ist freilich in dieser Form bisher noch nicht aufgetreten. Es läßt sich nicht verhehlen, daß durch die hier geschilderten Maßnahmen zwischen Ost- und Westdeutschland nicht nur hinsichtlich der wirtschaftlichen Bedarfsdeckung graduelle Unterschiede vorherrschen, sondern daß darüber hinaus tiefgehende strukturelle Unterschiede bestehen.

2. *Westdeutschland*

a) *Rechtsgrundlagen und Rechtsformen der Sozialisierung*

Schon vor Erlaß des Grundgesetzes haben in Westdeutschland die einzelnen Länder in ihren Verfassungen das Sozialisierungsproblem angeschnitten. So heißt es in der Hessischen Verfassung (Art. 41):

„In Gemeineigentum werden übergeführt:

1. der Bergbau (Kohlen, Kali, Erze), die Betriebe der Eisen- und Stahlerzeugung, die Betriebe der Energiewirtschaft und das an Schienen oder Oberleitungen gebundene Verkehrswesen.

Vom Staate beaufsichtigt oder verwaltet:

2. Die Großbanken und Versicherungsunternehmen und diejenigen in Ziff. 1 genannten Betriebe, deren Sitz nicht in Hessen liegt."

Und über die Entschädigung heißt es in Art. 39:

„Die Entschädigung für das in Gemeineigentum übergeführte Vermögen wird durch das Gesetz nach sozialen Gesichtspunkten geregelt. Bei festgestelltem Mißbrauch wirtschaftlicher Macht ist in der Regel die Entschädigung zu versagen.“

In der Würtemberg-Badischen Verfassung heißt es in Art. 28:

„Kann der Wirtschaftszweck besser ohne Eigentum des Unternehmers an Produktionsmitteln erreicht werden oder widerstreitet die Ausübung des Eigentumsrecht dem Gemeinwohl, so sollen geeignete Unternehmungen und Wirtschaftszweige durch Gesetz in Gemeineigentum überführt werden.

Art und Höhe der Entschädigung ist in solchen Fällen in Abwägung der berechtigten Interessen der Allgemeinheit und des Betroffenen nach billigem Ermessen festzusetzen.“

Und in der Verfassung von Rheinland-Pfalz, Art. 6, heißt es:

„Der Staat hat durch Gesetz, unbeschadet der Pflicht zu angemessener Entschädigung, in sinngemäßer Anwendung der für die Enteignung geltenden Bestimmungen privatrechtliche Schlüsselunternehmungen (Kohlen-, Kali- und Erzbergbau, eisenerzeugende Industrie, Energiewirtschaft sowie das an Schienen oder Oberleitungen gebundene Verkehrswesen) in Gemeineigentum zu überführen, wenn mit diesen Unternehmungen eine so große Macht verknüpft ist, daß sie ohne Gefährdung des Gemeinwohls der Privathand nicht überantwortet bleiben kann.“

Schon aus den hier erwähnten Verfassungsstellen ergibt sich, daß die Vorstellungen über Umfang und Voraussetzungen wie auch über die Rechtsformen der Sozialisierung zunächst durchaus verschiedenartig waren. Auffallend ist immerhin als ein gemeinsamer Zug, daß die Nationalisierung oder *Verstaatlichung nicht als einziges Mittel*, ja nicht einmal an erster Stelle der Sozialisierungsformen rangiert. In dem seither in Kraft getretenen GG ist die Frage der Form überhaupt nicht angeschnitten. Hier heißt es nur in Art. 15, daß diese und jene Gegenstände zum Zwecke der Vergesellschaftung .... „in Gemeineigentum oder in andere Formen der Gemeinwirtschaft überführt werden können“. Was aber ist mit diesem Ausdruck „*Gemeineigentum*“ eigentlich gemeint? Darüber liegen gesetzliche Definitionen, die wirklich etwas aussagen, bisher nicht vor. Klar wird es jedoch bei einer Betrachtung der neueren Literatur, insbesondere der Schriften sozialistischer Autoren. Danach wird nun allerdings weitgehend versucht, *neue Formen für die Sozialisierung* zu finden.

So ist zum Beispiel in Hamburg auf Anforderung des Hamburger Senats ein Sozialisierungsgutachten gemacht worden („Das Hamburger Sozialisierungsgutachten“, erläutert von *Klabunde*, Hamburg 1947). Hier heißt es: „Sozialisierung ist nur in Ausnahmefällen Verstaatlichung. Sie soll in der Regel erfolgen durch a) Genossenschaften mit einer größeren Zahl von Mitgliedern, die nicht Angehörige des sozialisierten Betriebes zu sein brauchen, b) genossenschaftliche Spitzenorganisationen.., c) genossenschaftliche Regien als genossenschaftliche Zusammenfassungen von öffentlich-rechtlichen Körperschaften und Gebietskörperschaften, d) Stiftungen...., e) Körperschaften des öffentlichen Rechts, f) Gesellschaften mit beschränkter Haftung und Aktiengesellschaften in gewerkschaftlichem Besitz, g) Gesellschaften mit beschränkter Haftung und Aktiengesellschaften in öffentlichem Besitz, h) Kombinationen aus den obigen Rechtsformen. Das gemischtwirtschaftliche Unternehmen ist keine Sozialisierung."

Noch andere Wege will der Initiator der Hessischen Sozialisierungsgesetzgebung, der Wirtschaftsminister *Dr. Koch*, gehen (Rechtsform der Sozialisierung unter besonderer Berücksichtigung der Sozialisierung in Hessen, Hamburg 1947). In seinem Entwurf eines Gesetzes über die Sozialgemeinschaften sucht er neue Rechtsformen zu finden. Die *Sozialgemeinschaften* sollen weder Gesellschaften des privaten Rechts, noch juristische Personen des Verwaltungsrechts darstellen. Eigentümer aller zu Sozialisierungszwecken enteigneten Betriebe soll vielmehr das Volk sein, das durch die Sozialgemeinschaften dieses Eigentum verwalten läßt. Dabei soll der Verwaltungsrat einer Sozialgemeinschaft zu je einem Drittel aus Mitgliedern der Gewerkschaft der betreffenden Fachrichtung, aus Vertretern des Stadt- oder Landkreises, in dem der Betrieb gelegen ist, und aus Mitgliedern der Landesgemeinschaft der Sozialgemeinschaft gebildet werden.

Die Landesgemeinschaft der Sozialgemeinschaften wiederum soll einen Verwaltungsrat von 24 Mitgliedern haben, der je zu einem Drittel vom Landtag, dem Freien Gewerkschaftsbund Essen und den Spitzenverbänden der Gemeinden berufen wird. In diese Form des Gemeineigentums, bei der Arbeitnehmer (durch die Gewerkschaften), Verbraucher (durch die Gemeinden) und Mitglieder der Landesgemeinschaften einen gleichen Einfluß auf Geschäftsführung der Betriebe ausüben, sollen nun nicht nur private Betriebe überführt werden, sondern ebenso die bereits im Eigentum des Staates oder der Gemeinden befindlichen Betriebe. *Koch* hat den Satz geprägt: „Gemeindeeigentum ist kein Gemeineigentum".

Das von *Koch* entworfene Hessische Gesetz ist noch nicht in Kraft getreten. Die Militärregierung erhob Einspruch gegen die in Hessen bereits durch die Verfassung selbst in Kraft gesetzte Enteignung der ehemaligen Eigentümer. Es zeigt aber, wie auch das erwähnte Hamburger Gutachten und wie auch die Formulierungen der übrigen Verfassungen inklusive des Grundgesetzes, daß man in den zur Sozialisierung neigenden Kreisen die Verstaalichung nicht mehr oder doch nicht in erster Linie als Mittel der Sozialisierung auffaßt. *Arndt* (DRZ 3 [1947] 39) geht soweit, zu sagen, daß Gemeineigentum fast im Gegensatz zum Staatseigentum stehe. Denn auch das Staatseigentum sei im Grunde genommen kapitalistisches Eigentum, das nicht der Bedarfsdeckung und dem Interessenausgleich von Arbeitgebern und Arbeitnehmern diene, sondern dem Gewinnstreben des Staates oder der im staatlichen Eigentum stehenden Unternehmungen.

Inzwischen erfolgen jedoch weitere Sozialisierungen in der Form der *Verstaatlichung*. So hat es zum Beispiel der Hamburger Staat unternommen, einen Gesetzesentwurf über die Hamburger Hochbahn A.G. und die Hamburger Elektrizitätswerke einzubringen, in denen vorgesehen ist, diese bisher als gemischtwirtschaftliche Aktiengesellschaften betriebenen Unternehmungen gänzlich in das Eigentum des Hamburger Staates zu bringen.

b) Voraussetzungen der Sozialisierung

Endgültig entschieden ist jedoch neuerdings durch den Art. 15 GG die Frage, *unter welchen Voraussetzungen Sozialisierungen erfolgen können*. Hier heißt es: „Grund und Boden, Naturschätze und Produktionsmittel können zum Zwecke der Vergesellschaftung durch ein Gesetz, das Art und Ausmaß der Entschädigung regelt, in Gemeineigentum oder in andere Formen der Gemeinschaft überführt werden. Für die Entschädigung gilt Artikel 14, Absatz 3, Satz 3 und 4 entsprechend." Das bedeutet: „Die Entschädigung ist unter gerechter Abwägung der Interessen der Allgemeinheit und der Beteiligten zu bestimmen. Wegen der Höhe der Entschädigung steht im Streitfalle der Rechtsweg vor den ordentlichen Gerichten offen." Sofern es sich nicht um eine Vergesellschaftung von Grund und Boden, Naturschätzen und Produktionsmitteln handelt, kann die Enteignung ferner nur zum Wohle der Allgemeinheit vorgenommen werden (Art. 14 III S. 1).

Es fragt sich, was die Bestimmung bedeutet, daß bei Bemessung der Entschädigung eine gerechte Abwägung zwischen den Interessen der Allgemeinheit und der Beteiligten zu erfolgen habe. In der WeimRV war bestimmt worden, daß die Entschädigung angemessen sein müsse. Erst die Rechtsprechung wird klären können, ob dieser neue Ausdruck „*Abwägung der Interessen*" dasselbe bedeutet wie das früher benutzte Wort „*angemessen*".

Zwar hat die Rechtsprechung in der Weimarer Zeit zunächst in vielen Fällen entschieden, daß eine *angemessene Entschädigung* der vollständigen Entschädigung, wie sie in dem Preußischen Enteignungsgesetz vorgesehen war, entsprechen müsse. Eine solche Entschädigung müsse daher den Wert des enteigneten Gegenstandes als Ausgangspunkt für die Entschädigungsbemessung annehmen. Diese Rechtsprechung ist jedoch in der nat.-soz. Zeit weiter entwickelt worden, und man hat herausgearbeitet, daß allerdings angemessene Entschädigung nicht immer unbedingt einen vollständigen Wertersatz bedeuten müsse. Diese Rechtsprechung ist vor allem durch das Preußische Oberverwaltungsgericht (OVG 100, 328ff.; 101, 362ff.) entwickelt worden. Hiernach wurde nunmehr als angemessen eine solche Entschädigung angesehen, die unter Berücksichtigung aller Verhältnisse recht und billig erscheint, nicht nur vom Standpunkt des Enteigneten, sondern auch vom Standpunkt dessen, der die Entschädigung zu leisten hat, und diese Definition fällt nun allerdings beinah wörtlich mit der neuen Regelung des GG zusammen. Dieses stellt somit für die deutsche Rechtsprechung im Entschädigungsrecht keine neuen Maximen auf. Dabei darf es nicht übersehen werden, daß auch für die den verpflichtenden Charakter des Eigentums stärker betonende Rechtsprechung des Preußischen Oberverwaltungsgerichts, die für die Angemesssenheit der Entschädigung die Formel der billigen und gerechten Interessenabwägung fand, der Ausgangspunkt für die Bemessung der gemeine Wert des enteigneten Gegenstandes war, und zwar der objektiv feststellbare gemeine Wert, bei dem im Gegensatz zur vollständigen Entschädigung die subjektive Wertschätzung des enteigneten Gegenstandes durch den Eigentümer erst in zweiter Linie in Betracht kam und vielfach eben durchschlagenden Interessen der Allgemeinheit weichen mußte.

Das GG folgt den rechtsstaatlichen Traditionen, wenn es dem von einer Enteignung Betroffenen gegen die Festsetzung der Höhe der Entschädigung den *ordentlichen Rechtsweg*, d. h. die Anrufung der Zivilgerichte in jedem Falle freistellt. Landesgesetze, die den Rechtsweg ausschließen, sind daher als unwirksam anzusehen. Wenn ein Gesetz eine solche Bestimmung enthält, kann daher ohne weiteres der Prozeß vor einem ordentlichen Gericht anhängig gemacht werden.

Sofern die Enteignungen zum Zwecke der Vergesellschaftung, wie es in Art. 15 GG heißt, vorgenommen werden, bedarf es bei der Enteignung von Grund und Boden, Naturschätzen und Produktionsmitteln nicht der Prüfung, ob hier im konkreten Falle tatsächlich eine *im Wohle der Allgemeinheit* liegende Enteignung erfolgt. Vielmehr ist es die Bedeutung des Art. 15, festzustellen, daß es im Wohle der Allgemeinheit läge, Grund und Boden, Naturschätze und Produktionsmittel, wenn sie durch ein Gesetz sozialisiert werden sollen, zu enteignen. Andererseits kann auf Grund dieser Formulierung des Art. 15 nicht angenommen werden, daß eine Vergesellschaftung nur auf den hier erwähnten Sachgebieten erfolgen kann. Enteignungen sind grundsätzlich, wenn die gesetzlichen Voraussetzungen im übrigen gewahrt sind, an allen Vermögensrechten möglich. Allerdings freilich könnte der Einwand erhoben werden, daß diese Enteignung nicht zum Wohle der Allgemeinheit nötig sei. Das Ergebnis wäre, daß in einem solchen Falle derjenige, der behauptet, daß das eine Sozialisierung vorsehende Gesetz auf einem nicht in Art. 15 erwähnten Gebiete nicht zum Wohle der Allgemeinheit sei, die Verfassungsmäßigkeit des Gesetzes im Zivilrechtsstreite bestreiten und auf diese Weise erreichen kann, daß das Bundesverfassungsgericht, das in Art. 100 des Grundgesetzes vorgesehen ist, vom entscheidenden Gericht zur Klärung dieser Frage angerufen wird. Dieses Recht, die Verfassungsmäßigkeit eines Vergesellschaftungsgesetzes zu bestreiten, und damit eine Entscheidung des Bundesverfassungsgerichtes herbeizuführen, steht freilich nur denjenigen zu, die durch ein solches Gesetz in ihren Rechten betroffen werden, im allgemeinen also dem oder den Enteigneten. Diese Bestimmungen der Art. 14 und 15 GG sind unmittelbar bindendes Recht. Schon heute kann daher jemand, der sich durch ein in einem der Deutschen Länder erlassenes Gesetz, das eine Enteignung vorsieht, benachteiligt fühlt, sowohl darüber einen Rechtsstreit anhängig machen, daß das Gesetz nicht den verfassungsmäßigen Voraussetzungen des GG entspreche, insbesondere also, daß eine Enteignung in dem angekündigten Sinne nicht zum Wohle der Allgemeinheit sei, als auch darüber, daß ihm keine den besprochenen Voraussetzungen entsprechende Entschädigung gewährt werde.

c) Begriffsmerkmale der Enteignung

Nun braucht allerdings nicht jede Sozialisierung oder Vergesellschaftung unbedingt eine Enteignung vorauszusetzen. Möglich ist es, daß durch die Sozialisierung, wie z. B. im Falle der Kohlesyndikate nach dem 1. Weltkrieg, nur ein Zwangszusammenschluß angeordnet wird. Es ist also noch klarzustellen, welche Voraussetzungen nach der deutschen Rechtsprechung erforderlich sind, um überhaupt die Begriffsmerkmale einer Enteignung als gegeben zu erachten. Über diese Frage existiert eine reichhaltige Literatur und Rechtsprechung.

Danach ist eine Enteignung nicht nur möglich an dinglichem Eigentum im Sinne der §§ 903ff. BGB und auch nicht nur an dinglichen Rechten im Sinne des BGB, sondern vielmehr auch an anderen Vermögensrechten. Der Begriff Enteignung „umfaßt daher *alle subjektiven Privatrechte*" (vgl. OGHZ 1, 98ff). Andererseits liegt aber bei einem Eingriff in die Vermögenssphäre einer Privatperson nur dann eine Enteignung vor, wenn es sich um einen „*Einzeleingriff*" handelt, der nicht „alle im Geltungsbereich des Gesetzes befindlichen Rechte gleichmäßig, sondern nur einzelne von ihnen oder einen Kreis von einzelnen Rechten ergreift, ihnen ein besonderes Opfer zugunsten der Allgemeinheit auferlegt." Daher liegt auch dann keine Enteignung vor und brauchen die Voraussetzungen des Art. 14 GG auch dann nicht beachtet zu werden, wenn es sich um „Eingriffe des Gesetzgebers, durch die eine gleichmäßige Beschränkung bestimmter Staatsbürgerklassen vorgenommen werden", handelt (OGHZ 1, 98/99). In solchen Fällen liegt vielmehr eine „gesetzliche Eigentumsbeschränkung" vor, die entschädigungslos erfolgen kann.

So hat sich zum Beispiel der Oberste Gerichtshof für die britische Zone mit der Frage befaßt, ob es sich bei dem Verbot der Entgegennahme von Baukostenzuschüssen durch die Eigentümer von Grundstücken um eine Enteignung oder nur um eine gesetzliche Eigentumsbeschränkung handele, und entschieden, daß in einem solchen Falle kein Einzeleingriff vorliege, sondern es sich vielmehr um eine gleichmäßige Beschränkung einer bestimmten Klasse von Staatsbürgern handele, die zum Wohle der Allgemeinheit erforderlich und zumutbar sei. Infolgedessen war hier eine Entschädigung nicht zu gewähren. Nicht diese Entscheidung insbesondere, wohl aber der sie rechtfertigende Gedanke des Einzeleingriffs, an den die Voraussetzungen einer Entschädigung zu knüpfen seien, ist nun allerdings von der Lehre heftig angegriffen worden. Seiner formalen Begriffsbestimmung werden materielle Begriffe entgegengesetzt. Es wird behauptet, daß ein die Entschädigungsfolge auslösender Eigentumseingriff dann vorläge, wenn das subjektive Recht in seiner Substanz materiell ungleich belastet wird. Ob das der Fall sei, bestimme sich nach Schwere, Reichweite, Wesentlichkeit und Intensität des hoheitlichen Eingriffs. Dabei komme der Zumutbarkeit des in Frage stehenden Eingriffs eine besondere Bedeutung zu. Diese auch als *Schutzwürdigkeitstheorie* bezeichnete Lehre ist besonders von *W. Jellinek* (Verhandlungen des 36. Deutschen Juristentages, [1930]), aber auch von *Stödter* („Die öffentlich-rechtliche Entschädigung" [1933] 208) vertreten worden. Sie kommt der Schweizer Rechtsprechung über „Substanzielle Eigentumseingriffe" und der Französischen Lehre vom dommage materiel nahe. Für die Praxis dürfte — gleichgültig, ob man jener oder dieser Lehre folgt — im allgemeinen dasselbe Ergebnis erzielt werden. Sowohl die Einzeleingriffstheorie als auch die Schutzwürdigkeitstheorie lassen dem Rechtsempfinden des entscheidenden Richters Raum genug, um zu einem haltbaren Ergebnis zu kommen in der Frage, ob es sich um eine Enteignung mit Entschädigungsfolge oder um eine gesetzliche Eigentumsbeschränkung ohne eine solche handele.

Nicht begriffsnotwendig für eine Enteignung mit Entschädigungsfolge ist ferner, daß das Eigentum oder das enteignete Recht auf einen *anderen* übertragen werde. Ein solcher Fall kann zum Beispiel dann vorliegen, wenn eine Enteignung von Aktionären in der Weise erfolgt, daß die ihnen zustehenden Aktien in Obligationen umgewandelt werden. Dies ist bei den Hamburger Gesetzesentwürfen zur Enteignung der Hochbahn vorgesehen. Hier spricht nämlich das Gesetz ausdrücklich nicht von Enteignung, sondern lediglich von „*Umwandlung*". Die Beschränkung der Aktionäre in ihren Rechten folgt jedoch daraus, daß sie statt einer Dividende für ihre Aktien, die in Höhe von 5% vom Hamburger Staat garantiert wurde, lediglich einen Zinsanspruch aus ihrer Obligation unter Fortfall der Staatsgarantie gegen die Hamburger

Hochbahn A.G. haben sollen. Hier tritt das Problem auf, ob in einer Umwandlung der Aktionärstellung in die Gläubigerstellung eine Enteignung liegen kann. Es erfolgt keine Übertragung des Rechtes auf eine andere Person. Dennoch liegt eine Enteignung vor. Auch die Umwandlung einer Rechtsstellung in eine weniger günstige, ohne daß ein gänzlicher Verlust und eine Übertragung der Rechtsinhaberschaft auf andere eintritt, stellt sich als Enteignung dar. Diese Meinung ist auch vom Reichsgericht (RGZ 116/268ff.; 129/146ff.) vertreten worden, während andererseits in der Wissenschaft zum Teil angenommen wurde, daß die Tatsache, daß eine Übereignung oder Übertragung der Rechtsinhaberschaft fehle, ein Indiz dafür sei, daß lediglich eine Eigentumsbeschränkung vorläge. (So *M. Wolff*, Reichsverfassung und Eigentum, Festgabe für Kahl).

Anders als bei der Frage nach den Rechtsformen der Sozialisierung kann also bei der Frage nach den Voraussetzungen einer zur Sozialisierung erforderlichen Enteignung auf feste Grundlagen der Gesetzgebung und Rechtsprechung verwiesen werden.

d) Zuständigkeit des Bundes und der Länder

Aus dem GG ergibt sich, daß neben dem Bund auch die Länder zur Enteignungs- und Sozialisierungsgesetzgebung berechtigt sind. Beide Materien gehören zur sogenannten *konkurrierenden Gesetzgebung* des Art. 74 GG. Allerdings ist eine Gesetzgebung auf diesen Gebieten gemäß Art. 72 nur dann für die Länder möglich, „solange und soweit der Bund von seinem Gesetzgebungsrecht keinen Gebrauch macht". Dieses Recht hat er nur in begrenztem Umfange, wie zum Beispiel, wenn ein Bedürfnis nach bundesgesetzlicher Regelung besteht, weil eine Angelegenheit durch die Gesetzgebung einzelner Länder nicht wirksam geregelt werden kann. Da zur Zeit von einer erschöpfenden bundesrechtlichen Regelung der Sozialisierung nicht die Rede sein kann, dürfte es nicht fraglich sein, daß den Ländern tatsächlich freie Hand zur Sozialisierungsgesetzgebung gegeben ist.

In diesem Zusammenhang muß erwähnt werden, daß diejenigen Landesgesetze und Verfassungsbestimmungen der Länder, die bisher schon bestanden, jedoch mit den Bestimmungen des GG widerstreiten, nichtig sind (Art. 123 GG). Unter diesem Gesichtspunkt dürfte unter anderem auch die hessische Sozialisierungsregelung zum Teil ihre Wirksamkeit verlieren, und zwar insoweit, als in dieser Verfassung weder der Rechtsweg gegen eine beanstandete Bemessung der Höhe der Entschädigung vorgesehen ist, und auch insoweit, als nach Art. 39 für die Bemessung der Entschädigung ein nicht mit dem Grundgesetz übereinstimmender Maßstab festgelegt ist und in einigen Fällen danach sogar keine Entschädigung zu gewähren ist. Ähnliches gilt für die Bremische Verfassung.

Der *Schutz des Privateigentums* ist ein Grundpfeiler des westlichen Rechtsbewußtseins. Enteignung ohne angemessene Entschädigung ist diesem Rechtsbewußtsein fremd. Die deutsche Rechtsentwicklung hat sich im Rahmen dieses westlichen Rechtsbewußtseins vollzogen. Abweichungen von den überkommenen Grundsätzen, die sich in den Jahren nach 1945 zeigten, haben durch das GG ihre Korrektur gefunden.

e) Die „Dezentralisation" im Kohlenbergbau und in der Eisen- und Stahlindustrie

Der Überblick über Nationalisierung und Privateigentum wäre aber nicht vollständig, wenn nicht der Aufgaben gedacht würde, die sich aus der Neugestaltung des deutschen Kohlenbergbaus und der deutschen Eisen- und Stahlindustrie ergeben. Diese Aufgaben sind niedergelegt in dem brit. MilRegGes 75 (VOBl BZ 1948, 367ff.); sie ergeben sich aus der Einleitung zu dem Gesetz:

„Die Militärregierung hat sich die Dezentralisation der deutschen Wirtschaft zum Ziele gesetzt, und zwar zu dem Zwecke, die übermäßige Konzentration von Wirtschaftskraft zu beseitigen und das Entstehen der Fähigkeit zur Kriegsführung zu verhindern.

Die Militärregierung hat beschlossen, die endgültige Entscheidung über die Eigentumsverhältnisse im Kohlenbergbau und in der Eisen- und Stahlindustrie einer aus freien Wahlen hervorgegangenen, den politischen Willen der Bevölkerung zum Ausdruck bringenden deutschen Regierung zu überlassen.

Die Militärregierung hat beschlossen, in den genannten Zweigen der Wirtschaft die Wiederherstellung von Eigentumsverhältnissen, aus denen sich eine übermäßige Konzentration der Wirtschaftskraft ergeben würde, nicht zuzulassen und nicht zu gestatten, daß jemand, von dem bekannt ist oder bekannt wird, daß er die Angriffspläne der nationalsozialistischen Partei gefördert hat, in eine Stellung zurückkehrt, in der ihm Eigentums- und Kontrollrechte zustehen würden.

Eine sofortige Umgestaltung der genannten Zweige der Wirtschaft, mit dem Ziele, die Gesundung des deutschen Wirtschaftslebens zu fördern, erscheint angezeigt."

Zur Ausführung dieser Beschlüsse werden alle wesentlichen Unternehmungen des Kohlebergbaues und der Eisen- und Stahlindustrie auf *Treuhänder* übertragen, die von der Militärregierung bestellt werden. Sie haben die Unternehmungen zu verwalten und die Dezentralisierung herbeizuführen, indem sie die Unternehmungen auf neue Gesellschaften verteilen, die keine übermäßige Konzentration von Wirtschaftskraft bedeuten. Die endgültige Entscheidung über die Eigentumsverhältnisse soll nach dem eben zitierten zweiten Absatz der Einleitung zu dem Gesetze der deutschen Regierung überlassen werden. Ob die Regierung beschließen kann, die Unternehmungen zu verstaatlichen, sagt das Gesetz nicht. Freilich läßt der Zweck des Gesetzes jedenfalls nicht zu, daß sämtliche Unternehmungen in der Hand des Staates zusammengefaßt werden; denn dann würde ein Zustand noch stärkerer Konzentration herbeigeführt, als er in der Hand der früheren privaten Eigentümer vorhanden war und vom Gesetzgeber als unerwünscht bezeichnet wird.

Eine *Entschädigung* der früheren Eigentümer ist im Gesetz nicht vorgesehen. Wenn eine deutsche Regierung über die Unternehmungen in dekartellisierter Form in der Zukunft verfügen wollte, ohne die früheren Eigentümer zu entschädigen, wird sie sich mit den Bestimmungen des Grundgesetzes über Enteignung auseinanderzusetzen haben. Sie wird auch die Regelung der Verbindlichkeiten der Unternehmungen zum Gegenstand ihrer Sorge machen müssen. Art. V 19 MilRegGes 75 sieht vor, daß die an die Treuhänder übergehenden Vermögenswerte von allen auf ihnen lastenden Rechten Dritter und sonstigen Belastungen befreit werden; die Erlöse, die sich gegebenenfalls aus dem Verkaufe von Anteilsrechten an den neu zu gründenden Gesellschaften ergeben, sollen zur Befriedigung von Gläubigern zur Verfügung stehen. Aber einen Anspruch auf Befriedigung erwerben die Gläubiger auf diese Weise nicht; sie sind enteignet ohne Festsetzung einer Entschädigung. Denn ob und welche Anteilsrechte gebildet und veräußert werden und welche Erlöse erzielt werden können, ist gänzlich unbestimmt.

Da die Haager Landkriegsordnung in Art. 53 den Schutz des Privateigentums vorsieht, ist es zur Zeit eine völkerrechtliche Frage, ob die Eigentümer und Gläubiger entschädigungslos enteignet werden können. Sie wird in Deutschland verneint. (*Stödter*, Deutschlands Rechtslage 121ff.). Sie zu erörtern, kann nicht Aufgabe dieses Referates sein. Erst wenn Kohlenbergbau und Eisen- und Stahlindustrie in die deutsche Zuständigkeit zurückkehren, wird deutsches Recht wieder anwendbar sein, und die Rechtsentwicklung und das kürzlich erlassene GG lassen Zweifel über die Antwort nicht zu.

DIE NACHPRÜFUNG DER VERFASSUNGSMÄSSIGKEIT VON GESETZEN

Von Dr. HANS PETER IPSEN
ord. Professor an der Universität Hamburg

Literatur seit 1945: *Apelt*, Geschichte der Weimarer Verfassung (1946) — *Schönke*, Einführung in die Rechtswissenschaft (2./3. Aufl. 1947) — *v. Weber*, Recht und Pflicht des Richters zur Prüfung der Gültigkeit des Strafgesetzes, Tagung deutscher Juristen in Bad Godesberg (1947) — *W. Jellinek*, Das richterliche Prüfungsrecht in den drei Ländern der amerikanischen Zone: Laun-Festschrift (1948) — *Ed. Kern*, Gerichtsverfassungsrecht (1949) — *H. Peters*, Lehrbuch der Verwaltung (1949) — *Strauß*, Die oberste Bundesgerichtsbarkeit (1949) — *Apelt*, Zum „Bedeutungswandel" des Gleichheitssatzes: DRZ 1 (1946) 69 — *Radbruch*, Gesetzliches Recht und übergesetzliches Unrecht: SJZ 1 (1946) 105 — *Becker*, Der richterliche Widerstand: SJZ 2 (1947) 480 — *Coing*, Zur Frage der strafrechtlichen Haftung der Richter für die Anwendung naturrechtswidriger Gesetze: SJZ 2 (1947) 61 — *Figge*, Die Verantwortlichkeit des Richters: SJZ 2 (1947) 179 — *Kiesselbach*, Zwei Probleme aus dem Gesetz Nr. 10 des Kontrollrats: MDR 1 (1947) 2 — *Koch*, Die Aufgaben der Justiz bei der Gesetzgebung des Rechtsstaates: MDR 1 (1947) 42 — *Wahl*, Rechtsgeschichtliche und rechtsvergleichende Betrachtungen zur Stellung der Gerichte: SJZ 2 (1947) 289 — *Mannzen*, Die Bindung des Richters an Gesetz und Recht: SJZ 3 (1948) 646 — *Schätzel*, Gegenwartsfragen des richterlichen Prüfungsrechts: NJW 1 (1947/48) 450 — *Stöcker*, Gedanken zum Münchener Juristentag: MDR 2 (1948) 206 — *Ule*, Über die Gewissensgebundenheit des Richters: ZJBl 2 (1948) 261 — *Hartenstein*, Zur Frage der Gültigkeit der VO zur Regelung der Wohnungnahme und des Wohnungswechsels in Niedersachsen: MDR 3 (1949) 72 — *Kern*, Die Grenzen der naturrechtlichen Rechtserneuerung in Justiz und Verwaltung: MDR 3 (1949) 137 — *Ruscheweyh*, Richteranklage und Richterwahl im Bonner Grundgesetzentwurf: MDR 3 (1949) 258 — *Ruscheweyh*, Das deutsche Obergericht für das Vereinigte Wirtschaftsgebiet: Gesetz und Recht H. 31, 965 — *H. P. Ipsen*, Grundgesetz und richterliche Prüfungszuständigkeit: DtVerw 1949, 486.

I. Das Thema

1. Mit dem von der Kongreßleitung aufgegebenen Thema („Le contrôle de la constitutionalité des lois") wird seine Problematik im deutschen Recht nur unvollständig gekennzeichnet, seiner Beantwortung zum Teil präjudiziert. Es bedarf daher der Anpassung und Umgrenzung, um die deutsche Thematik der Rechtsvergleichung gehörig zu erschließen.

a) Für *deutsche* Theorie, Judikatur und Gesetzgebung heißt das vom Thema dieses Referats umfaßte Problem: „Das richterliche Prüfungsrecht", oder (juristisch präziser, wenn auch weniger gebräuchlich): „Die richterliche Prüfungszuständigkeit" (= RPZ)[1]. Es fragt nach der Zuständigkeit des Richters, Rechtsnormen im richterlichen Verfahren am Maßstab anderer Normen höheren Ranges auf ihre Anwendbarkeit zu prüfen, und rechnet mit seiner Kompetenz, die Prüfung bei Feststellung der Normenunvereinbarkeit durch Nichtanwendung der geprüften Norm zu sanktionieren.

b) Das deutsche öffentliche Recht ist — heute wiederum — beherrscht von dem Unterschied zwischen Norm und Einzelakt. Die RPZ des deutschen Rechts gilt der *Normen*prüfung, *nicht* der Prüfung von *Einzel*hoheitsakten in Gültigkeit und Bestand. Die Prüfung des Einzelhoheitsaktes obliegt entweder der Verwaltungsgerichtsbarkeit, in der der Einzelakt durch Klage angefochten wird, oder der inzidenten Kontrolle der ordentlichen Gerichte nach den Kriterien der Ermessens- und Fehlergründe der Verwaltungsakte. Sie ist für uns keine Frage der RPZ im richtig verstandenen Sinne des hier gegebenen Themas[2]. Nur in der nat.-soz. Periode, die legislative und exekutive Kompetenzen in einer Hand vereinigte und die rechtsstaatliche Differenzierung von Norm und Einzelakt beseitigte, wurden RPZ und Inzidentprüfung von Einzelhoheitsakten verquickt und richterliche Kontrolle über diese *und* über Normen beschränkt oder ausgeschlossen[3].

c) Die RPZ mißt die in ihrer Anwendbarkeit zweifelhafte Norm auch, aber nicht nur am Maßstab der Verfassung. Sie ist — unter dieser maßstäblichen Begrenzung — früher differenziert worden als *formelle* RPZ, soweit das verfassungsmäßige *Zustandekommen* der Norm, als *materielle* RPZ, soweit ihre *materielle* Vereinbarkeit mit der Verfassung in Frage steht. Der Unterschied war teil- und zeitweise erheblich, indem jene allgemein anerkannt, diese in ihrer Existenz bestritten war. Die Differenzierung ist indes weder logisch noch fruchtbar und heute als unerheblich aufzugeben[4].

d) Die dem deutschen Recht eigentümliche Frage der RPZ zielt in erster Linie auf die Prüfung von *Gesetzen* im materiellen *und* formellen Sinne. Sie *erschöpft* sich darin aber *nicht*. Gleichermaßen fraglich ist die Prüfung *anderer* Normen, insbesondere von Rechtsverordnungen und von Satzungen autonomer öffentlicher Verbände. Soweit die RPZ Anerkennung findet, erstreckt sie sich auch auf solche kraft Delegation

[1] *W. Jellinek* a. a. O. 269; *H. P. Ipsen*, DtVerw 1949, 486 Anm. 1.

[2] *Bötticher*, Kritische Beiträge zur Lehre von der materiellen Rechtskraft im Zivilprozeß (1930) 21.

[3] *Grundmann*, ZGesStWiss 100 (1940) 519.

[4] *E. v. Hippel*, HdbDStR II (1932) 557.

ergehenden Normen, und sie konfundiert in diesem Fall mit der allgemein anerkannten[5] Zuständigkeit des Richters, die Vereinbarkeit der Delegationsnorm mit der Delegationsquelle zu prüfen. Sie erhebt sich zur eigentlichen und hier entscheidenden Frage der RPZ dann nicht, wenn die Delegationsquelle nicht zu denjenigen Normen gehört, die selbst den eigentlichen Prüfungsmaßstab der RPZ abgeben. So wirft etwa die richterliche Prüfung der Vereinbarkeit einer Gemeindesatzung mit der Landesgemeindeordnung oder einer Polizeiverordnung mit dem Landespolizeigesetz keine eigentlichen Fragen der RPZ auf. Das geschieht erst dann, wenn jene Satzung oder Polizeiverordnung, wiewohl im Rahmen der Delegation erlassen, in ihrer *Verfassungs*mäßigkeit bezweifelt und am Maßstab der Verfassung geprüft wird.

e) Das deutsche Recht geht — von der Einheitsstaatlichkeit der nat.-soz. Periode abgesehen — von der *Bundesstaatlichkeit* seiner Gesetzgebung aus und von der Geltung des Satzes, daß Normen des Oberstaates denen des Unterstaates vorgehen, sie in ihrer Geltung „brechen". Dem deutschen Recht der RPZ ist daher eigentümlich, daß sich in ihm ein Moment der „*Bundesaufsicht*"[6] verbirgt, soweit der Richter unterstaatliche Normen am Maßstab oberstaatlicher Rechtsvorschriften prüft, heute also Landesrecht am Maßstab des Bundesrechts.

2. Erstmalig in der deutschen Verfassungsgeschichte ist die *RPZ heute* im Bereich der Bundesrepublik Deutschland *positiv geregelt*. Das Grundgesetz (= GG) kennt nicht wenige Vorschriften, deren Charakterzug in der Positivierung bislang unkodifizierter Lehre und Praxis, in der Instituierung bereits anerkannter Rechtserscheinungen und in der gesetzgeberischen Erledigung offener Streitfragen liegt. Art. 100 GG, heute sedes materiae, gehört zu diesen positivierenden, instituierenden und disputliquidierenden Bestimmungen. Aufgabe des Referats ist daher die Sichtbarmachung der Entwicklung, die zu Art. 100 GG führte, seine Exegese, die Prognostizierung seiner denkbaren Handhabung und die Eröffnung seiner Kritik. So erklären sich auch die *Fragestellungen dieses Referats:* nach der Anerkennung oder Ablehnung der RPZ in „Ob" und „Warum", der Charakterisierung des möglichen Inhabers der RPZ, seiner Eignung und verfassungsmäßigen Stellung, der Ermittlung der Prüfungsmaßstäbe, der organisatorischen und verfahrensmäßigen Regelungen der Prüfung, der Sanktion des Prüfungsvorganges, der in der Einstellung zur RPZ liegenden grundsätzlichen Verfassungsentscheidung. Da Deutschland sub occupatione lebt und das Thema des Referats seit 1945 spezifische Okkupationserfahrungen aufweist, die anderen Rechtsordnungen, deren Geltungsbereich in den letzten

[5] *E. v. Hippel* a. a. O. 562.
[6] *W. Strauß*, SJZ 4 (1949) 526.

beiden großen Kriegen Besatzungsgebiet war, ebenso schmerzlich bewußt wurden, wie sie dem Grundgesetz noch unter dem Besatzungsstatut gegenwärtig sind, werden endlich auch die *Einwirkungen der Besatzungslage auf die RPZ*[7] insoweit angedeutet, als sie die Regelungen im Grundgesetz und Besatzungsstatut aufhellen können.

II. Problementwicklung bis zum Grundgesetz

1. Der *Gesetzgeber* hat im Reich — und in den Ländern mit wenigen Ausnahmen[8] — *bis zum Jahre 1945* die RPZ *nicht* behandelt. Die Weimarer Reichsverfassung (= WeimRV) hat insoweit *bewußt* eine Lücke gelassen, nachdem Theorie und Judikatur die Frage seit der alten Reichsverfassung der Monarchie in zunehmender Verdeutlichung gestellt hatten. Die Ansichten der *Theorie*[9] pro und contra, teils unter fragwürdiger Verfassungsvergleichung im Grunde unvergleichbarer Verhältnisse, teils rechtslogisch, positivistisch oder rechtspolitisch argumentierend, haben *bis zum Ende des Weimarer Staates* eine *herrschende Auffassung nicht* entstehen lassen. Die *Judikatur*, weitgehend noch am alten Reichsrecht und seiner Deutung aus monarchischem Prinzip orientiert, hat über 1919 hinaus eine RPZ ganz überwiegend abgelehnt. Als das Reichsgericht in seiner Entscheidung vom 28. 4. 1921 (RGZ 102/161) seine ständige bisherige Bejahung der RPZ behauptete, hat man[10] das mit gutem Grund als „Märchen" bezeichnet. Seit seinem Urteil vom 4. 11. 1925 (RGZ 111/320) hat das Reichsgericht die RPZ ständig verwirklicht. Erst damit setzt eine im wesentlichen von der *Staatsrechtslehre*[11] getragene Bewegung ein, die bis 1933 eine vor allem auch *in der Bestimmung des Prüfungsmaßstabes weite* RPZ fordert und vielfältig begründet, so daß bis zum Einbruch der Totalstaatlichkeit nach 1933 von einer gewissen Zwangsläufigkeit in der Tendenz ihrer zunehmenden Anerkennung gesprochen werden kann. Ihre Leugner[12] stehen in diesem Zeitpunkt bereits in der Defensive, wenn sie ihr wesentlichstes Argument in der Warnung vor der „Politisierung der Justiz" sehen, zu der eine RPZ führe, die als Prüfungsmaßstab einen Gleichheitssatz verwende, der auch den Gesetzgeber binde[13].

---

[7] Im einzelnen dazu: *H. P. Ipsen*, Deutsche Gerichtsbarkeit unter Besatzungshoheit: Laun-Festschrift (1948) 68 = Jahrb. f. internat. u. ausl. öff. R. 1 (1948) 87.

[8] Bayern, Oldenburg, Schaumburg-Lippe; vgl. *E. v. Hippel* a. a. O. 559.

[9] Über den Streitstand bis zum Ausgang der WeimRV: *Anschütz*, Kommentar z. WeimRV (10. Aufl. 1929) Anm. 5 z. Art. 70; *E. v. Hippel* a. a. O. 546; *Thoma*, HdbDStR I (1930) 120.

[10] *W. Jellinek*, JW 1925, 454, bei *E. v. Hippel* a. a. O. 555 Anm. 37.

[11] *Triepel*, Goldbilanzenverordnung und Vorzugsaktien (1924); *Leibholz*, Die Gleichheit vor dem Gesetz (1925); *E. Kaufmann*, VStRsLehrer III (1927) 2.

[12] Unter Führung von *Anschütz* und *Thoma*.

[13] *Anschütz* a. a. O. Anm. V zu Art. 109.

Der Unausweichlichkeit dieser Entwicklung zur endlichen Anerkennung der RPZ, die ihren letzten Grund in der Gesamtentwicklung der WeimRV und in dem notgedrungenen Rekurs an die Rechtsprechung als dritte Gewalt zur Hemmung der anderen Gewalten, also in der „Hüter"-Funktion der Justiz gegen Parlamentsabsolutismus und Verwaltungsstaatlichkeit findet, setzt die *Verfassungswandlung zur totalitären Einheitsstaatlichkeit* ein abruptes Ende: aus der Einheit der Staatsgewalt, der Monopolisierung der politischen Entscheidung einschließlich des pouvoir constituant in einer, Legislative und Exekutive vereinigenden Hand und in der Preisgabe rechtsstaatlicher Grundrechtsgewährleistung, deren Schutz die RPZ dient, ergibt sich die Ablehnung[14] aller solchen RPZ, die ihren Prüfungsvorgang mit der etwaigen Nichtanwendung von Normen zu sanktionieren beansprucht, deren Erlaß und Geltungsbehauptung sich die einheitliche Staatsgewalt vorbehält. Und da die konzentrierende, monopolisierende Kraft dieser Staatsgewalt bis in die letzten Glieder der von der Staatsführung gehaltenen Delegationsketten hineinreicht, entfällt eine RPZ teilweise sogar in jenem auch von den früheren Gegnern der RPZ sonst immer respektierten Bereich richterlicher Prüfung, wo es nur um die Vereinbarkeitskontrolle von Normen nachgeordneter Instanzen mit gesetzgeberischen Delegationen geht, die ihrerseits den Maßstab der Verfassung nicht einmal zu bemühen braucht und sich in rechtstechnischer Nachprüfung politisch unerheblicher Ermächtigungshandhabung erschöpft.

Nach 1945[15] gehört der Ruf nach weitgehender RPZ nicht nur zu den Reaktionserscheinungen, die den Zusammenbruch der Totalstaatlichkeit begleiten, um alle Mittel rechtsstaatlicher Gewährleistung zu restaurieren. Er verbindet Anknüpfung an die Tendenzen der Weimarer Zeit zur Anerkennung der RPZ mit der Kritik, die Justiz habe in der nat.-soz. Periode ihre Aufgabe versäumt, und der Forderung, sie gesetzgeberisch zu instituieren. Die *Gerichte*[16] zeigen zunehmende Bereitschaft zur Inanspruchnahme ihrer PZ und steigern sie — vor allem in Judikaten von Unterinstanzen — zu jener Intensität, die die weitestgehenden Vertreter bis 1933 postuliert hatten, indem sie überpositive Wertungen, „Naturrecht", zum Prüfungsmaßstab nehmen und so alter (und neuer) Willkür des Gesetzgebers zu steuern trachten. Rückwir-

[14] *Grundmann* a. a. O. 511; *Mast*, Das richterliche Prüfungsrecht im nat.-soz. Staat unter besonderer Berücksichtigung der Rechtsprechung (Diss. Tübingen 1937).

[15] Vgl. hierzu das Literaturverzeichnis am Anfang des Berichts.

[16] Aus der Judikatur seit 1945: OLG Hamburg, MDR 1947, 137; LG Bonn, MDR 1948, 153; LG Siegen, MDR 1947, 203; OLG Hamm, MDR 1947, 205; OGHBritZ, MDR 1948, 411; OGHBritZ, ZJBl 1948, 160, 165; BayVGH, SJZ 1949, 212; BayVGH, SJZ 1948, 550; BadStGH, SJZ 1949, 215; AG Wiesbaden, SJZ 1946, 36; OLG Stuttgart, SJZ 1946, 237; KG, SJZ 1947, 257.

kungen der Nürnberger und anderer alliierter Gerichtsbarkeit in Deutschland, die die Allmacht des nat.-soz. Gesetzgebers und die Verbindlichkeit gleichartiger Befehle in Zweifel zog, sind hierin unverkennbar. Die stimulierte Verfassungsfreudigkeit der amerikanisch und französisch besetzten deutschen Länder gibt Gelegenheit, die RPZ zu kodifizieren — nicht nur im Sinne ihrer Anerkennung an sich, sondern auch in der Bestimmung ihres Inhabers, ihres Prüfungsmaßstabes, ihres Verfahrens. Als mit dem Verfassungskonvent-Entwurf von Herrenchiemsee[17] (1948) unter vergleichender Auswertung der genannten Landesverfassungen und der Gerichtserfahrungen seit 1945 die erste oberstaatliche Regelung der RPZ für das Bonner Grundgesetz vorgeschlagen wird, hat die Judikatur den Höhepunkt ihrer Anerkennung — die bereitwillige Unterwerfung des Gesetzgebers unter „Naturrecht" durch Anlegung überpositiver Prüfungsmaßstäbe — offensichtlich bereits überschritten und zu einer in höherem Maße realistischen Betrachtung der Dinge zurückgefunden. Art. 100 GG ist derart das gesetzgeberische Resultat eines heilsamen Läuterungsprozesses geworden.

2. So etwa der Verlauf des Disputs um die endliche Anerkennung der RPZ in Deutschland seit Weimar. Die darin verwerteten Gründe zu ihrer *Rechtfertigung* einerseits, ihrer *Leugnung* anderseits versagen heute zwar angesichts der ergangenen positiven grundgesetzlichen Entscheidung. Sie sind aber weiterhin von Belang, um die verfassungsrechtliche Funktion der RPZ im Grundgesetz und die Stellung iher höchsten Inhaber, der Verfassungsgerichte des Bundes und der Länder, zu deuten.

a) RPZ gilt als *Instrument des Verfassungsschutzes*, indem die Gerichte zur Prüfung der Normen am Maßstab der Verfassung berufen und befugt, ja verpflichtet werden, einer als verfassungswidrig erkannten Norm die Anwendung zu versagen. Wenn die Verfassung über andere, automatisch wirkende Schutzeinrichtungen ihrer selbst nicht verfügt, insbesondere ein besonderer pouvoir constituant nicht existiert und verdeckte Verfassungsänderung und Verfassungsdurchbrechung unter bloßer Beobachtung bestimmter Abstimmungserfordernisse legale Erscheinungen sind, wird der RPZ der maßgebliche Auftrag zugedacht, ein „Hüter" der Verfassung[18] vor Angriffen ihrer eigenen Gesetzgebungsgewalt zu sein.

b) Wo *Gewaltenteilung* im Sinne von Gewaltenhemmung und -balancierung der Verfassung zugrundeliegt, gilt die RPZ als „check" gegenüber dem Primat der Legislative und als „Arrêtierung" der Exekutive, wenn diese kraft gesetzgeberischer Ermächtigung zum Erlaß von Normen in Gestalt von Rechtsverordnungen kompetent wird und dazu neigt, „amplificare suam delegationem".

---

[17] Art. 137, Begründung 57.

[18] *Carl Schmitt*, Der Hüter der Verfassung (1931) 12ff.

c) In Verfassungen, die durch Grundrechtsgewährleistung den ursprünglichen Sinn des liberalen Verteilungsprinzips zwischen privatem und öffentlichem Bereich zu verwirklichen trachten, dient die RPZ als *Mittel des Individualschutzes* gegen grundrechtsaushöhlende und ungleich wirkende Gesetzgebung ebenso wie gegen Übergriffe der Exekutive in Bereiche des Gesetzesvorbehalts.

d) Wo die RPZ in der Stufe des Oberstaates konzentriert und bei *einem* Gericht monopolisiert wird, hat sie auch die *Aufgabe, bundesstaatliche Prinzipien* und die *Einheit* der bundesstaatlichen *Rechtsordnung zu sichern.* Wenn die Initiative zur Auslösung und Handhabung der RPZ in abstracto, d. h. unabhängig von ihrer Anwendung in einem konkreten Rechtsstreit, einer Parlamentsminderheit vorbehalten wird, wirkt sie zugleich als Instrument des parlamentarischen Minderheitenschutzes, und in Fällen anderer Initiative öffentlicher Einrichtungen und hoher Staatsorgane als Verfassungsgerichtsbarkeit i. e. S.

e) Neuerlich, und seit 1945 in verstärktem Maße, bietet sie sich und den Verfassungen an, um dem einzelnen, der zum *Widerstand gegen Verfassungsverletzung* aufgerufen ist, prozessuale Chance zur Verfassungsrüge zu geben, wo sein Widerstandsrecht im übrigen durch das Risiko Gefahr läuft, kraft „vorläufiger Vollstreckbarkeit" auch des fehlerhaften Verwaltungsaktes und einstweiliger Geltung auch des fehlerhaften Gesetzes illusioniert zu werden.

f) Der *Vorwurf,* eine *Quelle der Rechtsunsicherheit,* richterlicher Willkür, der Rechtsveruneinheitlichung und den Justiz-Kredit schädigender *Politisierung der Rechtspflege* zu bilden, wo die RPZ nicht monopolisiert und als Prüfungsmaßstab auch überpositive Wertung zugelassen wird, macht die Gegner der RPZ ohne Zweifel zu Verteidigern hoher Güter. Die Erfahrung anderer Staaten, die RPZ vermöge den sozialen Fortschritt des Gesetzgebers aus konservativer und retrospektiver Beharrlichkeit der Rechtsprechung zu hemmen, und sie stelle letztlich polilische Wertung, nicht Rechtsfindung dar, sie werfe sich also zu einem *Gegen-Gesetzgeber* auf, überantworte mithin die letzte Verfassungsentscheidung einer Gewalt, die im Politischen „en quelque façon nulle" sein müsse, bezweifelt die „Eignung" der dritten Gewalt aus soziologischen und verfassungsrechtlichen Gründen.

g) So streiten für und gegen RPZ in der deutschen Auseinandersetzung ihrer Anhänger und Gegner nahezu alle Momente, die auch die ausländische Erörterung des Themas befruchtet haben. Als solche — aber nur insoweit, nicht zum Zwecke nur vordergründiger *Verfassungsrechtsvergleichung,* die gerade hier versagt — bieten sie sich der Vergleichung an und vermögen sie auch die Grundlage für exegetische und prognostizierende Kritik des Art. 100 GG zu bilden.

III. Landesrechtliche Regelungen bis zum Grundgesetz

1. Die Bindung des Richters an (und *nur* an) das Gesetz, seine Freistellung von jedwedem anderen, nicht-gesetzgeberischen Befehl, und die nach deutschem Prozeßrecht gegebene Freiheit des Richters zu weitgehenden Inzident-Entscheidungen über Vorfragen anderer Rechtsnatur machen, soweit die RPZ an sich angenommen, sie gesetzgeberisch aber nicht normiert ist, *jeden* Richter eines *jeden* Rechtsstreites zum Inhaber einer „vagierenden"[19] RPZ mit der Möglichkeit, daß er die für die Entscheidung des Prozesses maßgebliche Norm, deren Unvereinbarkeit mit höheren Normen er prüfend feststellt, außer Anwendung läßt. Das hieße *volle RPZ jedes Prozeßgerichts.* Da sie Pluralisierung der Prüfung mit allen unheilvollen Konsequenzen bedeutet, die ihre Gegner anführen (oben II 2f.), versucht die *deutsche Gesetzgebung*, die *seit 1945* die RPZ positiviert, sie zu *konzentrieren* und zu *monopolisieren*, indem sie sie in bestimmten Fällen dem Prozeßgericht entzieht und einzelnen Gerichten besonderen Typs vorbehält. Das ist die Frage nach der gesetzlichen Bestimmung des *Inhabers der RPZ. Vor* dem Grundgesetz findet s ch solche Regelung erklärlicherweise nur in den neuen deutschen Landesverfassungen, die die RPZ anerkennen, also nicht in denen der sowjetischen Besatzungszone, die die Bindung des Richters an das ordnungsgemäß verkündete Gesetz aussprechen, seine *richterliche* Prüfung am Maßstab der Verfassung verbieten und diese dem Landtag (oder einem Landtagsausschuß) vorbehalten[20]. Da diese Regelungen nur auf *Landes*stufe gelten, entbehren sie der bundesstaatlichen Integrationskraft, die Art. 100 GG innewohnt.

2. Ob die RPZ dem Prozeßgericht zusteht oder einem besonderen (Verfassungs-)Gericht vorbehalten wird, hängt ab vom Rang der in ihrer Gültigkeit zweifelhaften Norm einerseits, der prüfungsmaßstäblichen Norm anderseits.

a) Die Vereinbarkeit von Rechtsverordnungen (und Satzungen) mit einfachen Gesetzen incidenter zu prüfen und sie im Falle der Unvereinbarkeit außer Anwendung zu lassen, ist das Prozeßgericht selbst zuständig.

b) Die Vereinbarkeit von Satzungen, Rechtsverordnungen und einfachen Gesetzen mit der Landesverfassung ist der Inzidentprüfung des Prozeßgerichts entzogen und der RPZ des Landesverfassungsgerichts (= LVerfGer) vorbehalten. Sie wird ausgelöst entweder unmittelbar durch das Prozeßgericht selbst[21] — und zwar ex officio und ohne Bin-

---

[19] *Carl Schmitt* a. a. O. 18 Anm. 3: „diffus".

[20] Mark Brandenburg Art. 37; Mecklenburg Art. 64; Sachsen Art. 60; Sachsen-Anhalt Art. 60; Thüringen Art. 43.

[21] Bayern Art. 92; Südbaden Art. 114; Württemberg-Hohenzollern Art. 62.

dung an Parteianträge —, durch die 2. Instanz oder das höchste übergeordnete Gericht[22], bezw. die Landesregierung[23]. Das LVerfGer entscheidet über die Verfassungsmäßigkeit der zweifelhaften Norm in einem vom konkreten Rechtsstreit getrennten *Zwischenverfahren*. Ihm vorauf geht also eine — vom Vorbringen der Parteien unabhängige, an ihre Anträge nicht gebundene, von Amtswegen stattfindende — *Vorprüfung* der zweifelhaften Norm *durch das Prozeßgericht*. Führt sie zur Bejahung ihrer Verfassungsmäßigkeit, so wird der Prozeß unter Anwendung der nunmehr vom Prozeßgericht als zweifels*frei* erkannten Norm entschieden. Nur dann, wenn die Vorprüfung Zweifel läßt oder zur Annahme der Verfassungswidrigkeit der Norm durch das Prozeßgericht führt, ist das Zwischenverfahren auszulösen, hat das Prozeßgericht sich der Sanktionierung seiner Prüfung durch Nichtanwendung der fraglichen Norm zu enthalten und den Prozeß bis zur Entscheidung des Verfassungsgerichts auszusetzen.

c) Nur für diesen Fall fraglicher Normvereinbarkeit mit der *Landes*verfassung ist die *landes*rechtliche Monopolisierung und Konzentrierung der RPZ beim LVerfGer relevant. Vereinbarkeitszweifel im Verhältnis zum Grundgesetz oder Bundesrecht werden von der *Landes*regelung nicht erfaßt. *Ihre* Prüfung und Entscheidung kann im bundesstaatlichen Gefüge nur *ober*staatlich konzentriert und monopolisiert werden, was in Art. 100 GG geschehen ist.

d) Vorprüfung und RPZ führen also, da nur im Rahmen eines anhängigen Rechtsstreites wahrnehmbar und beachtlich, auch *nur* zu *konkreter*, *nicht* zu einer *abstrakten Normenkontrolle*, die der einzelne, ohne Partei eines anhängigen Prozesses zu sein, aus seiner Initiative bei einem Gericht auszulösen vermöchte. Hierzu erklären die Verfassungen nur solche höchsten Staatsorgane und Gremien für befugt, die auch sonst in Verfassungsstreitigkeiten antragsfähig sind (Staatsoberhaupt, Regierung[24], Parlamentsminderheiten[25], Parlamentsfraktionen[26], Gruppen von Stimmberechtigten[27], politische Parteien[28], Körperschaften des öffentlichen Rechts).[29] In diesen Fällen der RPZ im Rahmen eigentlicher Verfassungsgerichtsbarkeit findet abstrakte Normenkontrolle statt, die sich auch in ihrer möglichen Sanktion (Gesetzeskraft des Spruches) von der konkreten Normenkontrolle unterscheidet.

---

[22] Hessen Art. 133; Württemberg-Baden Art. 92; Rheinland-Pfalz Art. 130.
[23] Bremen Art. 142.
[24] Bayern Art. 64; Bremen Art. 140; Hessen Art. 131; Württ.-Hohenz. Art. 66; Südbaden Art. 114; Rheinld.-Pf. Art. 130.
[25] Bremen Art. 140; Hessen Art. 131; Württ.-Baden Art. 91.
[26] Bayern Art. 64; Rheinld.-Pf. Art. 130; Württ.-Hohenz. Art. 66.
[27] Hessen Art. 131.
[28] Rheinld.-Pf. Art. 130.
[29] Bremen Art. 140; Rheinld.-Pf. Art. 130.

e) Die *personelle Zusammensetzung* des höchsten Inhabers der *landesrechtlich* geregelten RPZ variiert, wird indes durchweg bestimmt durch eine Kombination berufsrichterlicher und parlamentarisch-politischer Elemente, von denen diese die Mehrheit besitzen[30]. Nur Bayern (Art. 68) und Baden (Art. 112) kennen volle Besetzung mit Berufsrichtern, die indes auch vom Landtag gewählt werden. Von den Landesverfassungen der sowjetischen Besatzungszone schalten Art. 60 Sachsen-Anhalt und Thüringen Art. 43 ein justizielles Moment der Landtagsausschußprüfung vor, indem sie die Präsidenten der höchsten Gerichte und den Dekan der zuständigen Rechtsfakultät an einer Vorprüfung beteiligen. Einwirkungen des in Art. 94 II GG vorbehaltenen Ausführungs-Bundesgesetzes über den Bundesverfassungsgerichtshof auf die Zusammensetzung der westdeutschen Landesverfassungsgerichte kommen nicht in Betracht.

IV. Der Prüfungsmaßstab des Landesrechts

Der seit 1945 und *vor* dem Grundgesetz positivierte *Prüfungsmaßstab der RPZ* entbehrt zwar noch der Eindeutigkeit, die er heute kraft Art. 1 III, 3 I, 25, 79, 100 in Verbindung mit Art. 31 GG auch für die Länder besitzt, ist indes auch dort bereits orientiert an den Kriterien, die die Erfahrungen von Weimar, der nat.-soz. Periode und der Besatzungszeit angeboten haben.

1. Alle Landesverfassungen der Westzonen setzen den *Maßstab* ihrer selbst, gebieten also richterliche Prüfung im Hinblick auf die Normvereinbarkeit mit *der Verfassung*. Sie unterstellen sämtlich den Vorrang der Verfassung vor anderem (positiven) Recht, das durch entgegenstehendes Verfassungsrecht gebrochen wird. Formalisierung der Verfassungsänderung, Verbot der Verfassungsdurchbrechung oder verdeckten Verfassungsänderung und Integritätserklärung eines unabänderlichen Verfassungsminimums, insgesamt die Anerkennung eines besonderen pouvoir constituant, steigern das Gewicht der Verfassung als Prüfungsfaktor und die Praktikabilität der Kontrolle an ihr als Maßstab.

2. Nach der Problemgeschichte der Weimarer Zeit und der Erfahrung seit 1933 steht und fällt das Institut der RPZ in Deutschland mit der entscheidenden Frage, ob als ihr Prüfungsmaßstab *Wertungen überpositiver Art und Herkunft* — der Verfassung überlegen und übergeordnet — zugelassen sind, m. a. W.: ob der *Gesetzgeber* in seiner legislatorischen Entscheidung *auch ihnen* untersteht und der Richter seinem Gesetz die Anwendung zu versagen hat, wenn Handhabung der RPZ

[30] Bremen Art. 139; Hessen Art. 130; Württ.-Baden Art. 91; Rheinld.-Pf. Art. 135; Württ.-Hohenz. Art. 64. Über die Zusammensetzung der Oberverwaltungsgerichte in den Ländern der brit. Besatzungszone: § 4 brit. MilRegVO 165 (VOBlBritZ 1948, 263).

ergibt, daß der Gesetzgeber diesen Maßstab verletzt hat. Insbesondere haben die konsequenten Verfechter[31] einer weitgehenden RPZ, und zwar unter Berufung auf die nordamerikanische und schweizerische Praxis einer Überprüfung des Gesetzes auf seine „reasonableness", die Bindung auch des Gesetz*gebers* an den Gleichheitssatz behauptet und ihn zum letzten Maßstab der RPZ erklärt. Aus dieser Kombination einer höchsten, überpositiven Bindung aus „Gleichheit" und ihrer Bejahung an sich sollte die RPZ den Charakter eines echten Verfassungselementes erhalten, und gegen diese gewichtige Folgerung, die die Allmacht des Gesetzgebers begrenzt und die richterliche Gewalt kraft RPZ zu seinem „Hüter" bestellt, richten die Gegner der RPZ[32] ihren Kampf. Heute sind sie unterlegen, der Gesetzgeber wird „gebändigt" — wie man glaubt. Indes, konstruktiv gesehen, *nicht* dadurch, daß für ihn und den Inhaber der RPZ überpositive, metaphysische oder „naturrechtliche" Bindungen und Maßstäbe gelten, sondern durch Einbeziehung derartiger Wertungen in die positive Verfassungsentscheidung selbst — also dadurch, daß sie subsumtions-zugänglich werden —, wie das Grundgesetz heute beweist. Die seit 1945 ergangenen westdeutschen Landesverfassungen haben hierzu den Weg bereitet: „Im Geiste der Menschenrechte und sozialer Gerechtigkeit"[33], „der Demokratie und des sozialen Verständnisses"[34], „der Verfassung, dem Gesetz und seinem Gewissen unterworfen"[35], soll der Richter entscheiden, und dem Gleichheitssatz wird auch der Gesetz*geber*[36] unterstellt. Durch die materielle Einbeziehung solcher höchsten Wertungen in die Verfassung selbst, durch Aktualisierung der Grundrechte, die in der Weimarer Verfassung oft erst Monolog, Programm und leges imperfectae waren, und durch Verbindlichkeitserklärung des Gleichheitssatzes auch für den Gesetz*geber*, insgesamt also durch seine Unterwerfung unter die so verstandene „Verfassung", soll der Inhaber der RPZ für ihre Handhabung *in der Verfassung selbst* jetzt seinen höchsten Maßstab finden, ohne auf Naturrecht oder metaphysische Wertung rekurrieren zu müssen. Der nahezu 30jährige deutsche Disput über das Maß der richterlichen Prüfung könnte damit in einer die Praktikabilität der RPZ steigernden Lösung sein Ende finden. Damit ist denn auch dem bemerkenswerten § 1 II der brit MilRegVO 165 (VOBl BZ 1948, 263) Genüge getan, der den Verwaltungsgerichten verbietet, einer Norm deshalb die Anwendung zu versagen, „weil sie nach ihrer Ansicht der Billigkeit oder übergesetzlichen Grundsätzen widerspricht".

---

[31] Insbesondere *Triepel* a. a. O. 26ff. und seine Anhänger.
[32] Unter Führung von *Anschütz* a. a. O. Anm. III zu Art. 109.
[33] Bremen Art. 134.
[34] Hessen Art. 127.
[35] Rheinld.-Pf. Art. 121.
[36] Z. B. Bayern Art. 118, EntschBayVGH, SJZ 3 (1948) 550.

3. Art. 4 WeimRV transformierte die allgemein anerkannten *Regeln des Völkerrechts* in Reichsrecht. Aber niemand, auch der entschiedenste Vertreter der RPZ, hatte daraus die automatische Brechung deutschen Rechts gefolgert, das allgemeinem Völkerrecht widerspreche, und dieses zum Maßstab der RPZ erhoben. Die Prüfung, ob deutsches Recht in diesem Sinne mit dem Völkerrecht vereinbar sei oder nicht, war ausschließlich den *gesetzgebenden* Organen vorbehalten und dem Richter im Rahmen seiner RPZ verwehrt[37]. Seit 1945 führt die deutsche Verfassungsentwicklung[38], auch insoweit nicht ohne Einfluß ausländischer Einsichten, zur Rangüberordnung der allgemeinen Regeln des Völkerrechts über das innerstaatliche Recht mit der Konsequenz, daß jene zunehmend zum Maßstab der RPZ werden, bis das Grundgesetz auch hierzu den Abschluß findet.

V. Landesrechtliche Prüfungswirkungen

Die Mindest*wirkung der* gehandhabten *RPZ* besteht in der konkreten Nichtanwendung der mit höheren Normen als unvereinbar erkannten Rechtsvorschrift. Das RPZ wahrnehmende Prozeßgericht „*suspendiert*" gewissermaßen *sich selbst* von ihrer Anwendung, den Normadressaten von ihrer Befolgung. Die seit 1945 ergangenen Landesverfassungen variieren im übrigen dort, wo die RPZ dem Prozeßgericht entzogen und der Zwischenentscheidung eines Verfassungsgerichts zugewiesen ist, von der bloßen Bindung nur des Prozeßgerichts (aller Instanzen) an seine Zwischenentscheidung[39] über die Bindung *aller* Gerichte und Behörden[40] bis zur Verleihung der Gesetzeskraft[41] an seinen Spruch. Aber auch in diesem letzten Fall stärkster Wirkung erschöpft sie sich darin „abzubauen", und hat sie nicht die Kraft „aufzubauen".

VI. Einwirkungen der Besatzungslage

Auch das deutsche Recht der *RPZ* steht *unter der Wirkung der Besatzungslage.* Ihre Einflüsse haben seit 1945 Niederschlag im positiven Besatzungsrecht gefunden und ergeben sich auch aus allgemeinem Okkupationsrecht.

1. Für die deutsche Gerichtsbarkeit sind sub occupatione Hoheitsakte der Besatzungsmacht grundsätzlich exemt, nicht gerichtsbar, „justizlos". An diesem Prinzip, das zu den überlieferten und allgemein

[37] *Thoma,* HdbDStR II (1932) 144; *H. P. Ipsen,* MDR 3 (1949) 317, 318.

[38] Z. B. Bayern Art. 84; Württ.-Baden Art. 46; Hessen Art. 67; Württ.-Hohenz. Art. 7; Südbaden Art. 57; Mark Brandenburg Art. 37; Sachsen-Anh. Art. 60.

[39] Württ.-Baden Art. 92.

[40] Bayern § 21 VerfGHGes; Südbaden Art. 92.

[41] Bremen Art. 142; Hessen Art. 133; Rheinld.-Pf. Art. 136; Württ.-Hohenz. Art. 65.

anerkannten Regeln des Besatzungsrechts gehören dürfte[42], erweist sich der der occupatio entsprechende Dualismus der Hoheitsgewalten zwischen der Besatzungsmacht einerseits, der (verbliebenen oder wiederhergestellten) Reststaatlichkeit und Resthoheit des besetzten Gebietes anderseits.

2. Die Besatzungshoheit ist absolut, total, nicht gewaltengeteilt, horizontal gesehen: monistisch. Sie wirkt gegenüber dem deutschen Normadressaten einheitlich als Träger von Legislative, Exekutive und Rechtsprechung. Ihre Akte unterscheiden sich nicht notwendig nach Norm und Einzelakt. Die deutsche Gerichtsbarkeit ist nicht zuständig in Sachen, welche die Gültigkeit solcher Akte zum Gegenstand hat. Der deutsche Richter ist auch dort, wo ihm RPZ im übrigen zukommt, *nicht* befugt, Normen der Besatzungsmacht am Maßstab des allgemeinen Völkerrechts, der Haager Landkriegsordnung, anderen Besatzungsrechts höherer Stufe zu prüfen. Das entspricht im Ergebnis der Rechtsprechung der höchsten norwegischen und niederländischen Gerichte aus der deutschen Besatzungszeit 1941—1945[43]. Nur ihre *Auslegung* ist dem deutschen Richter *gestattet*, sofern er damit nicht ihre Gültigkeit in Frage zieht. Umgekehrt: die Qualifikation und Gültigkeitsbehauptung aller ihrer Hoheitsakte steht grundsätzlich autonom und definitiv der Besatzungsmacht zu und ist der Nachprüfung kraft deutscher RPZ entzogen. Damit disponiert die Besatzungsmacht über die vom deutschen Richter anzuwendende Sachnorm und kann sie eine nach deutschem Recht bestehende RPZ in bezug auf das anwendbare materielle Recht begrenzen.

a) *Sie* bestimmt letztlich über die Geltung der *vor* der Kapitulation ergangenen deutschen Sachnormen, und zwar nicht nur unter den Maßstäben des all. MilRegGes 1 und der darin angeordneten Säuberung des deutschen Rechts von nat.-soz. Einflüssen; ihre Einwirkung kann sich auch auf vor 1933 erlassene deutsche Normen erstrecken.

b) Die *seit* der Kapitulation ergangene deutsche Sachnorm untersteht der Geltungskontrolle der Besatzungsmacht, insoweit sie an ihrer Entstehung durch Genehmigung[44], Vetorecht usw. mitwirkt.

c) Deutsche Normen unterstehen in ihrer Anwendbarkeit der Besatzungsmacht auch darin, ob sie mit höherrangigen deutschen Rechtsvorschriften vereinbar sind. Z. B. vermochte die für das Verwaltungs-

---

[42] *H. P. Ipsen*, Laun-Festschrift 83: vgl. jetzt: Gesetz Nr. 13, Gerichtsbarkeit auf den vorbehaltenen Gebieten, Art. 3, der All. Hohen Kommission (ABl 1949, 54).

[43] *H. P. Ipsen*, Laun-Festschrift 83 Anm. 2, 85; *Stödter*, Deutschlands Rechtslage (1948) 257 mit Anm. 322.

[44] Z. B. nach der brit. MilRegVO 57 (AmtsblMilRegDeutschld-BritKGeb 344); hierzu: *H. P. Ipsen*, Gesetz und Recht H. 5 (1947); *ders.*, Raape-Festschrift (1948) 432.

streitverfahren in Ländern der britischen Zone vorbehaltene Zwischenentscheidung der Besatzungsmacht bindend zu bestimmen, daß eine deutsche Gemeindesatzung deutschem Landesrecht widerspreche und daher vom deutschen Richter nicht anzuwenden sei[45].

VII. Anerkennung der richterlichen Prüfungszuständigkeit im Grundgesetz

1. *Verfassungsrechtlich* ist die Anerkennung der RPZ in Art. 100 GG, wie insgesamt die detaillierte Regelung der „Rechtsprechung" in den Art. 92 bis 104 des Abschnittes IX, kennzeichnend für die Aufgabe und Funktion, die das GG der dritten Gewalt zuweist, wobei gerade auch für die RPZ zunächst noch offen bleibe, ob ihr Inhaber uneingeschränkt dieser rechtsprechenden Gewalt zugerechnet werden darf. Die gesetzliche Statuierung der RPZ erscheint derart nicht nur als Berechtigung, sondern als *Verpflichtung* der richterlichen Gewalt, dem Schutz der Verfassung, der Grundrechte und der Gewaltenhemmung zu dienen.

Im Zusammenhang mit Art. 1 III und Art. 3 I über die Gleichheitsbindung des Gesetz*gebers* bedeutet Art. 100 GG eine Positivierung der RPZ und Lösung der wesentlichsten Fragen ihres Geltungsgrundes, ihrer Tragweite und Prüfungsmaßstäbe, ihres Inhabers und Verfahrens, die erkennen lassen, wie sehr bei dieser Regelung die Erfahrungen der Weimarer Zeit, die Arbeiten de lege ferenda, der Theorienstreit und die Verfassungsvorschriften der Länder seit 1945 gegenwärtig waren. Es ist bezeichnend, daß in den Beratungen des Hauptausschusses[46] wiederholt die Autorität des Reichsgerichtspräsidenten *Simons* bemüht und die Verhandlungen des 34. Deutschen Juristentages zitiert worden sind, um juristisch begründeten Abänderungsanträgen zu begegnen. Die Regelung des GG enthält auf diese Weise viel gelehrte und Erfahrungsweisheit, die — geleitet von dem Verlangen, die Gefahr jedweden, bislang erlebten Absolutismus zu bannen — das Institut der RPZ unantastbar zu machen und bekannt gewordene Zweifel seiner Handhabung von Beginn an auszuräumen sucht. Nur die Frage, inwieweit Entscheidungen des Bundesverfassungsgerichts (= BVerfGer), des höchsten Inhabers der RP im Sinne des Art. 100, Gesetzeskraft zukomme, hat das GG bundesgesetzlicher Regelung überlassen (Art. 94 II), während noch bis zur 2. Lesung des Hauptausschusses auch hierfür im GG selbst Bestimmungen vorgesehen waren (Art. 128—2 der 2., Art. 128c der 1. Lesung). Die jetzige Fassung von Art. 94 II geht insoweit auf den Vorschlag des Fünferausschusses für die 3. Lesung zurück (Drucks. Nr. 951, Art. 128—2 i. F. des Redaktionsausschusses). Der „Bonner Stil" abwägender, belesener Juristenerfahrung mit seiner Neigung zum Perfektionismus der Streiterledigung spiegelt sich in gewissem Ausmaß auch in der Regelung der RPZ wider.

[45] *H. P. Ipsen*, Laun-Festschrift 87.

[46] Vgl. die Nachweise in Anm. 47.

2. Art. 100 I GG findet seinen *Vorläufer* bereits in der inhaltlich identischen Bestimmung des Art. 137 I des Herrenchiemsee-Entwurfs (HChS), Abs. III des Art. 100 GG entspricht der Regelung, die Art. 129 II HChS einem Bundesausführungsgesetz vorbehielt, während Art. 100 II GG die Lücke schließt, die Art. 22 HChS offen gelassen hatte, indem er die Frage, *ob* eine Regel des Völkerrechts Bestandteil des Bundesrechts sei und unmittelbar für und gegen den Einzelnen wirke (Art. 25 GG = Art. 22 HChS), ebenfalls der RPZ des BVerfGer unterwirft, was in Art. 137 HChS dahingestellt blieb. Während Art. 137 II HChS das Recht zur Rüge (der Verfassungs- oder Bundesrechtswidrigkeit eines Gesetzes) ausdrücklich jedem am Verfahren irgendeines Gerichts Beteiligten zuerkannte und der rügenden Partei im Verfahren vor dem BVerfGer das Recht auf Gehör zusprach, verzichtet Art. 100 GG insoweit auf ausdrückliche Regelung. Über die Rolle der rügenden Partei im Verfahren vor dem BVerfGer kann das in Art. 94 II GG vorbehaltene Bundesgesetz befinden; das Rügerecht selbst hat Art. 100 GG, wiewohl er es nicht statuiert, nicht ausgeschlossen, es vielmehr im Rahmen des allgemeinen Prozeßrechtes vorausgesetzt.

Die *Materialien des Parlamentarischen Rats* zur Entstehung des Art. 100[47] und seiner für die RPZ wesentlichen Trabantenvorschriften (Art. 1 III, Art. 3 I, Art. 93 I Ziff. 2 und II, Art. 94, 98) sind nicht unergiebig, andererseits wegen der weitgehenden Positivierung der RPZ an sich nicht von dem Gewicht, das den Weimarer Protokollen in der späteren Diskussion pro und contra beigemessen worden ist.

VIII. Die Lösung des Grundgesetzes im allgemeinen

1. Art. 100 GG *bejaht* die RPZ und schließt die in Weimar gelassene Lücke. Streit darüber, ob sie „rechtslogisch" und begriffsjuristisch aus Gewaltenteilung, Ausfertigungsverfahren der Gesetzgebung oder anderen Rechts- und Verfassungsregeln herzuleiten sei, wie das zur Weimarer Zeit vielfältig versucht und überzeugend als unmöglich bezeichnet wurde[48], ist nicht mehr am Platz. Es kommt folglich auch nicht mehr darauf an, die der RPZ entgegengesetzten Begründungen historischer und vergleichender Art dem in Art. 100 GG fixierten Rechtsinstitut gegenüber ins Feld zu führen. Auch der Hinweis auf die Gefahren der Rechtsunsicherheit, richterlicher Willkür und fehlender „Eignung" der Justiz ist insoweit fortan verfehlt. Exegese und Kritik

[47] Hauptausschuß: 1. Lesung, Art. 137, 128e, 128b I S. 3, PR. 12. 48—340; 2. Lesung, Art. 129c, 128—3, 128—1, PR. 1. 49—535; *Synopsis* 1./2. Lesung, PR. Nr. 517; Vorschlag des Fünferausschusses f. d. 3. Lesung des H. A., PR. 2. 49—591; 3. Lesung, PR. 3. 49—604; 4. Lesung, PR. 5. 49—850. Kurzprotokolle des H. A.: 23. Sitzung, S. 4, 5, 7, 8; 37. Sitzung S. 2, 4, 5, 7; 50. Sitzung S. 18; 57. Sitzung S. 53. StenBer. d. Plenums: 2. Lesung S. 185ff., 3. Lesung S. 229ff.

[48] Von *E. v. Hippel* a. a. O. 553 und *Thoma*, HdbDStR I 4ff.

mögen an der positiven Regelung ermitteln, ob das GG diese Gefahren gebannt hat. Die Entscheidung des Bonner Gesetzgebers hat in einer Weise, die der Befriedung, Rechtssicherheit und Kalkulabilität der Rechtsprechung dienen kann, Klarheit und Ergebnis gebracht, so daß Einzelner, Richter und Gesetzgeber mit der Wirksamkeit der RPZ rechnen können und müssen.

2. Die *Motive*, die zur grundgesetzlichen Instituierung der RPZ geführt haben, gehen über dieses Anliegen bloßer Zweifel- und Streitausräumung offensichtlich jedoch hinaus. Das GG sieht in der RPZ ein *Verfassungselement* nicht geringen Ranges. Es macht sich damit die Argumente ihrer Verteidiger der Weimarer Zeit zu eigen: die RPZ diene dem Individualschutz und der Realisierung der Grundrechte, biete gewaltenhemmende Balance und Schutz der Verfassung, auch Schutz der parlamentarischen Minderheit und der Rechtseinheit, wenn die RPZ konzentriert und in letzter Instanz monopolisiert werde. Die Exegese der Bonner Regelung muß ergeben, inwieweit diese Rechtfertigung der RPZ dem Bonner System selbst adäquat oder lediglich restaurativ verwendet und deshalb vielleicht unbegründet ist. Jedenfalls spricht Art. 100 GG deutlich auf die Weimarer Forderungen an, die nach 1945 verstärkt und, durch die Erfahrungen der Jahre 1933 bis 1945 gerechtfertigt, wiederholt wurden.

3. Zum entscheidenden Problem des höchsten *Prüfungsmaßstabes* — der Verfassung allein oder auch überpositiver Bindungen — bringt das GG eine *Lösung*, und zwar eine solche, die die Gegner der RPZ gerade befürchteten und bekämpften, und die ihre konsequentesten Verteidiger als Endziel angestrebt hatten: das GG stellt durch die Bindung auch des Gesetz*gebers* an den aktualisierten Gleichheitssatz und seine verfassungsmäßige Verbindlichkeit diejenige *Kombination zwischen höchstem Prüfungsmaßstab und RPZ* her, die das Institut der RPZ zu einem echten Verfassungselement erhebt. Mit der Bonner Regelung ist eingetreten, was zur Tragweite des Gleichheitssatzes *und* der RPZ wiederholt in Frage gestellt worden ist: die Anerkennung der RPZ macht den Gleichheitssatz erst eigentlich relevant, und erst die aktualisierte Gleichheitsbindung des Gesetzgebers gibt der RPZ mit der Pflicht zu seiner maßstäblichen Berücksichtigung wahres Verfassungsgewicht. Das GG hat beides bewußt und eindeutig vollzogen, und in dieser Erkenntnis ist für das Bonner System insgesamt die *Anschütz*sche These von neuem zu überprüfen: „Die Anerkennung der neuen Lehre (der Gleichheitsbindung auch des Gesetz*gebers* nämlich) würde, verbunden mit dem richterlichen Prüfungsrecht, fast zwangsläufig zu einer *Politisierung der Justiz* führen“[49]. Daß in Art. 100 in Verbindung mit Art. 1 III

[49] *Anschütz* a. a. O. Anm. V zu Art. 109; über die „Vorläufigkeit“ des GG in diesem Zusammenhang vgl. *H. P. Ipsen*, Über das Grundgesetz (1950) 12, 15.

und Art. 3 I GG eine Lösung auch der Frage liegen kann, ob darüber hinaus *überpositive*, *naturrechtliche* Maßstäbe der RPZ zu respektieren sind, wird sich ergeben (unter IX 6b). Der Maßstab der Verfassungs-(Grundgesetz-)mäßigkeit, der unter einem Verfassungssystem wie dem von Weimar angesichts seines Art. 76 und der Verleugnung eines besonderen pouvoir constituant abgelehnt und sogar gegen die Anerkennung der RPZ an sich vorgebracht werden konnte, wird in Art. 79 GG und seiner Formulierung der Verfassungsänderung ebenfalls der RPZ zur Richtschnur gegeben.

4. Die *Eignung* der rechtsprechenden Gewalt, die in der RPZ liegende Funktion wahrzunehmen, wird im GG vorausgesetzt. Art. 94 I GG wird den Charakter des BVerfGer erst *in Verbindung mit dem* in Abs. II *vorbehaltenen Bundesgesetz* hinreichend deutlich zum Ausdruck bringen, wenn feststeht, in welchem Verhältnis Bundesrichter und „andere Mitglieder" seine Zusammensetzung bestimmen und welcher Art und Stellung diese „anderen Mitglieder" sind. Die angeordnete Inkompatibilität zwischen dieser Mitgliedschaft und derjenigen in Gesetzgebungs- und Regierungsorganen von Bund und Ländern (Art. 94 II) kennzeichnet sie noch nicht präzis genug. Art. 97 (Unabhängigkeit) einerseits, Art. 98 II (Versetzung oder Entlassung wegen Verfassungsverletzung) andererseits mögen in Verbindung mit dem Antragsrecht des Bundestages gemäß Art. 98 II auch einer schließlichen Überwachung der richterlichen Prüfung dienen (dazu: X.).

5. Weimarer und späteren Erfahrungen entspricht das *Verbot* bloß *incidenter*, durch das Prozeßgericht wahrgenommener *RPZ*, wenn das Gericht das Gesetz, auf dessen Gültigkeit es bei der Entscheidung ankommt, für *verfassungswidrig* hält. Art. 100 GG konzentriert und monopolisiert in Abs. I die RPZ *in diesem Fall* bei den höchsten Verfassungsgerichten der Länder und des Bundes und sorgt für die Einheitlichkeit der Auslegung des GG bei der Gefahr voneinander abweichender Entscheidungen der Verfassungsgerichte der Länder und des BVerfGer, indem er in Abs. III S. 1 in diesem Fall das BVerfGer für zuständig erklärt. Satz 2 des Abs. III, nach dem das Verfassungsgericht eines Landes bei der Auslegung von *sonstigem* Bundesrecht (außer dem GG) die Entscheidung des Obersten Bundesgerichts einzuholen hat, wenn es von einer seiner oder eines oberen Bundesgerichts Entscheidung abweichen will, trifft *auch*, *aber nicht nur* die Handhabung der RPZ. Dies nämlich in den Fällen *nicht*, in denen das LVerfGer gemäß Art. 100 I, *ohne Landes*recht für *un*vereinbar mit dem GG oder Bundesgesetz zu halten und ohne deshalb das BVerfGer anrufen zu müssen, in der Handhabung seiner RPZ bei der *Auslegung* sonstigen BRechts von der Judikatur des Obersten und der oberen Bundesgerichte ab weichen will.

Andere wesentliche, auch durch die Weimarer Erfahrung aufgeworfene Verfassungs- und Verfahrensfragen der RPZ hat Art. 94 II GG dem Bundesausführungsgesetz überlassen, so die nähere Zusammensetzung des BVerfGer und die Wirkung seiner gemäß Art. 100 ergehenden Entscheidungen (Gesetzeskraft ?).

6. Die Lehren der nat.-soz. Periode[50] wirken in der GG-Regelung der RPZ in ihrer Anerkennung selbst und insbesondere in der *Ausweitung des Prüfungsmaßstabes* nach, der mit der Gleichheitsbindung des Gesetzgebers dem Prüfungsgericht aufträgt, der Willkür des Gesetzgebers zu steuern. Auch der durch Art. 25 und Art. 100 II in Verbindung mit Art. 1 II gegebene *Maßstab der Völkerrechtsgemäßheit* des innerstaatlichen Rechts (Art. 25 S. 2: Die allgemeinen Regeln des Völkerrechts *gehen den Gesetzen*, d. h. allen innerstaatlichen Normen, *vor, brechen diese also*!) erklärt sich u. a. aus der Erinnerung an solche Gesetzgebung, die in der nat.-soz. Periode allgemeines Völkerrecht ignorierte, und die mit Hilfe der RPZ fortan verhindert werden soll: Art. 100 Abs. 2 GG weist dem BVerfGer die Prüfung deutscher Gesetzgebung am Maßstab der allgemeinen Regeln des Völkerrechts zu.

IX. Exegese des Art. 100 des Grundgesetzes

Im einzelnen ergibt sich aus der *Exegese des Art. 100*[51] und seiner für die RPZ maßgeblichen Trabantenbestimmungen folgendes:

1. Art. 100 eröffnet *keine allgemeine zugelassene*, vom konkreten Rechtsstreit unabhängige *abstrakte Normenkontrolle*, die dem Einzelnen die Anrufung des BVerfGer oder LVerfGer mit dem Antrag gestatten würde, die Bundesrechts- oder Verfassungswidrigkeit eines Gesetzes *in abstracto* festgestellt zu wissen. Art. 100 löst die RPZ der VerfGerichte lediglich im Zuge eines *Zwischenverfahrens* aus, das *auf Initiative* (arg. „einholen"!) *des Prozeßgerichts* in Gang gesetzt wird, vor dem ein Rechtsstreit anhängig ist, in dessen Verlauf die Gültigkeit des fraglichen Gesetzes „zweifelhaft" wurde. Eine *abstrakte Normenkontrolle* durch das BVerfGer findet *nur gemäß Art. 93 I Ziff. 2* statt „bei Meinungsverschiedenheiten oder Zweifeln über die förmliche und sachliche Vereinbarkeit von Bundes- oder Landesrecht mit diesem GG oder die Vereinbarkeit von Landesrecht mit sonstigem Bundesrecht", und zwar dies *ausschließlich auf Antrag der Bundesregierung, einer Landesregierung oder eines Drittels der Mitglieder des Bundestages, nicht auf Antrag eines einzelnen.*

---

[50] Aus der Literatur zu dieser Zeit vgl. den in Anm. 3 zit. Aufsatz von *Grundmann* und die in Anm. 14 zit. Dissertation von *Mast* (Schüler von Ed. Kern).

[51] Die Abschnitte VII bis X dieses Referats über die RPZ gemäß Art. 100 GG sind meinem Aufsatz „Grundgesetz und richterliche Prüfungszuständigkeit": DtVerw 1949, 486—492 entnommen.

2. Art. 100 I und II setzt zur Auslösung des Zwischenverfahrens voraus, daß das *Prozeßgericht seinerseits* das *Gesetz*, auf dessen Gültigkeit es bei der Entscheidung ankommt, bereits einer *Vorprüfung* unterzogen hat mit dem Ergebnis, daß es dieses (Landes- oder Bundes-) Gesetz für *un*vereinbar hält mit der Verfassung eines Landes, dem GG oder einem Bundesgesetz. Eine Vorprüfung dieser Art durch das Prozeßgericht mit dem Ergebnis, daß es das fragliche Gesetz mit den genannten Normen höherer Stufe für *vereinbar* hält, *schließt die Auslösung des Zwischenverfahrens* vor den VerfGerichten *aus*. Seine Ingangsetzung durch das Prozeßgericht lediglich, um — aus eigener Initiative oder auf Begehren einer Partei — die ihm selbst *un*zweifelhafte Beurteilung des fraglichen Gesetzes durch das VerfGericht *bestätigt* zu erhalten, erfüllt die Prozeßvoraussetzungen eines Verfahrens vor dem VerfGericht *nicht*. Auch die Inanspruchnahme des BVerfGer gemäß Art. 100 II zur Entscheidung darüber, ob eine Regel des Völkerrechts Bestandteil des Bundesrechts ist und ob sie unmittelbar Rechte und Pflichten für den einzelnen erzeugt, insbesondere ob — im Rahmen der durch Art. 25 hergestellten Überordnung des Völkerrechts über das innerstaatliche Recht — das innerstaatliche Gesetz durch Völkerrecht „gebrochen" wird, setzt voraus, daß das Prozeßgericht nach seinerseitiger Vorprüfung insoweit *Zweifel* hegt, wobei *seine*, *nicht einer Prozeßpartei* Zweifel allein erheblich sind.

3. Anders als Art. 100 III, der von der Absicht abweichender Entscheidung eines Landes*verfassungsgerichts* ausgeht[52], darf und muß das Zwischenverfahren der Abs. I und II von einem *jeden Gericht* ausgelöst werden, vor dem ein Rechtsstreit stattfindet, in dessen Verlauf Gültigkeitszweifel über das die Entscheidung tragende Gesetz auftreten. „Gericht" in diesem Sinne sind alle in Art. 92 GG genannten Gerichte mit Ausnahme desjenigen VerfGerichts, dessen RPZ im Rahmen des Art. 100 im Zwischenverfahren in Anspruch zu nehmen ist. Art. 100 kommt also für Verfahren vor den ordentlichen Zivil- und Strafgerichten, den Verwaltungsgerichten, den besonderen Gerichten (Art. 101 II), und zwar aller Instanzen und ohne Rücksicht auf die Prozeßlage, in Betracht, solange das Verfahren vor diesem Gericht anhängig ist. Nicht-Gerichte, insbesondere also Verwaltungsbehörden, sind weder befugt noch verpflichtet, das Zwischenverfahren des Art. 100 in Gang zu setzen, und zwar auch dann nicht, wenn sie mit Streitentscheidung, also nur „quasi-richterlichen" Aufgaben, betraut sind.

4. Die RPZ des Art. 100 erstreckt sich, wie Abs. I es formuliert, auf „Gesetze", deren Gültigkeit in Frage steht. Die RPZ dient also der

[52] Bis zur 3. Lesung des H. A. einschließlich war vorgesehen, daß unter Nichtachtung des Instanzenzuges gemäß Art. 100 III zu verfahren sei, wenn *irgendein Gericht* eines Landes derart abweichen wollte.

*Normen*kontrolle, da unter „Gesetz" auch in diesem Sinne *jede Rechtsnorm* zu verstehen ist. Auch im Gesetzgebungsnotstand ergehende „Gesetze" im Sinne des Art. 81 GG unterliegen der RPZ[53]. Der Gültigkeitszweifel über eine Rechts*verordnung* oder *Satzung kann* also das Zwischenverfahren des Art. 100 herbeiführen[54], wird diese Folge indes seltener auslösen als der Zweifel über Gesetze im förmlichen Sinn, da die Gültigkeit von Rechtsverordnung und Satzung ihrerseits in der Regel von der Kraft der gesetzlichen Delegation zu ihrem Erlaß abhängt und das Prozeßgericht im Stande ist, bei bloßer Überschreitung der gesetzlichen Delegationsermächtigung der delegiert erlassenen Norm selbst bereits die Anwendung zu versagen. Nur wenn diese Norm selbst eine Landesverfassung, das GG oder ein Bundesgesetz verletzt oder mit ihnen nicht vereinbar ist (also etwa eine Landesausführungsverordnung zu einem Bundesgesetz) und die Nichtigkeit dieser Norm sich nicht bereits aus *Landes*recht *außerhalb* der Landes*verfassung* ergibt, kommt Art. 100 I zur Anwendung. Bei Widerspruch etwa einer Gemeindesatzung mit der Landesgemeindeordnung oder einer Polizeiverordnung mit dem Landespolizeigesetz kann das Prozeßgericht *ohne* Zwischenentscheidung eines VerfGerichts gemäß Art. 100 I die Delegationsnorm selbst außer Anwendung lassen. Die in Art. 80 GG angeordnete Spezialisierung, Limitierung, Kundmachung von Delegationen und die Beschränkung von Subdelegationen werden dabei — über den *un*mittelbaren Geltungsbereich des Art. 80 hinaus — künftig zu beachten sein. Damit ist ein erheblicher Bereich der Normenstufenkontrolle aus der eigentlichen RPZ im Sinne des Art. 100 ausgeklammert und unterliegt weiterhin — wie bereits bisher unbestritten angenommen[55] — der *Inzident*kontrolle des *Prozeß*gerichts, wird also von der Konzentrierung und Monopolisierung der RPZ gemäß Art. 100 *nicht* erfaßt.

Daraus folgt, daß Art. 100 GG drei verschiedene Prüfungsvorgänge umfassen kann: (1) die sog. *Vorprüfung* des Prozeßgerichts darüber, *ob* es Gültigkeits- oder Vereinbarkeitszweifel in bezug auf die für die Prozeßentscheidung maßgebliche Norm hat; (2) die Inzidentprüfung des Prozeßgerichts in bezug auf solche Norm, die sich auf ihren möglichen Widerspruch lediglich zum *Landes*recht *unterhalb* des *Landesverfassungs*rechts erstreckt und bei festgestelltem Widerspruch ohne Zwischenverfahren zu ihrer Nichtanwendung durch das Prozeßgericht führt; (3) die Prüfung kraft RPZ durch das VerfGer des Bundes oder des Landes, wenn die Vorprüfung zu (1) zu Zweifeln in bezug auf Verfassungsrecht des Bundes, eines Landes oder Bundesgesetze geführt hat. Da der Begriff „RPZ" auf jene Tatbestände begrenzt werden sollte, in denen die Prüfung des Gerichts zur „Nichtanwendung" der frag-

[53] *W. Jellinek*, ÖffVerw 1949, 385.
[54] Wie dies auch früher angenommen wurde; vgl. *E. v. Hippel* a. a. O. 562.
[55] *E. v. Hippel* a. a. O. 562ff.

lichen Norm, also zu einer in Nichtbefolgung bestehenden „Sanktion" führen kann, fällt die sog. Vorprüfung zu (1) selbst nicht unter diesen engeren Begriff der RPZ, wohl diejenige zu (2).

5. Ebensowenig ist Art. 100 anwendbar auf die sog. „Prüfung" von *Einzelhoheitsakten*, die *kein Problem der RPZ im eigentlichen Sinne* darstellt[56]. Ob Einzelhoheitsakte höheren Niveaus, sog. *Regierungs- oder politische Hoheitsakte*, also ebenfalls Akte *ohne normativen* Charakter, gleicher „Bestandsprüfung" oder Anfechtbarkeit unterliegen oder ob sie „justizlose Hoheitsakte" darstellen, ist bekanntlich höchst umstritten[57], aber weder eine Frage der RPZ im eigentlichen Sinne noch durch Art. 100 geregelt. Nur in der nat.-soz. Periode, in der durch den Zusammenfluß legislativer und exekutiver Kompetenzen die rechtsstaatliche Differenzierung von Norm und Einzelakt entfiel, wurde die RPZ auch gegenüber solchen Normen, die ihr heute unstreitig unterliegen, mit Begründungen[58] abgelehnt, die im übrigen nur gegen die richterliche Bestandsprüfung politischer Hoheitsakte sprachen und sprechen. Art. 100 GG jedenfalls bringt dieses Problem seiner Lösung *nicht* näher und ist auf solche Einzelhoheitsakte unanwendbar. Eine andere Frage bleibt, ob sie gemäß Art. 19 IV S. 2 GG „justiziabel" gemacht worden sind. Ich bin *nicht* davon überzeugt[59].

6. *Prüfungsmaßstab* sowohl des Prozeßgerichts dafür, ob es Gültigkeitszweifel hegt, als auch des VerfGerichts (des Landes oder des Bundes) sind im Rahmen des Art. 100 I entsprechend dem Stufenrang der zweifelhaften Norm die Verfassungen der Länder, die Bundesgesetze und das GG, wobei unter „*Verfassungs*widrigkeit" auch die „*Grundgesetz*widrigkeit" zu verstehen ist[60], im Rahmen des Art. 100 II die (*allgemeinen*, vgl. Art. 25) Regeln des Völkerrechts.

a) Mit der Instituierung eines besonderen Verfassungsgesetzgebers in Art. 79, der Formalisierung der Verfassungsänderung, dem Verbot verdeckter Verfassungsänderungen und legaler Verfassungsdurchbrechungen hat das GG den noch für das Weimarer Recht bestrittenen Vorrang der Verfassungsnorm vor anderen Normen des Oberstaates eindeutig festgestellt. In erster Linie ist also (nur innerstaatlich und ohne Rücksicht auf die Besatzungslage gesehen) *das GG höchster Prüfungsmaßstab* für die Handhabung der RPZ. Der schon früher[61] als

[56] Vgl. *Bötticher* oben Anm. 2.

[57] Hierzu *H. P. Ipsen*, Politik und Justiz. Das Problem der justizlosen Hoheitsakte (1937); neuerdings *ders.*, ArchÖffR 74 (1948) 506 zu *W. Jellinek*, DRZ 1948, 270.

[58] Vgl. insbes. *Grundmann* a. a. O. 519ff.

[59] Ebenso *Klein* und *Merk* auf der Heidelberger Tagung der VDStR-Lehrer, Oktober 1949.

[60] *Giese*, Textausgabe des Grundgesetzes mit Erläuterungen (1949) Anm. 2 zu Art. 100.

[61] Z. B. von *E. v. Hippel* a. a. O. 552 Anm. 24, 557.

unscharf und unlogisch erkannte Unterschied formeller und materieller Verfassungswidrigkeit, folglich nur formeller oder auch materieller PZ, differenziert oder begrenzt die RPZ nicht. Zur „Verfassung" als Prüfungsmaßstab gehören insbesondere auch die treffend so genannten „hintergründigeren Konstitutionsprinzipien des Verfassungssinnes[62], zu denen etwa das auch für das GG maßgebliche und in der Übergangszeit bis zum Zusammentritt des Bundestages (Art. 122) von den Ländern so vielfältig ignorierte Prinzip des bundesfreundlichen Verhaltens[63] gehört.

b) Aus der Entscheidung des GG über die Aktualität seiner Grundrechte (Art. 1 III), die Bindung der Gesetzgebung an die „verfassungsmäßige Ordnung" (Art. 20 III) und an den Gleichheitssatz (Art. 3 I) kann gefolgert werden, daß der Streit um die Frage, ob *überstaatliche* Normen, Prinzipien des „Naturrechts" oder andere metaphysische Wertungen den höchsten Maßstab der RPZ bilden und das Prüfungsgericht einem Gesetz wegen ihrer Verletzung die Anwendung versagen dürfe und müsse, praktisch seine Erledigung findet. *Denn:* die *materiale* Einbeziehung solcher höchsten Wertungen in ein Verfassungssystem unter Grundrechtsaktualisierung mit gleichzeitiger Verbindlichkeitserklärung für den Gesetz*geber* bedeutet *seine, des Gesetzgebers* Unterwerfung unter die „Verfassung" im so verstandenen Sinne und enthebt den Inhaber der RPZ der Aufgabe, jenseits oder oberhalb der Verfassung stehende Wertmaßstäbe an die zu prüfende Norm anzulegen. Was an Wertungen in der Verfassung seinen Ausdruck findet, ist für ihn beachtlich — nicht weniger, aber auch nicht mehr. Er wird einem Bundesgesetz die Anwendung versagen dürfen und müssen, das als Ausnahme- oder Willkürgesetz dem Gleichheitssatz widerspräche, und ein anderes Bundesgesetz nicht deshalb unbeachtet lassen können, weil es z. B. Parteien undemokratischer innerer Ordnung verbietet, weil es selbst nach überpositiven Wertungen ein solches Verbot für undemokratisch hält. Denn Art. 21 GG selbst hat dieses Verbot als demokratisch ausgegeben — wobei ich also unterstelle, daß die RPZ weder die Positivität des GG im Sinne ihrer Daseinsgeltung noch im Sinne ihrer Verbindlichkeit für ihre Adressaten, mithin ihre Legitimität in beiderlei Gestalt[64], in Zweifel ziehen kann. Es besteht alle Vermutung für die Annahme, daß die Prozeßgerichte und die Inhaber der RPZ den neuerlich seit 1945 wiederholt gesuchten Rekurs an das „Naturrecht" schon aus

[62] *E. v. Hippel* a. a. O. 558.

[63] Hierzu: *H. P. Ipsen*, Rechtsgutachten über die Gesetzgebungszuständigkeit auf dem Gebiet des Rechts der Industrie- und Handelskammern, erstattet der Arbeitsgemeinschaft der Ind.- u. Handelskammern des Verein. Wirtschaftsgebietes (1949, unveröffentlicht) 22ff.; *ders.*, Aktionär und Sozialisierung in Verkehrs- und Energiewirtschaft, Rechtsgutachten zu den MilRegVOen 95 und 148 (1949) 23ff.

[64] *E. v. Hippel* a. a. O. 547, 548.

Gründen der Praktikabilität künftig unterlassen und sich bemühen werden, den letzten Prüfungsmaßstab in der irdischen Positivität des GG selbst zu suchen. Angesichts der konsequenten Bemühung des GG, bislang selten vom Gesetzgeber genannte höchste Postulate in das Gewand staatlicher Verfassungsnormen zu kleiden, werden die Gerichte diesen Weg künftig ungleich leichter beschreiten können als früher. Die Entwicklung muß erweisen, wohin dieser Weg führt — ob zum Verfassungs*schutz oder* zur Verfassungs*auflösung* dadurch, daß die rechtsprechende Gewalt die allein staatsgestaltenden und -bewegenden Exekutiv- und Legislativgewalten paralysiert. Daß das Grundgesetz selbst in einer gewissen Widersprüchlichkeit zwischen positivistischer *Gesetzes-* und freier *Rechts*bindung der Normadressaten schwankt, beweist der Vergleich seiner Art. 3 I, 20 III und 97 I.

c) In Verbindung mit Art. 25, dessen Tragweite die des Art. 4 WeimRV in verschiedenen Richtungen übertrifft, setzt Art. 100 II den Prüfungsmaßstab der „allgemeinen Regeln des Völkerrechts", unter deren *Vorrang* das innerstaatliche Recht fortan stehen und deren Primat zu sichern dem BVerfGer anvertraut wird. Seine Praxis wird ergeben, inwieweit etwa das Bekenntnis zu Menschenrechten als Grundlage auch der Gerechtigkeit in der Welt (Art. 1 II GG) einerseits die künftige deutsche Gesetzgebung bestimmt, anderseits als Inhalt allgemeiner Regeln des Völkerrechts erkannt wird. Den Inhalt völkerrechtlicher Verträge z. B., die mit der Annexion oder Okkupation die Ausweisung der deutschen Bevölkerung stipulieren, wird das BVerfGer selbst dann nicht als allgemeine Regel des Völkerrechts zugrunde legen und deutschem Recht, das vom Heimatrecht der Betroffenen im fraglichen Gebiet ausgeht, vorordnen können, wenn es von sämtlichen (ehemaligen) Feindstaaten vereinbart und den Neutralen anerkannt wurde. Denn Art. 1 II GG stellt die Transformation der Völkerrechtsregeln in Bundesrecht insoweit unter den deutschen Verfassungsvorbehalt der Respektierung der Menschenrechte. Allgemeiner formuliert: *Der Vorrang des allgemeinen Völkerrechts bricht sich am Grundgesetz selbst* und wirkt gegenüber dem Bundesrecht *nur im Rahmen des GG*[65]. Entsprechendes würde etwa gelten für allgemeine Regeln des Völkerrechts, die Handlungen i. S. des Art. 26 GG legalisieren.

d) Der Prüfungsmaßstab der allgemeinen Regeln des Völkerrechts ist *nicht identisch* mit dem des *Besatzungs*rechts, speziell des Besatzungsstatuts (= BesSt). Art. 2 lit. f BesSt zählt u. a. „die Beachtung des GG" zu den Vorbehaltskompetenzen der Besatzungsmächte. Aus der Tatsache, daß diese das GG genehmigt haben, läßt sich zweifellos die

[65] Hierzu *Stödter*, ÖffVerw 1949, 266 unter Hinweis auf die unterschiedlichen Auffassungen im Parlamentarischen Rat; *H. P. Ipsen*, Über das Grundgesetz (1950) 37ff.

Statutfestigkeit des GG, allgemeiner: die Verbindlichkeit des GG für die Besatzungsmächte, *nicht* herleiten. Diese Genehmigung besagt nur: nihil obstat. *Im Gegenteil:* Präambel, Art. 2 lit. f, Art. 3 S. 2, Art. 5 S. 1, Art. 6 sprechen in ihrem Gesamtzusammenhang *gegen* solche allgemeine Bindung der Besatzungsmächte durch das GG. Anderseits können Besatzungsrecht und BesSt Normen enthalten, die *ihrerseits* mit den allgemeinen Regeln des Völkerrechts *nicht* vereinbar sind. Gleichwohl kann der *deutsche* Inhaber der RPZ dem Besatzungsrecht und BesSt insoweit *nicht* kraft Art. 100 II i. V. m. Art. 25 die Anwendung versagen. Das würde heißen, daß die RPZ nicht nur von der (an sich bestehenden) Rangüberordnung des allgemeinen Völkerrechts über das Besatzungsrecht ausgeht, sondern es auch so behandelt, als wäre es dem allgemeinen Völkerrecht nachgeordnetes *Bundes*recht. *Hierzu ist das BVerfGer nicht befugt.* Denn Besatzungsrecht ist und bleibt für jede deutsche Gerichtsbarkeit, auch die des BVerfGer im Rahmen der RPZ, im Sinne seiner Geltungsablehnung „justizlos“[66]. Außerdem haben die Besatzungsmächte in Art. 2 lit. f BesSt die „Beachtung des GG“ *auch insoweit sich* vorbehalten, als sein Verhältnis zum Besatzungsrecht in Frage steht. Hierin, in der vorbehaltenen Inanspruchnahme dieser alleinigen Prüfung und Gültigkeitsfeststellung, liegt ein wesentlicher Sinn dieses Art. 2 lit f. Er ist indes nicht dahin zu deuten, daß die gesamte deutsche RPZ des Art. 100 GG in Bezug auf das innerstaatliche deutsche Recht zur Disposition der Besatzungsmächte steht; hier gilt vielmehr das Prinzip des vorgängigen épuisement du recours interne[67], was im übrigen dem Prinzip des Art. 43 HLKO entspricht. Die eigentliche Aufgabe der deutschen RPZ gegenüber dem *Besatzungs*recht wird erst nach Beendigung der Okkupation unter dem Gesichtspunkt des ius postliminii einsetzen, dessen spätere Wirksamkeit schon heute zu verfolgen, Aufgabe sorgfältiger Beobachtung sein sollte[68].

e) Die Prüfung des in seiner Gültigkeit oder Völkerrechtsgemäßheit zweifelhaften Gesetzes bezweckt, seine Vereinbarkeit mit den prüfungsmaßstäblichen Normen höherer Stufe zu klären. Es ist anzunehmen, daß im Sinne der Rechtsprechung des Staatsgerichtshofs für das Deutsche Reich und jener Grundsätze, die sich darüber allgemein, vor allem

---

[66] *H. P. Ipsen*, Laun-Festschrift 85 = Jahrb. f. internat. u. ausl. öff. R. 1 (1948) 103 vgl. jetzt das in Anm. 42 zitierte Gesetz Nr. 13 d. All. Hoh. Kommission.

[67] *Grewe*, DRZ 1948, 267.

[68] Hieran geht das Buch von *Van Nispen tot Sevenaer*, *L'*occupation allemande pendant la dernière guerre mondiale (1946), problemlos vorüber. — Eine Probe auf die Anerkennung eines deutschen jus postliminii ist die Frage, ob Besatzungsrecht zum „transformierten“ Recht i. S. des Art. 125 GG gehört; hierzu *H. P. Ipsen*, Rechtsgutachten über Ind.- und Handelskammerrecht (oben Anm. 63) unter B 2b aa; *ders.* in: Bundesrecht und Bundesgesetzgebung (1950) 142—144.

auch in der Verwaltungsgerichtsbarkeit, entwickelt haben, solche Merkmale und Entscheidungen des strittigen Gesetzes der Prüfung *unzugänglich* sind, die dem Ermessen unterliegen. Damit sind auch der Wertung des Gesetzes am Maßstab des Gleichheitssatzes *gewisse* Grenzen gesetzt. So wird die *Bedürfnisfrage* des Art. 72 II GG, insbesondere seiner Ziff. 2 (Schädlichkeit *landes*gesetzlicher Regelung für die Interessen anderer Länder oder der Gesamtheit), sowohl im Rahmen des Art. 93 wie dem des Art. 100 der richterlichen Prüfung allenfalls zugänglich sein, insoweit die Grenzen des Ermessens offensichtlich überschritten wurden. Und gemäß Art. 81 etwa wird die RPZ nicht zur Außerachtlassung eines Notstandsgesetzes führen dürfen, weil die Bundesregierung nach Auffassung des BVerfGer die vom Bundestag angenommene Fassung zu unrecht als „unannehmbar“ bezeichnet habe und deshalb das von Art. 81 II fingierte Zustandekommen des Gesetzes widerlegt sei.

7. Die *Wirkung der kraft RPZ* des (B.- oder L.-)VerfGerichts *ergehenden Entscheidung* i. S. des Art. 100 regelt das GG selbst *nicht*. Es überläßt dem in Art. 94 II vorbehaltenen Bundesgesetz zu bestimmen, „in welchen Fällen seine Entscheidungen Gesetzeskraft haben“. Art. 99 HChS erklärte „die Entscheidungen des BVerfGer und seine zu ihrer Durchführung erlassenen Anordnungen“ für alle Gerichte und sonstigen Behörden bindend. Seine Entscheidungen, durch welche die Nichtigkeit eines Gesetzes oder eines Teiles eines solchen festgestellt wird, sollten Gesetzeskraft haben und auf Anordnung seines Vorsitzenden im Bundesgesetzblatt verkündet werden. Das Bundesgesetz gemäß Art. 94 II GG wird die Bindung des Prozeßgerichts als minimale Selbstverständlichkeit des ganzen Zwischenverfahrens lediglich statuieren können; die Bindung der Behörden und Gerichte im übrigen entspricht dem Sinn des Art. 100 III 1. Halbs. und des Abs. II[69]; die Ausstattung seiner Entscheidung mit Gesetzeskraft kann, sofern sie überhaupt — insbesondere für Fälle des Art. 93 I Ziff. 2 GG — angeordnet werden wird, nur „abbauende“, nicht „aufbauende“ Wirkung auslösen, da das BVerfGer insoweit nicht „Gesetz*geber*“, sondern nur „Gesetzes*vernichter*“ ist. „Das BVerfGer kann . . . kein *neues* Recht setzen“ (Begr. zu Art. 99 HChS, Bericht 90) — ein Umstand, der die nur gewalten*hemmende* Wirkung der RPZ sinnfällig hervortreten läßt.

Die hier sog. „Vorprüfung“ kann im Rechtsmittelzuge von jeder Instanz des Prozeßgerichts wiederholt werden, jedoch nur mit der Wirkung, daß sie die Zweifelsfreiheit des fraglichen Gesetzes bestätigt oder die in einer *Vor*instanz *unterbliebene* Anrufung des VerfGerichts *nachgeholt* wird. Eine Wiederholung der Anrufung, damit der Zwischen-

---

[69] Anders offenbar *Karl Schmid*, ÖffVerw 1949, 206, der anzunehmen scheint, daß das BVerfG selbst den *gesamten* Rechtsstreit entscheidet.

entscheidung des VerfGerichts deshalb, weil die höhere Instanz des Prozeßgerichts sie für unzutreffend hält und korrigiert wissen möchte, kommt *nicht* in Betracht. M. a. W.: *die Zwischenentscheidung bindet das Prozeßgericht in allen Instanzen.*

8. *Inhaber der RPZ in den Ländern* gemäß Art. 100 GG ist das „für Verfassungsstreitigkeiten zuständige Gericht des Landes", dessen Verfassung und Verfahren das Landesverfassungsrecht regelt (Bayern: Art. 64, 65, 68, 92 nebst VerfGerHGes; Bremen: Art. 139, 140, 142; Hessen: Art. 130, 132, 133; Württ.-Baden: Art. 91, 92; Südbaden: Art. 112, 114; Rheinl.-Pfalz: Art. 130, 132, 136; Württ.-Hohenz.: Art. 62, 64, 65, 66; die vom GG Art. 100 nicht betroffenen Länder der sowjetischen Besatzungszone kennen keine Verfassungsgerichtsbarkeit, schließen RPZ am Maßstab der Verfassung aus und berufen als zentrales Prüfungsorgan teilweise — in Sachsen und Sachsen-Anhalt — einen Landtagsausschuß; vgl. Sachsen Art. 27, 60 I, Sachsen-Anhalt Art. 25, 60 III, Mark Brandenburg Art. 37 I, Meckl. Art. 64 II; die Inzidentprüfung einer Norm an einer solchen höherer Stufe durch das Prozeßgericht ist an sich nicht ausgeschlossen — arg. Mark Brandenburg Art. 37 I, Meckl. Art. 64 II, Sachsen Art. 60 I, Sachsen-Anhalt Art. 60 II —, darf indes nicht die Verfassungsmäßigkeit eines ordnungsmäßig verkündeten Gesetzes in Zweifel ziehen). *In den Ländern der britischen Zone* sind hierfür z. Zt. die Oberverwaltungsgerichte zuständig (§ 27 lit. d der MilRegVO Nr. 165), ohne damit sagen zu wollen, daß es sich hierbei um eine „Verfassungsstreitigkeit" i. S. dieser Vorschrift handelt, denn Art. 100 I knüpft nicht an diesen Begriff, sondern an die Zuständigkeit des Landesgerichtes „für Verfassungsstreitigkeiten" an — das aber sind die Oberverwaltungsgerichte. Verfassung und Verfahren des *BVerfGer* ergeben sich aus Art. 94 GG und dem in seinem Abs. II vorbehaltenen Bundes-Ausführungsgesetz.

9. Einzelne Gerichte verfahren *bereits heute* gemäß Art. 100 GG und setzen ihr Verfahren danach aus. Das entspricht *nicht in allen* Fällen der Rechtslage, wie sich aus der m. E. zutreffenden Beurteilung des Inkrafttretens des Art. 100 ergibt.

a) Soweit Art. 100 als Inhaber der RPZ *Landes*verfasungsgerichte beruft, ist er gemäß Art. 145 II GG am 24. 5. 1949 in Kraft getreten, da in allen Ländern der Bundesrepublik für Verfassungsstreitigkeiten zuständige Gerichte existieren (vgl. oben 8). Daß die Einheitlichkeit ihrer Rechtsprechung gemäß Art. 100 III Halbs. 1 noch nicht gesichert ist, da das BVerfGer noch nicht fungiert, sollte dem nicht entgegenstehen, da das gleich bedeutsame Ziel einer Konzentration der RPZ in den Ländern, das Art. 100 I verfolgt, nicht lediglich zu Gunsten der noch nicht gesicherten Bundeseinheitlichkeit der Judikatur preisgegeben werden darf. Das in Art. 100 I GG für die Auslösung der landeszentralen RPZ angeordnete Verfahren (Aussetzung, Einholung der Zwischenentscheidung des LVerfGer) geht widersprechenden Vorschriften des Landesrechts nunmehr vor (Art. 123 I GG). Die *Wirkung der Entscheidung* richtet sich nach *Landes*recht und erschöpft sich in den Ländern der britischen Zone — in derzeitiger Ermangelung anderer Vorschriften — in der Bindung des Prozeßgerichts. Das nach Art. 94 II GG zu erlassende Bundes-Ausführungsgesetz wird hieran nichts ändern, da es sich nur auf das Verfahren des BVerfGer beziehen wird.

b) Soweit Art. 100 als Inhaber der RPZ das BVerfGer beruft, ist er noch nicht in Kraft getreten, da dies seine Instituierung gemäß Art. 94 II voraussetzt.

c) Art. 100 GG ist anwendbar auf Rechtsnormen *ohne* Rücksicht auf den Zeitpunkt ihrer Entstehung, also auch auf sog. „Altnormen", die vor Inkrafttreten des GG ergangen sind. Das folgt aus Art. 123—125 GG.

X. *Richterliche Prüfungszuständigkeit und Gewaltenteilung*

In der unter IX bezeichneten Ausgestaltung und Tragweite hat das GG in einer hartnäckigen Konsequenz, die ihm in dieser Richtung auch sonst eigentümlich ist, dem BVerfGer als einer von ihm der „*Rechtsprechung*" zugerechneten Einrichtung höchste Entscheidungsgewalt mit Wirkung auf Legislative und (mittelbar) Exekutive zuerkannt, deren Gewicht auch nicht durch die nur abbauende Kraft seiner Entscheidungen verkleinert wird. Man wird diesem Phänomen auch schwerlich dadurch gerecht, daß die hier wirksame Rechtsprechung als „Nullität" im Sinne des bekannten *Montesquieu*'schen Wortes (Esprit des Lois, XI. Buch Kap. 6), also als „politische Undurchdringlichkeit und Unerheblichkeit"[70] gedeutet wird. Gewiß ist zweifelhaft, was in seinem System der Gewaltenteilung mit dem „en quelque façon nulle" gemeint sei. Indem er die Gerichtsbarkeit weder an Stand noch Beruf bindet, sie nur temporär fungieren läßt und ihre Eigenart, nur auf Fremd-Initiative, nicht spontan, also „passiv-aktiv" zu handeln, in Rechnung stellt, mag sein vielleicht vieldeutiges, jedenfalls vielgedeutetes Wort doch hinreichend „vordergründig" sein. Nach dem GG indes kann das BVerfGer als zentraler und monopoler höchster Inhaber der RPZ *keineswegs als politisch undurchdringlich und unerheblich* gelten. Er ist vielmehr beides: *politisch* durchdringlich, *ja durchdrungen, und* erheblich, und der Zweifel, ob das BVerfGer jedenfalls in *dieser* Funktion mit Recht unter der dritten Gewalt der „Rechtsprechung" rangiert, ist beachtlich. Er beruht auf der Kombination und Häufung von Kompetenzen auch außerhalb der RPZ in seiner Hand und in seiner personellen Zusammensetzung, wobei seine Eigenart, in richterlicher *Prozedur* zu entscheiden, allein diese Zweifel nicht ausräumt. Ich meine

[70] *H. P. Ipsen*, Laun-Festschrift 72 mit Anm. 1.

in erster Linie die „Soziologie" seiner „anderen Mitglieder". Es ist wahrscheinlich, daß sie neben den Bundesrichtern die Mehrheit des BVerfGer bilden werden, und ihre Auswahl durch Bundestag und Bundesrat steht bereits fest (Art. 94 I). Die Unvereinbarkeit ihres Richteramtes mit dem in Regierungs- und Gesetzgebungsorganen schließt nicht aus, daß sie letztlich Geschöpfe der nach Art. 21 GG verfassungsfähig gemachten[71] Parteien sein können. Mag auch in ihrer Person sich die Erfahrung bestätigen, daß die Aufgabe ihres Amtes sie seiner Eigenart assimiliert und verpflichtet, und angenommen werden, daß ihr richterlicher Auftrag ein imperatives Mandat virtuell und effektiv ausschließt — *es bleiben Zweifel über die Gerichts-Qualität des BVerfGer*, die Art. 98 II verstärkt, und Anhaltspunkte dafür, daß die höchste RPZ letztlich eben *keine oder nicht nur richterliche* PZ, sondern materiell solche auch *anderer* Zuständigkeit ist — der Parteien und der von ihnen kreierten Bundesorgane, Bundestag und Bundesrat. Das verdient schon jetzt erkannt zu werden, wenn auf die Gefahren übersteigerter Kompetenzen des BVerfGer in politischen Fragen für den Kredit der krisenanfälligen „Justiz", zu der das BVerfGer gerechnet wird, hingewiesen und das Bekenntnis des GG zur Gewaltenteilung (Art. 20) in Frage gestellt wird, weil die zeitgemäße Form der *Gewaltenteilung* diejenige *der politischen Parteiungen* sei[72], nicht mehr solche eigenständiger Staatsgewalten. Eine *als Rechtsprechung* gewalthemmende Funktion hat die RPZ, wiewohl die Struktur des GG davon auszugehen vermeint, dann nicht mehr, wenn auch ihr zentraler und höchster Inhaber nur noch ein Instrument in der so verstandenen Gewaltenteilung der politischen Parteiungen darstellt. Schon heute muß daher gefragt werden, ob ein Versagen der RPZ in dieser ihrer eminent politischen Aufgabe, mit dem keine Verfassung rechnen will, das aber auch keine Verfassung überraschen darf, wiederum — wie schon einmal, und nicht nur in Deutschland — der wahren richterlichen Gewalt zur Last gelegt werden kann. Auch hierin erweist sich eine *Grenze aller Justiz gegenüber dem Politischen*[73]. Sie vermag nicht alles, und nicht alles, was Justiz genannt wird, *ist* auch Justiz.

---

[71] Zum Problem der Parteien-Konstitutionalisierung vgl. *H. P. Ipsen*, Zum Begriff der Partei, ZGesStWiss 100 (1940) 481ff., *ders.*, Über das Grundgesetz (1950) 21 ff.

[72] *W. Weber*, Weimarer Verfassung und Bonner Grundgesetz (1949) 25ff., 21.

[73] *Carl Schmitt* a. a. O. 22ff.; *H. P. Ipsen*, Politik und Justiz 210ff., 285ff.

DAS VERHÄLTNIS VON REGIERUNG UND PARLAMENT

Von Dr. Hermann von Mangoldt
ord. Professor an der Universität Kiel

Literatur: *W. Wegener*, Die neuen deutschen Verfassungen (1947) — *Dennewitz*, Die Verfassungen der modernen Staaten II u. III (1948) — *Schultes*, Die Verfassung des Landes Thüringen (1947) — *Nawiasky-Leußer*, Die Verfassung des Freistaates Bayern vom 2. 12. 1946 (1948) 32ff. — *Nebinger* u. a., Kommentar zur Verfassung für Wüttemberg-Baden (1948) 206ff. — *Steiniger*, Das Blocksystem. Beitrag zu einer demokratischen Verfassungslehre (1949) — *Katz*, Die Gesetzgebung des Bundes: ÖffVerw 2 (1949) 276 — *H. v. Brentano*, Der Bundestag und der Bundesrat: ÖffVerw 2 (1949) 270 — *K. Schmid*, Die politische und staatsrechtliche Ordnung der Bundesrepublik Deutschland: ÖffVerw 2 (1949) 201 — *W. Strauß*, Der Bundespräsident und die Bundesregierung: ÖffVerw 2 (1949) 272.

I.

Der Wandel der Staatsform und der Staatsauffassung, der in Deutschland nach 1945 eingetreten ist, hat trotz der Notwendigkeit, auf vielen Gebieten zunächst aushilfsweise auf die Regierungs- und Verwaltungsformen der Weimarer Zeit zurückzugreifen, nicht ein allgemeines Zurück zu den Verfassungsgestaltungen dieser Zeit zur Folge gehabt. Dafür war die Erinnerung an gewisse Schwächen des Weimarer Verfassungssystems noch zu wach. Auch stand dem die ziemlich weit verbreitete Überzeugung im Wege, daß insbesondere die Weimarer Regelungen des Verhältnisses von Regierung und Parlament dem Aufkommen des nat.-soz. Regierungssystems weitgehend Vorschub geleistet hätten oder doch zum mindesten eine günstige Grundlage dafür gewesen wären. Beim Aufbau des Verfassungsrechts nach 1945 sind vielmehr, insbesondere, soweit die Beziehungen von Regierung und Parlament in Frage stehen, zum Teil völlig neue Wege beschritten worden. Um dieses neue Verfassungsrecht besser verständlich zu machen, wird es zweckmäßig sein, zunächst in einigen kurzen Strichen ein Bild von der Ausgangsposition der Verfassunggeber der Gegenwart zu zeichnen und dann erst an die eigentliche Darstellung des Verfassungsrechts zu gehen.

1. Die Verfassunggeber haben verständlicherweise vor allem unter dem Eindruck gestanden, daß das deutsche Volk vor einem autoritären Regierungssystem wie dem der Hitlerzeit geschützt werden müsse. In erster Linie haben sie es daher gegen eine Wiederholung jenes Absolu-

tismus der Exekutive zu sichern gesucht, der jene Zeit besonders kennzeichnet. Deshalb wurden die Regierungen überall weitgehend unter die Kontrolle der Parlamente gestellt und mehr oder weniger in Abhängigkeit von ihnen gebracht. In den Westzonen war man darüber hinaus bestrebt, überhaupt jeden Absolutismus irgend eines Organs zu verhüten. Der Grundsatz der *Gewaltenteilung* ist hier möglichst weitgehend durchgeführt. Die Parlamente sind streng auf die Gesetzgebung beschränkt. Als Gegengewicht ist ihnen eine starke Regierung gegenübergestellt. Auch der Gefahr eines Parlamentsabsolutismus war man sich in Deutschland bewußt geworden. Daher nun das Bestreben, ihn unter allen Umständen zu verhindern. Die Länder der russischen Besatzungszone sind hier allerdings nicht den gleichen Weg gegangen. Dort sind verfassungsrechtlich die Parlamente in viel stärkerem Maße als in den Westzonen als oberste Organe ausgestaltet. Das hat verfassungstheoretisch zur Folge, daß die Regierungen stärker von ihnen abhängig sind. Die Verfassungswirklichkeit mit ihrem durch das Blocksystem gegebenen Programm der „Schaffung eines homogenen parlamentarischen Plenums"[1], d. h. einer gewissen einheitlichen Ausrichtung sowohl der Parteien wie der Presse, scheint hierzu allerdings im Widerspruch zu stehen. Sie zeigt nach unseren westlich-liberal-rechtsstaatlich demokratischen Auffassungen gewisse autoritäre Züge.

2. Neben der — jedenfalls für die Westzonen — festzustellenden Tendenz, zwischen Parlament und Exekutive möglichstes Gleichgewicht herzustellen, geht — veranlaßt durch andere noch in aller Erinnerung lebendige Erfahrungen — das Bestreben einher, der *Staatsführung* möglichste *Stabilität und Kontinuität* zu verleihen. Man versucht, die Regierungen von parlamentarischen Krisen möglichst unabhängig zu machen und dadurch eine konstante Regierungspolitik zu gewährleisten. Daß das nat.-soz. Regierungssystem sich ohne größere Schwierigkeiten durchsetzen konnte, wird von vielen auf die ständigen Regierungskrisen der Weimarer Zeit und den Unwillen der Bevölkerung darüber zurückgeführt. Man erinnert sich, daß besonders in der späteren Zeit meist in ihren Zielen völlig gegensätzliche, nur im Negativen einige Mehrheiten den Sturz der Regierungen herbeiführten und daher nichts an ihre Stelle setzen konnten. Gegenüber der Furcht vor solch destruktiver Wirkung des Mißtrauensvotums gerät sogar da und dort vielleicht einmal der Gedanke in Vergessenheit, daß man sich vor einer allzu autoritären Exekutive schützen müsse. Nur die Anklage vor dem Staatsgerichtshof bleibt dann noch ein Mittel, um Regierungsmitglieder, welche ihre Macht mißbrauchen, zur Verantwortung zu zwingen.

3. Noch ein dritter Gedanke steht fast überall hinter den Gestaltungen des neuen Verfassungsrechts. Mittels der *Zuständigkeitsverteilung*

---

[1] So *Steiniger* a. a. O. 26, vgl. auch 13 und 40f.

zwischen Regierung und Parlament wird versucht, einen heilsamen Zwang auf die Abgeordneten wie auf die Regierungsmitglieder zur ordnungsgemäßen Erfüllung ihrer Pflichten auszuüben. So sind die neuen, gegen rein destruktive Mehrheiten gerichteten Verfassungssätze zu verstehen. Sie nehmen den Repräsentanten des Volkes die Möglichkeit, sich nur im Negativen zu vereinigen und bringen ihnen dadurch ihre Verantwortung zum Bewußtsein. Darin liegt auch begründet, daß den Regierungen ein Notverordnungsrecht entweder völlig versagt oder nur für den äußersten Notfall gewährt wird. Die Legislative kann sich nicht wie unter der Weimarer Verfassung darauf verlassen, daß bei ihrem Versagen die Regierung die dringendsten Gesetze allein und ohne ihre verantwortungsbewußte Mitarbeit erlassen kann. Den gleichen Zwecken dient es ferner, wenn in strenger Durchführung der Gewaltenteilung den Regierungen keine allgemeine Ermächtigung zum Erlaß von Rechtsverordnungen verliehen wird.

4. *Schrifttum*, das diese Fortentwicklung seit 1945 erfaßt, lag bisher nur in sehr beschränktem Umfange vor[2]. Erst seit dem Bonner Grundgesetz beginnt sich die staatsrechtliche Literatur wieder mehr zu regen. Quellenmäßig läßt sich die nachfolgende Darstellung daher nur in sehr geringem Umfange belegen. Denn auf die alte Literatur zurückzugreifen, hatte unter den geschilderten Verhältnissen wenig Sinn.

II.

Es ist nunmehr an Hand einer mehr ins einzelne gehenden Darstellung des Verfassungsrechts in Bund und Ländern zu zeigen, welchen Ausdruck die in den einleitenden Ausführungen herausgearbeiteten Grundgedanken im neuen Verfassungsrecht gefunden haben. Dabei soll das Verfassungsrecht in Bund und Ländern getrennt behandelt werden. Das empfiehlt sich, weil das Verfassungsrecht des Bundes sehr merklich und im Grundsätzlichen von dem der Länder abweicht.

1. a) Für den *Bund* sind die maßgeblichen Rechtssätze im Grundgesetz für die Bundesrepublik Deutschland vom 23. Mai. 1949 (= GG) enthalten. Das hier gewählte Regierungssystem kann man als *abgeschwächtes parlamentarisches System* bezeichnen. Es zeigt deutlich den Einfluß der oben in den Vorbemerkungen als maßgeblich bezeichneten Komponenten. Zwar legt das GG in keiner seiner Bestimmungen ausdrücklich fest, daß die Bundesregierung des Vertrauens des Bundesparlaments bedarf. Aber es ergibt sich das doch daraus, daß der Bundeskanzler vom Bundestage, und zwar grundsätzlich mit absoluter Mehrheit zu wählen ist (Art. 63), daß der Bundestag unter bestimmten Voraussetzungen den Bundeskanzler durch ein Mißtrauensvotum zum Rück-

---

[2] Vgl. das Literaturverzeichnis am Anfang des Berichts.

tritt zwingen (Art. 67) und daß auch der Bundeskanzler von sich aus die Vertrauensfrage stellen kann mit der Folge, daß der Bundestag aufgelöst werden kann, wenn sie verneint wird (Art. 68). Bemerkenswert ist dabei, daß das Mißtrauensvotum wie die Vertrauensfrage stets nur die Person des Kanzlers selbst betreffen dürfen. Ein Mißtrauensvotum gegen einzelne Minister sieht das GG nicht vor. Die Erfahrungen der Weimarer Zeit haben zu sehr gelehrt, daß es oft gerade die tüchtigsten Regierungsmitglieder treffen und dadurch die Regierung mehr oder weniger aktionsunfähig machen würde. Insbesondere in so schwierigen Zeiten wie denen der Gegenwart läßt sich nicht ohne tiefeingreifende, nicht immer populäre Maßnahmen regieren. Die Folge davon werden aber wachsende Widerstände im Parlament sein, und aus ihnen könnten sich nur allzu leicht unablässige Ministerkrisen ergeben. Davor muß der Kanzler gesichert werden. Ihm dürfen nicht fortlaufend die Männer aus seiner Regierung genommen werden können, die sich an den neuralgischen Punkten für die Durchführung seines Regierungsprogramms einsetzen. Dadurch würde jede erfolgreiche Regierungstätigkeit zum Wohle des Ganzen in Frage gestellt werden können. Der Kanzler muß auch die genügende Freiheit behalten, sich mit Männern seines Vertrauens zu umgeben, denn nur dann wird bei der Selbständigkeit, die das einzelne Regierungsmitglied bei der Fülle der von einer Regierung heute zu erledigenden Aufgaben notwendigerweise genießen muß, die erforderliche Zusammenarbeit zu gewährleisten sein. Aus diesen guten Gründen geht Art. 64 I GG davon aus, daß es in des Kanzlers freier Entscheidung liegen müsse, wen er zur Ernennung zum Minister oder zur Entlassung aus diesem Amt vorschlägt. Dieser Artikel bestimmt, daß die Bundesminister auf Vorschlag des Bundeskanzlers vom Bundespräsidenten ernannt und entlassen werden. *Mittelbar* bleibt trotzdem die ganze Regierung und auch das einzelne Mitglied *von dem Vertrauen des Parlaments abhängig.* Denn dieses kann jederzeit die Zusammensetzung der Regierung als Ganzes oder das Verbleiben eines einzelnen Mitgliedes zum Gegenstand der Vertrauensfrage gegenüber dem Kanzler machen. Daher wird der Kanzler auch schon bei der Regierungsbildung Fühlung mit der ihn tragenden Mehrheit des Parlaments suchen. Andrerseits wird sich dieses bei auftauchenden Schwierigkeiten mit einzelnen Ministern stets vor die Frage gestellt sehen, ob es daraus eine Kabinettsfrage mit allen Schwierigkeiten einer neuen Regierungsbildung machen will, und dadurch ganz besonders zu Besonnenheit und Ausschaltung aller momentanen Verstimmungen angehalten werden. Erscheint nur eine ernste Warnung an den Kanzler erforderlich, so kann diese durch den Beschluß, ihm die Mißbilligung auszusprechen, erfolgen. Dann und wann wird dadurch vielleicht dem Kanzler auch die erwünschte Gelegenheit gegeben sein, sich von einem ungeeigneten Regierungsmitglied zu trennen.

Diese vorgenannten politischen Funktionen gegenüber der Bundesregierung hat nach dem GG aber nur der Bundestag. Dem Bundesrat, einer Art zweiter Kammer mit gesetzgeberischen und verwaltenden Funktionen[3], sind sie nicht zugestanden.

Unter gewissen Umständen ist nach dem GG aber auch eine *Minderheitsregierung* möglich, die nicht das Vertrauen der Mehrheit des Bundesparlaments besitzt. Das GG unterscheidet zwei solche Fälle. Findet keiner der Kandidaten für die Bundeskanzlerwahl auch in einem zweiten Wahlgang die absolute Mehrheit, so gilt im dritten Wahlgang derjenige als gewählt, der die meisten Stimmen erhält (Art. 63 IV). Das kann ein nur von einer Minderheit getragener Kanzler sein. Ferner braucht ein Bundeskanzler, dessen Antrag, ihm das Vertrauen auszusprechen (Art. 68 GG), keine absolute Mehrheit findet, wie sich aus Art. 67 in Verbindung mit Art. 81 ergibt, trotzdem nicht nur nicht zurückzutreten, sondern er kann unter den Voraussetzungen des Art. 81 sogar dringliche Gesetzesvorlagen nur mit Zustimmung des dann an die Stelle des Bundestages tretenden Bundesrates durchsetzen. Eine derartige Minderheitsregierung muß indes zurücktreten, sobald es der absoluten Mehrheit des Bundestages gelingt, sich über den Nachfolger des Bundeskanzlers zu einigen und einen Nachfolger zu wählen (Art. 67 I GG). Die Minderheitsregierung ist also nur eine Aushilfslösung für Zeiten, in denen obstruierende, in ihren Zielen gegensätzliche oder sonst zu einer Regierungsbildung nicht fähige Parteien die Mehrheit erlangen und es dadurch unmöglich wird, die im Vertrauen der absoluten Mehrheit liegende sicherere Grundlage für eine konstante Staatsführung zu erreichen.

Trotz dieser Abhängigkeit vom Vertrauen des Bundestages, der im gegenwärtigen Staatsaufbau der höchste Träger deutscher Staatsgewalt ist, ist die *Bundesregierung* aber doch *nicht bloß ausführendes* Organ. Vielmehr leitet sie ihre staatsleitenden und exekutiven Befugnisse unmittelbar aus dem GG ab. In Art. 20 II GG ist ausdrücklich festgestellt, daß die grundsätzlich vom Volke ausgehende Staatsgewalt außer durch dessen unmittelbares Tätigwerden in Wahlen und Abstimmungen durch besondere Organe der Gesetzgebung, der vollziehenden Gewalt und der Rechtsprechung ausgeübt wird. Das heißt, nach den Grundsätzen der Gewaltenteilung steht die Bundesregierung als selbständiges Organ neben dem die Legislative ausübenden Bundesparlament. Selbständigkeit bedeutet allerdings nicht, daß keinerlei Beziehungen und Abhängigkeiten zwischen den beiden Organen gegeben wären. Das wäre mit der im Grundgesetz verwirklichten *Herrschaft des Rechtsstaatsgedankens* nicht vereinbar. Im Interesse der Sicherung des objektiven Rechts und des Schutzes des einzelnen ist vielmehr das

[3] Vgl. dazu *Brentano* a. a. O. 271.

Verhältnis der beiden Gewalten durch ein System gegenseitiger Hemmungen bestimmt, die der Erhaltung des Gleichgewichts zwischen ihnen dienen. Jede Übermacht der einen Gewalt über die andere soll dadurch verhindert werden. Die schon erwähnte Sorge vor jedem Absolutismus findet hierin ihren Ausdruck. Deshalb die bereits behandelte Abhängigkeit des Bundeskanzlers vom Vertrauen des Bundestages mit der Folge, daß die Ämter des Bundeskanzlers und der Bundesminister in jedem Falle mit dem Zusammentritt eines neuen Bundestages, das Amt der Bundesminister auch mit jeder anderen Erledigung des Amtes des Bundeskanzlers endigt (so Art. 69 II GG), und das Recht des Bundestages wie des Bundesrates, jederzeit die Anwesenheit der gewünschten Mitglieder der Bundesregierung verlangen zu können (Art. 43 I und 53 GG). Aus solchen Gründen ist die Bundesregierung auch nicht mit einer allgemeinen Ermächtigung zum Erlaß von Rechtsverordnungen ausgestattet. Sie würde sie nur in die Versuchung gebracht haben, sich in ständig fortschreitendem Maße in den Besitz der gesetzgebenden Gewalt zu setzen. Daher fehlt ihr ferner völlig ein Notverordnungsrecht, das ihr erlauben würde, Gesetze zu geben, wenn die ordentlichen Gesetzgebungsorgane versagen. Diese bewußt gelassene Lücke wird allerdings überbrückt durch das Minderheitsregierungen gewährte Recht, von ihnen als dringlich bezeichnete Gesetzesvorlagen nach Erklärung des Gesetzgebungsnotstandes durch den Bundespräsidenten (Art. 81 GG) an Stelle des Bundestages nur durch den, wie schon erwähnt, eine Art zweiter Kammer bildenden Bundesrat verabschieden zu lassen. Um jeden Mißbrauch auszuschließen, kann der Bundeskanzler von diesem Recht jedoch nur einmal während derselben Amtszeit und nur für eine Frist von 6 Monaten Gebrauch machen. Den genannten Zwecken dient es weiter, wenn die Bundesregierung zum Erlaß von allgemeinen Verwaltungsvorschriften auf Gebieten, auf denen die Länder die Bundesgesetze als eigene Angelegenheit oder im Auftrage des Bundes ausführen, der Zustimmung des Bundesrates bedarf (Art. 84 II, 85 II und 108 VI GG). Eine Kontrolle der Bundesregierung und damit Sicherung des Gleichgewichts bezwecken schließlich auch das Recht des Bundestages, den Haushaltsplan festzustellen (Art. 110 GG), die Aufnahme von Krediten wie Kreditgewährungen zu genehmigen (Art. 115), und die in Art. 114 vorgesehene Entlastung der Bundesregierung für die Haushaltsführung im vergangenen Jahre. Ja selbst dann, wenn die Bundesregierung oder ein Bundesminister durch Gesetz zum Erlaß von Rechtsverordnungen ermächtigt werden, sind diesem Recht noch Schranken gesetzt. Nach Art. 80 I GG ist nämlich eine solche Ermächtigung nur wirksam, wenn der Gesetzgeber bei ihrer Erteilung ihren Inhalt, ihren Zweck und ihr Ausmaß bestimmt hat, und die auf solcher Grundlage erlassenen Rechtsverordnungen selbst sind nur gültig, wenn diese Rechtsgrundlage in ihnen angegeben ist. Ferner bedarf nach

Art. 80 II die Bundesregierung zum Erlaß der großen Mehrheit solcher Rechtsverordnungen noch der Zustimmung des Bundesrats.

b) Wie die angeführte Regelung der Gewaltenteilung des Bonner Grundgesetzes der Macht der Exekutive feste Grenzen setzt, so macht sie auch jeden *Parlamentsabsolutismus* unmöglich. Der Bundestag hat grundsätzlich nur legislative Befugnisse und außer seinen Aufgaben auf den Gebieten des Haushalts- und Finanzwesens keinerlei unmittelbare Verwaltungsfunktionen zu versehen. Indes bedeutet auch hier Gewaltenteilung nicht Ausschluß jeder Einflußnahme auf die andere Gewalt. Dem Parlament steht vielmehr neben dem bereits erwähnten Recht, zu seinen Verhandlungen jederzeit Regierungsmitglieder herbeizurufen, auch ein allgemeines Recht zur Kontrolle der Verwaltungsführung der Regierung zu. Dieses kann allerdings letztlich nur durch Erteilung eines Mißtrauensvotums wirksam gemacht werden. Ferner kann eine Kontrolle durch die Bildung von Untersuchungsausschüssen (Art. 44 GG) ausgeübt werden. Die eigentliche Regierung, d. h. die staatsleitenden Funktionen sind jedoch eindeutig der Bundesregierung anvertraut. Art. 65 GG bringt klar zum Ausdruck, daß der Bundeskanzler die Richtlinien der Politik bestimmt und dafür die Verantwortung trägt. Für die Bundesminister ist ferner an der gleichen Stelle festgelegt, daß sie innerhalb dieser Richtlinien ihren Geschäftsbereich selbständig unter eigener Verantwortung leiten. Andrerseits hat die Exekutive auch starke Einwirkungsmöglichkeiten auf das Parlament. In zwei Fällen steht ihr sogar ein Auflösungsrecht zu. Kommt es bei der Bundeskanzlerwahl im Verfolg des dritten Wahlganges (Art. 63 IV GG) nicht zur Bildung einer Mehrheitsregierung oder wird die nach Art. 68 vom Bundeskanzler eingebrachte Vertrauensfrage nicht von der absoluten Mehrheit bejaht, so kann der Bundespräsident, im letzteren Falle allerdings nur auf Vorschlag des Bundeskanzlers, den Bundestag auflösen. Im Gegensatz zur WeimRV ist dieses Auflösungsrecht aber nur in diesen beiden Fällen gegeben, in denen das Versagen des Parlaments die Aktionsunfähigkeit des gesamten Staatsapparates zur Folge haben würde. Die das Ganze beherrschende Grundtendenz, ein möglichst weitgehendes Gleichgewicht zwischen Regierung und Parlament herzustellen, hat sich also auch hier durchsetzen können. Der Exekutive ist ferner eine sehr weitgehende Möglichkeit zur Einflußnahme auf die Arbeit des Parlaments dadurch gegeben, daß neben dem Bundestag Bundesregierung und Bundesrat das Recht der Gesetzesinitiative haben (Art. 76 I und III GG). Praktisch spielt die Bundesregierung auf diesem Gebiet sogar die ausschlaggebende Rolle. Die meisten Vorlagen werden von ihr vorgelegt werden, da sie allein in der Ministerialbürokratie den Apparat besitzt, der heute für die sachgemäße Vorbereitung von Gesetzen unentbehrlich ist. Es kommt hinzu, daß eine Minderheitsregierung im Wege des Gesetzgebungsnotstandes des Art. 81 für die wichtigsten

Vorlagen gegebenenfalls den Bundestag überhaupt ausschalten kann und daß nach Art. 113 der Bundestag wie der Bundesrat die von der Bundesregierung vorgeschlagenen Ausgaben des Haushaltsplanes nur mit deren Zustimmung erhöhen oder neue Ausgaben beschließen können. Darüber hinaus sind die Voraussetzungen für weitere Einwirkungsmöglichkeiten der Bundesregierung auf das Bundesparlament durch ihr Recht auf jederzeitige Teilnahme und Anhörung an und in den Sitzungen des Bundestages wie des Bundesrates und ihrer Ausschüsse (Art. 43 II und 53 GG) und durch die Verpflichtung der Präsidenten des Bundestages wie des Bundesrates geschaffen, diese Versammlungen einzuberufen, wenn der Bundeskanzler bezw. die Bundesregierung es verlangen. Dagegen ist der Exekutive nicht wie in der Weimarer Verfassung die Möglichkeit gegeben, gegen Beschlüsse des Parlaments das Volk anzurufen, das in einem Volksentscheid seine Entscheidung zu treffen hätte. Andrerseits ist die Bundesregierung auch nicht dadurch in Abhängigkeit von dem Bundestage gebracht, daß verfassungsrechtlich oder gesetzlich die Verpflichtung bestände, zu Mitgliedern nur Mitglieder des Bundestages zu machen.

2. Diese ganzen Regelungen lassen klar das Bestreben erkennen, die *Stabilität der Bundesregierung* zu erhöhen und damit zugleich die Voraussetzungen für eine kontinuierliche Führung der Bundespolitik zu schaffen. Nur im Negativen einige, rein destruktive Mehrheiten des Bundestages, die nicht zugleich die notwendige absolute Mehrheit für die Wahl eines anderen Bundeskanzlers aufbringen, können den Bundeskanzler nicht mehr stürzen. Nach Art. 67 GG ist ein Mißtrauensvotum nur wirksam, wenn gleichzeitig mit absoluter Mehrheit ein Nachfolger gewählt wird. Die für diese Beschlüsse mehr und mehr üblich werdende Bezeichnung eines „*konstruktiven Mißtrauensvotums*“[4] scheint mir allerdings ein Fehlgriff. Ich kann ein Mißtrauensvotum seiner Natur nach nicht für konstruktiv halten, sondern gegebenenfalls nur die nachfolgende Regierungsbildung. Das gleiche gilt für den — soviel ich sehe von *Brentano*[5] — erstmalig verwendeten Begriff des „*positiven Mißtrauensvotums*“. Er klingt fast wie eine contradictio in adjecto. Die Stellung des Bundeskanzlers gegenüber dem Bundestag ist also, wenn man sie mit der WeimRV vergleicht, erheblich gestärkt. Selbst Minderheitsregierungen können im Amt bleiben, nämlich dann, wenn von einer Regierungskoalition absplitternde Parteien sich nicht fähig erweisen, mit der erforderlichen absoluten Mehrheit mit anderen außerhalb der Regierung stehenden Parteien zu einer Einigung über den neuen Bundeskanzler zu gelangen (Art. 67 GG) oder die vom Bundeskanzler selbst gestellte Vertrauensfrage (Art. 68 GG) nicht mit absoluter Mehrheit bejaht wird. Ja, in dem letzteren Falle kann die Minder-

[4] So u. a. *K. Schmid* a. a. O. 205; *W. Strauß* a. a. O. 273; *Katz* a. a. O. 277.
[5] A. a. O. 270.

heitsregierung sogar in dem schon erwähnten Gesetzgebungsnotstand des Art. 81 wichtige Gesetzesvorlagen ohne eine Beteiligung des Bundestages durchbringen. Der Stärkung der Regierung dient auch, daß, wie schon erwähnt, das Mißtrauensvotum gegenüber den Bundesministern ausgeschlossen ist, der Kanzler also ein Kabinett seines Vertrauens sowohl bilden als auch sich erhalten kann.

3. Für das neue Bundesverfassungsrecht kennzeichnend ist schließlich auch der Versuch, durch die Gestaltung der Zuständigkeiten der Bundesorgane auf die in der Legislative vereinigten Repräsentanten des Volkes wie auch die Regierungsmitglieder einen *Zwang zur Erfüllung* ihrer *Pflichten* auszuüben. Das soll dadurch erreicht werden, daß weder das Parlament noch die Regierungen damit rechnen können, daß bei ihrem Versagen ihre Aufgaben oder ein Teil von ihnen von dem anderen Organ wahrgenommen werden können. Damit wird verhindert, daß, wie es unter der WeimRV der Fall war, bei einem Versagen eines Organs eine Störung des Gleichgewichts zwischen den Gewalten eintritt, die eine Gewalt durch das Zuwachsen ihr im Sinne der Gewaltenteilung wesensfremder Aufgaben eine übermächtige Stellung gewinnt, während die andere durch die damit verbundene Ausschaltung mehr und mehr an Bedeutung verliert. Die Gefahren aus einer solchen Störung des Gleichgewichtes sind um so größer, als mit der Übernahme von Funktionen durch die andere Gewalt die Möglichkeiten einer wirksamen Kontrolle ihrer Ausübung so gut wie aufhören. Deshalb ist der Regierung im GG kein Notverordnungsrecht zugestanden, ist die Möglichkeit, Gesetze im Gesetzgebungsnotstand nach Art. 81 zu erlassen, auf 6 Monate nach der ersten Erklärung des Gesetzgebungsnotstandes (Art. 81 III) beschränkt und kann während der Amtszeit eines Bundeskanzlers nur einmal von dieser Möglichkeit Gebrauch gemacht werden. Deshalb ist selbst dort, wo eine gesetzliche Ermächtigung der Bundesregierung zum Erlaß von Rechtsverordnungen vorliegt, dieses Verordnungsrecht, wie bereits dargelegt, durch Art. 80 an strenge rechtliche Schranken gebunden. Darin findet auch das Recht des Bundespräsidenten seine Begründung, in den schon erwähnten beiden Fällen der Art. 63 IV und 68 I den Bundestag aufzulösen. Die Erfahrung lehrt, daß es nicht selten wesentlich dazu beiträgt, einen Abgeordneten an seine Verantwortung zu erinnern, wenn er sich vor den unmittelbar bevorstehenden Verlust seines einflußreichen Amtes gestellt sieht. Aber es muß ihm dazu Zeit gelassen werden. Daher sowohl beim Mißtrauensantrag des Art. 67 wie bei der Abstimmung über die vom Kanzler gestellte Vertrauensfrage (Art. 68) die in Abs. II beider Artikel vorgeschriebene Frist von 48 Stunden zwischen Antrag und Abstimmung. Deshalb erkennt andrerseits das neue Verfassungsrecht ein Selbstauflösungsrecht des Bundestages nicht an. Den gleichen Zwecken, und zwar gegenüber dem Bundestag dient das Einspruchsrecht der im Bundesrat durch weisungsge-

bundene Mitglieder vertretenen Landesregierungen (vgl. Art. 51 I und III) gegenüber den vom Bundestage beschlossenen Gesetzen und die in Abs. II des gleichen Artikels vorgesehene Beratung von Gesetzesvorlagen durch einen gemeinsamen Ausschuß von Bundestag und Bundesrat. Der Einspruch kann nach Abs. IV ebda. allerdings, wenn er mit absoluter Mehrheit beschlossen wurde, von der absoluten Mehrheit des Bundestages, wenn er mit Zweidrittel-Mehrheit beschlossen wurde, von einer Zweidrittel-Mehrheit des Bundestages zurückgewiesen werden. Den gleichen Sinn hat es schließlich, wenn in einer Reihe wichtiger Gesetzgebungs- und Verwaltungsfragen, welche die Interessen der Länder besonders berühren, dem Bundesrat als dem Vertreter der Landesinteressen das volle Zustimmungsrecht gewährt ist; so in den Fällen der Art. 29 VII (Gesetze über das Verfahren bei Änderungen des Gebietsbestandes der Länder), 79 II (Änderung des GG), 84 I und V, 85 I, 87 III (Gesetze über die Behördenorganisation und das Verwaltungsverfahren in den Fällen, in denen die Länder die Bundesgesetze ausführen, und über die Neueinrichtung bundeseigener Mittel- und Unterbehörden), 108 III (Gesetze über Aufbau und Verfahren des Landesfinanzbehörden und die Ausbildung ihrer Beamten), 105 III (Gesetze über Steuern, deren Aufkommen den Ländern oder Gemeinden ganz oder zum Teil zufließt), 106 III und IV (Gesetze über die Einkommen- und Körperschaftssteuer und den Finanzausgleich), 107 (Gesetze über die endgültige Verteilung der Steuern auf Bund und Länder), 134 und 135 (Gesetze, welche die Rechtsnachfolge in das Reichsvermögen regeln, und bei Änderungen im Gebietsbestand der Länder auch Gesetze, welche die Rechtsnachfolge in deren Vermögen regeln), 37 (bei Ausübung des Bundeszwanges), 80 II (zu gewissen Verordnungen der Bundesregierung), 84 III (zur Entsendung von Beauftragten zur Ausübung der Bundesaufsicht über die Länder). Andererseits wird die Bundesregierung durch die Regelung der Vertrauensfrage gezwungen, immer von neuem die Fühlung mit der Mehrheit des Bundestages zu suchen und sich auch zu erhalten. Eine Anklage vor dem Bundesverfassungsgericht wie beim Bundespräsidenten (Art. 61) ist dagegen für den Bundeskanzler und die Bundesminister nicht vorgesehen.

III.

Nach der eingehenden Darstellung des Bundesverfassungsrechts kann der Überblick über das *Verfassungsrecht der Länder* auf eine kurze Skizze beschränkt werden. Dabei soll den Abweichungen besondere Beachtung geschenkt werden. Auf eine besondere Darstellung der drei Stadtverfassungen (Großberlin, Hamburg und Bremen), die nur geringfügige Abweichungen zeigen, soll andererseits ganz verzichtet werden.

1. a) Wie im Bunde, so bedürfen auch in den Ländern die *Regierungen* überall des Vertrauens der Parlamente, d. h. mit Ausnahme der drei

Städte der Landtage. In der Mehrzahl der Verfassungen (nur zwei Länder Nordrhein-Westfalen und Schleswig-Holstein haben noch keine geschriebene Verfassung oder ein Organisationsstatut) ist das ausdrücklich festgestellt. In drei Ländern (Hessen Art. 101, Würtemberg-Baden Art. 70, Rheinland-Pfalz Art. 98, ähnlich aber auch Bayern Art. 45 für die einzelnen Minister) ist ein besonderer Vertrauensbeschluß vor Übernahme der Geschäfte erforderlich, der in Würtemberg-Baden mit absoluter Mehrheit gefaßt werden muß. Im übrigen ergibt sich die *Abhängigkeit vom Vertrauen der Parlamente* daraus, daß die Ministerpräsidenten oder die sonstigen Häupter der Exekutive überall von den Parlamenten gewählt werden, in einer Reihe von Ländern sogar mit absoluter Mehrheit (so Hessen Art. 101, Württ.-Bd. Art 70, Rheinld.-Pf. Art. 98, Baden Art. 78, Württ.-Hohenz. Art 45), daß die Regierung als Ganzes (so Hessen Art. 114 in Verbindung mit Art. 113 und 101 IV, Württ.-Bd. Art. 73, Württ.-Hohenz. Art. 51) oder die einzelnen Minister (Mecklbg. Art. 54, Brandenbg. Art. 31, Sachsen-Anhalt Art. 52, Sachsen Art. 51, Thüringen Art. 31) oder beide (so Rheinld.-Pf. Art. 99, Baden Art. 80, Schleswig-Holst. Landtagsgeschäftsordnung § 31), und zwar nach der großen Mehrzahl der Verfassungen nur mit absoluter Mehrheit von den Parlamenten gestürzt werden können und daß in einigen Ländern beim Zusammentritt eines neuen Landtages die Regierung ihren Rücktritt zu erklären hat (so Württ.-Bd. Art. 70, Württ.-Hohenz. Art. 42 — hier aber nur für den Fall der Auflösung des Landtages durch den Staatspräsidenten —Thüringen Art. 30). Nur in Bayern sind *Mißtrauensvoten* ausgeschlossen. Das ergibt sich daraus, daß nach Art. 44 der Ministerpräsident vom neu gewählten Landtage „auf die Dauer von vier Jahren", d. h. für die Dauer der Wahlperiode des Landtages (siehe Art. 16) gewählt wird und sich nirgends eine Vorschrift über ein Mißtrauensvotum findet, das sonst in allen Verfassungen in besonderen, mehr oder weniger ins einzelne gehenden Vorschriften geregelt ist. In den Ländern der russischen Besatzungszone andererseits ist die Abhängigkeit der Regierung vom Landtage noch stärker betont. Nach Art. 33 der thüringischen Verfassung hat die Landesregierung die Geschäfte des Landes nach den vom Landtage aufgestellten Grundsätzen zu führen, und in den anderen Ländern hat zwar auch der Ministerpräsident die Richtlinien der Politik zu bestimmen, aber nach den vom Landtage aufgestellten Grundsätzen (so Mecklbg. Art. 50, Brandenbg. Art. 30, Sachsen-Anh. Art. 49, Sachsen Art. 48). Hinsichtlich *Bildung und Zusammensetzung der Regierung* sind die Ministerpräsidenten nirgend in ähnlichem Maße von den Parlamenten unabhängig wie der Bundeskanzler der Bundesrepublik Deutschland. Zahl und Geschäftsbereich der Ministerien sind in einer größeren Zahl von Ländern entweder durch die Verfassung festgelegt (so Bayern Art. 49; Änderungen nur mit Zustimmung des Landtages) oder werden durch

Gesetz bestimmt (so Württ.-Bd. Art. 69, Baden Art. 76, Württ.-Hohenz. Art. 52, Thüringen Art. 29) oder können, soweit keine Gesetze darüber vorliegen, nur mit Zustimmung des Landtages beschlossen werden (so Hessen Art. 104, Rheinld.-Pf. Art 105). In einzelnen Ländern ist zur Ernennung jedes Ministers (so Baden Art. 79, Mecklbg. Art. 46, Brandenbg. Art. 29, Sachsen-Anh. Art. 45, Sachsen Art. 26, Thüringen Art. 8) oder zur Ernennung und Entlassung (so Bayern Art. 45) oder nur zur Entlassung (so Hessen Art. 112, Rheinld.-Pf. Art. 98) die Zustimmung des Landtages erforderlich, in anderen Ländern bedarf die Regierung wie schon erwähnt in ihrer Gesamtheit zur Übernahme der Geschäfte der Bestätigung durch den Landtag, in allen Ländern der russischen Besatzungszone und in Rheinland-Pfalz, Baden und Schleswig-Holstein können die einzelnen Minister durch ein Mißtrauensvotum gestürzt werden. Nur in den Ländern Württemberg-Baden (Art. 70) und Württemberg-Hohenzollern (Art. 52) ist die Unabhängigkeit des Ministerpräsidenten gegenüber dem Landtage von ähnlicher Weite wie die des Bundeskanzlers, indem dort die Minister ohne Zustimmung des Landtages ernannt und entlassen werden können und der Regierung, wie schon erwähnt, nur in ihrer Gesamtheit das Mißtrauen ausgesprochen werden kann.

In drei Ländern (Württ.-Bd. Art 73, Baden Art. 80, Württ.-Hohenz. Art. 51) ist ähnlich wie im Bunde eine *Minderheitsregierung* möglich, nämlich dann, wenn der Landtag der Regierung das Mißtrauen ausgesprochen hat, sich aber zur Neubildung der Regierung unfähig erweist. Nach diesen Verfassungen wird in einem solchen Fall der Rücktritt der Regierung erst wirksam, wenn der Landtag einer neuen Regierung das Vertrauen ausspricht. Dagegen ist in Hessen und in Rheinland-Pfalz im gleichen Falle der Landtag aufgelöst, wenn nicht binnen 12 Tagen (so Hessen Art. 114) bezw. 4 Wochen (so Rheinland-Pf. Art. 99) einer neuen Regierung das Vertrauen ausgesprochen wird.

Trotz aller danach gegebenen Abhängigkeiten der Landesregierungen von den Landesparlamenten haben sie rein auf Grund der Tatsache, daß sie wie die Bundesregierung überall ihre Zuständigkeiten unmittelbar aus der Verfassung herleiten können, eine gewisse *Eigenständigkeit.* Diese ist in den Ländern der Westzone größer als in der russischen Besatzungszone. Am stärksten betont ist die Gewaltentrennung in den Verfassungen von Württemberg-Baden und Rheinland-Pfalz, in denen der Grundsatz in einer Verfassungsbestimmung (Art. 48 bezw. Art. 77) Ausdruck gefunden hat. Dagegen zeigen die Verfassungen der russischen Besatzungszone deutlich das Bestreben, den Grundsatz der Gewaltenteilung gegenüber dem Gedanken der Volkssouveränität zurückdrängen. Kennzeichnend dafür sind die Ausführungen von *Schultes*[6], der darauf

[6] A. a. O. 6f.

hinweist, daß eine Durchbrechung des Prinzips der strengen Gewaltenteilung zugunsten einer Verlagerung der Macht auf die demokratische Volksvertretung und das Volk beabsichtigt gewesen sei. Die Selbständigkeit ist in einem Teil der Länder nach einzelnen Richtungen sogar stärker als im Bunde ausgebildet. So haben die Regierungen in den Ländern Hessen (Art. 107, 118), Württemberg-Baden (Art. 86), Rheinland-Pfalz (Art. 110), Württemberg-Hohenzollern (Art. 73), Thüringen (Art. 33), Niedersachsen (§ 8d) ein allgemeines Verordnungsrecht, soweit die Gesetze nichts anderes bestimmen. Nur in den Ländern Bayern (Art. 55 Ziff. 2), Baden (Art. 91, 90 II), Mecklenburg (Art. 22), Schleswig-Holstein (gewohnheitsrechtlich) fehlt wie im Bunde dieses allgemeine Verordnungsrecht. So kennen die Länder Hessen (Art. 110, 125), Württemberg-Baden (Art. 79), Rheinland-Pfalz (Art. 111, 112) und Württemberg-Hohenzollern (Art. 50) ein in seinen Voraussetzungen allerdings sehr verschieden ausgestaltetes Notverordnungsrecht der Landesregierungen bezw. des Ministerpräsidenten oder das Recht zur Außerkraftsetzung bestimmter Grundrechte bei einem Notstand (so Bayern Art. 48 und Hessen, Württemberg-Baden, Rheinland-Pfalz). Andererseits können die Parlamente wie im Bunde jederzeit bei ihren Verhandlungen die Anwesenheit der Minister verlangen und haben überall das Recht zur Bewilligung des Haushalts und von Krediten usw.

b) Wie im Bunde, so sind auch in den Ländern der Westzonen — in den Ländern der Ostzone steht dem die abweichende Grundtendenz entgegen — wirksame Maßnahmen gegen jeden *Parlamentsabsolutismus* getroffen. Die Regierungen sind die Träger der staatsleitenden Funktionen. Die Ministerpräsidenten bestimmen die Richtlinien der Politik und tragen dafür die Verantwortung. In ihren Händen liegt in dem schon angedeuteten Umfang die Ernennung und Entlassung der Minister. Das Recht der Landtagsauflösung ist allerdings der Regierung (dem Staatspräsidenten) nur in Württemberg-Hohenzollern (Art. 42) und nur einmal aus dem gleichen Grunde gegeben. Zudem bedarf es dazu der Zustimmung von zwei Fünfteln des Landtages. In Hessen und Rheinland-Pfalz tritt, wie schon erwähnt, die Landtagsauflösung ipso jure ein, wenn nach einem Mißtrauensvotum nicht binnen einer bestimmten Frist einer neuen Regierung das Vertrauen ausgesprochen wird. Die Regierungen haben aber wie im Bunde andere Einflußmöglichkeiten auf die Parlamente, so durch das Recht der Gesetzesinitiative, das überall gegeben ist, das Recht auf jederzeitige Teilnahme und Anhörung an und in den Sitzungen der Parlamente und ihrer Ausschüsse, das bezeichnenderweise in den Verfassungen der Länder Brandenburg und Thüringen fehlt, und das Recht, die Einberufung des Parlaments zu verlangen. Die Möglichkeit, gegen Beschlüsse des Parlaments das Volk anzurufen, ist den Regierungen nur in den Ländern Württemberg-Baden (Art. 83) und Baden (Art. 94) zugestanden. In Hessen (Art. 119) hat die Regierung das Recht des Einspruchs gegen die Gesetze, der aber vom Landtag mit absoluter Mehrheit zurückgewiesen werden kann.

2. Im ganzen ist also in den Ländern ähnlich wie im Bunde sichtbar der Versuch gemacht, die *Stabilität der Regierungen* stärker als in der Vergangenheit zu sichern. Insbesondere ist gegen destruktive, nur im Negativen einige Mehrheiten Vorsorge getroffen. In den Westzonen sind, wie schon gezeigt wurde, Mißtrauensvoten entweder überhaupt unzulässig (so in Bayern: Regierung auf Zeit) oder werden erst wirksam, wenn einer neuen Regierung das Vertrauen ausgesprochen wird (so Württemberg-Baden, Baden, Württemberg-Hohenzollern), oder es läuft das Parlament doch wenigstens Gefahr, aufgelöst zu werden, wenn es nicht binnen einer bestimmten Frist einer neuen Regierung das Vertrauen ausspricht (so Hessen und Rheinland-Pfalz). Besonders bemerkenswert ist die an zweiter Stelle genannte Regelung. Sie ist der im Bund gewählten Regelung m. E. vorzuziehen. Denn da die Zahl der ministeriablen Personen stets auf einen kleinen Kreis beschränkt sein und bei der Neubildung einer Regierung oft nicht ohne Mitglieder der alten Regierung auszukommen sein wird, kann die Regelung des GG für die Regierungsmitglieder praktisch eine Aufforderung oder gar einen Zwang zur Illoyalität ihrem Regierungschef gegenüber bedeuten, dem sie doch durch besonderes Vertrauen verbunden sein sollten. Diese Bedenken fallen bei der Länderregelung fort. Andrerseits ist die Frage, wie in Zeiten einer Minderheitsregierung die notwendige Gesetzgebungsarbeit durchgeführt werden kann, in Württemberg-Baden und Baden überhaupt nicht gelöst und für Württemberg-Hohenzollern ein Ausweg nur gegeben, wenn zwei Fünftel des Landtages bereit sind, einem Auflösungsdekret des Staatspräsidenten zuzustimmen. In den Ländern der Ostzone aber wird sich wegen der Bildung der Regierungen nach dem Blocksystem, das im übrigen für den Magistrat in Berlin sogar verfassungsrechtlich festgelegt ist (Art. 3 II der vorläufigen Verfassung), praktisch wenig Gelegenheit zu Mißtrauensvoten gegen die Regierung in ihrer Gesamtheit bieten. An innerer Festigkeit kommen, abgesehen von Bayern, die Regierungen nur in den Ländern Hessen, Württemberg-Baden und Württemberg-Hohenzollern, in denen ein Mißtrauensvotum nur gegen die Regierung als ganzes zulässig ist, der Bundesregierung nahe.

3. Schließlich wirken sich auch ähnlich wie im Bunde die in den Länderverfassungen getroffenen Regelungen — allerdings in den Westzonen mehr als in der Ostzone — gegenüber den Regierungen und Parlamenten als ein Zwang aus, sich *nicht der Verantwortung zu entziehen*. Das gilt insbesondere für die Regelung des Mißtrauensvotums in den süddeutschen Ländern außer Bayern. Ein Parlament, dessen Mißtrauensvotum nur rechtswirksam werden kann, wenn es zu einer Regierungsneubildung kommt, oder dessen Mißtrauensvotum zu einer Parlamentsauflösung

führt, wenn es nicht dazu kommt, wird sich ganz besonders zu einer Besinnung auf seine Verantwortung angehalten fühlen und momentane Leidenschaften auszuschalten versuchen. Dahin wirkt auch, daß in den meisten Verfassungen — darunter allen Verfassungen der Ostzone — für den Mißtrauensantrag eine Mindeststimmenzahl vorgeschrieben ist, und die Abstimmung über den Antrag erst nach Ablauf einer festen Überlegungsfrist erfolgen darf. Diesen Zwang zu verantwortlichem Tun hebt auch das bereits an anderer Stelle erwähnte Notverordnungsrecht einzelner Landesregierungen nicht auf. Denn Voraussetzung für seine Ausübung ist entweder, daß ein ungewöhnlicher Notstand vorliegt, der durch Naturkatastrophen oder andere Einwirkungen hervorgerufen ist (so Hessen und Rheinland-Pfalz), oder eine gegenwärtige Gefahr für den Bestand des Staates (so Württemberg-Baden und Württemberg-Hohenzollern). Diese Voraussetzungen werden aber bei einem Versagen des Parlaments bei seinen verfassungsmäßigen Funktionen nicht als erfüllt gelten können. Außerdem können die Notverordnungen, die den Landtagen schnellstens zur Kenntnis zu bringen sind, von diesen in allen Ländern jederzeit wieder aufgehoben werden. Ferner ist, wie schon gezeigt wurde, in einer Reihe von Ländern Vorsorge getroffen, daß die Exekutive sich nicht über ein allgemeines Verordnungsrecht mehr und mehr an die Stelle der Legislative setzen kann. Dagegen ist anders als im Bunde in allen Ländern mit Ausnahme Württemberg-Badens und Württemberg-Hohenzollerns (vgl. für das letztere aber die bereits erwähnte Regelung des Art. 42) ein Selbstauflösungsrecht des Landtages ausdrücklich vorgesehen. Die Motive für die Nichtanerkennung in den ersteren drei Ländern sind ganz ähnliche wie im Bunde. In Württemberg-Baden ist im Verfassungsausschuß der verfassunggebenden Versammlung sogar ausdrücklich gesagt worden[7], es werde „für den Landtag erzieherisch wirken, wenn er die Verantwortung für seine Entscheidungen bis zu seinem natürlichen Ende zu tragen" habe. Bei den Landesregierungen andererseits dient der Erinnerung an ihre Verantwortung die in den westdeutschen Verfassungen für den Fall von Verletzungen der Verfassung oder der Gesetze vorgesehene Anklage vor dem Staats- oder Verfassungsgerichtshof.

Abgeschlossen am 30. September 1949.

[7] Vgl. *Nebinger* a. a. O. 195.

DAS VERHÄLTNIS VON STAATSCHEF UND REGIERUNG

Von Dr. Hermann von Mangoldt
ord. Professor an der Universität Kiel

Literatur: Anschütz, Die Verfassung des Deutschen Reiches vom 11. 8. 1919. Ein Kommentar (14. Aufl. 1932) insbes. 241ff. — *Loewenstein*, Der Staatspräsident: ArchÖffR 75 (1949) 129 — *W. Strauß*, Der Bundespräsident und die Bundesregierung: ÖffVerw 2 (1949) 272.

A.

Einen echten Staatspräsidenten als selbständiges Organ neben der Staatsregierung kennt in Deutschland nur das Verfassungsrecht des Bundes. In den deutschen Ländern herrscht die sog. *Ministerratsverfassung*[1], d. h. oberstes Regierungsorgan ist das Staatsministerium oder die Landesregierung, die Gesamtheit der Minister, der Ressortchefs. Die Funktionen des Staatsoberhauptes werden also nicht von einem von den Ministerämtern getrennten besonderen Organ ausgeübt. Vielmehr liegen sie in den Händen des Kollegiums der Minister, da und dort einzelne Funktionen auch in der des Ministerpräsidenten. Dem Typus der *Konventsregierung*[2] entsprechen nur die Gestaltungen in den Ländern der russischen Besatzungszone. Die Darstellung kann sonach auf das Bundesverfassungsrecht beschränkt werden.

B.

Die maßgeblichen Rechtsvorschriften sind in Abschnitt V „Der Bundespräsident" (Art. 54—61) des Bonner Grundgesetzes (GG) niedergelegt. Doch ist diese Regelung keine erschöpfende. Ähnlich wie in der WeimRV finden sich — gerade für das Verhältnis von Bundespräsident und Bundesregierung — besonders wichtige Bestimmungen auch in anderen Abschnitten, so insbesondere in den Art. 39 III, 63 IV, 68 I, 69 III, 81 und 82. Der Bundespräsident besitzt grundsätzlich nur die hier einzeln aufgeführten staatsrechtlichen Zuständigkeiten. Ihm sind nur einzelne Stücke der Regierungsgewalt übertragen. Alle anderen Teile der Regierungs- und Exekutivgewalt stehen auf Grund einer — allerdings nicht besonders ausgesprochenen — Zuständigkeitsvermutung der Bundesregierung zu. Deren Zuständigkeiten sind gegenüber dem Weimarer Recht erheblich erweitert, während das Amt des Bundespräsidenten an Bedeutung und Macht wesentlich eingebüßt hat.

[1] So *Anschütz*, Kommentar (14. Aufl. 1932) 242 nach *W. Jellinek*, Verfassung und Verwaltung 77.

[2] So *Loewenstein* a. a. O. 160ff.

I.

Das Amt des Präsidenten ist jedoch klar im Sinne des *Präsidialsystems* ausgestaltet. Die starken, besonders in der sozialdemokratischen Partei vorhandenen Strömungen, auf einen besonderen Staatspräsidenten zu verzichten, haben sich in der verfassunggebenden Körperschaft, dem Parlamentarischen Rat, nicht durchgesetzt. Die Mehrheit hat entgegen den Behauptungen jener Partei, daß in einem von fremden Mächten so abhängigen Staatswesen wie dem heutigen Deutschland, einem Staatsfragment, für einen besonderen Staatspräsidenten kein Platz sei, der Einrichtung eines Bundespräsidentenamts besondere Bedeutung zugemessen. Sie hat auch nicht die Auffassung der SPD geteilt, daß mit dem Staatspräsidenten das ganze Staatswesen unter den gegenwärtigen Verhältnissen ständig der Gefahr ausgesetzt sein werde, in seiner Würde verletzt zu werden, sondern in diesem Amt einen wichtigen Faktor zur Sicherung einer Trennung von Legislative und Exekutive und zur Sicherung vor einem Rückfall in autoritäre Regierungsgewohnheiten gesehen. Der Vorschlag, die Funktionen des Staatsoberhauptes vorläufig dem Präsidenten des Bundestages zu übertragen, ist daher der Ablehnung verfallen. Ebenso hat ein Vorschlag, diese Funktionen einem Präsidium zu übertragen, das aus den Präsidenten der beiden Häuser und dem Bundeskanzler zusammengesetzt sein sollte, keine Mehrheit gefunden.

Hinsichtlich der *Form* der Präsidentschaft ist das GG nicht dem Weimarer Versuch gefolgt, plebiszitäres und parlamentarisches Präsidentschaftssystem miteinander zu verbinden und auf diese Weise Regierung und Parlament in dem vom Volke gewählten Staatspräsidenten einen besonders starken Gegenspieler gegenüberzustellen. Die Erinnerung an die Verwendung, die der zweite Reichspräsident unter der WeimRV von seinem Recht zur Entlassung und zur Bildung von Regierungen in den Jahren 1932 und 1933 gemacht hat, hat hier die Verfassunggeber geschreckt. Sie sind daher zur *parlamentarischen Präsidentschaft* übergegangen. Der Bundespräsident erlangt sein Amt durch mittelbare Wahl. Er wird von der Bundesversammlung — den Mitgliedern des Bundestages und einer gleichen Anzahl von von den Volksvertretungen der Länder gewählten Repräsentanten — gewählt (Art. 54 GG).

II.

Trotz aller Abschwächungen in der Machtstellung als Staatsoberhaupt wird der Bundespräsident vom neuen Verfassungsrecht aber nicht zu einer bloß dekorativen Figur gemacht. Nach der Absicht der Verfassunggeber soll er wie unter der Weimarer Verfassung ein *führender und leitender*, keineswegs unverantwortlicher *Staatsmann* (s. Art. 61: Anklage vor dem Bundesverfassungsgericht) — wenn auch mit verminderten Funktionen — sein. Ihm ist maßgeblicher Einfluß auf die Regierungsbildung zugestanden. Bei ihm liegt in Zeiten, in denen es fraglich ist oder wird, ob im Parlament für die Regierung eine tragfähige Mehrheit vorhanden ist, die Entscheidung, ob die Regierung als Minderheitsregierung im Amt zu lassen und ihr gegebenenfalls mit Hilfe des Gesetzgebungsnotstandes für die wichtigsten Vorlagen die Möglichkeit zu gesetzgeberischer Tätigkeit zu geben ist, oder ob durch Auflösung des Parlaments an die Wähler zu appellieren ist. Während sowohl der Herrenchiemseer Entwurf (die Vorarbeiten einer von den Landesregierungen ernannten Sachverständigenkonferenz)[3] als auch ein Zwischenentwurf des Organisationsausschusses des Parlamentarischen Rates die Wahl des Bundeskanzlers unter Ausscheidung jedes Vorschlagsrechts des Bundespräsidenten dem Bundestag überließen, hat nach Art. 63 GG der Bundespräsident das *Vorschlagsrecht für die Wahl des Bundeskanzlers* durch den Bundestag. Im ersten Wahlgang kann der Bundestag diesen Vorschlag nur annehmen oder ablehnen. Erst in dem gegebenenfalls folgenden zweiten und dritten Wahlgang darf er über Kandidaten nach eigener freier Wahl abstimmen. Der Bundespräsident hat hier also eine Möglichkeit, in höchst bedeutsamer Weise auf die Wahl einer Persönlichkeit hinzuwirken. Dieses Vorschlagsrecht gibt ihm ferner auch die Möglichkeit, Einfluß auf die Zusammensetzung der Regierung zu nehmen; denn er braucht einen Kandidaten nur dann vorzuschlagen, wenn er mit diesem vorher Einverständnis über die Regierungsbildung erzielt hat. Andrerseits hat er nach der Wahl des Bundeskanzlers auf die Auswahl der Bundesminister keine Einwirkungsmöglichkeiten mehr. Denn nach Art. 64 muß er die Personen zu Bundesministern ernennen, die ihm der Bundeskanzler vorschlägt. Nach dem Willen der Verfassunggeber sollte gesichert werden, daß der Bundeskanzler sich mit einem Kabinett seines Vertrauens umgeben und sich dieses auch erhalten kann.

Sehr wichtige Entscheidungen sind vom Bundespräsidenten ferner zu treffen, wenn die *Frage einer Minderheitsregierung* auftaucht. Erreicht der bei der Kanzlerwahl im dritten Wahlgang mit den meisten Stimmen gewählte Kandidat nicht die absolute Mehrheit des Parlaments, so hat der Bundespräsident die Wahl, ihn trotzdem zu ernennen, also seine Hand zur Bildung einer Minderheitsregierung zu geben oder durch Auflösung des Bundestages an die Wählerschaft zu appellieren (Art. 63 IV GG). Damit ist eine schwerwiegende, politische Urteilsfähigkeit voraussetzende Entscheidung in seine Hände gelegt. Er muß prüfen, ob nur durch einen Appell an die Wähler eine tragfähige Mehrheit für eine Regierung gefunden werden kann. Er wird diesen letzten schwer-

[3] Vgl. dazu den 1948 im Buchhandel erschienenen Bericht des Verfassungsausschusses der Ministerpräsidentenkonterenz der westlichen Besatzungszonen.

wiegenden Schritt dann nicht zu tun brauchen, wenn erwartet werden darf, daß auch ohne ihn die Regierung erfolgreich tätig werden kann. Das wird anzunehmen sein, wenn entweder mit einer Änderung in der politischen Konstellation gerechnet werden kann oder für eine Neuwahl die öffentliche Meinung zunächst noch vorbereitet werden muß. Andrerseits: Ergibt sich durch Abstimmung über den Vertrauensantrag des Bundeskanzlers erst während der Amtszeit einer Regierung, daß diese sich nicht mehr auf eine tragfähige Mehrheit stützen kann, so kann der Bundespräsident von seinem durch Art. 68 für diesen Fall vorgesehenen Auflösungsrecht nur Gebrauch machen, wenn der Bundeskanzler einen entsprechenden Vorschlag macht. Immerhin hat auch hier der Bundespräsident eine bedeutsame Entscheidung zu fällen. Denn es bleibt ihm die Möglichkeit, den Vorschlag abzulehnen, wenn das Verhalten des Kanzlers, das Anlaß zur Krise gab, vom Standpunkt des Volksganzen nicht zu rechtfertigen war. Dieses Auflösungsrecht erlischt nach ausdrücklicher Vorschrift des Art. 68 I S. 2 aber, so bald der Bundestag mit absoluter Mehrheit einen anderen Bundeskanzler wählt.

Dem Bundespräsidenten ist eine weitere wichtige Befugnis mit dem Recht verliehen, nach Art. 81 GG den *Gesetzgebungsnotstand* zu erklären. Danach hängt es von seiner freien Entscheidung ab, ob einer Regierung, die bei einem Vertrauensantrag des Bundeskanzlers nach Art. 68 nicht die absolute Mehrheit erhielt, trotz eines Sichversagens der Legislative die Möglichkeit zu gesetzgeberischer Arbeit gegeben wird. Der Bundespräsident wird diesen Schritt nur tun dürfen, wenn die Krise von der Bundesregierung nicht unter Mißbrauch der ihr durch das Grundgesetz verliehenen besonderen Machtstellung herbeigeführt worden ist.

Darüber hinaus liegt die *völkerrechtliche Vertretung* des Bundes in den Händen des Bundespräsidenten (Art. 59 GG) — er schließt im Namen des Bundes die Verträge mit auswärtigen Staaten und beglaubigt und empfängt die Gesandten — ihm obliegt auch die *Ernennung und Entlassung der Bundesrichter und Bundesbeamten* (Art. 60 I GG). Bei der Ausübung des letzteren Rechts ist seine Entscheidungsfreiheit allerdings praktisch stark dadurch beschränkt, daß die Entscheidung gewöhnlich auf Grund fester Vorschläge der Ressortchefs erfolgt. Immerhin kann er allein schon durch sein Nein einen bedeutsamen Einfluß auf die Beamtenpolitik ausüben. Er wird von ihm Gebrauch zu machen haben, wenn bei dem Besetzungsvorschlag für eine Stelle unsachliche Motive und nicht allein die fachliche und menschliche Eignung des Bewerbers eine Rolle spielen. Derartige unsachliche Motive sind insbesondere anzunehmen, wenn für einen Vorschlag ausschließlich parteiliche Gesichtspunkte maßgeblich sind. Dem Bundespräsidenten ist weiter die Ausübung des *Begnadigungsrechts* im Einzelfalle für den Bund übertragen (Art. 60 II GG). Ihm steht schließlich auch die

Ausfertigung und Verkündung der Gesetze und die damit nach der bisherigen Praxis[4] verbundenen Pflicht zur Prüfung auf das verfassungsmäßige Zustandekommen, die formelle und materielle Verfassungsmäßigkeit, zu.

III.

Gegenüber der WeimRV sind nach alledem die Befugnisse des Bundespräsidenten wesentlich eingeschränkt. Er kann den Bundeskanzler nicht nach seiner freien Wahl und Entscheidung ernennen und entlassen. Vielmehr ist er mit der einzigen Ausnahme des schon behandelten Art. 63 IV S. 3 verpflichtet, den vom Bundestag gewählten Bundeskanzler ohne jede weitere Prüfung zu ernennen (Art. 63 II und IV, 67 I S. 2 GG) und bei einem Mißtrauensvotum nach Art. 67 ihn gleichfalls ohne eine solche Prüfung zu entlassen. Der Bundespräsident hat auch bei einem Konflikt zwischen Bundestag und Bundeskanzler kein allgemeines Auflösungsrecht, sondern nur das eng umgrenzte Auflösungsrecht des Art. 68. Ferner steht ihm die Organisationsgewalt nicht mehr zu. Durch Art. 86 S. 2 GG wird ausdrücklich festgelegt, daß die Bundes*regierung*, soweit das Gesetz nichts anderes bestimmt, die Einrichtung der Bundesbehörden regelt. Desgleichen ist dem Bundespräsidenten das Recht zur Bundesexekution genommen. Art. 37 GG legt dieses Recht in die Hand der Bundesregierung. Sie kann, wenn ein Land die ihm nach dem Grundgesetz oder einem anderen Bundesgesetz obliegenden Bundespflichten nicht erfüllt, „mit Zustimmung des Bundesrats die notwendigen Maßnahmen treffen, um das Land im Wege des Bundeszwangs zur Erfüllung seiner Pflichten anhalten". Dem Bundespräsidenten ist weiter auch keine Diktaturgewalt, kein Recht zum Erlaß von Notverordnungen oder zum Außerkraftsetzen von Grundrechten verliehen. Ihm steht nur in dem eng umgrenzten Rahmen des Art. 81 das bereits angeführte Recht zur Erklärung des Gesetzgebungsnotstandes zu.

IV.

Die Aufgabe des Bundespräsidenten besteht danach im wesentlichen in einer *vermittelnden Tätigkeit.* Er regiert nicht selbst, sondern trägt durch seine vermittelnde Tätigkeit und seinen Rat dazu bei, die Voraussetzungen dafür zu schaffen, daß die Regierung aktionsfähig ist und bleibt. Seine Aufgabe ist insbesondere, in Krisenzeiten auftretende Spannungen auszugleichen, den Widerstreit der Parteien zu mäßigen und zu verhindern, daß das staatliche Leben lahmgelegt wird. Das Bonner Grundgesetz hat sich also für das System der parlamentarischen Präsidentschaft entschieden. Die Regierung — in einer gewissen Abhängigkeit vom Vertrauen des Parlaments — ist die eigentliche Willens-

[4] Vgl. dazu *Anschütz,* Kommentar Anm. 1 und 2 zu Art. 70, S. 367ff.

bildnerin im Staate. Das Bonner Grundgesetz hat ferner den Versuch gemacht, auch gewisse Sicherungen dafür zu schaffen, daß der Bundespräsident nicht durch persönliche Bindungen seinen Aufgaben, seiner Mittlerstellung, entfremdet wird. Darum verbietet es ihm in Art. 55, der Regierung oder einer gesetzgebenden Körperschaft des Bundes anzugehören oder ein anderes besoldetes Amt, ein Gewerbe oder einen Beruf auszuüben. Darum macht es in Art. 58 alle seine Verordnungen und Verfügungen mit Ausnahme der wenigen Fälle, in denen es an dem dafür notwendigen Organ fehlt, von der Gegenzeichnung durch den Bundeskanzler oder den zuständigen Bundesminister abhängig. Damit wird allzu subjektiven Entscheidungen des Bundespräsidenten ein Riegel vorgeschoben. Der Bundespräsident wird auch nur auf 5 Jahre, nicht wie unter der WeimRV auf sieben Jahre gewählt und ist nur einmal wieder wählbar (Art. 54 II GG), während nach der WeimRV wiederholte Wiederwahl zulässig war. Sorgsam hat der Verfassungsgeber hier also darüber zu wachen versucht, daß sich aus dem neutralen Mittler, welcher der Bundespräsident sein soll, nicht ein autoritärer Machthaber entwickeln kann.

Schon die dargestellten Funktionen des Bundespräsidenten lassen als tragenden Gedanken klar hervortreten, daß der Bundespräsident *Hüter und Wahrer der Verfassung* sein soll. Dieser Gedanke ist in dem in Art. 56 formulierten Eid aber auch noch ausdrücklich ausgesprochen. Der Bundespräsident schwört bei seinem Amtsantritt u. a., daß er „das Grundgesetz und die Gesetze des Bundes wahren und verteidigen" werde. Mit Recht sind daraus im Schrifttum Pflichten des Bundespräsidenten hergeleitet worden[5], die in gewisser Hinsicht über die Einzelregelung seiner Aufgaben im Grundgesetz hinausgehen. Dem Bundespräsidenten ist danach ganz allgemein die Zuständigkeit übertragen, sich für die Wahrung der Verfassungsbestimmungen einzusetzen und vermittelnd — namentlich zwischen den Organen des Bundes — überall dort einzugreifen, wo es erforderlich wird.

[5] So *Strauß* a. a. O. 274.

DIE STAATSRECHTLICHE ERMÄCHTIGUNG

Von Dr. Hans Peters
ord. Professor an der Universität Köln

I. Begriffliches

1. Wesen und Abgrenzung von anderen Rechtsinstituten

Jeder Staat hat entsprechend seiner Verfassung die Ausübung der Staatsgewalt auf ein oder mehrere Organe verteilt. Zuständigkeitsvorschriften setzen die Befugnisse für die einzelnen Dienststellen fest. Von dieser Ordnung können Abweichungen vorgesehen werden, indem ein Organ einem anderen die Befugnis verleiht, im eigenen Namen Funktionen des anderen Organs durchzuführen. In solchen Fällen spricht man von „Ermächtigung" und versteht demnach darunter die Übertragung von Befugnissen, kraft deren ein Staatsorgan im eigenen Namen Maßnahmen treffen darf, die im Regelfall nach der Zuständigkeitsordnung einem anderen Machtträger zuständen.

Daraus folgt zunächst, daß die *gesetzlich vorgesehene Zuständigkeitsverteilung*, mag sie verfassungsrechtlich als Gewaltenteilung erscheinen oder sich aus der bestehenden Verwaltungs- oder Gerichtsorganisation ergeben, *keine* eigentliche Ermächtigung darstellt. Bei dieser tritt gerade eine die Normalordnung durchbrechende Machtverleihung *außerhalb* der Regelzuständigkeit hinzu. Auch die *auftragsweise* Übernahme einer Tätigkeit im *fremden* Namen beruht nicht auf Ermächtigung; wer „im Auftrage" handelt, übernimmt keine fremde Zuständigkeit für sich selbst. Ferner ist die *öffentlich-rechtliche Verleihung* von der Ermächtigung zu unterscheiden. Bei jener werden einem anderen öffentlichrechtliche Befugnisse *materiell*rechtlicher Art übertragen; es findet aber keine eigentliche Zuständigkeitsverschiebung statt. So kann man nicht sagen, daß der mit dem Staurecht Beliehene eine „Ermächtigung" erhält, den Wasserspiegel zu heben und zu senken, oder daß der Empfänger des staatlichen Monopolrechts, eine Rundfunksende- oder -empfangsanlage zu betreiben, oder der Konzessionsinhaber zum Betrieb einer Kleinbahn irgendwie „ermächtigt" sei. In allen diesen Fällen werden bestimmte Hoheitsrechte mit sachlichem Inhalt übertragen, „verliehen", während bei der Ermächtigung dem Ermächtigten lediglich die Befugnis erteilt wird, die Funktion eines anderen Staatsorgans bei der Normsetzung, bei Erlaß von Verwaltungsakten oder auch bei Ausübung der Gerichtsbarkeit zu übernehmen. Der Inhalt von Eingriffen in die Sphäre anderer wird erst auf Grund der Ermächtigung in deren Rahmen vom Ermächtigten im eigenen Namen alsdann frei bestimmt.

Rechtsgrund der Ermächtigung ist vielfach eine *Delegation*[1]; doch muß dieses Wort im weitesten Sinne verstanden und darf nicht etwa auf die von *Triepel* sog. echte Delegation beschränkt werden, bei der der Delegierte seine eigene Zuständigkeit verliert. Gerade die Form der sog. konservierenden, unechten Delegation im *Triepel'*schen Sinne, bei der der ursprüngliche Machtträger wie der Delegat *neben*einander zuständig sind, kommt bei der Ermächtigung vor. Auch die Beschränkung der Delegation, wie sie *Triepel* z. B. gegenüber dem Erlaß von Verwaltungsakten[2] vornimmt, ist für die Ermächtigung unbrauchbar. Tatsächlich kennt unsere Rechtsordnung Ermächtigungen zur Rechtsetzung wie zu Verwaltungsakten, und selbst die Ermächtigung zum Erlaß von Gerichtsurteilen ist begrifflich möglich, wenn auch das deutsche positive Recht davon keinen Gebrauch macht, weil hier die gesetzliche Zuständigkeitsregelung bereits allen Erfordernissen Rechnung trägt. Dagegen vermag das *Mandat* nicht als Rechtsgrundlage einer Ermächtigung anerkannt zu werden, weil es dem Beauftragten nur das Recht gibt, im Namen des Mandanten, also in fremdem Namen zu handeln.

2. *Strukturelle Schranken der Ermächtigung*

Da die Ermächtigung die Übertragung einer Zuständigkeit, abweichend von der gesetzlichen oder organisatorischen Regelung, von einem auf einen anderen — privativ oder kumulativ — bedeutet, wird zwar stets irgendwie eine neue Zuständigkeit begründet; ob aber darüber hinaus ein neuer Eingriff in die Sphäre des Bürgers gestattet wird, ist damit noch nicht festgestellt. „Nemo plus iuris transferre potest, quam ipse habet". Dieser Satz ist hierbei eine der Schranken für den Ermächtigenden. Andererseits braucht nicht jede Ermächtigung die Sphäre des Bürgers zu berühren, kann sich also nur im Rahmen der Verwaltungsorganisation selbst halten. Während im ersteren Falle die Ermächtigung in der Form eines Gesetzes ergehen oder zumindest sich auf ein solches stützen muß, kann sie im letzteren Falle auch als interne Verwaltungsan-

---

[1] Vgl. *Triepel*, Delegation und Mandat im öffentlichen Recht (1942). Diese Schrift ist für das folgende wiederholt benutzt worden.

[2] In ständiger Rechtsprechung prüfen die deutschen Verwaltungsgerichte, ob die Behörde zur Vornahme eines Verwaltungsakts der in Freiheit oder Vermögen des Bürgers eingreift, „ermächtigt" ist. Ebenso auch der französische Conseil d'Etat, z. B. Entsch. v. 4. 12. 1907 (Recueil des Arrêts 77, 913ff.). *Triepel* (a. a. O. 5) und *Jèze* (Revue du droit public 25 [1908] 38ff.) nahmen freilich mit Recht daran Anstoß, hier von Delegation zu reden.

ordnung erlassen werden. Belanglos ist in allen Fällen, ob und inwieweit durch die Ermächtigung ein anderer, insbesondere der bisherige Machtträger einer rechtlichen Befugnis, diese verliert.

Aber noch anderen positivrechtlich begründeten Schranken unterliegt die Ermächtigung. Zunächst wird man zwar jedem Träger bestimmter Kompetenzen das Recht zubilligen müssen, Einzelheiten aus seinem eigenen Zuständigkeitsbereich im Wege der Ermächtigung einer anderen Stelle zu delegieren; doch bestehen hierbei zwei wichtige Schranken:

a) Beruht eine Zuständigkeit auf einer *stärkeren Rechtsquelle* als der, über die der Ermächtigende verfügt, so ist eine Ermächtigung unzulässig, falls diese Rechtsquelle offenbar gerade die von ihr erlassene Zuständigkeitsregelung will. Wenn z. B. eine Verfassung auf dem Grundsatz der Gewaltenteilung aufbaut, kann nicht der gewöhnliche Gesetzgeber ohne Verfassungsermächtigung sein Normsetzungsrecht auf eine Exekutivbehörde übertragen[3]. Es ist daher folgerichtig, wenn *Giacometti*[4] für das schweizerische Staatsrecht die sog. Vollziehungsverordnungen verfassungsrechtlich auf Art. 102 Ziff. 5 der Bundesverfassung gestützt sieht und hierfür auch eine Delegation an untere Instanzen zuläßt, wenn er aber unselbständige, d. h. nicht von der Verfassung abgeleitete, gesetzesvertretende Verordnungen, die lediglich auf Bundesgesetze oder Bundesbeschlüsse gestützt werden, für verfassungswidrig erklärt. Freilich muß auch *Giacometti* zugeben, daß die Auffassung der schweizerischen Praxis damit nicht übereinstimmt, und auch für das bisherige deutsche Recht wird man dasselbe feststellen müssen, wie heute überdies Art. 80 des Bonner Grundgesetzes (GG) ausdrücklich anerkennt. Die Rechtfertigung der Praxis liegt m. E. darin, daß die scharfe Gewaltentrennung in der Tat gar nicht im System und Willen der meisten Verfassungen liegt. Es sind daher solche Ermächtigungen zugelassen, mag man sie als Gewohnheitsrecht konstruieren oder als eine von den Verfassungen durchaus gewollte Abweichung gestatten.

Wenn eine Verfassung z. B. die Aufstellung des jährlichen Haushaltsplans einem formellen Gesetz vorbehält, dann kann der formelle Gesetzgeber zu dieser Aufgabe keine andere Stelle — etwa die Regierung — ermächtigen; denn hier verfolgt die höherstufige Rechtsquelle offenbar mit ihrer Festlegung der Kompetenz einen bestimmten politischen, aus der Geschichte des Budgetrechts verständlichen Sinn. Wird durch ein Gemeindeverfassungsgesetz die oberste Exekutivbehörde für zuständig erklärt, Umgemeindungen vorzunehmen, so darf sie — selbst

---

[3] Vgl. *Triepel* a. a. O. 112.

[4] *Giacometti*, Schweizerisches Bundesstaatsrecht (Neubearbeitung des gleichnamigen Werkes von *Fleiner*) (1949) 800—804.

für unbedeutende Eingemeindungsfälle — keine andere Behörde zur Vornahme dieses Aktes ermächtigen, weil dem auch wieder die höherstufige Rechtsquelle entgegensteht[5].

b) Eine zweite wichtige Schranke liegt in dem Grundsatz, daß kein Organ seine *Kompetenz als Ganzes*, auch nicht in den wesentlichsten Teilen auf andere Organe übertragen kann. Derartige Ermächtigungen wären unzulässig. Daß solche Fälle vorkommen, beweist für Deutschland das sog. „Ermächtigungsgesetz" v. 24. 3. 1933, durch das der deutsche Reichstag sein Recht zur formellen Gesetzgebung — mit verschwindenden Ausnahmen —, also seine wesentlichste Zuständigkeit, auf die Reichsregierung zunächst auf vier Jahre delegiert hatte. In Wirklichkeit war dies verfassungswidrig und kann nur als revolutionärer Akt gewertet werden. Also selbst wenn man — entgegen *Giacometti* — eine beschränkte Ermächtigung zu normsetzenden Akten auch über die Gesetzesvollziehung hinaus für zulässig anerkennt, so sind doch derartig weitreichende Ermächtigungen sicher rechtswidrig.

3. *Adressat der Ermächtigung*

Hier gilt die Regel, daß gewöhnlich eine zentralere Stelle eine dezentralisierte, innerhalb des gleichen Verwaltungsinstanzenzuges[6] eine höhere Instanz eine nachgeordnete ermächtigt. Doch ist dies begrifflich nicht notwendig und erleidet mancherlei Ausnahmen. Auch außerhalb der gegebenen regelmäßigen Zuständigkeitsordnung, aus der auch die gegenseitige Beistandspflicht von Behörden[7] entspringt, kann eine Dienststelle einer anderen gleichgeordneten eine Ermächtigung erteilen. Innerhalb der Verwaltung bereitet dies keine Schwierigkeiten; aber gerade auch bei durchgeführter Gewaltenteilung ermächtigt gelegentlich ein zentrales Gesetzgebungsorgan, also in der gewaltentrennenden Republik das Parlament, die ihm sonst selbständig nebengeordnete Exekutive, insbesondere die Regierung, zu rechtsetzenden Akten. Theoretisch denkbar ist sogar, daß in der Stufenfolge niedere Organe zentralere mit einer Ermächtigung versehen. So kann im Bundesstaat z. B. eine Gliedstaatsregierung die Bundesfinanzverwaltung ermächtigen, bestimmte Steuern der Gliedstaaten zu erheben oder sogar mit allen oder beschränkten Befugnissen zu verwalten, — wenn auch eine gesetzliche Grundlage dafür nötig ist. Da man in Deutschland bisher von einer unitarischen Gesamtkonzeption im Bundesstaat ausging, war die Konstruktion zur Lösung dieser Aufgabe im geltenden Recht freilich anders, indem eine Übertragung solcher Länderaufgaben lediglich auf Antrag

[5] Vgl. *Triepel* a. a. O. 118ff.

[6] Vgl. hierzu *Hans Peters*, Lehrbuch der Verwaltung (1949) 46, 48.

[7] Hierzu ausführlich *Hans Peters* a. a. O. 59ff.

der Landesregierung durch ein Reichsorgan erfolgte[8]; die notwendige gesetzliche Ermächtigung gab bereits der Reichsgesetzgeber mit der Zuständigkeitsverteilung. Heute ermächtigt dagegen Art. 108 GG den Bund zu verschiedenen Übertragungen von Bundesbefugnissen im steuerlichen Bereich auf Landesbehörden[8a].

Aus dem Gesagten könnte man schließen, daß Ermächtigungen nur öffentlichrechtlichen Hoheitsträgern, d. h. Staatsorganen, Behörden oder juristischen Personen des öffentlichen Rechts erteilt werden könnten; doch ist diese Auffassung unrichtig. Im Arbeitsrecht können Gewerkschaften und einzelne Arbeitgeber oder Arbeitgeberverbände zum Abschluß von Tarifverträgen ermächtigt werden. Anerkennt man mit der herrschenden Meinung, daß Tarifverträge — neben ihren obligatorischen Bestimmungen — einen normativen Teil haben[9], der das objektive Recht ergänzt und zu dessen Bestandteil wird, dann hat man damit eine Ermächtigung zur Rechtsetzung an Private. Auch die Beleihung eines vereidigten privaten Feld- und Forsthüters[10] oder die Beleihung einer Privateisenbahngesellschaft mit Polizeigewalt wirkt sich als Ermächtigung zur Vornahme bestimmter polizeilicher Handlungen gegenüber Dritten aus.

Nur ist in den Fällen der letztgenannten Art Vorsicht geboten, um festzustellen, ob wirklich eine Ermächtigung gegeben, ob nicht vielmehr hier entweder eine Regelzuständigkeit erteilt ist oder eine Beleihung mit einem materiellen Recht vorliegt.

4. *Form der Ermächtigung*

In welcher Form Ermächtigungen zu geben sind, richtet sich allgemein nach dem Verfassungsrecht. Im demokratischen Rechtsstaat kann eine Ermächtigung zur Normsetzung nur auf formellem Gesetz, muß u. U. sogar auf der Verfassung beruhen. Ermächtigungen zu Eingriffen in Freiheit und Vermögen des Bürgers müssen entweder durch ein for-

[8] § 19 der Reichsabgabenordnung v. 13. 12. 1919 sah vor, daß auf Antrag einer Landesregierung die beteiligten Reichsminister den Landesfinanzämtern, d. h. Reichsmittelbehörden, die Verwaltung von Landesabgaben übertragen konnten. Nach § 18 RAbgO in Fassung des Steueranpassungsgesetzes v. 16. 10. 1934 erfolgte gleichfalls die Übertragung von Verwaltungsgeschäften in Angelegenheiten der Länder- u. Gemeindesteuern auf Antrag der Landesregierung durch den Reichsfinanzminister. Der Weg der Ermächtigung von unten nach oben wurde also nicht gewählt.

[8a] Vgl. *Wacke*, Das Finanzwesen der Bundesrepublik (1950) 47ff.

[9] So bereits seit *Kaskel*, Das neue Arbeitsrecht (3. Aufl. 1921) 16ff., *Kaskel—Dersch*, Arbeitsrecht (4. Aufl. 1932) 86ff.; *Hueck-Nipperdey*, Lehrbuch des Arbeitsrechts Bd. 2 (1932) 135ff.; *Peters*, Hdb. des deutschen Staatsrecht v. *Anschütz-Thoma* Bd. 2 (1932) 264 ff.; *Bogs*, Zur Entwicklung der Rechtsform des Tarifvertrages i. Festschrift f. Jul. v. Gierke (1950) 39ff., 46, 57.

[10] Vgl. RGZ 142/190.

melles Gesetz erteilt werden oder doch zumindest aus einem solchen ableitbar sein. Ermächtigungen von lediglich interner Bedeutung, z. B. wenn sie nur im Verhältnis mehrerer Verwaltungsbehörden zueinander oder zwischen dem Parlament und einem Parlamentsausschuß wirken, bedürfen keiner besonderen Form, dürfen freilich nicht mit der Verfassung oder einem Gesetz in Widerspruch stehen. Ermächtigungen mit den verschiedensten Inhalten kommen daher in Verfassungen, formellen Gesetzen, in sonstigen Rechtsquellen und selbst in Verwaltungsakten vor. Eine Subdelegation mit Ermächtigung zur Normsetzung ist in der Regel unstatthaft; wohl aber darf, wer zur Normsetzung ermächtigt ist, zur Vornahme von Verwaltungsakten weiter delegieren[11].

5. Spezial- und Generalermächtigung

Ermächtigungen können sich auf einen Einzelfall oder auf eine Gruppe von bestimmten oder allgemein unbestimmten Fällen beziehen. Man kennt daher Spezial- und Generalermächtigungen. Die *Spezial*ermächtigung umschreibt inhaltlich bereits mit wünschenswerter Klarheit den sachlichen Gehalt dessen, was der Ermächtigte zu tun hat. Die *General*ermächtigung stellt eine Klausel dar, die mit unbestimmten Rechtsbegriffen arbeitet und den Ermächtigten es in weitem Maße selbst überläßt, den Inhalt dessen zu bestimmen, das geordnet oder geregelt werden soll. Allgemein werden derartige Generalklauseln, deren Zahl sich in den letzten Jahrzehnten stark vermehrt hat[12], als zulässig anerkannt; doch bleibt zu bedenken, daß ihre Weite und Unbestimmtheit dazu verführen, entweder aus Bequemlichkeit eine dem Ermächtigenden unangenehme Verantwortung abzuschieben oder beim Ermächtigten den Drang zum Machtmißbrauch zu wecken. Generalermächtigungen sind Blankovollmachten, deren Inhalt und Grenzen sich aus dem vorstehend erörterten allgemeinen Ermächtigungsrecht ergeben. Ihre besondere Bedeutung liegt weniger in ihrer rechtlichen als in ihrer politischen Tragweite.

II. Die politische Bedeutung der Ermächtigung

Die Erörterung der politischen Bedeutung der Ermächtigung, insbesondere der hier im Vordergrund stehenden Generalermächtigung, muß von zwei entscheidenden Gesichtspunkten ausgehen:

---

[11] So darf, wer zum Erlaß einer Notverordnung ermächtigt ist, der zur Ausführung dieser Verordnung berufenen Exekutivbehörde die Ermächtigung erteilen, durch Verwaltungsakt in die Freiheit des Bürgers einzugreifen, z. B. für die ermächtigte Amtshandlung eine von der Exekutive festzusetzende Gebühr zu erheben.

[12] Ein ausgezeichnetes Bild dieser Entwicklung bis 1933 gibt *Hedemann*, Die Flucht in die Generalklauseln (1933), mit guter Analyse der Gründe.

1. Staatsform und Ermächtigung

Je größer die politische Homogenität der Staatsführung ist, umso weitherziger kann von Ermächtigungen Gebrauch gemacht werden; denn umso weniger ist zu befürchten, daß der Ermächtigte den politischen Intentionen der Staatsführung zuwiderhandelt. Daher konnten und können alle autoritären Staaten dann, wenn eine einheitliche politische Grundanschauung besteht oder durchgesetzt ist, vom Institut selbst der Generalermächtigung weitgehend Gebrauch machen. Deutschland hat dies unter dem Nationalsozialismus eindeutig erleben können. Da im autoritären Staat, dessen Wesen in der Willensbildung von oben nach unten und im umgekehrten Verlauf der Verantwortung (von unten nach oben) liegt, Art und Form der Staatswillensbildung in der Staatsspitze nicht wesentlich anders sind als an gleichgeschalteten dezentralisierten Dienststellen, ist es — immer wieder straffe Gliederung und Homogenität innerhalb von Legislative und Exekutive vorausgesetzt — politisch belanglos, wo die Äußerungen des Staatswillens formuliert werden.

2. Die Ermächtigung im demokratischen Rechtsstaat

Viel grundsätzlicher ist das Problem im demokratischen Rechtsstaat, in dem wesensmäßig verschiedene Organe — ein vom Volke gewähltes Parlament, gewähltes Staatsoberhaupt, Regierung, eigenwillige Bürokratie, sich selbst verwaltende Korporationen usw. — pluralistisch neben- und übereinanderstehen und wo verschiedene Ergebnisse der Willensbildung bewußt in Kauf genommen werden, ja im Interesse der Verwirklichung der Freiheit sogar beabsichtigt sind. Die politische Problematik insbesondere von Generalermächtigungen muß hier aus dem Wesen der Sache heraus erkannt werden.

Rechtsstaat ist ein Staat, der den Willen und die Macht hat, die Gerechtigkeit zu verwirklichen, das aus ihr entwickelte positive Recht durchzusetzen und den Bürger vor Willkür und Ungerechtigkeit zu schützen[13]. In der *Demokratie* liegt die oberste irdische Staatsgewalt beim Volke, die Staatswillensbildung erfolgt von unten nach oben; umgekehrt verläuft die Verantwortung. Die Staatsorganisation und das öffentliche Recht müssen hier derart ausgestaltet sein, daß ein Volk selbst oder durch seine Organe Recht und Gerechtigkeit zur Anwendung bringt. Vom Volke also muß jeder Hoheitsakt abgeleitet werden; dies setzt, da das Volk selbst in den modernen Großstaaten nur relativ selten in Aktion treten kann, ein verwickeltes System von Ermächtigungen voraus, dessen einfachste Grundlinie darin liegt, daß man das Volk zunächst mit der Volksvertretung durch den Rechtsbegriff der

---

[13] Vgl. *Hans Peters* in *Kleineidam—Kuß*, Die Kirche in der Zeitenwende: Der totale Staat und die Kirche (1935) 321.

Repräsentation identifiziert, daß aber von hier ab jeder Eingriff in Freiheit, Eigentum und Vermögen des Bürgers einem formellen Gesetz, d. h. einem Akt der Volksvertretung, oder doch einer „Ermächtigung" durch ein formelles Gesetz vorbehalten bleibt (Grundsatz vom *Vorbehalt des Gesetzes*) und daß Exekutive wie Justiz an die formellen Gesetze gebunden sind (daher für die Verwaltung das Prinzip der *Gesetzmäßigkeit der Verwaltung*). Allgemeiner gesprochen: Überall, wo ein oberster, innerstaatlich souveräner Machtträger vorhanden ist, leiten andere Organe ihre hoheitlichen Befugnisse von diesem im Wege der „Ermächtigung" ab.

Die rechtsstaatliche, im Ethischen wurzelnde demokratische Auffassung, die die in Deutschland heute anerkannte Richtschnur für den Staatsaufbau sein soll und auch in den meisten neuen deutschen Verfassungen festgelegt ist[14], erhält für die „Ermächtigung" ihre besondere Note noch durch zwei Erscheinungen unseres Staatslebens: durch die Gewaltenteilung (a) und durch den Übergang vom Gesetzgebungs- zum Verwaltungsstaat (b).

a) Um Machtmißbrauch zu verhindern, fordert die auf *Montesquieu*[15] zurückgehende *Gewaltenteilungslehre*, daß Gesetzgebung, Justiz und Exekutive in der Hand verschiedener, von einander selbständiger Organe sein sollen. In neuerer Zeit wird für die Demokratie vielfach das Aufgeben dieser Lehre gefordert, weil die Gewaltenteilung zwar früher den absoluten Monarchen gegenüber ein geeignetes Mittel gewesen sei, die Rechte des Volkes zur Geltung zu bringen und ihn selbst zu beschränken, daß sie sich aber in der Demokratie als Beschränkung der Volksrechte, also antidemokratisch auswirke[15a]. Es ist eine nur aus politischen Werturteilen zu gewinnende Überzeugung, daß in der Demokratie *alle* Organe ihre Gewalt vom Volke ableiten, daß aber auch heute noch bei *allen* Organen, die, von Menschen ausgefüllt, die Chancen aller menschlichen Tugenden und Laster in sich tragen, die Gefahr des Machtmißbrauchs besteht und daß daher nach wie vor die Gewaltenteilung eine politisch zweckmäßige Organisationsform darstellt, wenn auch in der politischen Wirklichkeit — z. B. infolge des gleich starken Einflusses der politischen Parteien auf Legislative und Exekutive — die Auswirkungen der organisatorischen Gewaltenteilung, selbst in Westdeutschland, heute erheblich eingeschränkt sind. Mehr als früher ist aber dann die Folgerung bedeutsam, daß ein Staatsorgan, das eine nach der Gewaltenteilungslehre einem anderen Staatsorgan obliegende hoheitliche Maßnahme trifft, dazu der „Ermächtigung" bedarf. Dieses sich daraus er-

---

[14] GG: Art. 1, 19, 20, 28; Bayern: Art. 3; Hessen: Art. 26, 27, 63, 146; Thüringen: Art. 3, 47, 49; Brandenburg: Art. 6; Rheinland-Pfalz: Art. 1, 74, 77; Württemb.-Hohenz.: Art. 4, 68; u. a. m.

[15] De l'Esprit des Lois (1749).

[15a] Vgl. *P. A. Steiniger*, Das Blocksystem (1949) 48ff.

gebende System von Ermächtigungen ist also nicht beschränkt auf den Typ des für das 19. Jh. charakteristischen bürgerlichen Rechtsstaats, wie gern behauptet wird, sondern gewinnt überall dort Bedeutung, wo man die Gewaltenteilung als ein allgemeines staatliches Organisationsprinzip, auch für die moderne Demokratie, anerkennt. Der in Art. XVI der „Erklärung der Bürger- und Menschenrechte“ vom 26. 8. 1789 ausgesprochene Gedanke, daß für jede Verfassung die Trennung der Gewalten wesentlich ist[16], kann jedenfalls im Prinzip auch heute noch für weite Teile Deutschlands gelten — freilich nicht für alle. In den Ländern der sowjet. Besatzungszone, deren realer Status nicht einfach aus den Verfassungen abzulesen ist, wird die Gewaltenteilungslehre im Prinzip abgelehnt; nach den dortigen Länderverfassungen[17] ist das Parlament so sehr *über* alle anderen Staatsorgane gestellt, daß von wirklicher Gewaltenteilung kaum noch die Rede sein kann. Aber für das vorliegende Thema der „Ermächtigung“ ist dies von untergeordneter Bedeutung, weil durch vielerlei Ermächtigungen gerade diese gewählten Parlamente doch wieder in den Hintergrund gedrängt werden, wenn auch aus anderen Gründen als bei der Gewaltenteilungslehre.

b) Während die verfassungsgeschichtliche Periode des Übergangs von der absoluten Monarchie zum Konstitutionalismus und zur Ausbildung der parlamentarischen Republiken den Schwerpunkt aller staatlichen Funktionen in der Gesetzgebung erblickte, ist mit der zahlenmäßigen Zunahme der einzelnen Alltagsaufgaben des Staates und der von ihm abgeleiteten Hoheitsträger der Kern aller staatlichen Tätigkeit mehr und mehr auf die Verwaltung übergegangen. M. E. kann man daher — trotz aller Anerkennung des Vorrangs des Gesetzgebers — in der Gegenwart von einer Verschiebung vom Gesetzgebungs- zum *Verwaltungsstaat* sprechen[18]. Die Aufmerksamkeit, auch der deutschen Öffentlichkeit, ist daher weit mehr der Tätigkeit, auch gelegentlich dem Versagen ihrer Verwaltungsbehörden als den Gesetzgebern zugewandt. Auch daraus erklärt sich teilweise das geringe Interesse weiter Bevölkerungsschichten für die hohe Politik, während umgekehrt der Verwaltungsstaat gerade in Deutschland geistig vorbereitet ist durch die besondere politische und rechtliche Stellung einer aus Berufsbeamten gebildeten Bürokratie.

---

[16] „Toute société, dans laquelle la garantie des droits n'est pas assurée ni la séparation des pouvoirs déterminée, n'a point de constitution“.

[17] So auch die Verfassung der Deutschen Demokratischen Republik v. 7. 10. 1949 Art. 50, 66, 85, 89, 4; ferner Sachsen Art. 2, 26, 57, 60; Mecklenburg Art. 22, 23, 57, 64 II. Schwächer in den Verfassungen Thüringens, Brandenburgs und Sachsen-Anhalts, — Klarer als aus den Verfassungstexten ergibt sich die Ablehnung der Gewaltenteilungslehre in der sowjet. Besatzungszone aus der Staatspraxis.

[18] Vgl. z. B. *Werner Weber*, Weimarer Verfassung und Bonner Grundgesetz (1949) 28; *Hans Peters*, Lehrbuch der Verwaltung (1949) V, 9, 131.

Der Übergang zum Verwaltungsstaat, der — wie ausdrücklich betont sei — durch die nat.-soz. Aera keineswegs bedingt ist, wurde in Deutschland weiterhin dadurch erleichtert, daß die in der Mitte des 19. Jhs. verbreiteten justizstaatlichen Ideen hier niemals festen Fuß fassen konnten[19]. Insbesondere ließen drei Krisen der Justiz[20], die Deutschland im 20. Jh. erlebte, den „Glauben an den Richter" niemals so zur Auswirkung kommen, wie dies etwa in den angelsächsischen Ländern der Fall ist.

Liegt aber nun in Deutschland — auch in der Überzeugung der Bürger — der Schwerpunkt der Staatstätigkeit bei der Verwaltung, während andererseits der oberste Gewaltträger das Volk und die mit ihm identifizierte Volksvertretung ist, dann muß der „Ermächtigung", insbesondere in der Form der Generalermächtigung als rechtlicher Institution, eine besonders große Bedeutung zukommen.

3. *Der Mißbrauch der Ermächtigung unter dem Nationalsozialismus*

Die ganze politische Tragweite rechtlicher Generalermächtigungen wird aber erst durch Erörterung des Mißbrauchs klar, der damit in Deutschland unter dem Nationalsozialismus getrieben wurde und der Grund genug ist, nach Gründen und rechtlichen Gegenmitteln zu suchen. Die traurigen Erfahrungen Deutschlands, richtig ausgewertet, können zur nützlichen Triebkraft für den deutschen Wiederaufbau werden und vielleicht auch eine Warnung für solche Länder sein, denen die Konsequenz einer flachen, positivistischen Auffassung vom Recht erspart geblieben sind.

Gerade die rein positivistisch ausgelegte „Ermächtigung" war eines der formellen Mittel, mit denen der Nationalsozialismus seine Machtposition in Deutschland — zunächst scheinbar legal — befestigte: Die Ermächtigung des Reichspräsidenten zum Erlaß von Notverordnungen nach Art. 48 II WeimRV wurde selbst zur Rechtfertigung der Konzentrationslager mittels der Notverordnung v. 28. 2. 1933 mißbraucht; die Ermächtigung der Reichsregierung durch das erwähnte „Ermächtigungsgesetz" v. 24. 3. 1933 schuf die Grundlage des formellen Gesetzgebungsverfahrens durch die Reichsregierung während der ganzen nat.-soz. Aera; die grundlegende wirtschaftliche Strukturveränderung der Land- und Ernährungswirtschaft beruhte auf den knappen ermächtigenden Gesetzen über die Neubildung des Bauerntums v. 14. 7. 1933

[19] Einen Versuch, justizstaatliche Ideologien heute wieder zu verwirklichen, macht das GG (Art. 93, 100, 19 Abs. 4, Art. 34). Man kann dieses nur verfassungsgeschichtlich verständliche Experiment, das durch die Erfahrungen unter der Weimarer Verfassung (1919—1933) wie unter dem Nationalsozialismus m. E. nicht gerechtfertigt ist, nur mit vorsichtiger Zurückhaltung beurteilen.

[20] Vgl. *Schiffer*, Die deutsche Justiz (2. Aufl. 1949) 9ff.

und über den vorläufigen Aufbau des Reichsnährstandes und Maßnahmen zur Markt- und Preisregelung für landwirtschaftliche Erzeugnisse v. 13. 9. 1933. Die Verordnung zur Durchführung des Vierjahresplans v. 18. 10. 1936, ein „Führerbefehl", wurde mit ihrer Ermächtigung für Göring persönlich die Grundlage größter wirtschaftlicher Veränderungen. Bereits diese vier Beispiele vermögen hinreichend zu erklären, welch ungeheuere politische Bedeutung der „Ermächtigung" zukommt, wenn diese formelle Institution in den Dienst von Bewegungen und Staatssystemen gestellt wird, die sie von der Grundlage der Gerechtigkeit loslösen und sich ihrer als Mittel bedienen, dem Formaljuristen die Legalität ungerechter, ja sittlich unhaltbarer Maßnahmen vorzutäuschen. Es ist durchaus wahrscheinlich, daß auch andere politische Systeme das gleiche Tarnungsmittel verwenden würden, um sich mit dem Schein der Legalität zu umgeben und charakterschwachen Beamten und Bürgern eine benötigte Gewissensberuhigung und -stütze zu verschaffen.

4. Ethisch-politische Schranken der Ermächtigung

Die „Ermächtigung" ist ihrem Wesen nach keine metajuristische Institution, sondern ein formales Mittel *innerhalb* einer rechtsstaatlichen Ordnung, um gerade den Rechtsstaat zu sichern, nicht um ihn auszuhöhlen. Der Rechtsstaat wiederum ist keineswegs nur eine formale Einrichtung, sondern besitzt Eigenwert. Er kann in seiner vollen ethischen und allgemein-menschlichen (humanen) Bedeutung nur vom Glauben an ein absolut geltendes objektives Recht, an eine objektive Gerechtigkeit, erfaßt werden, mag man diese heteronom religiös oder aus einem rationalen Naturrecht oder autonom aus dem objektivierten menschlichen Gewissen oder sonstwie begründen. Der Positivismus vermag dem nicht zu entsprechen. Die historische Rechtsschule läuft Gefahr, die Gerechtigkeit zu relativieren und damit eine wichtige Schranke gegen den Mißbrauch der Ermächtigung zu erschüttern. Die materialistische Auffassung vom Recht — innerlich eine der möglichen Konsequenzen des Historismus — verliert ihre ethische Berechtigung von dem Augenblick an, in dem sie Recht und Staat nur als Klassenkampfinstrumente der Ausbeuter den Ausgebeuteten gegenüber ansieht; dann wird auch die „Ermächtigung" in den Dienst dieses Klassenkampfes gestellt und erhält Sinn und Rechtfertigung nur aus dem Umfang der Macht der Ausbeuter. Mindestens ist im heutigen Deutschland — was für die „Ermächtigung" wichtig ist — die Selbstsicherheit des Positivismus schwer erschüttert. Deshalb müssen alle Ermächtigungen, insbesondere alle Generalermächtigungen, stets stillschweigend mit folgenden zwei Klauseln versehen werden: Sie finden ihre Schranken an den Grundsätzen der *Gerechtigkeit* und dürfen niemals die *Verfassungsgrundlage* des Staates außer acht lassen. Fundstelle der Verfassungsgrundlagen sind in erster Linie die geschriebenen Verfassungen, darüber hinaus die implizite vorausgesetzten Fundamente eines Staats, wie z. B. das erwähnte Rechtsstaatsprinzip. Denn letzteres soll ja, wie betont, durch die Institution der Ermächtigung gerade verwirklicht werden; folglich wäre es unlogisch und daher rechtsordnungswidrig, es mittels einer Generalermächtigung außer Geltung zu setzen[21].

III. Die Ermächtigung im deutschen Recht

Im deutschen Recht besitzt die Ermächtigung in Vergangenheit und Gegenwart eine große Bedeutung. Sie erstreckt sich auf die Rechtsetzung wie auf die Tätigkeit der Verwaltung und kommt als General- wie als Spezialermächtigung vor. Teils erscheint sie in den Verfassungen selbst, teils in Einzelgesetzen.

1. Verfassungsrechtlich begründete Ermächtigungen zur Normsetzung

Während die Übertragung der formellen Gesetzgebung auf das Parlament durch die Verfassung — selbst bei Vorhandensein eines echten pouvoir constituant — keine „Ermächtigung" darstellt, gab und gibt es im deutschen Recht echte Generalermächtigungen zur Gesetzgebung. Eine solche war unter der Weimarer Reichsverfassung das auf Art. 48 II gestützte, m. E. in Wirklichkeit nur gewohnheitsrechtlich zu begründende Notverordnungsrecht des Reichspräsidenten. Danach konnte der Reichspräsident, „wenn im Deutschen Reiche die öffentliche Sicherheit und Ordnung erheblich gestört oder gefährdet wurde, die zur Wiederherstellung der öffentlichen Sicherheit und Ordnung nötigen Maßnahmen treffen". Da er zu diesem Zwecke sogar vorübergehend sieben Grundrechte außer Kraft setzen durfte, glaubte man, unter solchen „Maßnahmen" auch Rechtsverordnungen verstehen zu können, und erkannte damit die Ermächtigung zu einem überaus weitreichenden Notverordnungsrecht an, das von einer „Diktaturgewalt" des Reichspräsidenten in den Jahren 1930—1933 sprechen ließ und das insbesondere mit den Verordnungen vom 4. und 28. 2. 1933 dem Nationalsozialismus formaljuristisch den Weg geebnet hat.

Den Nationalsozialisten reichte eine solch weitgehende Generalermächtigung der Exekutive freilich noch nicht aus. Durch das erwähnte „Ermächtigungsgesetz" v. 24. 3. 1933, das in der Form eines verfassungsändernden Gesetzes erging, wurde das Recht zur formellen Gesetzgebung unter dem *Schein* einer Generalermächtigung — mit Ausnahme weniger Sachgebiete (Verfassungsänderungen) — auf die Reichs-

[21] *Hedemann* a. a. O. 64ff. sieht die Gefahren der Generalklauseln in Willkür, Unsicherheit und Verweichlichung; ihre Leistungen dagegen liegen in der Erleichterung der Lösung akuter Konflikte, der Schaffung neuer Rechtsinstitute, in der Anpassungsfähigkeit und in der Hebung des Judiziums auf eine höhere Plattform (60).

regierung übertragen. Als „Ermächtigung“ war dies, wie dargelegt, unzulässig; ob auch als neue Zuständigkeitsverteilung, die im Wege der Verfassungsänderung zustandekam, ist hier nicht zu untersuchen. Dagegen beruhten die auf kurze Frist beschränkten „Ermächtigungsgesetze“ vom 13. 10. und 8. 12. 1923[22], die zur Überwindung der Inflation für einige Wochen der Reichsregierung ein generelles Rechtsverordnungsrecht für gesetzesvertretende Verordnungen verliehen, auf einer an sich zulässigen Generalermächtigung. Hier wurde nicht — wie in dem ein Jahrzehnt später erlassenen Ermächtigungsgesetz — das formelle Gesetzgebungsrecht, sondern nur ein zeitlich und durch den Zweck begrenztes Rechtsverordnungsrecht übertragen.

Alle diese echten Generalermächtigungen haben die Begrenzung auf einen bestimmten Zweck gemeinsam, und gerade über die „Zielformel“ ging in den parlamentarischen Debatten vor ihrem Erlaß der Streit[23]. Mit Recht sieht *Hedemann* im Jahre 1933 die Gefahr, daß sich der Staat aus der Umklammerung solcher letzten Formeln zu lösen begann und zum nackten Gewalt- oder Machtstaat wurde, dessen Organe bei Ausfüllung solcher Generalermächtigungen an nichts mehr, weder an Treu und Glauben noch an Sicherheit und Ordnung gebunden waren. Beispiele von General-Ermächtigungen, die den Schein des Rechtsstaats wahren sollten, in Wahrheit aber alle Rechtsschranken zerstörten und dem nationalsozialistischen Gewaltregime freien Lauf verschafften, aus der Zeit seit 1933 wurden oben erwähnt.

Es erscheint daher selbstverständlich, daß das deutsche Recht seit 1945 gerade mit Generalermächtigungen vorsichtiger geworden ist, ihrer aber doch nicht ganz entraten kann. Das Bonner Grundgesetz kennt keine „Diktaturgewalt“ des Bundespräsidenten und kein Notverordnungsrecht für ihn oder die Bundesregierung[24]. Die im Art. 71 GG vorgesehene Ermächtigung an die Länder, auf Grund eines ausdrücklichen Bundesgesetzes auf einem Sachgebiet, das an sich zur ausschließlichen Gesetzgebungsbefugnis des Bundes gehört, Landesgesetze zu erlassen, wird sich notwendig auf Einzelfälle beschränken müssen, gehört also nicht zur Generalermächtigung. In manchen Landesverfassungen[25] ist eine Ermächtigung zur Übertragung der Gesetzgebungsgewalt — gemeint ist: der formellen — durch Gesetz auf die Landesregierung, auch für Teilgebiete sogar ausdrücklich ausgeschlossen, um frühere Mißbräuche zu verhindern.

[22] Eine Ermächtigung für die Zeit des ersten Weltkrieges boten ferner die wichtige Generalklausel des Gesetzes v. 4. 8. 1914 für den Bundesrat sowie beim Ruhreinmarsch der Franzosen das Notgesetz v. 24. 2. 1923.

[23] Vgl. *Hedemann*, a. a. O. 50f.

[24] Der Fall des Gesetzgebungsnotstandes des Art. 81 II GG ist ein Sonderfall des formellen Gesetzgebungsverfahrens, nicht der Ermächtigung zu einem Notverordnungsrecht.

[25] Hessen: Art. 118.

Dagegen kennen zahlreiche Länderverfassungen seit 1946 auch wieder eine Generalermächtigung an die Landesregierung zu einem echten Notverordnungsrecht. Die materiellen Voraussetzungen eines solchen sind z. B. in Art. 110 der hess. Verfassung dahingehend formuliert, daß (1) die Beseitigung eines ungewöhnlichen Notstandes, der durch Naturkatastrophen oder andere äußeren Einwirkungen hervorgerufen worden ist, es dringend erfordert *und* daß (2) der Landtag nicht versammelt ist oder nicht rechtzeitig zusammentreten kann[26]. Ein auf politische Gefährdung des Staats zugeschnittenes Notverordnungsrecht auf Grund einer Generalermächtigung, mittels deren sogar bestimmte Grundrechte außer Kraft gesetzt werden können, ist den Landesregierungen in Rheinland-Pfalz (Art. 112), Bayern (Art. 48) und Württemberg-Baden (Art. 79) verfassungsmäßig zugebilligt. In Württemberg-Hohenzollern (Art. 50) steht dieses Recht — ähnlich dem Art. 48 II WeimRV — sogar dem Staatspräsidenten zu. In den Verfassungen der sowjet. Besatzungszone finden sich keine Generalermächtigungen für ein Notverordnungsrecht[27].

Während manche Länderverfassungen[28] ausdrücklich den Erlaß von Rechtsverordnungen der Landesregierung an eine ausdrückliche Ermächtigung durch ein formelles Gesetz binden, enthalten andere generell die Ermächtigung der Landesregierung zum Erlaß auch solcher Ausführungsvorschriften zu Gesetzen, die nicht bloß Verwaltungs-, sondern auch Rechtsverordnungen darstellen, die also in Freiheit, Eigentum und Vermögen der Bürger eingreifen dürfen. Während also sowohl unter dem Staatsrecht des Bismarck'schen als auch der Weimarer Periode für das Reich von der herrschenden Auffassung und jetzt nach Art. 84 II, 86 GG wie nach Art. 90 der Verfassung der Deutschen Demokratischen Republik das Vorhandensein einer solchen allgemeinen Ermächtigung zum Erlaß von *Rechts*verordnungen verneint wurde, ist dieser Standpunkt jetzt von manchen Länderverfassungen aufgegeben, indem sie die Regierung ausdrücklich ermächtigen, „die zur Ausführung der Gesetze erforderlichen Rechtsverordnungen und Verwaltungsvorschriften" zu erlassen, soweit nicht einzelne Gesetze etwas anderes

---

[26] Ähnlich, aber weitergehender Rheinland-Pfalz Art. 111; ferner auch Bremen: Art. 101.

[27] Das durch Art. 18 der thüring. Verfassung dem Ständigen Ausschuß des Landtags zugebilligte Gesetzgebungsrecht stellt eine verfassungsmäßige Zuständigkeitsverteilung, keine echte Ermächtigung zum Erlaß von Notverordnungen dar. Dasselbe gilt für Art. 18 II der brandenburg. Verfassung: „In unaufschiebbaren Fällen kann der Ständige Ausschuß (des Landtags) Gesetze mit Ausnahme von Verfassungsänderungen beschließen". — Freilich dienen diese Vorschriften dem gleichen Zwecke wie Notverordnungen.

[28] Vgl. Baden Art. 91. Die Verfassungen der sowjet. Besatzungszone erwähnen absichtlich ein solches Rechtsverordnungsrecht nicht. Auch Art. 33 IV der thüring. Verfassung erfaßt nur Verwaltungsverordnungen.

bestimmen[29]. Allerdings dürfen solche Rechtsverordnungen auf Grund dieser Generalermächtigung niemals contra legem, deren Ausführung sie dienen, ergehen.

Neben diesen vorerwähnten Generalermächtigungen kennen die deutschen Verfassungen selbst noch *Spezialermächtigungen.* Genannt sei als Beispiel Art. 119 GG, der in Flüchtlingsangelegenheiten eine immerhin noch recht weitgefaßte Ermächtigung der Bundesregierung mit Zustimmung des Bundesrats zu „Verordnungen mit Gesetzeskraft" enthält. Wenn Art. 25 der sächs. Verfassung — und ähnlich etwa Art. 153 der bremischen Verfassung — eine Ermächtigung zu unerläßlichen Eingriffen in Grundrechte fristgebunden gewährten, um Maßnahmen, die infolge der durch die nat.-soz. Katastrophenpolitik entstandenen Notlage seit dem 8. 5. 1945 ergangen sind oder noch ergehen werden, aufrechtzuerhalten oder zu gestatten so sind auch solche Fälle wohl nicht als echte Generalermächtigungen anzusehen, obwohl sie ihnen formaljuristisch nahestehen.

2. *Formalgesetzlich begründete Ermächtigungen zur Normsetzung*

Neben diesem auf die Verfassungen gestützten „selbständigen" Verordnungsrecht[30] spielen aber auch im jetzt geltenden[31] deutschen Recht die bloß auf formelle Gesetze gestützten Ermächtigungen eine wichtige Rolle. Unerörtert sollen bleiben die seit dem Jahre 1945 von den Alliierten Militärbefehlshabern erteilten Gesetzes- und Verordnungsermächtigungen, weil diese ihre Grundlage im Völkerrecht haben und nur von vorübergehender Bedeutung sind[32]. Sehr wichtig, weil vielfach angewandt, war die Generalermächtigung der Sowjetischen Besatzungsmacht gemäß Befehl Nr. 32 v. 12. 2. 1948 an die Deutsche Wirtschaftskommission in Berlin (damals die oberste deutsche Behörde der Sowjetischen Besatzungszone) zum Erlaß von Rechtsverordnungen, die letztlich sämtliche Gebiete betreffen können und einer echten Zuständigkeit zur Gesetzgebung gleichstehen. Auch der Wirtschaftsrat der Bizone erhielt sein Normsetzungsrecht durch eine Generalermächtigung der beiden Militärbefehlshaber[33].

[29] So Württemb.-Baden Art. 86. Ähnlich: Hessen Art. 107; Bayern Art. 55 II S. 3; Bremen Art. 124; Rheinland-Pf. Art. 110; Württemb.-Hohenz. Art. 73.

[30] Terminologie nach *Giacometti* a. a. O. 774ff.

[31] Für das Recht unter der Bismarck'schen und der Weimarer Reichsverfassung vgl. die oben zitierten Ermächtigungsgesetze v. 4. 8. 1914, 24. 2. 1923, 13. 10. 1923 und 8. 12. 1923.

[32] Vgl. z. B. in der sowjet. Besatzungszone: SMA-Befehl 110 v. 22. 10. 1945.

[33] So erklärt sich die den Außenstehenden oft überraschende Tatsache, daß wichtige Normen des deutschen Rechts seit 1945 in die Form einer „Verordnung" gekleidet sind, obwohl man Gesetzesform erwarten müßte. —

Aber auch im eigentlichen deutschen Rechtsbereich kommen General- wie Spezialermächtigungen häufig vor. Als Beispiel für erstere sei § 14 Preuß. Polizeiverwaltungsgesetz v. 1. 6. 1931 genannt. Während freilich in weiten Teilen Deutschlands Neuregelungen bestehen, ermächtigt diese Vorschrift in Verbindung mit §§ 24ff. auch heute noch z. B. in allen vier Sektoren von Berlin die Polizeibehörden generell zum Erlaß von Polizeiverordnungen[33a] zur Abwehr von Gefahren, die der öffentichen Sicherheit und Ordnung drohen. Noch bedeutsamer sind die Generalermächtigungen an die Gemeindevertretungen zum Erlaß von Ortssatzungen in sämtlichen geltenden deutschen Gemeindeverfassungsgesetzen[34]. Allgemein dürfen danach die Gemeinden ihre eigenen Angelegenheiten durch autonome Satzungen regeln. Ob und inwieweit sie dabei aufsichtsbehördlicher Genehmigung bedürfen, ist für unsere Frage belanglos. Das bisherige, jetzt im Abbau befindliche Zwangswirtschafts- und Preisrecht arbeitete mit verschiedenen Generalermächtigungen[35]. Das vom Alliierten Kontrollrat erlassene Wohnungsgesetz v. 14. 3. 1946 (KontrRG 18) bietet schon in Art. I ein Beispiel für eine Generalermächtigung, auf Grund deren in allen Ländern weitreichende Normen erlassen wurden.

Außerdem enthalten zahlreiche Gesetze Spezialermächtigungen zu Verordnungen zur Durchführung des betreffenden Gesetzes; diese bieten jedoch keinerlei Besonderheiten.

3. *Gesetzliche Ermächtigungen zu Verwaltungsakten*

Abschließend seien die Ermächtigungen genannt, deren die *Verwaltungs*behörden im Rechtsstaat zu *Einzel*eingriffen in Freiheit, Eigentum und Vermögen ihrer Bürger bedürfen.

Durch formelle Gesetze ermächtigte abgeleitete Rechtsquellen, insbesondere Verordnungen und autonome Satzungen, können wieder ihrerseits nach deutschem Recht eine ausreichende Ermächtigung zum Erlaß belastender Verwaltungsakte enthalten. So gibt z. B. § 18 der

---

Man darf nicht vergessen, daß es im ersten Jahre nach dem deutschen Zusammenbruch noch keine gewählten Volksvertretungen gab und daß daher die von den Alliierten eingesetzten Landesregierungen mit Zustimmung der Militärregierungen gesetzesvertretende Verordnungen in großer Zahl erließen. Vgl. z. B. die umstrittene VO des Magistrats von Groß-Berlin v. 14. 7. 1945, durch die große Teile der ReichsversicherungsO v. 1911 für Berlin aufgehoben wurden.

33a In der brit. und amerik. Zone gibt es kein PolVerordnungsrecht mehr.

34 Vgl. z. B. § 3 GemeindeO f. d. britische Zone (brit. MilRegVO 21 v. 1. 4. 1946), § 41 GemeindeO f. d. sowjet. Zone.

35 Für Berlin vgl. z. B. VO zur Errichtung eines Preisamts und VO gegen Preistreiberei, beide v. 28. 9. 1945 (VOBl 122).

Gemeindeordnung für die brit. Zone[36] den Gemeinden die Ermächtigung, durch autonome Ortssatzung für bestimmte kommunale Einrichtungen, z. B. Wasserleitung und Kanalisation, den Anschluß- und Benutzungszwang vorzuschreiben und ihn gegebenenfalls mit Zwangsmitteln durchzusetzen. Wenn daraufhin ein Hausbesitzer den Anschluß verweigert, so geht die Gemeindebehörde auf Grund der Ortssatzung, also unter Heranziehung *dieser* Ermächtigung gegen ihn mittels einer Zwangsverfügung vor. Man hat es in solchen Fällen — nicht wie beim einfachen Gesetz — mit einer einfachen, sondern mit einer potenzierten Ermächtigung zu tun, die dem deutschen Recht durchaus gemäß ist.

Die Vielzahl der notwendig werdenden Gesetze und die Unvorhersehbarkeit der praktischen Einzelbedürfnisse hat nach und nach die ursprünglich speziellen Ermächtigungen, die an sich allein rechtsstaatlichem Denken entsprechen, immer allgemeiner werden lassen. So wurde für die Polizei zuerst eine Generalermächtigung — ursprünglich zwar nicht erteilt, aber — aus der Definition des § 10 II 17 des Preuß. Allgemeinen Landrechts vom Preuß. Oberverwaltungsgericht herausgelesen, also hineingelegt[37]. Zwar hat die Tendenz zur Beschränkung der Polizei in Süddeutschland, ferner durch die Besatzungsmächte in der brit. und am. Zone den *Polizei*behörden einen Teil der ihnen im bisherigen deutschen Recht gewährten Befugnisse genommen, aber die Generalermächtigung des für die Polizei*verordnungen* bereits oben erwähnten § 14 Preuß. Polizeiverwaltungsgesetzes ist für Polizei*verfügungen* dort, wenn auch an andere, insbesondere kommunale Behörden gerichtet, erhalten geblieben. Eine sehr weitreichende Generalermächtigung zu Verwaltungsakten gibt Art. IV des erwähnten Wohnungsgesetzes v. 14. 3. 1946: „Die zuständigen deutschen Wohnungsbehörden haben alle erforderlichen Maßnahmen zu treffen, um in ihrem Amtsbereich allen Personen, gemäß den von der Militärregierung festgesetzten oder noch festzusetzenden Normen, Wohnraum zu beschaffen". Diese und andere Generalermächtigungen sollen den praktischen Bedürfnissen entsprechend unbestimmte und unbestimmbare Fälle von vornherein einer rechtsstaatlichen Regelung unterwerfen; eine Anpassung ist insoweit oft nötig und nützlich.

Trotz aller Gefahren für den Rechtsstaat, wie sie in der Vergangenheit zwischen 1933 und 1945 besonders deutlich geworden sind, ist zu bedenken, daß auch die Nichtzulassung von Generalklauseln nur allzu leicht den Rechtsstaat zum bloßen Schlagwort degradiert, weil man sonst in der Unübersichtlichkeit unzähliger Einzelermächtigungen, in der „Hypertrophie des Rechts"[38] untergeht oder andere illegale Aus-

---

[36] Vgl. oben Anm. 34. Die rev. GemO. ist die von der brit. MilReg. abgeänderte Deutsche GemO. v. 30. Jan. 1935 durch VO. v. 1. 4. 1946.

[37] Vgl. OVG, Amtl. Entscheidungssammlung IX, 353.

[38] Vgl. *Schiffer*, Die deutsche Justiz (2. Aufl. 1949) 51ff.

wege zur Erfüllung praktischer Notwendigkeiten sucht[39]. Nur eine echte demokratische Tradition und die Erweckung der Ethik der Demokratie[40] können beide — entgegengesetzten — Gefahren sicher überwinden.

---

[39] Beispiel für das frühere preuß. Kommunalrecht hierfür vgl. *Hans Perters*, Grenzen der kommunalen Selbstverwaltung (1926) 228.

[40] Vgl. *Hans Peters*, Die Problematik der deutschen Demokratie (1948) 68ff.

STRAFRECHT

STRAFRECHT UND DISZIPLINARRECHT

Von Dr. Eberhard Schmidt

ord. Professor an der Universität Heidelberg

Literatur: Goldschmidt, Das Verwaltungsstrafrecht (1902) — *O. Mayer,* Deutsches Verwaltungsrecht II, 2. Aufl. (1917) — *M. E. Mayer,* Der Allgemeine Teil des deutschen Strafrechts, 2. Aufl. (1923) — *R. v. Hippel,* Deutsches Strafrecht I, II (1925, 1929) — *A. Schulze* und *W. Simons,* Die Rechtsprechung des Reichsdisziplinarhofs (1926) — *Jacobi,* Grundlehren des Arbeitsrechts (1927) — *Köttgen,* Das deutsche Berufsbeamtentum und die parlamentarische Demokratie (1928) — *Hochheiser,* Der Beamtenbegriff im deutschen Reichsstrafrecht (1929) — *Köttgen,* Beamtenrecht (1929) — *Wolf,* Die Stellung der Verwaltungsdelikte im Strafrechtssystem: Festgabe für Reinhard v. Frank, II (1930) — *Brand,* Die Preußischen Dienststrafverordnungen vom 27. 1. 1932 (1932) — *L. Schmidt,* Dienststrafrecht: Handbuch des deutschen Staatsrechts, herausgegeben von Anschütz und Thoma, II (1932) — *Stock,* Entwicklung und Wesen der Amtsverbrechen (1932) — *W. Jellinek,* Verwaltungsrecht, 3. Aufl. (1948) — *Heffter,* Über Verbrechen und Disziplinar-Vergehungen der Staats- und Kirchendiener: Neues Archiv des Kriminalrechts 13 (1833) — *Waldecker,* Entwicklungstendenzen im deutschen Beamtenrecht: ArchöffR N. F. 7 (1924) 129ff. — *Eb. Schmidt,* Probleme des Wirtschaftsstrafrechts: SJZ 1948, 225ff. — *Eb. Schmidt,* Rechtsnot im Wirtschaftsstrafrecht und ihre Überwindung: SJZ 1948, 569ff.

A.

Die Problematik, die mit dem Thema „Strafrecht und Disziplinarrecht" aufgegeben ist, soll in dem folgenden Referat aus den Gesichtspunkten des deutschen Rechtes und der deutschen Rechtswissenschaft untersucht werden. Die damit gestellte Aufgabe wird dahin aufgefaßt, daß es sich nicht darum handelt, einen Überblick über die positivrechtliche Gestaltung des Strafrechts einerseits, des Disziplinarrechts andererseits zu bieten — das wäre im gegenwärtigen Zeitpunkt angesichts der Auflösung des bis 1945 weitgehend einheitlichen Rechtes und der zur Zeit herrschenden unübersehbaren Rechtszersplitterung eine kaum lösbare Aufgabe —, daß es vielmehr darauf ankommt, zu den entscheidenden Grundgedanken vorzustoßen und aus ihnen die

Frage zu klären, ob das Nebeneinander von Strafrecht und Disziplinarrecht sinnvoll ist und in welchem Verhältnis die tragenden Grundbegriffe beider Disziplinen zu einander gesehen werden müssen.

B.

Das Strafrecht beruht auf den Grundbegriffen „Verbrechen" und „Strafe". Sein Wesen verstehen setzt voraus, daß die spezifische Eigenart dieser beiden Grundbegriffe erfaßt wird.

I.

Unter diesen beiden Grundbegriffen kommt dem der „Strafe" die primäre Bedeutung in dem Sinne zu, daß von ihr die Eigenart des Strafrechts als einer besonderen unter allen Rechtsdisziplinen bestimmt wird. Allen wissenschaftlichen Bemühungen zum Trotz ist es bisher nicht gelungen, für den Begriff des „Verbrechens" ein spezifisches Wesensmerkmal aufzuzeigen, das das Verbrechen als schuldhaftes Unrecht von dem in anderen Disziplinen interessierenden schuldhaften Unrecht mit voller begrifflicher Schärfe absetzt. Es wird zwar noch davon zu sprechen sein, daß es gerade im Bereiche des Disziplinarrechts, und ebenso auch im Bereiche des Verwaltungsrechts ein Unrecht gibt, das sich wesensmäßig vom kriminellen Unrecht unterscheidet, diesem also als ein aliud dem aliud gegenübersteht. Aber dasjenige Unrecht, das sich (nach bestimmten Merkmalen) als ein kriminelles darstellt, hat nicht nur im Strafrecht, sondern auch im Verwaltungsrecht, im Zivilrecht und sonst eine juristische Bedeutung, sodaß sich nicht sagen läßt, daß es ein spezifisch kriminelles Unrecht gäbe, dessen Bedeutung sich im Strafrecht erschöpfe und *nur* in ihm von juristischer Bedeutung sei.

Dagegen ist die Strafe als echte Kriminalstrafe eine Unrechtsfolge von ganz spezifischer Eigenart, in ihrer Bedeutung und Funktion auf das Kriminalstrafrecht beschränkt. Rechtsgeschichtlich erweist sich das in der evidenten Tatsache, daß es zu allen Zeiten eine Neuorientierung des *Straf*begriffs gewesen ist, die die großen geschichtlichen Veränderungen und Umwälzungen in der Geschichte der Strafrechtspflege hervorgerufen hat. Das Aufkommen der von den Bußen des germanischen und fränkischen Rechts so grundlegend verschiedenen „peinlichen" Strafen hat eine ganz neue Epoche der Strafrechtsgeschichte, die Epoche des mittelalterlichen Rechtsdenkens, eingeleitet. Das *Strafen*system ist es, das sich dann unter den Rationalisierungs- und Humanisierungstendenzen der Aufklärung umbildet, und die neuartige Sinngebung, die damit in die Strafe hineingetragen wird, führt die Epoche der modernen Kriminalpolitik herauf. Als dann *Feuerbach* in der generalpräventiven Tatvergeltungsstrafe den „Urbegriff" der Strafe überhaupt entdeckt zu haben glaubt, setzt innerhalb der Epoche der modernen Kriminalpolitik die rechtsstaatlich-liberale Epoche ein, die dem Strafrecht des 19. Jhs. das Gepräge gibt, das die Welt des bürgerlichen Liberalismus verlangt. Und abermals ist es eine Neuorientierung des *Straf*begriffs gewesen, mit der *Franz v. Liszt* die Ablösung dieses bürgerlich-liberalen Strafrechts angebahnt und die soziale Epoche der Strafrechtsgeschichte eingeleitet hat, in der wir, nachdem die bolschewistisch-nationalsozialistische Gestaltung eines kriminalistischen Terrorsystems sich als eine nur kurzfristige Episode erwiesen hat, noch heute — jedenfalls in Westdeutschland — mitten innestehen.

Die geschichtliche Wandelbarkeit des Strafbegriffs macht es unmöglich, für dieses Referat von einem allgemein-gültigen und unwandelbaren Begriffe „*der*" Strafe auszugehen, wie *Feuerbach* das für sein Bayerisches Strafgesetzbuch von 1813 für möglich, ja notwendig erachtet hatte. Der Strafbegriff, der hier ins Auge zu fassen ist, ist der Strafbegriff unserer Zeit, ein Strafbegriff, dem natürlich etwas von dem Strafbegriff aller Zeiten anhaftet, der aber doch eben in vielem von den Rechts- und Kulturbedürfnissen unserer Zeit geprägt ist.

Diesen Strafbegriff charakterisiert es, daß er alle rational erfaßbaren Zwecke der Strafe (General- *und* Spezialprävention) einem in starker Differenzierung gesehenen Verbrechertum gegenüber zu verwenden möglich macht. Aber eine *nur* aus *Zweck*gesichtspunkten sinnvolle Maßnahme ist die Strafe nicht. Ihre Funktion ist Bewährung des Rechts. Welcher Strafzweck im Einzelfall auch kriminalpolitisch maßgebend sein mag, in *jedem* Fall ist das, worauf es letzten Endes bei der Strafe als einer *Rechts*einrichtung ankommt, die aus der Idee der Gerechtigkeit abgeleitete sittliche Funktion. Nur diejenige vergeltende Übelszufügung kann staatlicherseits als Strafe verantwortet werden, bei der diese sittliche Funktion deutlich wahrnehmbar bleibt. In der Strafe also schwingt ein sittliches Pathos, und kraft dieses setzt sie die sittliche Persönlichkeit in dem von ihr Betroffenen voraus, greift sie diese sittliche Persönlichkeit an, indem mit ihr gegebenenfalls das ganze innere Verhältnis des Bestraften zu den Anforderungen des Rechtes in Frage gestellt wird. Diese sittliche Funktion findet in der Idee der „Sühne" ihre Bedeutung, Sühne nicht in der trivialen und falschen Bedeutung eines repulsiven Geschlagen-Werdens (dazu pflegen terroristische Machtstaatensysteme den Begriff der Sühne zu depravieren und denaturieren), Sühne vielmehr in der Bedeutung eines sittlichen Erlebnisses des Bestraften, das ihn die Notwendigkeit der Strafe als eines Mittels zur Wiedererlangung seiner durch das Verbrechen verlorenen sittlichen Freiheit bejahen läßt.

II.

Das Unrecht, das als verbrecherisches mit Strafe belegt zu werden sinnvoll und gerecht sein kann, wird aus Gründen der Rechtssicherheit in den Tatbeständen der Strafrechtssätze erschöpfend bestimmt. Es ist hier nicht der Ort, auf die hohe rechtsethische Bedeutung des Satzes „nullum crimen sine lege" für das staatliche Strafrecht einzugehen. Ich verweise auf *Liszts* berühmtes Gutachten, das er 1893 dem internationalen Forum der von ihm geschaffenen Internationalen Kriminalistischen Vereinigung vorgelegt und in dem er dargelegt hat, warum gerade die „sozialistische Strömung" der Zeit, die das Strafrecht überall in ihren Bann geschlagen hat, mit Notwendigkeit erfordert, daß „das Strafrecht die unübersteigbare Schranke der Kriminalpolitik" „ist" und „bleiben soll".

Hier interessiert, von der Strafe her gesehen, etwas anderes, die Frage nämlich, welche Merkmale ein Unrecht aufweisen muß, demgegenüber als einem „Verbrechen" Strafe am Platze sein kann. Diese Frage kann nicht aus den Gesichtspunkten einer formellen, sondern nur aus den Aspekten einer materiellen Rechtsauffassung beantwortet werden. Der Einsatz des mit der Strafe verbundenen sittlichen Pathos kann sinngemäß nur da vor der Gerechtigkeit bestehen, wo das Unrecht in objektiver und subjektiver Beziehung diesem sittlichen Pathos ein Beziehungsobjekt bietet. Objektiv ist das da der Fall, wo einem „Rechtsgut", d. h. einem rechtlich anerkannten und unter den Schutz der Rechtsordnung gestellten sozialen Lebensinteresse, mag dessen unmittelbarer Träger im Einzelfall eine Individualperson oder die als personifiziert gedachte Allgemeinheit sein, ein greifbarer Schaden oder eine bestandbedrohende Gefährdung zugefügt wird. Ein solches Unrecht tritt immer zur Allgemeinheit und zum Ganzen der Rechtsordnung in Beziehung, erscheint als Störung des durch die Rechtsordnung gewährleisteten Friedens und beeinträchtigt das Rechts- und Sicherheitsgefühl aller. In subjektiver Hinsicht ist verbrecherisches Unrecht gegeben, wo der Täter in seiner Tat eine innere Einstellung zum Recht offenbart, die als Rechtsfeindlichkeit, als Abfall von der rechtlich zu fordernden Gesinnungsqualität zu werten ist. Das ist es, was mit Schuld im materiellen Sinne gemeint ist. Strafe (im oben bezeichneten Sinne) ist nur da innerlich gerechtfertigt, wo der Staat gegen ein von solcher Schuld getragenes Unrecht im materiellen Sinne anzugehen Anlaß hat. Es würde sich verlohnen, zu prüfen, ob die Staaten heute nicht durchweg von der Strafe einen viel zu weitgehenden Gebrauch machen, dadurch aber der Strafe ihren sittlichen Ernst nehmen, ihre Idee depravieren und die Strafe in Richtung eines sozialen Risikos entarten lassen, mit dem die regierten Menschen sich recht und schlecht abzufinden sich mehr oder weniger gewöhnt haben. Die Zeiten, wo staatliche Gesetzgeber sich bei jedem Strafgesetz mit Ernst die Frage vorlegten, ob bestimmten Taten gegenüber das mit der Strafe angedrohte Übel als unabweislich notwendig verantwortet werden kann, liegen weit zurück. Aber das hiermit anklingende Problem ist hier nicht weiter zu verfolgen.

C.

Neben dem kriminellen Strafrecht, das sich durch die unter B dargestellten Grundbegriffe charakterisiert, haben sich zwei Erscheinungen entwickelt, bei denen es sich ebenfalls um eine „strafende" Tätigkeit des Staates handelt: das Disziplinarrecht und das Ordnungsstrafrecht. Wesen und Eigenart dieser Zweige einer strafenden Staatstätigkeit zu erkennen, ist deshalb so schwierig, weil die sie tragenden Normen nicht aus abgeklärten begrifflichen Vorstellungen der Gesetzgeber hervorgegangen sind, ihre Existenz vielmehr sehr eigenartigen Abschichtungsprozessen zu verdanken ist, mit denen sie sich aus dem Kriminalstrafrecht gelöst haben. Für das Ordnungsstrafrecht verdanken wir *James Goldschmidt*, der es als Verwaltungsstrafrecht bezeichnet hat, wertvolle Einblicke in die geschichtliche Entwicklung. Für den vielleicht wichtigsten Teil des Disziplinarstrafrechts, nämlich das Disziplinarstrafrecht der Beamten, hat *Ulrich Stock* in gründlichster Monographie die komplizierte geschichtliche Entwicklung erhellt. Die aus der Geschichte zu gewinnenden dogmatischen Lehren aber sind noch keineswegs Gemeingut der Rechtswissenschaft und Staatspraxis. Noch wird um die begriffliche Erfassung des Disziplinar- und des Ordnungsstrafrechts gestritten, und die Gesetzgeber greifen aus begrifflich-dogmatischer Unklarheit oft fehl.

I.

Die Linien des Kriminalstrafrechts einerseits, des Disziplinar- und des Ordnungsstrafrechts andererseits laufen immer wieder ineinander, zu einer wirklichen Einsicht in die unterschiedlichen Strukturen und Sinndeutungen dieser drei Zweige staatlicher Straftätigkeit gelangt man nicht, wenn man bei den Erscheinungen des äußeren Bildes stehen bleibt.

Gewiß: auch das Disziplinar- und das Ordnungsstrafrecht „vergelten" rechtliche „Schuld", beantworten ein „Unrecht" und verwenden Strafübel, die selektive und korrektive Funktion haben können. Man kann also von einer tatvergeltenden Straffunktion in diesen Bereichen ebenso sprechen, wie man auf die bekannten general- und spezialpräventiven Zwecke des Strafens hinweisen kann. Am wenigsten sind die Strafzwecke der General- und der Spezialprävention geeignet, qualitative Unterschiede der hier interessierenden verschiedenen Zweige staatlichen Strafens herauszustellen. Da gerade das Kriminalstrafrecht unserer Gegenwart, im scharfen Gegensatz zu der Straftheorie *Feuerbachs*, jede einseitige Betonung eines bestimmten Strafzweckes ablehnt, vielmehr die Strafzwecke der differenzierten Eigenart der Verbrecher anzupassen sucht, hierbei aber die Spezialprävention nicht weniger als die Generalprävention zum Einsatz bringt, so ist es verfehlt, weil unhistorisch, mit U. *Stock* etwa in der generalpräventiven Tatvergeltung das Signum des Kriminalstrafrechts, in der bevorzugten Betonung der bessernden Spezialprävention ein Wesensmerkmal des Disziplinarstrafrechts zu sehen. Denn sofort und allemal stellt sich die Notwendigkeit ein, darauf hinzuweisen, daß das Kriminalstrafrecht *auch* der Spezialprävention, das Disziplinarstrafrecht *auch* der Generalprävention Raum gewährt und daß beide echte Schuld vergelten sollen. Auf diese Weise läßt sich also begriffliche Ordnung nicht schaffen.

II.

Wenn es auch für den Bereich des Kriminalstrafrechts zutrifft, daß seine jeweilige historische Gestalt davon abhängig ist, welchen Sinn man in das Strafen hineinlegt und worin Bedeutung und Funktionsmöglichkeit der Strafe gesehen werden, und wenn es dann weitgehend wiederum davon abhängt, welche Beeinträchtigungen rechtlich anerkannter Lebensinteressen als strafbare Rechtsgüterverletzungen dem Katalog strafbarer Handlungen eingeordnet werden, so ist damit nicht gesagt, daß der Staat nicht durch eine spezifische Eigenart unrechten Verhaltens veranlaßt werden könnte, hierauf mit Unrechtsfolgen in Gestalt von Übelszufügungen zu reagieren, die eben dieses Charakters wegen auch „Strafen" genannt werden, sich aber von den Kriminalstrafen funktionsmäßig unterscheiden.

In der Tat ist dies bei den Disziplinarstrafen wie bei den Ordnungsstrafen der Fall.

1. Die Abspaltung des Disziplinarstrafrechts aus dem Kriminalstrafrecht macht das ganz deutlich.

a) Wo und aus welchen Anlässen hat sich überhaupt Disziplinarstrafrecht entwickelt? Das ist geschehen vor allem bezüglich der Staatsbeamten (womit hier unmittelbare und mittelbare Staatsbeamte umfaßt sind, ohne daß es für die Zwecke dieses Referates erforderlich wäre, auf die Fragwürdigkeit des Begriffs „mittelbarer" Staatsbeamter einzugehen), sodann aber auch für Rechtsanwälte, Ärzte, Militärpersonen, Studierende der Hochschulen und Strafgefangene. Sehen wir von den letzteren einmal ab, so kann es nicht zweifelhaft sein, wodurch das Bedürfnis eines in sich eigenartigen Disziplinarstrafrechts entstanden ist. Bei allen genannten Personenkategorien handelt es sich um Gruppen, die beruflich zum Staat in einem besonders gearteten Verhältnis stehen. Sie haben dem Staat gegenüber nicht nur die allgemeinen Staatsbürgerpflichten, sie haben darüber hinaus nicht nur Einzelpflichten besonderer Art, die sich aus ihrer Berufsausübung in einzelnen Beziehungen ergäben, vielmehr entwickelt sich aus der Eigenart ihres Berufs eine im besonderen Maße verpflichtende Berufsethik, die zu einer im einzelnen nicht zu differenzierenden Totalbindung dem Staate gegenüber führt und den Berufsträger zu einer sein ganzes persönliches Sein erfassenden Hingabe an die dem Staate gegenüber zu erfüllende Aufgabe, d. h. zu einer gesteigerten „Treue" verpflichtet. Das Verhältnis zum Staat ist nicht nur in einzelnen Beziehungen juristisch, sondern in bezug auf das ganze persönliche Sein ethisch gestaltet. Das unterscheidet diese Kategorien von Berufsträgern etwa von Angestellten, Handwerkern, Arbeitern, Gewerbetreibenden, die dem Staate gegenüber auf Grund vertraglicher Verpflichtungen Dienste leisten müssen. Mit der vertragsgemäß einwandfreien Leistung dieser Dienste haben die letzteren ihre Verpflichtung erfüllt, darüber hinaus hat der Staat an sie keine Ansprüche. Leisten sie dem Staate nicht das Gesollte, so werden zivilrechtliche Folgerungen aus der zivilrechtlichen Gestaltung ihres Verpflichtungsverhältnisses gezogen: ein Anstellungsverhältnis wird gekündigt, mangelhafte Werklieferung oder Dienstleistung führt zu Schadensersatzforderungen u. dgl. mehr.

b) Ganz anders sind die Reaktionen des Staates auf Pflichtverletzungen der Angehörigen der oben genannten Berufsgruppen. Hier greift die Disziplinarstrafe ein, die den Bestraften zur Anerkennung seiner Pflichten führen oder aus der Berufsgruppe ausschließen soll. Nicht immer ist es so gewesen, daß ein von der Kriminalstrafe unterschiedenes Reaktionsmittel der Verletzung solcher spezifischen Berufspflichten gegenüber zum Einsatz gelangt ist. Das Allgemeine Landrecht für die Preußischen Staaten von 1794 hat *innerhalb* seines *Kriminal*strafrechts für die Verstöße der Beamten („Diener des Staates") gegen ihre Amtspflichten ein Sonder- oder Standesstrafrecht geschaffen, das alle denkbaren Pflichtverletzungen in einer Fülle von „Tatbeständen" kasuistisch zu erfassen sucht und einen Katalog von Staatsdienerstrafen bereit stellt, die zwar aus der Natur der Sache heraus in vielen Beziehungen Eigentümlichkeiten aufweisen, die nur aus der besonderen Beziehung der Staatsdiener zum Staat zu verstehen sind (Verwarnung, Verweis, Suspension, Degradation, Amtsentsetzung, Kassation), aber doch in einem wesensmäßigen Gegensatz zu den sonst verwendeten *Kriminal*strafen *nicht* gesehen werden. Für die Bestrafung der Ärzte, Advokaten, Militärpersonen ließe sich genau das Gleiche zeigen. Was die letzteren betrifft, so haben die Kriegsartikel, die sich seit den Artikelsbriefen *Maximilians I.* (1508) entwickelt haben, immer die Bedeutung echter kriminalstrafrechtlicher Satzungen gehabt, und so entspricht es der Auffassung des ALR durchaus, wenn es für die Bestrafung der Militärpersonen lediglich auf diese Kriegsartikel verweist und daneben nur für Deserteure, ausgetretene Kantonisten, Deserteurshelfer u. dgl. einige (relativ wenige) Bestimmungen kriminalstrafrechtlichen Charakters anschließt.

Erst das 19. Jh. bringt im Zusammenhang mit der rechtsstaatlichen Strukturierung des gesamten staatlichen Lebens die Trennung des Kriminal- und des Disziplinarstrafrechts. Besondere Gesetze kodifizieren das Kriminalstrafrecht einerseits, das Disziplinarstrafrecht andererseits. Jene Kriminalstrafen, die ihrer Natur nach nur aus den inneren Beziehungen des Beamten zum Staate erklärbar waren, gingen als Disziplinarstrafen in die Disziplinargesetze über, die Beamtendelikte des allgemeinen Strafrechts erhielten durch Schaffung eines besonderen strafrechtlichen Beamtenbegriffs, der über den staatsrechtlichen Beamtenbegriff hinausging, einen neuartigen Charakter; die Kriegsartikel gingen teils in einem Sonderkriminalstrafrecht der Militärpersonen, teils in Disziplinarordnungen der verschiedenen Wehrmachtteile auf und fanden daneben in einer rein ethisch verstandenen „Pflichtenlehre" der Soldaten einen leicht eingängigen und verstehbaren Niederschlag. Der ganz adäquate Verlauf der Entwicklung bezüglich der Ärzte, Rechtsanwälte usw. muß hier übergangen werden.

2. Worin ist der juristisch-dogmatische Sinn dieser Entwicklung zu sehen? Ist sie nur auf Zweckmäßigkeitsgesichtspunkte zurückzuführen? Oder ist es so, daß sich hier eine qualitative juristische Verschiedenheit der Erscheinungen, des disziplinellen Unrechts gegenüber dem kriminellen Unrecht, der Disziplinarstrafe gegenüber der Kriminalstrafe in der Notwendigkeit einer Trennung der Materien in verschiedenen Gesetzen offenbart?

In der Tat ist das letztere der Fall.

a) Das *disziplinelle Unrecht* gewinnt seine materielle Qualität ausschließlich aus den berufsethischen Treuebindungen, die das Verhältnis des Verpflichteten zum Staat tragen und inhaltlich bestimmen. Die Abweichung von diesen berufsethischen Treuebindungen von den geringsten Graden über alle denkbaren Nuancierungen hinweg bis zu den schwersten Treubrüchen, und dies alles gesehen immer nur unter den Gesichtspunkten des internen Pflichtenverhältnisses zwischen dem berufsethisch Verpflichteten und dem Staat, das ist es, was die *qualitative* Eigenart des disziplinellen Unrechts ausmacht. Es ist belanglos, ob Folgen solchen Unrechts auch extern, d. h. jenseits des spezifischen Pflichtverhältnisses sichtbar oder spürbar werden. Das mag ein Anlaß zu gesteigerter disziplineller Strafschwere sein, für das disziplinelle Unrecht in seinem Bestande und seiner Qualität als solchem ist das unwesentlich und jedenfalls niemals erforderlich.

Verletzt ist durch disziplinelles Unrecht immer nur der rechtlich geschützte Treueanspruch des Staates, materiell gesprochen: das Interesse des Staates an Bestand und Erhaltung der auf Treue beruhenden Ordnung des betreffenden Berufskreises. In dieser Verletzung zeigt sich die spezifische Eigenart des Disziplinarschadens, der das materielle Wesen des disziplinellen Unrechts ausmacht. Dieser Disziplinarschaden ist etwas qualitativ anderes als der bei einem Kriminaldelikt gegebene Sozialschaden, über den als Rechtsgutsverletzung oben (B II) das Erforderliche gesagt ist. Der Disziplinarschaden macht sich als solcher nicht im Raum der sozialen Lebensinteressen, denen der Schutz des

Kriminalstrafrechts gilt, bemerkbar, sondern beschränkt sich auf den Raum der durch den Treuegedanken bestimmten disziplinellen Interessen des Staates. Es ist durchaus möglich, daß ein und dasselbe Verhalten sowohl einen Disziplinarschaden wie auch einen Sozialschaden hervorruft. Geschieht letzteres in einer dem Tatbestande eines (Kriminal-)Strafrechtssatzes entsprechenden Weise, so ist nicht ein Fall einer nach § 73 StGB zu behandelnden Idealkonkurrenz gegeben, vielmehr ist der Täter unter zwei materiell verschiedenen Gesichtspunkten verantwortlich: er hat die Kriminalstrafe des verletzten Strafrechtssatzes verwirkt und ist gleichzeitig auch disziplinell verantwortlich. In ganz verschiedenen Rechtskreisen ist das Wesen des einen und des andern Unrechts beheimatet. Das disziplinelle Unrecht steht zum kriminellen Unrecht nicht im Verhältnis des minus zum plus, sondern des aliud zum aliud Das erklärt die grundsätzlich verschiedenartige gesetzliche Erfassung des kriminellen Unrechts einerseits, des disziplinellen andererseits. Das kriminelle Unrecht wird entsprechend der außerordentlichen wertbestimmenden Differenziertheit der sozialen Lebensinteressen (Rechtsgüter), die es verletzt, in einzelnen, begrifflich scharf differenzierten gesetzlichen Tatbeständen erfaßt (nullum crimen sine lege). Das disziplinelle Unrecht spottet einer solchen gesetzlichen Diffenzierungsmöglichkeit. Das ihm Wesentliche ist immer die Verletzung der berufsethischen Treuepflicht, ganz gleichgültig, in welcher Form und Gestalt das sichtbar wird. Es ist undenkbar, auf diese verschiedenen Gestaltungsmöglichkeiten in einzelnen „Tatbeständen" abzustellen. Gesetzgeberisch möglich ist nur die Schaffung eines alle Spielarten umfassenden Generaltatbestandes, also etwa: „Ein Beamter, der die Pflichten verletzt, die ihm sein Amt auferlegt oder sich durch sein Verhalten in oder außer dem Amt der Achtung, des Ansehens oder des Vertrauens, die sein Beruf erfordert, unwürdig zeigt, hat wegen Dienstvergehens die Dienstbestrafung verwirkt". Oder etwa: „Der Arzt ist verpflichtet, seinen Beruf gewissenhaft auszuüben und sich bei seinem Verhalten innerhalb und außerhalb des Berufs der Achtung und des Vertrauens würdig zu zeigen, die der ärztliche Beruf erfordert". Jeder Verstoß gegen diese Pflichten unterliegt als „Berufsvergehen" der Bestrafung. Endlich: „Handlungen (und Unterlassungen) gegen die militärische Zucht und Ordnung, die keinem Strafgesetz unterfallen — Disziplinarübertretungen — können durch den Disziplinarvorgesetzten bestraft werden".

b) Der qualitativen Verschiedenheit des disziplinellen und des kriminellen Unrechts entspricht die qualitative Verschiedenheit der disziplinellen und der kriminellen Schuld. In beiden Bereichen ist Schuld die vorwerfbare Fehlerhaftigkeit (Pflichtwidrigkeit) des Motivationsherganges, der zu dem unrechten Verhalten geführt hat. Aber der qualitative Unterschied ergibt sich aus der qualitativen Verschiedenartigkeit der Wertmaßstäbe, an denen eben diese Fehlerhaftigkeit (Pflichtwidrigkeit) bestimmt und gemessen wird. Für die kriminelle Schuld ergibt sich der Wertmaßstab aus den allgemeinen rechtsethischen Pflichten, die *Jedermann dem Ganzen* der staatlichen Rechtsordnung gegenüber hat. Die in dieser Hinsicht feststellbare, mehr oder weniger stark ausgeprägte Rechtsfeindlichkeit, der in ihr in die Erscheinung tretende „Gesinnungsverfall" bestimmt Vorhandensein und Schwere der Schuld. Die disziplinelle Schuld dagegen messen wir an den Anforderungen, die sich aus der Berufsethik bezüglich der Treue des Berufsträgers gegenüber dem Staat ergeben. Das *Abweichen* von dem insofern Gesollten *begründet*, das *Maß* der darin offenbarten Treubruchsneigung oder Treulosigkeit *graduiert* die disziplinelle Schuld. Es mag sein, daß der sich verfehlende Beamte, Anwalt, Arzt, Soldat in bezug auf seine innere Einstellung zur *sozialen* Ordnung als *solcher* im Raum der strafrechtlich *allgemein* geschützten sozialen Lebensinteressen untadelhaft ist, er kann im internen Verhältnis zum Staat, im Raume des durch seine Berufsethik abgesteckten Pflichtenkreises aufs schwerste versagen.

c) Qualitativ verschieden sind endlich Sinn, Bedeutung und Funktion der Kriminalstrafen einerseits, der Disziplinarstrafen andrerseits.

Es mag dahingestellt bleiben, ob es für den Bereich des Disziplinarstrafrechts sinnvoll ist, von einer Sühnefunktion überhaupt zu sprechen. Bei Disziplinarsachen, die in geringen Verfehlungen und Lässigkeiten dienstlicher Art bestehen, dürfte es weder zulässig noch nötig sein, eine Sühnefunktion der Disziplinarstrafe in Anspruch zu nehmen. Hier ist die Disziplinarstrafe wie die Ordnungsstrafe im Verwaltungsstrafrecht eine „Pflichtenmahnung", ein scharfer Anruf zur Pflichterfüllung; die ethische Qualität der Persönlichkeit braucht keinesfalls angesprochen zu werden. Nur in schweren und schwersten Fällen wird es möglich sein, auch bei der Disziplinarstrafe auf die Sühnefunktion abzustellen. Aber schon die Tatsache, daß im Bereiche des Disziplinarrechtes solche Unterschiede in Frage kommen, weist auf die Andersartigkeit der Disziplinarstrafe, verglichen mit der Kriminalstrafe, hin. Soweit letztere kraft positiver Gesetzgebung immer wieder einmal auch bei Verfehlungen verwendet wird, wo vom Standpunkt der Gerechtigkeit aus ein Bedürfnis nach Sühne im echten Sinne nicht anzuerkennen ist, ist das ein Zeichen *dafür*, daß der Staat in der, von der Idee der Strafe her zu bestimmenden Auswahl „verbrecherischer" Verhaltensweisen *fehlgegriffen* und die Kriminalstrafe verwendet hat, wo eine verwaltungsrechtliche Ordnungsstrafe besser am Platz gewesen wäre. Jedenfalls darf echter Kriminalstrafe bei richtiger Verwendung durch den Gesetzgeber die Intention zur Sühne grundsätzlich nicht fehlen. Dem disziplinellen Unrecht gegenüber fehlt dem Gesetzgeber, wie unter a) gezeigt, die Möglichkeit einer tatbestandlichen Auswahl. Jedem disziplinellen Unrecht steht der gesamte Katalog aller Disziplinarstrafen gegenüber. Aber die für leichte und leichteste Fälle vorgesehenen Disziplinarstrafen (Verwarnung, Verweis) sind von solcher Art, daß es die Sühne-Idee verwässern hieße, wollte man sie hier ins Spiel ziehen. Es geht somit jedenfalls nicht an, der Disziplinarstrafe grundsätzlich den Sühnegedanken als *wesensbestimmend* zu vindizieren. Schon das aber zeigt, daß Disziplinarstrafe im Verhältnis zur Kriminalstrafe ein aliud ist.

d) Und das ergibt sich weiter und noch deutlicher, wenn die Strafzwecke ins Auge gefaßt werden, die unter dem Gesichtspunkt der General- oder Spezialprävention in Frage kommen. Beide, General- wie Spezialprävention, *bedeuten* im Bereiche des Disziplinarrechts *etwas anderes* als im Bereiche des Kriminalrechts, und zwar deswegen, weil beide nur auf den internen dienstlichen oder beruflichen Kreis bezogen sind, der die dem Disziplinarrecht unterstehenden Berufsträger umschließt. Denn in *generalpräventiver* Beziehung wendet sich die Strafdrohung des Disziplinarrechts wie auch die einzelne verhängte Disziplinarstrafe ausschließlich an die in Frage kommende Gruppe von Berufsträgern, die auf Grund des in ihnen lebendigen Berufsethos den Sinn und die Notwendigkeit, wie auch die berufliche Tragweite dieser Strafe verstehen und gerade darum durch sie in ihrer beruflichen Haltung motiviert werden können.

Auch die *Spezialprävention* gewinnt ihren Sinn ganz und gar aus den beruflichen Gesichtspunkten der in Frage kommenden Gruppe. Die einzelne Verfehlung gibt bei der Strafzumessung anerkanntermaßen immer Anlaß, die *gesamte* dienstliche Haltung, d. h. die *gesamte* innere Einstellung zu den berufsethischen Grundsätzen und Pflichten zu prüfen. Das hierbei gewonnene Ergebnis entscheidet darüber, ob an eine Anpassung des Täters an die berufsethischen Pflichten zu denken und die Disziplinarstrafe nach Art und Maß auf dieses Ziel einer Korrektion auszurichten ist, oder ob die Ausstoßung des Täters aus dem Kreise der berufsethisch Gebundenen notwendig ist, weil ein Täter von solcher Einstellung und Haltung Korrektionsversuche nicht mehr lohnt oder mit solcher Einstellung und Haltung im Hinblick auf die Verderblichkeit seines Vorbildes nicht mehr im Kreise der berufsethisch Gebundenen belassen werden kann.

Wenn es also auch möglich ist, bei der Disziplinar- wie bei der Kriminalstrafe General- und Spezialprävention zu unterscheiden, der *Sinn*, der dort und hier mit diesen Vokabeln verbunden ist, ist ein qualitativ durchaus verschiedenartiger. Der Disziplinarstrafe fehlt generalpräventiv jede Beziehung zur Allgemeinheit der Staatsgenossen, spezialpräventiv jede Beziehung zu den Gemeinschaftsanforderungen der allgemeinen Rechtsordnung. So sind denn auch die Formen, in denen sich die spezialpräventiven Funktionen der Disziplinarstrafe offenbaren, völlig andere als bei der Kriminalstrafe:

Soll die *Kriminal*strafe zur *Unschädlichmachung* führen, so bewirkt sie Vernichtung der physischen Existenz (Todesstrafe) oder dauernden oder sehr langen Verlust der persönlichen Freiheit (Zuchthaus-, Gefängnisstrafe). Bei der *Disziplinar*strafe vollzieht sich die Unschädlichmachung durch Ausstoßung des Täters aus dem betreffenden Berufskreise, ohne Leben oder persönliche Freiheit anzutasten. Damit hängt es zusammen, daß der Staat im Bereiche des *Kriminal*strafrechts nach heutiger Kulturanschauung die Unschädlichmachung nur in *seltenen, schwersten* Fällen verwenden kann. Im Bereiche des Disziplinarstrafrechts ist dagegen die unschädlichmachende Ausstoßung aus dem Berufskreise zwar ebenfalls die schwerste Disziplinarstrafe, aber der Staat kann, darf und muß von ihr, da sie hier der Ersatz für die juristisch meist nicht gegebene „Kündigung aus wichtigem Grunde" ist, einen sehr häufigen Gebrauch machen.

Auch sonst besteht ein erheblicher Unterschied zwischen Kriminalstrafe und Disziplinarstrafe bezüglich ihrer funktionellen Erscheinungsformen:

Geht es bei der Kriminalstrafe um Resozialisierung (Besserung), so ist eine längere Freiheitsentziehung erforderlich, um die sozialpädagogischen Maßnahmen modernen Strafvollzugswesens am Bestraften wirksam werden zu lassen. Resozialisierung in diesem Sinne kommt bei der Disziplinarstrafe überhaupt nicht in Frage. Es kann sich bei ihr, soweit sie „bessernd" wirken soll, nur um eine Anpassung des Bestraften an die Treuepflichten handeln, die der betreffende Berufskreis jedem Angehörigen auferlegt. Dazu dienen bei einigen wenigen, besonders gearteten Berufskategorien (Militärpersonen, im übertragenen Sinne auch Strafgefangene, früher auch Studierende) kurze Freiheitsentziehungen als betont scharfe Korrektionsmaßnahmen. Daneben und vor allem aber werden Disziplinarstrafmittel verwendet, die, von der Geldstrafe abgesehen, im Kriminalstrafrecht als Strafen überhaupt nicht möglich oder anwendbar sind: Versetzung in ein anderes Amt, Verweis, Verwarnung. Sie sind inhaltlich ganz und gar von den berufsethischen Notwendigkeiten des einzelnen Falles bestimmt und haben den Sinn, im Bestraften die berufsethisch verpflichtende Bedeutung der Zugehörigkeit zu der betreffenden Berufsgruppe stärker als bisher lebendig zu machen. Wo aber solche warnenden Pflichtenmahnungen nach Lage des Falles nicht genügen, muß sofort die unschädlichmachende Maßnahme der Ausstoßung aus dem Berufskreise zur Anwendung gelangen. Die im Bereiche des *Kriminal*strafrechts so außerordentlich häufige Denkzettelstrafe in Gestalt kürzerer Freiheitsstrafen und der Geldstrafen, wie sie immer da verwendet wird, wo die Persönlichkeit des Täters von den der Kriminaljustiz zur Verfügung stehenden Erforschungsmethoden gar nicht erfaßt werden kann, findet im Disziplinarrecht überhaupt kein Gegenstück; denn hier ist die gesamte dienstliche und berufsethische Haltung, in diesem Sinne also die Persönlichkeit des Täters, immer und ausnahmslos der Anknüpfungspunkt für die konkrete Bestrafung, kann es aber auch sein, da die persönliche Qualität des Berufsangehörigen sich aus seiner dienstlichen und außerdienstlichen Führung ergibt und jedesmal Gegenstand ständiger Beobachtung und Kontrolle sein kann.

So zeigt sich: wo man den Vergleich zwischen Kriminal- und Disziplinarstrafe auch ansetzt, überall treten qualitative Unterschiede handgreiflich hervor. Genau wie das disziplinelle Unrecht und die disziplinelle Schuld im Vergleich mit kriminellem Unrecht und krimineller Schuld, steht auch die disziplinelle Strafe zur Kriminalstrafe im Verhältnis des aliud zum aliud.

III.

1. Damit aber drängt sich notwendig der Vergleich des Disziplinarstrafrechts mit dem sog. Verwaltungs- oder Ordnungsstrafrecht auf, das, wie gerade die neuesten Forschungen über das Wirtschaftsstrafrecht wieder erneut bestätigt haben, ebenfalls dem Kriminalstrafrecht mit einem *qualitativ* besonders gearteten Unrecht und einer *qualitativ* besonders gearteten Strafe (Ordnungsstrafe) gegenübersteht. Das Wesen des Verwaltungsunrechts erschöpft sich in der Verletzung des Gehorsamsanspruchs, den der verwaltende Staat auf den verschiedensten Lebensgebieten (staatlich geordnete Wirtschaft, Polizei, Finanz- und Steuerwesen usw.) dem Einzelnen gegenüber geltend macht. Der diesen verletzende Ungehorsam bewirkt einen „Verwaltungsschaden", der sich von dem im Bereiche des Kriminalstrafrechts interessierenden Sozialschaden (Rechtsgüterverletzung) genau so *qualitativ* unterscheidet, wie das bezüglich des Disziplinarschadens im Verhältnis zum Sozialschaden hat gezeigt werden können. Die Verwaltungsstrafe (Ordnungsstrafe, Geldbuße) ist nach Sinn, Bedeutung, Funktion ebenfalls von qualitativ anderer Art als die Kriminalstrafe; denn ihr fehlt das ethische Pathos und damit jede Verbindung zur Sühne-Idee; sie maßt sich nicht an, die sittliche Persönlichkeit des Täters treffen und erfassen zu wollen, sondern hat nur die Bedeutung eines scharfen staatlichen Anrufs, einer „Pflichtenmahnung" gegenüber einer Lässigkeit des Angerufenen in bezug auf seinen den Verwaltungsbehörden geschuldeten Gehorsam da, wo die verwaltende Tätigkeit des Staates durch Ungehorsam des einzelnen gegenüber den Verwaltungsbefehlen belästigt oder gestört wird, ohne daß von einem Übergreifen der Wirkung solchen Ungehorsams in den Raum der sozialen Lebensinteressen die Rede sein könnte.

Es besteht aller Anlaß, das Disziplinarrecht auch diesem Ordnungsstrafrecht gegenüber auf seine übereinstimmenden, aber auch unterscheidenden Züge hin zu untersuchen. Denn schon machen sich insofern Irrtümer bemerkbar. Die Entwicklung der staatlich geordneten Wirtschaft hat in Deutschland und anderwärts dazu geführt, daß bestimmte Gruppen von Produzenten, Gewerbetreibenden, Händlern haben gebildet werden müssen, um ihre wirtschaftliche Betätigung den Verwaltungsnotwendigkeiten des die Wirtschaft ordnenden und lenkenden Staates anzupassen. So sind etwa im Interesse der Marktordnung im Bereiche der Ernährungswirtschaft „Zusammenschlüsse" mit eigener Schiedsgerichtsbarkeit erfolgt, und den Angehörigen dieser Zusammenschlüsse können von den Schiedsgerichten bei Zuwiderhandlungen gegen die ihren Marktbereich betreffenden Verwaltungsanordnungen Ordnungsstrafen auferlegt werden. In solchen Erscheinungen hat man neuartige Ausdehnungen des Disziplinarstrafrechts sehen wollen mit der Besonderheit, daß die hier vorgesehenen Strafen auf bestimmte einzelne Zuwiderhandlungen gegen bestimmte Anordnungen gesetzt werden, daß hier also ein Disziplinarstrafrecht mit Einzeltatbeständen entsteht, während sonst, wie oben gezeigt (B II 2a), dem Disziplinarstrafrecht ein einziger Generalstraftatbestand zugrunde liegt.

2. In Wahrheit handelt es sich bei diesen neuartigen wirtschaftsrechtlichen Erscheinungen nicht um neuartiges Disziplinarrecht, sondern um ein davon wohl zu unterscheidendes Verwaltungs(Ordnungs-)Strafrecht der auch sonst üblichen Art. Denn was die Pflichten betrifft, die den Mitgliedern der unter 1. erwähnten Zusammenschlüsse auferlegt sind, so folgen sie nicht aus einer die Persönlichkeit des einzelnen Mitgliedes total erfassenden Berufsethik, sind sie nicht der Ausfluß einer die ganze berufliche und außerberufliche Haltung und Einstellung erfassenden und bestimmenden Treuepflicht, vielmehr handelt es sich lediglich darum, daß die Mitglieder im Rahmen ihrer markt-wirtschaftlichen Betätigung sich den Verwaltungsanordnungen fügen, die der den betreffenden Wirtschaftszweig ordnende Staat für notwendig erachtet, damit bestimmte wirtschaftliche Zwecke erreicht werden. So wird das Mitglied immer nur in einzelnen konkreten, wenn auch vielleicht häufig wiederkehrenden, Verwaltungsbeziehungen in Anspruch genommen. Nur die objektive Erfüllung oder Nichterfüllung der konkreten Verwaltungsbefehle steht jedenfalls in Frage. Bei Zuwiderhandlungen ist keine andere Situation gegeben, als wie sie dann vorliegt, wenn irgendein Staatsgenosse einer wirtschaftsrechtlichen Verwaltungsanordnung gegenüber ungehorsam handelt. Die Zusammenschlüsse werden nicht aus berufsethischen Gründen herbeigeführt, um einen „Stand" zu schaffen, in dem gegenseitige und obrigkeitliche Kontrolle auf Reinerhaltung unter gesinnungsmäßigem, berufsethischem Gesichtspunkt sorgt, vielmehr haben diese Zusammenschlüsse lediglich einen technisch-organisatorischen Sinn, indem es zweckmäßig ist und die Verwaltung erleichtert, wenn bestimmte gleichartige und immer wiederkehrende wirtschaftliche Betätigungsformen einer schärferen Kontrolle ihrer Verwaltungsgemäßheit dadurch zugeführt werden, daß die Tätigen organisatorisch zu-

sammengeschlossen und somit einheitlich gelenkt und beaufsichtigt werden.

3. Damit aber werden die Unterschiede zwischen dem Disziplinarstrafrecht und dem Verwaltungsstrafrecht deutlich.

a) Disziplinarstrafrecht ist nur da gegeben, wo eine berufsethische Beziehung zum verwaltenden Staat in dem Sinne besteht, daß eine Auflösung in einzelne, tatbestandlich zu erfassende Pflichten gar nicht möglich ist, alle Pflichten vielmehr, durch und durch berufsethisch gefärbt, in einer die Persönlichkeit total erfassenden Pflicht der Treue und Hingabe an den beruflichen Dienst aufgehen.

b) Verwaltungsstrafrecht ist da gegeben, wo der Staat vom einzelnen in bestimmten, wenn auch noch so zahlreichen Einzelbeziehungen Gehorsam gegenüber konkreten Verwaltungsanordnungen und staatlichen Befehlen verlangt, die das Funktionieren der verwaltenden Tätigkeit staatlicher Behörden erleichtern und sichern sollen.

c) Das disziplinelle Unrecht und die disziplinelle Schuld werden in ihrem materiellen Wesensgehalt berufsethisch bestimmt und sind in diesem Sinne immer sittliches Unrecht und sittliche Schuld.

d) Das Verwaltungsunrecht und die Verwaltungsschuld im Bereiche des Verwaltungsstrafrechts sind ethisch völlig indifferent. Es hieße den Gedanken der Treue völlig entseelen und verwässern, wollte man ihn hier in irgendeiner Beziehung einsetzen und in objektiver oder subjektiver Hinsicht zur Charakterisierung des Ungehorsams verwenden, auf den der verwaltende Staat mit Ordnungsstrafen des Verwaltungsstrafrechts reagiert.

e) Die Disziplinarstrafe bezieht sich immer auf die berufsethische Haltung und Einstellung des zu Bestrafenden und soll den Bestraften entweder in berufsethischer Beziehung fördern und verantwortungsbewußter machen oder aber zwecks Reinerhaltung des Berufsstandes den Bestraften aus diesem Stande ausstoßen.

f) Die Verwaltungsstrafe hat keinen ethischen Gehalt und keinen ethischen Beziehungsgegenstand. Sie macht die Gehorsamspflicht deutlich und bekämpft eine diesbezügliche Lässigkeit, aber an die sittliche Persönlichkeit des Bestraften haben die Verwaltungsbehörden sich nicht heranzuwagen. Wo mit einer Verwaltungsstrafe als „Nebenfolge“ eine Betriebsschließung oder das Verbot einer wirtschaftlichen oder beruflichen Tätigkeit verbunden ist, liegt der Gedanke an sittliche Reinerhaltung des betreffenden beruflichen Bereiches völlig fern, vielmehr ist es lediglich die die verwaltende Tätigkeit des Staates störende und belästigende Unzuverlässigkeit des Betroffenen, die es zweckmäßig erscheinen läßt, ihn auszuschalten, um der Gefahr weiterer Störungen und Belästigungen der Verwaltungsbehörden vorzubeugen.

IV.

Die unter III betonten Unterschiede zwischen Disziplinarstrafrecht und Verwaltungsstrafrecht sollen nicht darüber hinwegtäuschen, daß beiden gerade im Verhältnis zum Kriminalstrafrecht etwas Gemeinsames eignet.

Das Unrecht und die Schuld, die im Disziplinarstrafrecht und im Verwaltungsstrafrecht begegnen, erhalten ihre soziale Sinnbedeutung aus der Beziehung des Täters zum verwaltenden Staat. Von diesem gehen die Normen aus, die in beiden Bereichen Recht und Unrecht bestimmen. Der verwaltende Staat ist es, der in den disziplinarrechtlich erfaßten und geschlossenen Berufskreisen den Berufsträgern ihre Pflichten setzt, mag es sich um Pflichten handeln, die ihnen letztlich im Interesse des Volksganzen, mag es sich um Pflichten handeln, die ihnen nur im Interesse der internen dienstlichen Beziehungen auferlegt werden. Der verwaltende Staat ist es ebenso, der die konkreten Staatsbefehle erläßt, deren Nichtbefolgung verwaltungsmäßigen Ungehorsam bedeutet, mag er bei diesen Staatsbefehlen letztlich soziale Interessen des Volksganzen, mag er unmittelbar nur reine Verwaltungsinteressen der verwaltenden Behörden im Auge haben. Sowohl das disziplinelle Unrecht wie das Unrecht des Verwaltungsstrafrechts sind also *Verwaltungsunrecht*, das erstere mit betont berufsethischem Gehalt, das letztere ethisch indifferent. Aber unter diesem gemeinsamen Gesichtspunkt ist es in der Tat möglich, das Disziplinarstrafrecht und das Verwaltungsstrafrecht im bisher erörterten Sinn in einer Kategorie des Verwaltungsstrafrechts im weiteren Sinne zusammenzufassen, wie das Adolf Merkl getan hat. Nur dürfen dabei die weitgehenden Unterschiede nicht vergessen werden, die oben in bezug auf Unrecht, Schuld und Strafe aufgezeigt worden sind.

D.

Die in den vorstehenden Ausführungen unternommenen Untersuchungen haben einen über das Begrifflich-Juristische weit hinausgehenden Sinn und Zweck. Wie alle juristische „Theorie" sollen sie dem Leben und der Gestaltung der staatlichen Ordnung dienen. Nur wenn sie sich insofern als fruchtbar erweisen, dürfen sie Berechtigung für sich in Anspruch nehmen. Es wäre seltsam, wenn sie das nicht könnten. Sind sie echte „Theorie", so bedeuten sie Bewußtmachung sozialer Sinnzusammenhänge und Erscheinungen, jedem notwendig und unentbehrlich, der es unternimmt oder unternehmen will, seine Hand ordnend an die Verhältnisse des sozialen Lebens zu legen.

I.

Es ist hier nicht der Ort, genauer darzulegen, welche überragende Bedeutung die scharfe begrifflich-theoretische Unterscheidung des Kriminalstrafrechts und des Verwaltungsstrafrechts für eine rechtsstaatliche, von der Idee der Gewaltenteilung ausgehende Ordnung des Rechtslebens hat. Nur folgendes muß kurz bemerkt werden: Das deutsche Volk, das das furchtbare Experiment eines totalitären Machtstaates erlebt und dabei erfahren hat, welch heilloses Chaos in den Beziehungen von Verwaltung und Justiz entsteht, wenn jene Unterscheidung nicht mit Strenge durchgeführt wird, ist, soweit die politischen Verhältnisse ihm das erlauben, d. h. in den *westlichen* Zonen der Besatzungsmächte, am Werke, die Justiz von den störenden Übergriffen verwaltungsmäßig-polizeilichen Zweckdenkens zu befreien. Unter all den diesbezüglichen Bemühungen ist die Neuordnung des Wirtschaftsstrafrechts in diesem Zusammenhang vielleicht die interessanteste. Der Wirtschaftsrat hat am 26. 7. 1949 ein Gesetz zur Vereinfachung des Wirtschaftsstrafrechts erlassen, das diese Materie, die von 1933 bis 1945 rein machtstaatlich entwickelt worden war, in toto einer streng rechtsstaatlichen Ordnung zuführt. Hierbei hat sich die Theorie vom Verwaltungsstrafrecht aufs beste bewährt und zu einer dem Ganzen wie dem Einzelnen gleich segensvollen Trennung der Wirkungsbereiche der Justiz und der Verwaltung geholfen. Man braucht dieses Gesetz nur mit der von der Deutschen Wirtschaftskommission der Ostzone erlassenen Wirtschaftsstrafverordnung vom 23. 9. 1948 zu vergleichen, um zu wissen, was im Bereiche des Wirtschaftsstrafrechts Rechtsstaat und was totalitärer Machtstaat ist.

II.

Was das Disziplinarrecht betrifft, so hat sich erwiesen, daß es von der Idee eines Berufsethos lebt und in allen und jeden Beziehungen von diesem her bestimmt wird. Die hiermit gewonnenen Unterscheidungen gegenüber dem Kriminalstrafrecht wie dem Verwaltungsstrafrecht sind aber nicht nur juristisch-dogmatisch, sondern ebenso auch rechtspolitisch von größter Bedeutung. Der Gedanke des Berufsethos zeigt, daß die Heraushebung der vom Disziplinarrecht erfaßten besonderen Berufsstände nichts, aber auch gar nichts zu tun hat mit einer „Privilegierung" dieser Stände gegenüber dem Volke als ganzem oder anderen, disziplinarrechtlich nicht erfaßten Berufskategorien oder „Zusammenschlüssen". Das, worum es geht und was dem Disziplinarrecht seinen Sinn und seine funktionale Bedeutung gibt, ist vielmehr der Gedanke der Pflichten-, Verantwortungs- und Lasten*steigerung*, die den disziplinarrechtlich erfaßten Berufen und ihren Trägern auferlegt und zugemutet wird, somit also das genaue Gegenteil einer „Privilegierung". In diesem Sinne sind diese Berufsstände in der Geschichte des deutschen Volkes organisch gewachsen, nicht künstlich konstruiert. Es gibt niemanden, der nicht den Blick dafür offen hätte, daß jede derartige berufsständische Besonderung gewisse Gefahren involviert, gewisse Entartungserscheinungen ermöglicht, wie sie nun einmal mit jeder menschlichen Einrichtung verbunden sind. Der Soldat *kann* zum lächerlichen miles gloriosus oder zum gefährlichen „Militaristen" werden. Der Beamte *kann* zum starren, verknöcherten Bürokraten werden, wenn eine falsche Dienstauffassung Herrschaft über ihn gewinnt. Der Arzt *kann* zum unzuverlässigen Charlatan, der Anwalt zum rabulistischen Rechtsverdreher von der Art eines Hippus (*Gustav Freytag*, Soll und Haben) entarten, wenn die Berufskenntnisse, die dem einen wie dem andern eignen, zu berufsethisch verworfenen Zwecken verwendet werden.

Aber wenn es *etwas* gibt, was sich als geeignetes und höchst wirksames Mittel *gegen* solche Entartungserscheinungen bewährt hat, so ist es die Idee eines die ganze Persönlichkeit erfassenden und höchsten Menschheitswerten verpflichtenden Berufsethos, das, von lebendiger Tradition getragen, in ständigem Erleben der einzelnen Berufsträger entwickelt, zugleich zur *rechtlichen* Maxime wird, an der die Betätigung und die Haltung der betreffenden Berufskreise unter der strengen Pflege einer staatlichen Disziplinargerichtsbarkeit ausgerichtet werden. Daß die vielfach gewünschte und teilweise (insbesondere in der Ostzone) schon vollzogene Auflösung des Beamtenrechts, die Ersetzung der Beamten durch „Angestellte des öffentlichen Dienstes" oder auch nur die Amalgamierung des Beamten- und des Angestelltenrechtes für die rechtsstaatliche Pflege der öffentlichen Verwaltung, für die Förderung des sozialen Lebens und in der Lage, in der die deutschen Länder sich befinden, für einen Wiederaufbau in wirtschaftlicher, kultureller und sittlicher Beziehung vorteilhaft sich auswirken wird, ist alles andere als wahrscheinlich. Eine organisch gewachsene Erscheinung wie das Beamtentum in dem Augenblick zerschlagen oder in seinem wesentlichen Grundzuge verändern, wo unter berufsethischen Gesichtspunkten höchste Anspannung aller seiner Kräfte das Gebot der Stunde ist, wird sich schwerlich als glücklicher Gedanke erweisen, am allerwenigsten, wenn man dabei von Einrichtungen des Auslandes her argumentiert und auf Grund schiefer Vergleiche unvergleichbarer Erscheinungen das Wesen des deutschen Beamtentums falsch auffaßt, indem man in seiner berufsständischen Besonderung als „Privileg" mißversteht, was nur als Pflichtensteigerung richtig bewertet werden kann.

Ganz das gleiche gilt für die berufsständische Organisation der Ärzte und Anwälte. Man soll die Niederlassungsfreiheit weitgehend sichern und alle kleinlichen Beschränkungen der Berufsausübung meiden, aber nicht vergessen, daß sich die Berufsausübung der Ärzte und Anwälte nicht in den Einzelleistungen gegenüber Patienten und Klienten erschöpft, sondern ihren eigentlichen Sinn empfängt von dem Gedanken, daß die Ärzte einerseits die entscheidenden Träger der Pflege des öffentlichen Gesundheitswesens sind, andererseits diejenigen sind, bei denen der einzelne einen rückhaltlosen Einsatz für seine gesundheitlichen

Interessen vertrauensvoll muß erwarten dürfen, und daß die Anwälte immer im Dienste des Rechts stehen und in ihrer Beziehung zum einzelnen davor bewahrt werden müssen, sich hier von rechtsfeindlichen Interessen ins Schlepptau nehmen zu lassen. Die typischen Berufskonflikte, denen gerade Ärzte und Anwälte aus der Eigenart ihrer Berufe heraus ausgesetzt sind, lassen sich nur überwinden, wenn ein traditionell gepflegtes, berufsständisches Ethos ihnen immer wieder den Weg zum Gesollten weist. Nichts verleiht ihnen sichereren Halt als die berufsständische Pflege dieses Berufsethos in berufsständischen Vereinigungen mit eigener Disziplinargerichtsbarkeit. Auch hier wäre es verfehlt, einer angeblichen „Privilegierung" gegenüber den Gedanken einer wie immer gemeinten Gewerbefreiheit auszuspielen.

III.

Wird der Gedanke des mit dem Disziplinarrecht untrennbar verbundenen Berufsethos klar erfaßt, so zeigt sich, wo und inwieweit die Einrichtung eines Disziplinarstrafrechts mit seiner Disziplinar- oder Ehrengerichtsbarkeit am Platze ist und nicht am Platze ist. *Jeder* Beruf hat sein Ethos und seine Ehre. Aber *das* Berufsethos, das im Disziplinarrecht die Seele bedeutet, ist von *eigener Art:* es bedeutet, wie gezeigt, eine Totalerfassung des Berufsträgers im Verhältnis zum Staat, schafft eine verwaltungsrechtliche Beziehung zum Staat, die mehr ist als eine Gehorsamspflicht in einzelnen Beziehungen, vielmehr das ganze persönliche Sein in bezug auf eine bestimmte Berufsausübung dem Staate verpflichtet. Es ist keine Verkleinerung disziplinarrechtlich *nicht* gebundener Berufe, wenn ihnen ein Berufsethos in *diesem besonderen* Sinne abgesprochen wird. Es ist beim frei schaffenden Künstler und Schriftsteller so wenig vorhanden, wie beim Gewerbetreibenden, beim Bauern, beim Handwerker, beim Arbeiter. Es war eine Entleerung des „Treue"-Begriffs, wenn in nationalsozialistischer Zeit dieser Begriff zur Grundlage des gesamten Kriminalstrafrechts gemacht wurde oder wenn ein „Gesetz zur Ordnung der nationalen Arbeit" auch Betriebsangehörige unter Ehren- und Disziplinargerichtsbarkeit stellte. Ein so hervorragender Kenner des Arbeits- und des Verwaltungsrechts wie Erwin Jacobi hat den Unterschied zwischen Arbeitsrecht und Beamtenrecht darin gesehen, daß die das Beamtenverhältnis in allen Beziehungen erfüllende Verpflichtung zu besonderer Treue und besonderer Hingabe eben nur diesem eignet, ihm aber auch als „tragendes Prinzip seine eigentümliche Prägung" gibt (Stock). Es ist daher rechtspolitisch völlig verfehlt, Idee und Institutionen des Disziplinarrechts auf Gebiete zu übertragen, auf denen von einer Treueverpflichtung in dieser über die Arbeitsleistung und das Verhalten in Dienst und Arbeit weit hinausgreifenden Weise nicht gesprochen werden kann. Das gilt z. B. für die Angehörigen von „Betrieben" und „Unternehmungen" aller Art. Hier schafft das „Arbeitsverhältnis" zweifellos eine Fülle von Beziehungen und Pflichten, unter denen die dem „Arbeitsvertrage" entsprechende Pflicht zur Arbeitsleistung nur *eine* ist. Wenn aber die Pflichten, die über die konkreten Arbeitsleistungen hinaus in bezug auf das Verhalten im Betriebe den Arbeitskameraden sowie der Betriebsleitung gegenüber bestehen, als „Treue"-Verpflichtungen bezeichnet werden, so ist der tiefgreifende Unterschied der hier gemeinten Treueverpflichtung von derjenigen zu beachten, die den disziplinarrechtlich gebundenen Berufsständen wesentlich ist. Und es wäre nichts verfehlter, als eine gesetzliche Gestaltung des Arbeiter- und Angestelltenrechtes nach disziplinarrechtlichen Gesichtspunkten im eigentlichen Sinne des Wortes. Daher ist die Beseitigung des „Gesetzes zur Ordnung der nationalen Arbeit", das auf diesem Irrwege gewesen ist, durchaus sachgemäß gewesen. Ebenso sachgemäß aber ist es gewesen, daß der Grundsatz „nullum crimen sine lege" für das Kriminalstrafrecht wieder eingeführt worden ist. Es war für den totalitären Machtstaat höchst bezeichnend, daß er diesen Grundsatz fallen ließ und alle die Tendenzen förderte, die dem Kriminalstrafrecht den Gedanken der Treue generell zugrunde legen und jede strafbare Handlung auf den Gesichtspunkt der Treuepflichtverletzung zurückführen wollten, um auf diese Weise der Anwendung der Analogie einen weitesten Spielraum zu sichern. Die damit ermöglichte Ausdehnung des Wirkungskreises staatlicher Strafgewalt war dem totalitären Machtstaat aufs höchste erwünscht, brachte aber die staatsbürgerliche Freiheit dem „Leviathan" gegenüber in größte Gefahr. Was im Bereiche des Disziplinarrechts einer berufsethisch gebundenen Gruppe gegenüber möglich, ja notwendig und begründet ist, ist im Bereiche des Kriminalstrafrechts für rechtsstaatliches Denken unmöglich.

Aber alle diese Einsichten wirken sich nur aus, wenn die Eigenart des Disziplinarrechts dem Kriminalstrafrecht gegenüber scharf und klar erkannt wird. So ergibt sich als Forderung an den deutschen Gesetzgeber, das Disziplinarrecht für diejenigen Berufsgruppen, deren Funktionen aus der Natur der Sache heraus jene berufsethische Bindung an den verwaltenden Staat sinnvoll erscheinen lassen, zu erhalten und da, wo es nötig ist, durch Ausbau der Disziplinargerichtsbarkeit wieder in Wirksamkeit zu setzen.

DAS VERTEIDIGUNGSRECHT VOR DEM UNTERSUCHUNGSRICHTER

Von Dr. Emil Niethammer

*Präsident des Oberlandesgerichts für Württemberg-Hohenzollern
Honorarprofessor an der Universität Tübingen*

und Dr. Eduard Kern

ord. Professor an der Universität Tübingen

Aus der *Literatur** sind neben den allgemeinen, hier nicht aufzuführenden systematischen Darstellungen und Erläuterungswerken zum deutschen Strafverfahrensrecht folgende Schriften zu nennen, die zu den hier aufgeworfenen Fragen, besonders auch gesetzgebungspolitisch, Stellung nehmen: *Koehler*, Die Lehre von der Verteidigung: Gerichtssaal 53 (1883) 161, 321ff. — *Hamm*, Die Rechte des Verteidigers im Vorverfahren nach dem Entwurf 08: DJZ 1910, 441 — *Eylenberg*, Akteneinsicht in Haftsachen: JW 1927, 1987 — *Norden*, Kontradiktorische Voruntersuchung: DJZ 1931, 405 — *Topphof*, Kontradiktorische Voruntersuchung: GoldtArch 76 (1932) 276 — *Töwe*, Die notwendige Verteidigung im neuen Strafverfahren: DR 1936, 457 — *Töwe*, Die Verteidigung im Vorverfahren: Gerichtssaal 107 (1936) 77 (mit Literaturzusammenstellung S. 107).

A. Die grundsätzliche Situation

(Von Dr. Niethammer)

In der *Hauptverhandlung* dringt die Klage, vom Staatsanwalt vorgetragen, mit den gesammelten Beweisen machtvoll auf den Angeklagten ein. Sie begehrt den Schuldspruch und die Sühne. Die wirksamste Verteidigung des Angeklagten, die zuverlässigste Abwehr eines ihm drohenden, unverdienten Übels ist dem Gericht anvertraut. Das Gericht leistet sie, indem es das übergesetzliche Gebot, seine ganze Kraft für die Erforschung der Wahrheit einzusetzen und alle zulässigen und tauglichen Mittel hierfür zu gebrauchen, treu erfüllt. Im Beweisrecht der Hauptverhandlung ist der Angeklagte dem öffentlichen Kläger gleichgestellt. Das Gericht muß seine Beweisangebote ebenso wie die des Staatsanwalts hören und darf sie nur aus den Gründen ablehnen, die auch gegenüber den Anträgen des öffentlichen Klägers durchgreifen. Allein, wenn den beiden Gegnern die gleichen Kampfmittel zustehen, so sind ihre *Kräfte* doch ungleich. Der Staatsanwalt verfügt über eine

* Das Literaturverzeichnis ist von Dr. Kern im Zusammenhang mit seinem Referat (B) zusammengestellt worden.

große Macht. Er ist mit dem Recht vertraut, in der Anwendung geschult und schlagfertig. Er kämpft mit klarem Kopf und unbeschwertem Herzen, da das Urteil des Gerichts sein Leben, seine Freiheit, seine Ehre und sein Vermögen nicht berührt. Der Angeklagte aber ist in aller Regel rechtlich unerfahren und ungeschickt. Angst erfüllt und schwächt ihn, weil sein Schicksal vom Spruch des Gerichts abhängt.

Die Gefahr, daß der in ungünstiger Lage kämpfende Angeklagte eine ungerechte Niederlage erleide, wächst an, wenn in den vor der Hauptverhandlung liegenden Untersuchungshandlungen, also in der dem Staatsanwalt aufgetragenen Vorbereitung der öffentlichen Klage, in der gerichtlichen Voruntersuchung, in der Entscheidung des Gerichts über die Anordnung der Hauptverhandlung oder in der dem Vorsizenden obliegenden Vorbereitung, etwas versäumt worden ist, was geeignet gewesen wäre, den Angeschuldigten zu entlasten. Ein solches Versäumnis kann die belastenden Beweise, indem sie in der Hauptverhandung ineinandergefügt vorgeführt werden, so schlüssig erscheinen lassen und ihnen ein so schweres Gewicht verleihen, daß der Angeklagte mit seiner Verteidigung nicht gegen sie aufkommt. Hieraus folgt die Notwendigkeit der Sorge dafür, daß die *Verteidigung des Beschuldigten* möglichst *früh* einsetze und in allen der Hauptverhandlung vorangehenden Verfahrensabschnitten streng beachtet werde.

Die deutsche Strafverfahrensordnung bemüht sich um eine solche von vornherein wirkende Verteidigung zunächst in der wichtigen, für jede Verfahrenslage gültigen Vorschrift über die *Vernehmung des Beschuldigten.* Beim Beginn der ersten Vernehmung ist dem Beschuldigten zu eröffnen, welche strafbare Handlung ihm zur Last gelegt wird. Dem Beschuldigten müssen die Tatsachen, die den Gegenstand der Beschuldigung bilden, und ihre rechtliche Würdigung erschöpfend und gemeinverständlich so vorgehalten werden, daß er vollkommene Klarheit über alles tatsächlich und rechtlich Wesentliche erlangt. Der Beschuldigte ist zu befragen, ob er etwas auf die Beschuldigung erwidern wolle. Also besteht für ihn keine Pflicht zur Aussage. Der Vernehmende darf keinen Zwang auf den Beschuldigten ausüben, ihm nicht in der Absicht, daß er ihn zum Geständnis bringe, drohend oder verheißend zureden. Der Beschuldigte wahrt die ungeschmälerte Freiheit des Entschlusses. Ihm muß zum Bewußtsein kommen, daß seine Aussage, wenn er sich zu ihr entschließt, in erster Reihe dazu bestimmt ist, seiner Verteidigung zu dienen. Die Vernehmung soll dem Beschuldigten Gelegenheit zur Beseitigung der gegen ihn vorliegenden Verdachtsgründe und zur Geltendmachung der zu seinen Gunsten sprechenden Tatsachen geben. Demnach ist es, wenn der Beschuldigte sich zur Aussage bereit erklärt hat, Pflicht des Vernehmenden, ihn zunächst auf die belastenden Tatsachen hinzuweisen und ihn dann zu befragen, was er vorbringen könne um sich zu entlasten. Im übrigen geht aus der Gesamtheit der in der Vorschrift vereinigten Anordnungen hervor, daß dem Beschuldigten das Wort zu einer zusammenhängenden Schilderung der in Betracht kommenden Ereignisse gewährt werden muß. Der Vernehmende aber darf Fragen und Vorhalte anknüpfen, wobei es sich von selbst versteht, daß jeder unlautere Einfluß zu vermeiden ist.

Auch das vom Staatsanwalt beherrschte *Ermittlungsverfahren* ist so geordnet, daß die Verteidigung des Beschuldigten sich in ihm frei und voll entfalten kann. Der Staatsanwalt ist verpflichtet, bei der Erforschung des Sachverhalts nicht nur die zur Belastung, sondern auch die zur Entlastung geeigneten Umstände zu ermitteln und die Erhebung der Beweise zu betreiben, deren Verlust zu besorgen ist. Richterliche Untersuchungshandlungen werden auf Antrag des Staatsanwalts und, wenn Gefahr im Verzug obwaltet, von Amts wegen vorgenommen. Wird der Beschuldigte vom Amtsrichter gehört und beantragt er bei dieser Vernehmung zu seiner Entlastung die Erhebung einzelner Beweise, so muß der Amtsrichter dem Antrag, soweit er die Beweise für erheblich erachtet, stattgeben, wenn die Möglichkeit besteht, daß die Beweise verloren gehen, oder wenn die Beweiserhebung die Freilassung des festgenommenen Beschuldigten begründen kann. Für die Teilnahme des Beschuldigten, seines Verteidigers und der von ihm benannten Sachverständigen an den richterlichen Untersuchungshandlungen sind die für die Voruntersuchung geltenden Vorschriften unter der Voraussetzung maßgebend, daß der Beschuldigte als solcher vom Richter vernommen ist oder sich in Untersuchungshaft befindet.

Die *gerichtliche Voruntersuchung* aber besteht im deutschen Strafverfahrensrecht als die Einrichtung, die bei besonderer Schwierigkeit der Sach- oder Rechtslage oder beim Vorliegen anderer außergewöhnlicher Umstände die Gewähr für eine der Anordnung der Hauptverhandlung vorangehende, von Weisungen der vollziehenden Gewalt nicht beeinflußte Aufklärung bietet. Sie beruht auf folgenden Rechtsgedanken: Durch den Antrag auf gerichtliche Voruntersuchung erhebt der Staatsanwalt — ebenso wie durch die Einreichung einer Anklageschrift — die öffentliche Klage. Durch jenen Antrag gibt er die Herrschaft über die Sache an das Gericht ab. Ein beim Landgericht durch die oberste Justizverwaltung auf die Dauer eines Jahres bestellter Untersuchungsrichter eröffnet und führt die Voruntersuchung. Er nimmt die Untersuchungshandlungen, deren es bedarf, um eine Entscheidung darüber zu begründen, ob die Hauptverhandlung anzuordnen oder der Angeschuldigte außer Verfolgung zu setzen sei, in richterlicher Unabhängigkeit vor. Ihm liegt es auch ob, in der Voruntersuchung die Beweise zu erheben, deren Verlust zu besorgen steht oder deren Aufnahme zur Vorbereitung der Verteidigung des Angeschuldigten erforderlich erscheint. Der Richter, der die Voruntersuchung geführt hat, darf nicht Mitglied des erkennenden Gerichts sein, auch nicht bei einer außerhalb der Hauptverhandlung erfolgenden Entscheidung der Strafkammer mitwirken.

Die *Voraussetzungen* der gerichtlichen Voruntersuchung waren in der deutschen Strafverfahrensordnung ursprünglich so bestimmt, daß sie einen weiten Raum hatte. Nicht nur der Staatsanwalt, sondern auch der Angeschuldigte war berechtigt, die Eröffnung der Voruntersuchung zu beantragen. Dieser mußte den Antrag in einer gesetzlich festgelegten Frist nach Zustellung der Anklageschrift anbringen. Der Wert der Voruntersuchung wurde hoch angeschlagen. Die Vereinigung der Aufklärung umfangreicher, verwickelter, eigenartiger und schwer zu erforschender Lebensvorgänge in der Hand eines nach einem festen Plan arbeitenden Richters war vorzüglich geeignet, den Angeschuldigten vor den nachteiligen Folgen zu schützen, die sich für ihn ergeben konnten, wenn seine Verteidigung nicht genug Kraft hatte, bevor er in der Hauptverhandlung vor das erkennende Gericht gestellt wurde. Ein Wandel trat mit der Änderung der Regierung im Anfang des Jahres 1933 ein. Sie erblickte im Recht eine schwer zu ertragende Schranke ihres Strebens nach Macht. Ihr lag daran, den Einfluß des von ihren Weisungen abhängigen Staatsanwalts zu erweitern und zu verstärken, den Wirkungskreis des Richters aber einzuengen und zu schwächen. Die gerichtliche Voruntersuchung war ihr ein Ärgernis. Sie änderte deshalb, sobald die gesetzgebende Gewalt mit der vollziehenden verbunden war, die für die Voruntersuchung maßgebenden Vorschriften, schrittweise vorgehend, ab. Zunächst schloß sie die Voruntersuchung für politische Strafsachen aus. Dann verschärfte sie die Voraussetzungen der Eröffnung in anderer Weise. Auch beseitigte sie das Antragsrecht des Angeschuldigten. Die gesetzgeberischen Eingriffe endeten damit, daß nur noch der Staatsanwalt die Eröffnung der gerichtlichen Voruntersuchung beantragen konnte und daß er gehalten war, von dieser Einrichtung nur ausnahmsweise Gebrauch zu machen. Das Verhältnis des Gerichts zum Verlangen des Staatsanwalts aber drückte der Gesetzgeber in dem kennzeichnenden Satz aus: „Dem Antrag ist zu entsprechen". Nach dem Zusammenbruch des Reichs leiteten Rechtsanordnungen der Länder vom Jahr 1946 ab eine rückläufige Bewegung ein. Sie stellten das Antragsrecht des Angeschuldigten mit der Maßgabe wieder her, daß er es in einer bestimmten Form und Frist ausüben müsse, und gaben zu erkennen, daß die Führung der Voruntersuchung durch einen Richter für „außergewöhnliche" Fälle vorgesehen sei. Also hat die gerichtliche Voruntersuchung wieder als eine Einrichtung Kraft erlangt, der vornehmlich um der Verteidigung des Angeschuldigten willen eine große Bedeutung zukommt.

Die *Verteidigung* des Angeschuldigten setzt in dem die gerichtliche Voruntersuchung betreffenden Verfahren *frühzeitig* ein. Das Gericht kann den Angeschuldigten über den Antrag des Staatsanwalts auf Eröffnung der Voruntersuchung hören. Der Angeschuldigte kann einen Einwand gegen die Verfügung erheben, durch die auf Antrag des Staatsanwalts die Voruntersuchung eröffnet worden ist. Dem Angeschuldigten steht die befristete Beschwerde gegen die Beschlüsse des Gerichts zu, durch die der von ihm erhobene Einwand der örtlichen Unzuständigkeit verworfen oder sein Antrag auf Eröffnung der Voruntersuchung abgelehnt worden ist.

Steht dann, ohne daß ein solcher Streit um die Eröffnung vorgegangen oder nachdem er erledigt ist, fest, daß die Voruntersuchung stattfindet, so verteidigt sich der Angeschuldigte in ihr vor dem Untersuchungsrichter dadurch, daß er über die Tatsachen, die ihm der Staatsanwalt in der öffentlichen Klage zur Last gelegt hat, und über die Tatsachen aussagt, die er geltend machen will, um sich zu entlasten. Diese *Vernehmung des Angeschuldigten* in der Voruntersuchung ist zwingend vorgeschrieben, und zwar auch für den Fall, daß er schon vor ihrer Eröffnung vernommen worden ist. Sie wird nach den früher dargelegten, allgemeinen Grundsätzen vollzogen und erfolgt in Abwesenheit des Staatsanwalts und des Verteidigers. Der unabhängige Richter spricht allein mit dem unbefangenen Angeschuldigten. Kein Dritter kann störend einwirken.

Der Verteidigung des Angeschuldigten vor dem Untersuchungsrichter dienen auch folgende Vorschriften: Dem Angeschuldigten und dem Verteidiger muß die *Anwesenheit bei der Verhandlung* gestattet werden, wenn Beweis durch Augenschein erhoben wird und wenn ein Zeuge oder Sachverständiger vernommen werden soll, dessen Erscheinen in der Hauptverhandlung für eine längere oder ungewisse Zeit Krankheit oder Gebrechlichkeit oder ein anderes nicht zu beseitigendes Hindernis entgegensteht oder dem das Erscheinen in der Hauptverhandlung wegen des damit verbundenen Zeitverlusts oder wegen der Schwierigkeit der Verkehrsverhältnisse nicht zugemutet werden kann. Werden Sachverständige zu einem Augenschein zugezogen, so kann der Angeschuldigte die *Ladung* der von ihm für die Hauptverhandlung vorzuschlagenden *Sachverständigen* beim Untersuchungsrichter beantragen und, wenn dieser den Antrag ablehnt, selbst ausführen. Der Richter muß den vom Angeschuldigten benannten Sachverständigen die Teilnahme am Augenschein und an den erforderlichen Untersuchungshandlungen insoweit erlauben, als dadurch die Tätigkeit der von ihm selbst bestellten Sachverständigen nicht behindert wird. Andererseits kann der Untersuchungsrichter einen Angeschuldigten von der Anwesenheit in der Verhandlung ausschließen, wenn zu besorgen ist, daß ein Zeuge in seiner Gegenwart die Wahrheit nicht sagen werde.

Erachtet der Untersuchungsrichter den Zweck der Voruntersuchung für erreicht, so setzt er den Angeschuldigten davon in Kenntnis, daß sie beendet ist. Das geschieht regelmäßig in einer *abschließenden Verneh-*

mung, in der der Richter dem Angeschuldigten das Ergebnis der Untersuchung vorhält. Der Staatsanwalt aber hat, wenn gerichtliche Voruntersuchung geführt worden ist, nicht mehr die Macht, die ihm nach der in seine Hand gegebenen Vorbereitung der öffentlichen Klage zusteht. Er kann die Einstellung des Verfahrens nicht verfügen, sondern muß die Akten, die ihm vom Untersuchungsrichter übersandt werden, dem Gericht zur Entscheidung darüber vorlegen, ob die Hauptverhandlung anzuordnen oder der Angeschuldigte außer Verfolgung zu setzen oder das Verfahren vorläufig einzustellen sei.

Also leistet die *gerichtliche Voruntersuchung* der Verteidigung des Angeschuldigten gute Dienste. Sie läßt in schwierigen oder empfindlichen Sachen die Fehler nicht aufkommen, die zum Schaden des Angeschuldigten aus einer einseitigen, oberflächlichen oder sonst unzulänglichen Arbeit der Strafverfolgungsbehörden vor der Hauptverhandlung erwachsen können. Doch begründen auch die anderen, näher an die Hauptverhandlung heranreichenden Verfahrensabschnitte die Pflicht teils des Gerichts, teils des Vorsitzenden zur Sorge für die Verteidigung des Angeschuldigten. Von der Hauptverhandlung aus gesehen, gehören auch diese Verfahren zu der Voruntersuchung im weiteren Sinne.

Das gilt zunächst für das Verfahren, in dem über *Anordnung oder Ablehnung der Hauptverhandlung* entschieden wird.

Im deutschen Strafverfahrensrecht war ursprünglich ein *Übergangsverfahren* zwischen dem Vorverfahren und dem Hauptverfahren eingeschaltet. Das Gericht hatte nach dem Eingang der Anklageschrift zu beschließen, ob das Hauptverfahren zu eröffnen sei. Die Eröffnung hing davon ab, daß das Ergebnis des Vorverfahrens den Angeschuldigten „hinreichend verdächtig" erscheinen ließ. Ohne den zustimmenden Beschluß des Gerichts, den *„Eröffnungsbeschluß"* fand keine Sache Eingang in das Hauptverfahren. Im Jahre 1942 beseitigte der Gesetzgeber den Eröffnungsbeschluß. Er vertrat den Rechtsgedanken, daß das Gericht die vom Staat durch die Erklärung des Staatsanwalts begehrte Hauptverhandlung grundsätzlich nicht verweigern dürfe. An die Stelle der *Eröffnung* des Hauptverfahrens trat die *Anordnung* der Hauptverhandlung. Nur ein eng begrenztes Widerspruchsrecht des Gerichts blieb bestehen. Die Anordnung der Hauptverhandlung war in aller Regel Sache des Vorsitzenden. Hatte er ein Bedenken gegen sie, so mußte er die Entscheidung des Gerichts herbeiführen. Das Gericht aber konnte die Anordnung der Hauptverhandlung nur ablehnen, wenn es sich für unzuständig erachtete, oder wenn nach seiner Überzeugung aus tatsächlichen oder rechtlichen Gründen mit *„Sicherheit"* zu erwarten war, daß der Angeschuldigte in der Hauptverhandlung nicht verurteilt werde. Die Rechtsanordnungen der Länder behielten das neue Verfahren bei, erleichterten aber die Möglichkeit der Ablehnung dadurch, daß sie statt der sicheren nur eine auf *„großer Wahrscheinlichkeit"* beruhende Erwartung erforderten. Also gilt jetzt folgendes, soweit das Verteidigungsrecht vor dem Untersuchungsrichter zu erörtern ist.

Mit der *Anklageschrift*, die den *Antrag* des Staatsanwalts *auf Anordnung der Hauptverhandlung* enthält, empfängt der Vorsitzende des Gerichts die Akten der Voruntersuchung. Er prüft sie insbesondere daraufhin nach, ob in der Voruntersuchung für die *Verteidigung des Angeschuldigten* genug geschehen sei. Erkennt er, daß die gebotene Aufklärung versäumt worden ist, daß Beweise über entlastende Tatsachen nicht erhoben worden sind, obwohl brauchbare Beweismittel zur Verfügung standen, so ist er verpflichtet, die Akten dem Staatsanwalt *zurückzugeben*, ihn auf den erkannten Mangel hinzuweisen und um die erforderliche Beweiserhebung zu ersuchen. Kommt der Staatsanwalt dem Ersuchen nicht nach, so steht es dem Vorsitzenden frei, die Beweise durch einen beauftragten oder ersuchten Richter erheben zu lassen, bis der Sachverhalt so weit geklärt ist, daß sein Bedenken entfällt oder daß er die Voraussetzungen für die dem Gericht zustehende Ablehnung der Anordnung der Hauptverhandlung als erfüllt ansieht.

Ist endlich *Hauptverhandlung* angeordnet, so nimmt die Sorge des Vorsitzenden für die Verteidigung des Angeklagten ihren Fortgang im *Verfahren zur Vorbereitung der Hauptverhandlung*. Der Angeklagte, der glaubt, daß die in der Voruntersuchung erhobenen oder in der Anklageschrift angegebenen Beweismittel seinem Verteidigungsrecht nicht genügen, kann die Ladung von Zeugen oder Sachverständigen oder die Herbeischaffung anderer Beweismittel zur Hauptverhandlung verlangen. Er muß seine Anträge beim Vorsitzenden unter Angabe der Tatsachen, über die Beweis erhoben werden soll, anbringen. Der Vorsitzende prüft die Anträge, erwägt also, wenn eine Voruntersuchung stattgefunden hat, ob das Verteidigungsrecht des Angeschuldigten vom Untersuchungsrichter gebührend berücksichtigt worden ist. Er gibt seine hierauf ergehende Verfügung dem Angeklagten bekannt. Lehnt er den Antrag auf Ladung eines Zeugen oder Sachverständigen ab, so kann der Angeklagte den Benannten unmittelbar laden lassen, wozu er übrigens auch ohne vorgängigen Antrag befugt ist. Ferner kann der Vorsitzende die Ladung von Zeugen oder Sachverständigen sowie die Herbeischaffung anderer Beweismittel auch von Amts wegen anordnen. Er ist hierzu vornehmlich dann veranlaßt, wenn der Inhalt der Akten einen Anhalt dafür gibt, daß das Verteidigungsrecht in der Voruntersuchung eine unzulässige Beschränkung erfahren habe.

Mit der zuvor besprochenen *sachlichen Verteidigung*, dem Abwehrkampf, in den jeder Beschuldigte gestellt ist, verknüpft sich in einzelnen Fällen die *förmliche Verteidigung*, der Beistand, den ein gewählter oder bestellter Verteidiger dem Beschuldigten leistet.

Die Vorschriften über diese Verteidigung, insbesondere über die notwendige Verteidigung wurden im Jahr 1940 geändert. Die Änderungen waren gerechtfertigt. Sie verliefen im Rahmen einer gesunden Fortentwicklung des Rechts. Hier zeigte sich — wie auch sonst — ein tiefreichender *Unterschied* in den *gesetzgeberischen Maßnahmen* der Jahre von 1933 bis 1945. Dem Gesetzgeber stand die Arbeit der im Jahr 1935 einberufenen amtlichen Kommission zur Erneuerung des Strafverfahrensrechts zur Verfügung. Aus ihr konnte er Wertvolles schöpfen, indem er den streng rechtstreuen, gewissenhaften und wohl überlegten Vorschlägen der aus Richtern und Rechtslehrern zusammengesetzten Mehrheit der Kommission folgte. Das traf vornehmlich für die hier in Betracht kommenden Vorschriften zu, da die mißtrauische Mehrheit mit großem Ernst darauf bedacht war, das Verteidigungsrecht zu wahren und zu festigen. Die Werke, die der Gesetzgeber auf diesem sicheren Grund aufbaute, hoben sich weit von denen ab, in denen er anderen, rechtsstörenden Einflüssen nachgab. Die Rechtsanordnungen der Länder konnten denn auch das Recht der förmlichen Verteidigung im wesentlich so übernehmen, wie es im Jahr 1940 gestaltet worden war. Demnach gilt jetzt insoweit folgendes:

Der Beschuldigte kann sich in jeder Lage des Verfahrens des *Beistands eines Verteidigers* bedienen. Er kann als Verteidiger einen bei einem deutschen Gericht zugelassenen Rechtsanwalt oder einen Rechtslehrer an einer deutschen Hochschule wählen. Ausnahmen sind unter bestimmten Voraussetzungen in eng begrenztem Umfang zugelassen. Die Verteidigung ist *notwendig*, wenn eine Tat in Frage kommt, die zur *Zuständigkeit des Schwurgerichts* gehört, wenn eine Tat in Frage kommt, die mit *Zuchthaus bedroht* ist, und der Staatsanwalt oder der Beschuldigte — dieser in einer gesetzlich festgelegten Frist — die *Bestellung eines Verteidigers beantragt*, wenn die Unterbringung in einer *Heil- oder Pflegeanstalt* oder *Sicherungsverwahrung* oder *Untersagung der Berufsausübung* in Frage kommt, wenn der Beschuldigte *taub* oder *stumm* ist, wenn die Hauptverhandlung gegen einen *Abwesenden* stattfindet. In anderen Fällen bestellt der Vorsitzende für das ganze Verfahren oder nur für einen Teil des Verfahrens einen Verteidiger, wenn wegen der *Schwere der Tat* oder wegen der *Schwierigkeit der Sach- oder Rechtslage* die Mitwirkung eines Verteidigers geboten erscheint oder wenn sich der *Beschuldigte* seiner Persönlichkeit nach *nicht selbst verteidigen* kann. Ist die Verteidigung in dem zuvor bezeichneten Sinn notwendig, so kann dem Beschuldigten, der noch keinen Verteidiger gewählt hat, ein Verteidiger schon während des Vorverfahrens bestellt werden. Die Bestellung muß erfolgen, sobald der Angeschuldigte zur Erklärung über die Anklageschrift aufgefordert worden ist, oder, wenn es einer solchen Aufforderung nach dem Gesetz nicht bedarf, bei der Anordnung der Hauptverhandlung. Dem verhafteten oder einstweilig untergebrachten Beschuldigten ist schriftlicher und mündlicher Verkehr mit dem Verteidiger gestattet. Solange die Anklageschrift nicht eingereicht ist, unterliegt dieser Verkehr gewissen Beschränkungen. Der Richter kann nämlich insolange schriftliche Mitteilungen zurückweisen, falls ihm deren Einsicht nicht gestattet wird, auch, sofern die Verhaftung nicht lediglich wegen Verdachts der Flucht gerechtfertigt ist, anordnen, daß Unterredungen mit dem Verteidiger in seiner Gegenwart oder in Gegenwart eines beauftragten oder ersuchten Richters stattfinden. Der Verteidiger ist nach dem Schluß der Voruntersuchung und, wenn eine solche nicht geführt worden ist, nach Einreichung der Anklageschrift bei Gericht zur Einsicht der dem Gericht vorliegenden Akten befugt. Schon vor diesem Zeitpunkt ist ihm die Einsicht der gerichtlichen Untersuchungsakten insoweit zu gestatten, als dies ohne Gefährdung des Untersuchungszwecks geschehen kann. Die Einsicht der Niederschriften über die Vernehmung des Beschuldigten, der Gutachten der Sachverständigen und der Niederschriften über die gerichtlichen Handlungen, denen der Verteidiger beizuwohnen befugt ist, darf ihm keinesfalls verweigert werden.

Wer die dargelegte Regelung überblickt und in ihren Zusammenhängen würdigt, hat Grund zu einem günstigen Urteil. Die deutsche Strafverfahrensordnung sichert das *Verteidigungsrecht* auf dem Gebiet der sachlichen und der förmlichen Verteidigung so, daß es sich schon im Verfahren vor der Hauptverhandlung ungehemmt durchzusetzen vermag. Es ist kaum möglich, für das Verteidigungsrecht vor dem Untersuchungsrichter besser zu sorgen. Dagegen kann geltend gemacht werden, daß dieses Recht viel gewänne, wenn die Voruntersuchung aus den engen Grenzen befreit würde, in die das Erfordernis „außergewöhnlicher Umstände" sie einspannt. Die Abneigung gegen die gerichtliche Voruntersuchung hatte ihren Grund darin, daß Weisungen der Verwaltungsbehörde nicht in sie eindringen konnten. Jetzt, da die Wiederaufrichtung und Kräftigung des Rechts angebahnt ist, stellt sich die *Unantastbarkeit* der Arbeit des Untersuchungsrichters nicht mehr als ein Nachteil, sondern als ein Vorzug dar. Die *Voruntersuchung* muß — um des Verteidigungsrechts willen — wieder den weiten Raum erlangen, den sie einst innehatte. Dieser Raum eröffnet sich ihr, wenn die Voruntersuchung in den wichtigsten Fällen der notwendigen Verteidigung für notwendig erklärt wird. Ein Grund für eine Voruntersuchung kann zwar weder daraus abgeleitet werden, daß der Beschuldigte taub oder stumm ist, noch daraus, daß gegen einen Abwesenden verfahren wird. Alle anderen Fälle der notwendigen Verteidigung aber sind so beschaffen, daß die Erforschung des Sachverhalts in einer gerichtlichen Voruntersuchung für erforderlich erachtet werden kann. Die Schwere der Tat, die Schwierigkeit der Sach- oder Rechtslage und das Unvermögen des Beschuldigten, sich selbst zu verteidigen, kommen hierfür besonders in Betracht.

B. Die Ausgestaltung des Verteidigungsrechts im einzelnen

(Von Dr. Kern)

Dem vorstehenden Bericht des Herrn Oberlandesgerichtspräsidenten Prof. Dr. Niethammer, der das Problem der Verteidigung in der Voruntersuchung nach seiner grundsätzlichen Seite hin behandelt, trete ich bei. Ich ergänze ihn im folgenden durch einige Einzelheiten.

I. Den Begriff der Voruntersuchung fasse ich im folgenden in dem engen Sinn, in dem die deutsche Reichsstrafprozeßordnung (und die Strafprozeßordnung 1946) ihn verwendet, nämlich nur als die *besondere* Form des Vorverfahrens, die durch den Antrag der Staatsanwaltschaft auf Voruntersuchung bedingt und durch den Beschluß des Untersuchungsrichters, die Voruntersuchung zu eröffnen, eingeleitet wird, und die in der Sammlung des Beweismaterials durch ein für die Dauer eines Geschäftsjahres bestimmtes Mitglied des Landgerichts (den „Untersuchungsrichter") oder einen mit der Führung der Voruntersuchung beauftragten Amtsrichter (§ 185 RStPO) besteht.

Die Form dieses Verfahrens ist inquisitorisch, nicht kontradiktorisch. Die Voraussetzungen der Voruntersuchung sind heute in den drei Zonen verschieden:

a) In der *britischen Zone* findet die Voruntersuchung nur statt, wenn die *Staatsanwaltschaft* es beantragt. Der Staatsanwalt *soll* den Antrag nur stellen, wenn außergewöhnliche Umstände die Führung der Voruntersuchung durch einen Richter gebieten. Dem Antrag *ist zu entsprechen.*

b) In der *französischen Zone* sind die Voraussetzungen ebenso geregelt wie in der britischen Zone; also kann auch hier nur der Staatsanwalt, nicht auch der Angeschuldigte, den Antrag auf Voruntersuchung stellen. — Der Staatsanwalt soll dies nur in Ausnahmefällen tun.

c) In der *US-Zone* findet die Voruntersuchung nur statt, wenn der Staatsanwalt *oder der Angeschuldigte* es beantragt *und* außergewöhnliche Umstände geltend macht, welche die Führung der Voruntersuchung durch einen Richter gebieten. — Der Antrag kann nur unter den engsten Voraussetzungen (Unzuständigkeit des Gerichts, Unzulässigkeit der Strafverfolgung oder der Voruntersuchung, oder weil die Tat unter kein Strafgesetz fällt) abgelehnt werden.

Während der Dauer der Voruntersuchung (aber auch schon vorher und auch nach Beendigung der Voruntersuchung) *kann* der Beschuldigte in Untersuchungshaft genommen und behalten werden, sofern die allgemeinen Voraussetzungen der Untersuchungshaft (dringender

Tatverdacht und einer der drei Haftgründe: Fluchtverdacht, Kollusionsgefahr oder weitere Gefährlichkeit) gegeben sind. Wie es Untersuchungshaft auch außerhalb einer Voruntersuchung gibt, so gibt es auch Voruntersuchungen, bei denen der Angeschuldigte auf freiem Fuß belassen wird.

II. Unter *Verteidigung* wird im folgenden nur die *förmliche* Verteidigung verstanden, also die Verteidigung durch ein besonderes Verteidigungsorgan, in aller Regel durch einen Rechtsanwalt.

Die Verteidigung ist entweder eine notwendige oder eine freiwillige; und zwar steht es *grundsätzlich* im *Belieben* des Beschuldigten, ob er sich einen Verteidiger nehmen will oder nicht. Der Beschuldigte kann sich in jeder Lage des Verfahrens des Beistandes eines Verteidigers bedienen, also auch schon im Vorverfahren, insbesondere während einer Voruntersuchung. — *In gewissen Fällen ist die Verteidigung aber notwendig.* Die Regelung ist in den verschiedenen Zonen nicht einheitlich. Am weitesten ist die Verteidigung *in der US-Zone* vorgeschrieben, hier erklärt die Strafprozeßordnung 1946 die Verteidigung für notwendig (§ 140):

1. bei allen Sachen, in denen die *Hauptverhandlung vor der Strafkammer* (und vollends vor dem Schwurgericht) stattfindet;

2. ferner, wenn eine Tat in Frage kommt, die mit Zuchthaus bedroht ist (z. B. Raub oder Einbruchsdiebstahl oder Erpressung) und entweder der Staatsanwalt oder der Beschuldigte die Bestellung eines Verteidigers beantragt. — Der Antrag ist hier binnen drei Tagen zu stellen, nachdem der Beschuldigte zur Erklärung über die Anklageschrift aufgefordert worden ist, § 140 III. Da die Anklageschrift erst nach Abschluß der Voruntersuchung bei Gericht eingereicht wird, ist auf Grund dieser Bestimmung *in der Voruntersuchung* eine *Verteidigung nicht notwendig.* Das schließt aber — auf Grund der besonderen Vorschrift des § 141 I S. 2 StPO 1946 — nicht aus, daß das Gericht dem Beschuldigten auch schon im Vorverfahren einen Verteidiger bestellt. Praktisch wird das allerdings kaum vorkommen.

Die Verteidigung ist ferner notwendig,

3. wenn die *Unterbringung in einer Heil- oder Pflegeanstalt* in Frage kommt, oder

4. wenn der Beschuldigte *taub oder stumm* ist,

5. wenn wegen der *Schwere der Tat oder wegen der Schwierigkeit der Sach- oder Rechtslage* die Mitwirkung eines Verteidigers geboten erscheint, § 140 II,

6. oder, wenn *sich der Beschuldigte seiner Persönlichkeit nach nicht selber verteidigen kann,* § 140 II.

Zu 3.—6.: Auch hier ist der Gedanke, daß in der Regel von Amts wegen ein *Verteidiger erst nach Einreichung der Anklageschrift* — also noch nicht in der Voruntersuchung — bestellt wird; aber auch in diesen Fällen kann die Bestellung auch schon während des Vorverfahrens also auch für die Voruntersuchung erfolgen.

Ähnliches gilt auch für die *französische Zone*.

Dort ist ein weiterer Fall der notwendigen Verteidigung dann gegeben, wenn der Beschuldigte sich länger als drei Monate in Untersuchungshaft befindet.

Für die französische Zone ist hinsichtlich des Zeitpunkts der Bestellung eines notwendigen Verteidigers von Amts wegen gesagt, daß der Verteidiger zu bestellen ist, sobald der Angeschuldigte zur Erklärung über die *Anklageschrift* aufgefordert worden ist — also immer erst nach Abschluß einer etwaigen Voruntersuchung, *nie* schon für die Voruntersuchung selbst.

III. Was die *Stellung des Verteidigers in der Voruntersuchung* anlangt, so sind vier Fragen zu erörtern:

1. das Recht auf *Anwesenheit* bei den verschiedenen Untersuchungshandlungen,
2. das Recht auf *Akteneinsicht*,
3. das Recht auf a) schriftlichen, b) mündlichen *Verkehr* mit dem verhafteten Beschuldigten,
4. das Recht zu *Beweisanträgen*.

Zu 1.: *Das Recht auf Anwesenheit.* Die Voruntersuchung besteht — genau so wie das Ermittlungsverfahren — in einer Reihe von Untersuchungshandlungen, wie Einfordern von Auskünften, Vernehmung des Beschuldigten, Vernehmung von Zeugen und Sachverständigen, Einfordern schriftlicher Gutachten, Augenscheinseinnahmen usw.

Die Vernehmungen im Vorverfahren sind *grundsätzlich nicht parteiöffentlich*, d. h. der Untersuchungsrichter nimmt sie zwar unter Mitwirkung eines Protokollführers, im übrigen aber allein vor; der Staatsanwaltschaft und *dem Verteidiger* ist *die Anwesenheit* bei der Vernehmung des Angeschuldigten, dem Staatsanwalt, dem Verteidiger und dem Angeklagten die Anwesenheit bei der Vernehmung eines Zeugen oder Sachverständigen *nicht gestattet* (vgl. z. B. § 192 II). Im Gegensatz dazu gestattet das französische Recht seit 1899 die Anwesenheit des Verteidigers beim Verhör des Beschuldigten.

Ausnahmen bestehen nur

a) bei der *Einnahme eines gerichtlichen Augenscheins*, § 193 I;

b) ebenso, wenn ein *Zeuge oder Sachverständiger* vernommen werden soll, dessen Erscheinen in der Hauptverhandlung für eine längere oder für ungewisse Zeit Krankheit oder Gebrechlichkeit oder andere nicht zu beseitigende Hindernisse entgegenstehen, oder dem das Erscheinen in der Hauptverhandlung wegen des damit verbundenen Zeitverlustes oder wegen der Schwierigkeit der Verkehrsverhältnisse nicht zugemutet werden kann, § 193 II.

In diesen Fällen vorweggenommener Teile der Hauptverhandlung hat der Verteidiger das Recht auf Anwesenheit im Termin. Er ist von diesen Terminen rechtzeitig vorher zu benachrichtigen, soweit das ohne Aufenthalt für die Sache selbst geschehen kann, § 193 III; auf Verlegung des Termins bei Verhinderung hat er jedoch keinen Anspruch, § 193 IV. In dem Termin hat er das Recht, an Zeugen oder Sachverständige unmittelbar Fragen zu stellen, §§ 69, 240 (der Vorsitzer muß dem Angeschuldigten und dem Verteidiger auf Verlangen gestatten, Fragen an die Zeugen und Sachverständigen zu stellen).

Zu 2: *Das Recht auf Akteneinsicht.* § 147 I bestimmt, daß der Verteidiger erst *nach Schluß der Voruntersuchung* zur Einsicht der dem *Gericht* vorliegenden Akten *befugt* ist, daß er also von diesem Zeitpunkt an einen Anspruch auf Akteneinsicht hat; ein Gesuch des Verteidigers um Gewährung von Akteneinsicht kann von diesem Zeitpunkt an nicht mehr durch den Hinweis auf die Gefährdung des Untersuchungszwecks abgelehnt werden.

Aber auch schon *vor* diesem Zeitpunkt, also auch schon während der Dauer der *Voruntersuchung*, ist dem Verteidiger (gleichviel, ob dieser gewählt oder bestellt ist) die Einsicht der *gerichtlichen Untersuchungsakten* insoweit zu gestatten, als das ohne Gefährdung des Untersuchungszwecks (d. h. ohne Gefährdung einer möglichst raschen und sicheren Aufklärung des Falles) geschehen kann.

Zu den *gerichtlichen* Akten gehören *auch die im vorbereitenden Verfahren* (also schon vor Eröffnung der Voruntersuchung) *erwachsenen* Akten, *soweit diese der Staatsanwalt* seinem Antrag auf Eröffnung der Voruntersuchung *beigefügt hat.* In welchem Ausmaß der Staatsanwalt das tut, steht in seinem Ermessen; er wird aber in der Regel seinem Antrag auf Voruntersuchung die gesamten Akten des Ermittlungsverfahrens beigeben. Zu diesen Akten gehören auch *die Beiakten*, also insbesondere die *Vorakten*, aus denen die Vorstrafen zu ersehen sind, ferner *Zivilprozeßakten*, die Aufschluß über einen in der Voruntersuchung zu klärenden Vorgang, etwa über eine Aussage oder Eidesleistung des Angeschuldigten geben, ferner etwaige *Gerichtshilfeberichte*, ebenso *Personalakten*, die über einen Beamten von der vorgesetzten Behörde oder über irgendeine Person von der Polizeibehörde angelegt sind.

Bestimmte Akten, nämlich

a) Protokolle über die Vernehmung des Beschuldigten (auch über *polizeiliche* Vernehmung im Ermittlungsverfahren),

b) die Gutachten der Sachverständigen und endlich

c) die Protokolle über die *gerichtlichen* Handlungen, denen der Verteidiger beizuwohnen befugt ist, dürfen ihm aber keinesfalls verweigert werden. (Diese Bestimmung ist die Folgerung aus dem Satz, daß der Verteidiger einzelnen Beweishandlungen im Vorverfahren beiwohnen und daher von ihnen *unmittelbar* Kenntnis nehmen kann.) Es sind das Protokolle über gerichtlichen Augenschein und über die Vernehmung von Zeugen oder Sachverständigen, mit deren Erscheinen in der Hauptverhandlung (z. B. wegen Krankheit usw.) nicht gerechnet werden kann (siehe oben unter 1).

Die Entscheidung darüber, ob und inwieweit während der Voruntersuchung dem Verteidiger die Einsicht in die Akten zu gestatten ist, steht dem Untersuchungsrichter zu; gegen dessen Entscheidung hat der Verteidiger die einfache Beschwerde, die an die (beschließende) Strafkammer geht.

Nach Einreichung der Anklageschrift bei Gericht können die Akten dem Verteidiger auch in die Wohnung verabfolgt werden, wenn der *Vorsitzende* das für angemessen hält; § 147 III. Aus dem Wort „der Vorsitzende" wird z. T. geschlossen, daß der *Untersuchungsrichter* während der Dauer der Voruntersuchung *Akteneinsicht nur bei Gericht* gestatten darf. Diese Auslegung erscheint aber sehr formalistisch und ist daher abzulehnen. — Soweit dem Verteidiger die Akteneinsicht zusteht, ist es ihm unbenommen, daraus für die Zwecke der Verteidigung Abschriften machen zu lassen.

Zu 3: Der *mündliche oder schriftliche Verkehr* des Verteidigers mit dem auf *freiem Fuß* befindlichen Angeschuldigten unterliegt keiner Beschränkung; auch dann nicht, wenn ein Haftbefehl erlassen ist und der Angeschuldigte gegen Sicherheitsleistung auf freiem Fuß belassen ist; denn das letztere ist bei Verdacht der Kollusion nicht zulässig.

Dagegen ist der Verkehr des Verteidigers mit dem Angeschuldigten beschränkt, wenn dieser *in Untersuchungshaft* ist.

a) *Schriftliche Mitteilungen*, gleichviel von welcher Seite sie ausgehen (vom Verteidiger oder vom Angeschuldigten) darf der Untersuchungsrichter ohne Begründung *zurückweisen*, wenn ihm die Einsicht nicht gestattet wird; öffnen und lesen darf er sie in diesem Fall nicht.

Wird dem Untersuchungsrichter die Einsicht gestattet, so kann er die Schriftstücke zurückweisen, wenn sie den Untersuchungszweck gefährden.

b) Was den *mündlichen Verkehr* anlangt, so kommt es darauf an, ob Kollusionsgefahr vorliegt oder nicht (darauf, ob sie auch im Haftbefehl erwähnt ist, kommt es nicht an).

Liegt keine Kollusionsgefahr vor, so darf der Verteidiger sich mit seinem Klienten im Untersuchungsgefängnis unbeaufsichtigt aussprechen.

Andernfalls kann der Untersuchungsrichter *anordnen, daß solchen Unterredungen* der Untersuchungsrichter selbst oder *ein* anderes von der Strafkammer beauftragtes Mitglied derselben oder ein von ihm oder von der Strafkammer ersuchter (Amts-)*Richter beiwohne.* Eine Beaufsichtigung des Verteidigers, der doch meist ein Rechtsanwalt sein wird, durch einen *nichtrichterlichen* Justizbeamten (z. B. einen Beamten des mittleren Dienstes oder einen Referendar) ist seit 1926 nicht mehr zulässig, da man das als für einen Rechtsanwalt entwürdigend angesehen hat. Die Bestimmung der Zeit und der Dauer der Unterredung steht dem Richter zu, in dessen Gegenwart sie stattfinden soll; berechtigten Wünschen des Verteidigers ist jedoch Rechnung zu tragen. — Die Gefängnisverwaltung darf den mündlichen Verkehr des Beschuldigten mit seinem Verteidiger nicht erschweren.

Der die Unterredung beaufsichtigende Richter kann die Unterredung abbrechen, wenn sie den Untersuchungszweck gefährdet, insbesondere, wenn sie den Verdacht der Begünstigung begründet (bestr.).

Zu 4: Der Verteidiger hat ferner *das Recht,* schon während der Voruntersuchung *für* die Voruntersuchung *Beweisanträge zu stellen.* Der Untersuchungsrichter steht solchen Anträgen grundsätzlich *frei* gegenüber, braucht ihnen also — im Gegensatz zu den Anträgen der Staatsanwaltschaft — nicht stattzugeben; er wird sie aber in der Regel als wertvolle Anregung ansehen.

Findet im Verlauf der Voruntersuchung eine Augenscheinseinnahme unter Zuziehung von Sachverständigen statt, so kann der Angeschuldigte (und ebenso auch der *Verteidiger*) beantragen, daß die von ihm für die Hauptverhandlung in Vorschlag zu bringenden Sachverständigen zu dem Termin geladen werden und, wenn der Untersuchungsrichter den Antrag ablehnt, sie selbst laden lassen. *Den* vom Angeschuldigten oder *von der Verteidigung benannten Sachverständigen ist die Teilnahme am Augenschein* insoweit *zu gestatten,* als dadurch die Tätigkeit der vom Richter bestellten Sachverständigen nicht behindert wird.

Dem Verteidiger steht es endlich frei, schon während der Voruntersuchung *Verteidigungsschriftsätze* einzureichen, in denen er u. a. auf die rechtlichen Gesichtspunkte hinweisen kann, auf die es schon bei der Führung der Voruntersuchung ankommen kann.

Sonach kann die *Verteidigung durch einen Verteidiger* schon *in der Voruntersuchung* von großer *praktischer Bedeutung sein* (zumal dieser auch — neben dem Angeklagten — für diesen Haftbeschwerden einlegen oder Anträge auf Haftentlassung oder auf Verschonung mit der Untersuchungshaft gegen Sicherheitsleistung stellen kann).

Das Gesetz läßt erkennen, daß das Gericht den Wünschen, Anregungen und Anträgen des Verteidigers in der Voruntersuchung gegenüber nicht engherzig sein soll.

Ob allerdings auf die in §§ 147ff. enthaltenen Einschränkungen der Akteneinsicht und des Verkehrs mit dem Beschuldigten künftig ganz verzichtet werden soll, wie manche Autoren (vornehmlich Verteidiger) fordern, erscheint immerhin zweifelhaft.

DAS PASSIVE PERSONALITÄTSPRINZIP

(Strafrechtlicher Schutz der Inländer)

Von Dr. Hellmuth v. Weber

ord. Professor an der Universität Bonn

Literatur: a) zum internationalen Strafrecht i. Allg.: *Tittmann*, Die Strafrechtspflege in völkerrechtlicher Hinsicht (1817) — *Abegg*, Über die Bestrafung der im Auslande begangenen Verbrechen (1819) — *Berner*, Wirkungskreis des Strafgesetzes (1853) — *v. Bar*, Lehrbuch des internat. Privat- und Strafrechts (1892) — *Hegler*, Prinzipien des internat. Strafrechts (1906) — *Mendelssohn-Bartholdy*, Das räumliche Herrschaftsgebiet des Strafgesetzes: VDA VI (1908) 85ff. — *Kohler*, Internat. Strafrecht (1917) — *Wegner*, Über den Geltungsbereich des staatlichen Strafrechts: Frank-Festschrift I (1930) 98ff. — *Auffarth*, Das internat. Strafrecht Deutschlands und der auswärtigen Staaten (Diss. Marburg [Maschinenschrift] 1947);

b) zur deutschen Strafrechtsreform von 1940 (§ 4 StGB): *Bruns*, ZAkDR 1940, 203 — *Graf Gleispach*, Kriegsstrafrecht, Tl. III 8 — *Hartung*, RVerwBl 1940, 631 — *Lange*, DStR 1941, 6 — *Mezger*, DStR 1941, 18; DR 1940, 1076 — *Pichler-Drexler*, DR 1940, 1079 — *Rietzsch* in *Grau-Krug-Rietzsch*, Deutsches Strafrecht I (2. Aufl. 1943) 249; *derselbe* in *Pfundtner-Neubert*, Das neue deutsche Reichsrecht, IIc 6 S. 155ff. — Vgl. auch die neueren Kommentare zum StGB sowie die oben (a) zitierte Dissertation von *Auffarth*.

Das passive Personalitätsprinzip ist im deutschen Recht in § 4 II Ziff. 2 StGB enthalten, der lautet:

> „Für eine von einem Ausländer im Ausland begangene Straftat gilt das deutsche Strafrecht, wenn sie durch das Recht des Tatortes mit Strafe bedroht oder der Tatort keiner Strafgewalt unterworfen ist und wenn . . .
>
> 2. die Straftat gegen das deutsche Volk oder gegen einen deutschen Staatsangehörigen gerichtet ist . . .".

Die Anerkennung des Prinzips beschränkt sich auf Taten von Ausländern, da für Taten deutscher Staatsangehöriger nach § 3 das aktive Personalitätsprinzip gilt und deshalb mit allen ihren Auslandstaten auch die gegen inländische Rechtsgüter gerichteten erfaßt sind.

Diese Fassung des § 4 beruht auf der VO über den Geltungsbereich des Strafrechts vom 6. 5. 1940 (RGBl I 754), welche die Materie des sog. internationalen Strafrechts im StGB mit fakultativer Rückwirkung tiefgreifend umgestaltete[1]. Das passive Personalitätsprinzip war dem

[1] Vgl. hierzu das oben im Literaturverzeichnis unter b) angegebene Schrifttum.

StGB in der ursprünglichen Fassung fremd. Den Anstoß zu seiner Einführung gab der 2. Weltkrieg. Man wollte das rechtliche Hindernis beseitigen, das einer Bestrafung polnischer Staatsangehöriger für strafbare Handlungen gegen Deutsche in Polen, deren Begehung vor dem Kriege und zu seinem Beginn vor der deutschen Besetzung man ihnen zur Last legte, durch deutsche Gerichte im Wege stand[2]. Aber es handelte sich trotzdem nicht um eine überstürzte Gelegenheitsgesetzgebung. Die Neuregelung entsprach den Plänen der seit 1933 vorbereiteten Strafrechtsreform und nahm die dort vorgesehene Einführung des passiven Personalitätsprinzipes[3] vorweg. Damit verwirklichte man, wenn man es auch verschiedentlich behauptet hat, keinen ausgesprochen nat.-soz. Rechtsgedanken; vielmehr reichen die Bemühungen um die Einführung des passiven Personalitätsprinzips viel weiter zurück.

Bekanntlich findet sich der Gedanke des passiven Personalitätsprinzips schon bei *Bartolus*[4]. Aber er tritt in der folgenden italienischen Jurisprudenz wieder völlig zurück. *Julius Clarus* erwähnt ihn nicht einmal. Das erklärt sich daraus, daß nach der Vorstellung jener Zeit ein ius commune der strafrechtlichen Bewertung zugrunde lag. Damit war die Strafbarkeit aller Verbrechen unabhängig vom Tatort gegeben; das anzuwendende Recht stand fest und es blieb nur die prozessuale Frage übrig, ob der inländische Richter zur Aburteilung zuständig sei. Dieser Stand der Lehre wurde mit der Rezeption nach Deutschland übernommen. Auch *Carpzov* behandelt die Frage unter dem Gesichtspunkt der Zuständigkeit des Richters zur Aburteilung. Da er das forum deprehensionis anerkennt, kommt er praktisch zum Weltrechtsprinzip, welches das passive Personalitätsprinzip umfaßt und seine gesonderte Anerkennung überflüssig macht. Nur insofern hätte es Bedeutung gewinnen können, als es sich um die Anwendung örtlicher Statuten auf außerhalb ihres Bereiches begangene Taten handelt. Mit dieser Frage befaßt sich *Carpzov* in der Lehre vom Ehebruch[5], der in Kursachsen nach den Konstitutionen von 1572 Pars IV Art. XIX in der Regel mit der Todesstrafe und daher weit strenger als nach Ius commune oder nach Statuten anderer Länder, die oft nur Geldstrafe vorsahen, bestraft wurde. Aber das passive Personalitätsprinzip klingt hier nicht an. *Carpzov* lehnt selbst für den Inländer bei inländischer Aburteilung wegen eines außerhalb Kursachsens begangenen Ehebruchs die Anwendung des strengen kursächsischen Rechtes ab; das müsse dann umsomehr für die Auslandstat des Ausländers gelten.

---

[2] *Rietzsch*, Strafrecht 249.

[3] Vgl. *Reimer* in *Gürtner*, Bericht über die Arbeit der amtl. Strafrechtskommission, Allg. Teil (2. Aufl. 1935) 224; *Mezger*, DR 1940, 1076 Anm. 1.

[4] *Meili*, Bartolus als Haupt der ersten Schule des internat. Strafrechts (1908) 27ff. Vgl. ferner *Kohler* a. a. O. 31f.

[5] Practica criminalis, Pars II qu 54 n 48ff.

An dieser Ausgestaltung des Weltrechtsprinzipes hielt das gemeine deutsche Strafrecht auch im 18. Jh. fest. Bei *Böhmer* schwächt sich die Pflicht des Richters zur Strafverfolgung im forum deprehensionis zur Verfolgungszulässigkeit, einer legitima facultas cognoscendi ab[6]. Erst gegen Ende des 18. Jhs. beginnt man, einen Unterschied zu machen, ob der Tatort außerhalb des Jurisdiktionsbezirkes des Richters im gleichen landesherrlichen Hoheitsgebiete liegt oder nicht. Aber noch einzelne der deutschen Partikulargesetze des 19. Jhs. hielten an dem Weltrechtsprinzip fest, wie Braunschweig und Sachsen, vor allem aber das österr. StGB von 1803 in §§ 33f., eine Regelung, die *Jenull* als einen „Beweis der edelsten weltbürgerlichen Denkungsart"[7] rühmte und die in das geltende österr. StGB. von 1852 §§ 39f. überging. Sie sollte auf die deutsche Reformarbeit am Strafrecht zurückwirken, als man nach dem 1. Weltkrieg daran ging, den Entwurf eines Allgemeinen Deutschen, d. h. für Deutschland und Österreich gemeinsamen Strafgesetzbuches aufzustellen. Im Bereich dieses Weltrechtsprinzips bestand für die Anerkennung des Prinzipes der passiven Personalität kein Bedürfnis.

Um die Wende des 18. zum 19. Jh. setzte sich in Deutschland der moderne rechtsstaatliche Gesetzesbegriff durch, der das Gesetz, den Willensausdruck des verfassungsmäßigen Gesetzgebers, als Rechtsquelle ansieht. Damit entfiel die Möglichkeit, die Strafbarkeit einer Tat auf das ius commune zu stützen. Jetzt wurde diese Strafbarkeit eine Frage des Geltungsbereiches des staatlichen Gesetzes. Es kam darauf an, ob der Gesetzgeber die Tat mit dem Gesetz ergreifen wollte und konnte. Als Kriterien für die Bestimmung dieses Geltungsbereiches boten sich an erster Stelle das Staatsgebiet, an zweiter die Untertaneneigenschaft des Täters, also das Territorialitäts- und Personalitätsprinzip an. Die Strafbarkeit der Auslandstat, insbesondere die des Ausländers, war damit in Frage gestellt[8], das Weltrechtsprinzip verlassen.

Es ist nun bemerkenswert, daß gleich zu Beginn dieser Entwicklung das passive Personalitätsprinzip auftaucht. Man erkennt die Notwendigkeit, die eigenen staatlichen Interessen auch gegen im Ausland von Ausländern begangene Verbrechen zu sichern (Schutzprinzip)[9] und stellt bald auch die Interessen der Inländer ihnen gleich[10]. Das setzt sich in einem Teil der partikularen deutschen Strafgesetze durch[11], ja es wurde

[6] Vgl. *Böhmer*, Observatio II ad qu 54 n 65 und XIII ad qu 110 n 71 von *Carpzovs* Practica.

[7] *Jenull*, Das Oesterreichische Kriminalrecht (1808) I. Tl. 229.

[8] Ablehnend insbesondere *Abegg* a. a. O.

[9] So *Tittmann* in Handbuch des gemeinen deutschen peinlichen Rechts (1806) Tl. I § 62.

[10] So schon *Tittmann*, Strafrechtspflege 17.

[11] Vgl. die Aufzählung bei *Binding*, Handbuch des Strafrechts I (1885) 386 Anm. 26.

auch dort, wo man noch nach gemeinem Recht urteilte, erwogen[12]. Doch fand es nach dem Vorgang des preußischen StGB von 1851, der auch darin dem Code penal folgte, keine Aufnahme in das deutsche StGB. von 1871.

Nichtsdestoweniger blieb der Gedanke des passiven Personalitätsprinzipes in der Wissenschaft lebendig. Unter seinen Vertretern war die Stimme *Bindings* besonders gewichtig, der wohl am schärfsten den Gedanken der staatlichen Souveränität bei der Bestimmung des Geltungsbereiches des Strafgesetzes, aber auch zugleich die staatliche Schutzpflicht gegenüber den Staatsangehörigen vertreten hat. Er hielt das „Realprinzip auf staatlicher oder nationaler Grundlage — auch weniger gut passives Nationalitätsprinzip genannt —"[13] für das innerlich allein Begründete. Er hat darin Zustimmung aber auch Widerspruch gefunden, letzteren vor allem bei *v. Bar*[14], der das Schutzprinzip nur bei Hoch- und Landesverrat als ein Überbleibsel aus der Zeit mangelnden gegenseitigen Rechtsschutzes der Staaten gelten lassen wollte. Ebenso äußerte sich *Berner* zurückhaltend[15]. Auch in der Gesetzgebung machte man zweimal, 1875 und 1889, den Versuch, mit der Begründung, daß der Strafunterworfenheit des Inländers im Ausland ein entsprechender Strafschutz des Inländers korrespondieren müsse, das passive Personalitätsprinzip in das StGB einzuführen[16]. Doch scheiterten die Entwürfe trotz Bismarcks Eintreten für sie in der Reichstagsdebatte.

Als nach der Jahrhundertwende die Strafrechtsreform in Deutschland aufgenommen wurde, lebte die Forderung nach Einführung des passiven Personalitätsprinzips wieder auf[17]. *Mendelssohn-Bartholdy*, der in der Vergleichenden Darstellung des deutschen und ausländischen Strafrechts, welche den Entwurf wissenschaftich vorbereiten sollte, die Materie des räumlichen Geltungsbereiches behandelt hatte[18], hatte sie freilich nicht aufgenommen. Er hat vielmehr das Realprinzip im Hinblick auf die internationale comitas mit großer Zurückhaltung behandelt[19] und die Notwendigkeit betont, daß eine rechtliche Beziehung zwischen dem strafenden Staat und dem Täter bestehe[20]. Ja er hat später sich mit

---

[12] Aufschlußreich das von *Heffter* in NArch d. StR 14 (1834) 546 wiedergegebene Erkenntnis der Juristenfakultät zu Halle.

[13] *Binding* a. a. O. 391.

[14] *v. Bar*, Lehrbuch 211ff.; Gesetz und Schuld im Strafrecht I (1906) 103ff., 113ff.

[15] *Berner*, Lehrbuch des Strafrechts (18. Aufl. 1898) § 126; ausführlich schon in: Wirkungskreis des Strafgesetzes (1853) § 35.

[16] Den Wortlaut der einschlägigen Bestimmungen der Entwürfe gibt *Hegler* 169 Anm. 2.

[17] Vgl. *Hegler* 163.

[18] Vgl. VDA VI, 85ff.

[19] A. a. O. 161ff.

[20] A. a. O. 111.

Leidenschaft gegen das passive Personalitätsprinzip gewandt, das Kollisionen suche statt sie zu mildern, und es den „rücksichtslosen U-Boot-Krieg" auf dem Gebiete dieses Rechtes genannt. Er sieht in ihm den Ausdruck des Mißtrauens gegen die Justiz anderer Staaten[21]. Ein weiterer Gegner erwuchs dem Prinzip in *Kohler*, der es als völkerrechtlich verfehlt und undurchführbar ablehnte[22]. Es findet sich noch nicht im Vorentwurf von 1909, wohl aber unter der Voraussetzung der Strafbarkeit der Tat auch nach dem Recht des Tatortes im Kommissionsentwurf von 1913 und 1919. Die Begründung sagt hierzu[23]:

> „Gegenwärtig kann ein Ausländer, der im Ausland einen Deutschen ermordet, beraubt oder um sein Vermögen betrügt, oder der im Ausland ein Sittlichkeitsverbrechen gegen eine deutsche Frau oder ein deutsches Kind begeht, in Deutschland nicht zur Rechenschaft gezogen werden; begibt er sich in den Bereich deutscher Gerichtsgewalt, so bleibt nur übrig, die Behörde im Staat des Tatorts oder im Heimatstaate des Täters um Sühne anzurufen. Dieser Rechtszustand wird dem Grundsatze nicht gerecht, daß der Deutsche auch im Ausland Anspruch auf den Schutz des Reichs hat (Art. 112 II der [scil. Weimarer] Reichsverfassung)."

Der Entwurf von 1921 gab aber dieses Prinzip wieder auf und wollte nach dem Vorschlag des österr. Gegenentwurfes von 1922, der sich auf die Erfahrungen mit §§ 39f. österr. StGB stützte, dem Bedürfnis nach Bestrafung der Auslandstaten von Ausländern, die im Inland betroffen werden, dadurch Rechnung tragen, daß er unter der Voraussetzung der Strafbarkeit am Tatort ihre Strafbarkeit statuierte, falls die Auslieferung nicht erfolgte. Das blieb hinter dem passiven Personalitätsprinzip zurück, insofern die Strafbarkeit der Auslieferung subsidiär sein sollte, ging andererseits über sie hinaus, als es nicht darauf ankam, ob durch die Tat inländische Interessen verletzt waren. Der Entwurf von 1927 beließ es in § 7 Ziff. 2 bei diesem Vorschlag; zur Begründung wurde auf die nach dem Weltkrieg sich häufenden Schwierigkeiten der Auslieferung hingewiesen. Diesen Ersatz des Prinzips der passiven Personalität durch das stellvertretende Strafrecht bei Nichtauslieferung hielt *v. Hippel* für wenig glücklich[24].

So hatte das Prinzip der passiven Personalität bereits eine lange und wechselvolle Geschichte, als es durch die VO vom 9. 5. 1940 in das deutsche Recht eingeführt wurde. Die VO behandelte es in Übereinstimmung mit der durchaus herrschenden Ansicht[25] in der deutschen Wissenschaft als eine Frage nicht des Völkerrechts, sondern des staat-

[21] *Mendelssohn-Bartholdy* in *Aschrott-Kohlrausch*, Reform des Strafrechts (1926) 41ff.

[22] *Kohler* 72 u. 97.

[23] Denkschrift zu dem Entwurf von 1919, S. 14.

[24] *v. Hippel*, Deutsches Strafrecht II (1930) 81.

[25] *Binding* a. a. O.; *v. Martitz*, Internat. Rechtshilfe in Strafsachen (1888) 425.

lichen Rechtes[26], und zwar des materiellen Strafrechts, nicht des Prozeßrechts, also der Strafgewalt, nicht der Strafgerichtsbarkeit[27]. Hinsichtlich dieser bedarf es der Bestimmung des zuständigen Gerichts; dem ist durch die Einführung des Gerichtsstandes des Verwahrungsortes (§ 8a StPO) und subsidiär durch das forum deprehensionis (§ 9 StPO) Rechnung getragen. Die Ausübung der Strafgerichtsbarkeit ist im übrigen natürlich an die Grenzen der Staatshoheit gebunden; die Verfolgung der nach dem Prinzip der passiven Personalität strafbaren Ausländer ist grundsätzlich nur innerhalb des Staatsgebietes und nicht gegenüber Exterritorialen zulässig. Auch dann bestand kein Verfolgungszwang. Vielmehr bedurfte der Staatsanwalt jeweils einer Anordnung des Reichsministers der Justiz (§ 153a StPO) zur Strafverfolgung. Bei der starken Beschränkung der deutschen Souveränität durch die Besatzung, die sich auch auf die Strafgerichtsbarkeit, besonders über Ausländer, auswirkt, ist für die Dauer ihres Bestehens das Prinzip der passiven Personalität praktisch zur Bedeutungslosigkeit verurteilt[28]. Diese Scheidung der Frage der Strafgewalt und der Strafgerichtsbarkeit entspricht der deutschen wissenschaftlichen Überlieferung[29]. Schon *Carpzov*[30] hatte bei der Erörterung, welches Recht auf eine auswärtige Tat anzuwenden sei, dessen Bestimmung „ratione processus" und „ratione poenae" unterschieden und *Böhmer* hatte das unterstrichen, nachdem er die Zulässigkeit der Verfolgung durch den Richter des forum deprehensionis bejaht hatte: „Alia, ab his prorsus diversa, est quaestio, quales leges in genere poenae definiendo, eum spectare oporteat[31].

Bei der Kürze der Geltungszeit und der Eigenart der Kriegsverhältnisse hat die oberstgerichtliche Rechtsprechung offenbar wenig Gelegenheit gehabt, sich mit Auslegungsfragen hinsichtlich des Prinzips der passiven Personalität zu befassen. Jedenfalls sind Entscheidungen des Reichsgerichtes nicht bekannt geworden. Ausgiebiger ist die Erörterung des Prinzips im Schrifttum. Dabei ist seine Zuordnung nicht einheitlich. Während die Mehrzahl der Schriftsteller[32] im Einklang mit der herkömmlichen Auffassung als Korrelat zur Ausdehnung der Treue-

[26] Vgl. dazu zuletzt *Wegner* (a. a. O), der selbst dieser Frage wie *v. Bar*, Lehrbuch 208, eine völkerrechtliche neben der staatsrechtlichen Seite zuspricht.

[27] Vgl. *Lange* 6; *Rietzsch* a. a. O.

[28] Vgl. *Auffarth* 89.

[29] Vgl. *Hegler* 11ff.

[30] Practica, qu 54 n 54.

[31] Observatio II ad qu 54 n 56.

[32] *Rietzsch*, Strafrecht 253; *Graf Gleispach* 11; *Bruns*, ZAkDR 1940, 203; *Olshausen*[12] Anm. 4 zu § 4 II; Leipz. Komm.[6] Anm. 2 A 2b zu § 4; *Mezger*, DR 1940, 1048; *derselbe*, Kurzlehrbuch d. Strafrechts I[2] (1948) 32; *v. Weber*, Grundriß des Deutschen Strafrechts[2] 34.

pflicht des Inländers in ihm einen Ausfluß des Schutz- oder Realprinzips erblicken, sehen einige[33] in ihm einen Fall des stellvertretenden Strafrechts im Hinblick auf die Voraussetzung der Strafbarkeit der Tat nach dem am Tatort geltenden Rechte. Das scheint auf *Mendelssohn-Bartholdy* zurückzugehen, der als Gegner des passiven Personalitätsprinzips doch der entsprechenden Regelung des schweizerischen Strafgesetzentwurfs zustimmen zu können glaubte, weil sie aus dem Gedankenkreis des Realprinzips in den des stellvertretenden Strafrechts gerückt sei und der Umstand, daß die Tat gegen einen Inländer begangen sei, den Grund nicht für die Geltung des Strafrechts, sondern für die Opportunität der Strafverfolgung im Inland bilde[34]. Wenn auch zuzugeben ist, daß die folgerichtige Durchführung des Schutzgrundsatzes die Bestimmung der Strafbarkeit ausschließlich nach inländischem Recht erfordern würde[35], und daß das Erfordernis der Strafbarkeit nach dem Rechte des Tatortes die Möglichkeit von Kollisionen erheblich verringert, so kann doch kein Zweifel sein, das der GeltungsbereichsVO v. 9. 5. 1940 gerade beim Prinzip der passiven Personalität der Gedanke des Schutzes der Inländer und zwar primär durch den inländischen Staat zugrunde liegt.

Das passive Personalitätsprinzip beschränkt den Schutz auf den inländischen *Staats*angehörigen. Es trifft also nicht strafbare Handlungen gegen Volksdeutsche ausländischer Staatsangehörigkeit. Gerade behauptete Ausschreitungen gegen deutsche Volksgruppen in Polen hatten aber den Anstoß zum Erlaß der GeltungsbereichsVO gegeben. Die hier empfundene Lücke wurde dadurch ausgefüllt, daß man bei strafbaren Handlungen gegen Volksdeutsche, denen sie um ihres Volkstums willen ausgesetzt waren, eine Straftat gegen das deutsche Volk sah[36]. *Schönke* vertritt die Ansicht, daß auch eine gegen einen deutschen Staatsangehörigen gerichtete Tat nur dann vorliegt, wenn er nicht in seiner Person, sondern wegen seiner Staatsangehörigkeit angegriffen wird[37]. Mit dieser Auslegung, die weder dem Wortlaut, noch dem Grundgedanken des passiven Personalitätsprinzips entspricht, steht er aber allein.

Einer Antwort bedarf endlich die Frage, wann eine Straftat *gegen* einen deutschen Staatsangehörigen begangen ist. Bei den von der Denkschrift zum Entwurf 1919 beispielsweise angeführten Fällen werden kaum Zweifel entstehen, bei anderen Tatbeständen, z. B. bei Begehung

[33] *Kohlrausch-Lange*[38] Anm. zu § 4 II; *Welzel*, Deutsches Strafrecht[2] (1949) 18f.; *Maurach*, Allgemeiner Teil (1948) 35; *Sauer*, Allgemeine Strafrechtslehre (1949) 16.

[34] *Mendelssohn-Bartholdy* in *Aschrott-Kohlrausch* a. a. O. 42.

[35] *Binding* a. a. O. 393.

[36] So u. a. *Rietzsch*, Strafrecht 268; *Graf Gleispach* 12; *Hartung*, RVerwBl 1940, 632.

[37] *Schönke*, Strafgesetzbuch (4. Aufl. 1949) Anm. III 2 zu § 4 gegen *Olshausen*[12] Anm. 7 zu § 4.

gemeingefährlicher Delikte, wird die Richtung gegen eine bestimmte Person von der Auslegung des einzelnen Tatbestandes und des durch ihn geschützten Rechtsgutes abhängig werden. Auch verlangt die Frage Antwort, ob eine unmittelbare Verletzung oder Gefährdung erforderlich ist oder auch eine mittelbare genügt. Diese Fragen sind noch kaum gestellt, geschweige denn beantwortet[38]. Man wird aber die Rechtsprechung und das Schrifttum heranziehen können, die zu der ganz gleichgelagerten Frage im Strafantragsrecht (§§ 61ff. StGB) ergangen sind; hier ist der durch die Straftat Verletzte antragsberechtigt; verletzt aber ist derjenige, in dessen Rechtssphäre die verbotene Handlung unmittelbar eingreift. Auch in anderem Zusammenhang, so beim Klageerzwingungsverfahren nach §§ 172ff. StPO oder bei der Privatklage, wird der Begriff des Verletzten von Bedeutung. Die hier entwickelten Rechtsgrundsätze sollten auch für die Auslegung des § 4 II Ziff. 2 StGB gelten. Sie geben der Anwendung des passiven Personalitätsprinzips eine feste Grenze und vermeiden die Gefahr einer uferlosen Ausweitung, die bei der Einbeziehung auch mittelbarer Eingriffe gegeben wäre.

[38] Hinweis bei *Lange*, DStR 1941, 14; Beispiele bringt *Rietzsch*, Strafrecht 268. Auf die hier liegenden Schwierigkeiten weist schon *Kohler* 95 hin.

DIE VERNEHMUNG DES BESCHULDIGTEN

Von Dr. Rudolf Dix
Rechtsanwalt in Frankfurt a. Main

Der Strafprozeß und damit auch die Vernehmung des Angeklagten als ein Teil desselben ist seit dem Frühjahr 1945 in Deutschland nicht mehr reichseinheitlich geregelt. Die einzelnen Militär-Regierungen der verschiedenen Zonen bestimmten auch die Strafrechtspflegeverordnungen. So wurde in den Ländern des *amerikanischen* Besatzungsgebietes einheitlich und gleichlautend die allein von der Militär-Regierung ausgearbeitete Strafrechtspflegeverordnung von Februar 1946 in Geltung gesetzt. Sie wurde auf Befehl der Militär-Regierung von den einzelnen deutschen Landesregierungen in Kraft gesetzt. Der süddeutsche Länderrat erklärte diese Strafprozeßordnung zum zoneneinheitlichen Gesetz. Dies hat zur Folge, daß die Landtage von Bayern, Hessen und Württemberg-Baden keine Befugnis zu einer Abänderungsgesetzgebung besitzen.

Die in den Ländern der *britischen* Zone geltende Strafprozeßordnung geht zurück auf zwei Gesetze, welche die Militär-Regierung im Sommer 1945 mit den allgemeinen Anweisungen für Richter Nr. 2 bekanntgegeben hat. Seitdem sind Änderungen erfolgt. Die allgemeine Anweisung für Richter ist im wesentlichen durch die MilRegVO 15 v. 1. 10. 1945 überholt worden. Diese ist jetzt die Grundlage der geltenden strafprozessualen Bestimmungen im britischen Besatzungsgebiet.

In der *französischen* Besatzungszone ist keine amtliche Neufassung der Strafprozeßordnung erfolgt. Die Anweisung der franz. MilReg. über die Organisation und den Neuaufbau der Rechtspflege in der franz. Zone v. Juli 1946 regelt, in welcher Fassung die strafprozessualen Vorschriften, welche im früheren deutschen Reich galten, anzuwenden sind. Die Abweichungen dieser Bestimmungen in den einzelnen deutschen Ländern der franz. Besatzungszone sind gering und betreffs des hier behandelten Themas nicht vorhanden. Im allgemeinen sind jetzt noch die am 7. 5. 1945 in Kraft befindlichen Bestimmungen maßgebend, soweit sie nicht durch die veränderten Verhältnisse gegenstandslos geworden oder durch diese Anordnung der franz. MilReg. geändert worden sind. Die Tendenz ist auch hier, ausgesprochen nazistisch ausgerichtete strafprozessuale Bestimmungen zu beseitigen und entsprechend zu ändern, was allerdings hinsichtlich des hier behandelten Themas nicht vollständig gelungen ist, s. unten.

In der *sowjetischen* Besatzungszone ist die Rechtslage sehr kompliziert. Eine einheitliche gesetzliche Regelung ist nicht erfolgt. In Thüringen entstand der Entwurf eines Strafprozeßgesetzes, welches die Anwendung der früheren deutschen Strafprozeßordnung in Art, Umfang und Inhalt regeln sollte. Dieser hat jedoch keine Gesetzeskraft erlangt. Praktisch ist er für die Rechtsprechung in Thüringen maßgebend. Es existiert also dort ein strafprozessuales Gewohnheitsrecht. In den übrigen Ländern der Zone ergingen Erlasse der sowj. MilReg., die im allgemeinen das Recht vor dem 30. 1. 1933 anzuwenden geboten. Die seitdem während des Nazi-Reichs erlassenen Bestimmungen sollten erst auf ihren etwaigen nazistischen Inhalt geprüft werden. Soweit solcher vorhanden, sollte er keine Gesetzeskraft mehr haben. Es liegt nahe, daß hier vieles im Auge des Beschauers liegt, um so mehr, als die nat.-soz. Regierung nicht nur Gesetze erlassen hat, welche rechtsethisch nach westlichen Anschauungen nicht zu halten sind. Dagegen wird man sagen dürfen, daß vieles von den Nazis Geschaffene der sowjetischen Ideologie nahekommt. Die weitere Entwicklung müßte also die ideologische Verwandtschaft beider Systeme zeigen. Auf einer Konferenz zwischen Vertretern der „Deutschen Justizverwaltung der sowjetischen Besatzungszone" und den Landesjustizverwaltungen dieser Zone wurde am 12. 10. 1948 nach Durchprüfung der Einzelbestimmungen auf ihre weitere Anwendbarkeit ein Text beschlossen, der zur Zeit der Abfassung dieses Referates noch nicht veröffentlicht worden ist und wohl auch nach Veröffentlichung keine gesetzesgleiche Kraft haben wird. Allzu große und grundsätzliche Abweichungen von den westlichen Fassungen enthält dieser Entwurf nicht[1]. Es wird interessant sein, abzuwarten, ob diese Reformation der Nazigesetze den sowjetischen Aufsichtsbehörden nicht zu weitgehend und zu westlerisch erscheint. Völlig entzieht sich der Beobachtung des Berichterstatters die praktische Handhabung der Vernehmung des Angeklagten in der sowjetischen Zone. Erfahrungsgemäß liegt es nahe, anzunehmen, daß hier die Praxis praeter legem oder evtl. sogar contra legem eigene Wege gehen wird. Nach bisherigen Grundsätzen konnte z. B. der Beschuldigte, und zwar sowohl vor wie nach der Erhebung der Anklage, nicht gezwungen werden, irgendwie auszusagen. Ebenso war es bisher unzulässig, bei der Vernehmung mit Verhaftung oder deren Aufrechterhaltung zu drohen, für den Fall des Geständnisses die Freilassung zu versprechen oder gar aus Gründen des Bluffs unrichtige Tatsachen vorzuhalten. All dies war zwar nicht verboten, ergab sich aber zwingend aus dem Pflichtenkreis der vernehmenden Beamten. So hat diese Grundsätze sogar der Reichs-Justiz-Minister des dritten Reichs in die Richtlinien aufgenommen, welche er für das Strafverfahren erließ. Diese Richtlinien wirkten als

[1] Seine Grundzüge sind in einem Aufsatz von *Weiss*, NJ **1948**, 215ff., veröffentlicht.

Bremse gegen die bolschewistischen Wirkungen des Nationalsozialismus und des nationalsozialistischen Regimes auf die Handhabung der Justiz. Es ist nicht unbeachtlich, daß diese Richtlinien in ihrer Einführung die Aufgabe der Strafrechtspflege nicht nur im Schutz des Volkes vor dem Rechtsbrecher, sondern auch im Schutz des Unschuldigen vor ungerechtfertigter Verdächtigung suchen und dem Strafrichter die Pflicht auferlegen, nicht nur dem verletzten Rechtsfrieden Genugtuung zu geben, sondern auch die Schuldlosigkeit des zu Unrecht Verdächtigten an den Tag zu bringen. Jeder Gesetzgeber mit Rechtskultur kann solche Richtlinien unterschreiben. Es ist zuzugeben und soziologisch interessant, daß solche Richtlinien mit dem Wesen des nationalsozialistischen Regimes in Widerspruch standen, dem auch die Justiz ein machtpolitisches Instrument der Politik war. So sind diese Richtlinien ein Beispiel für die vielgestaltigen und einander widersprechenden Strömungen im praktischen Rechtsleben der nazistischen Zeit, ein praktisches Beispiel für die Wahrheit der Tatsache, daß auch auf dem Gebiete des Rechtslebens das nationalsozialistische Regime ein prototypisches Beispiel des Widerspruchs zwischen Theorie und Praxis ist. Auch die nationalsozialistische Gesetzgebung selbst hat sich von den ethischen Grundsätzen dieser Richtlinien entfernt, und zwar, wie ich wiederhole, nicht nur in der Praxis der politischen Gerichtshöfe, des Volksgerichtshofs und der Sondergerichte, sondern auch in der Gesetzgebung selbst. Ein Beispiel hierfür ist die Verordnung vom 28. 6. 1935. Mit ihr sind die §§ 276ff. der bis Frühjahr 1945 Geltung gehabt habenden Strafprozeßordnung eingeführt. Ich beschränke mich auf diesen Fall — es ist nicht der einzige —, weil er in das von mir zu behandelnde Thema fällt. Er betrifft das Strafverfahren gegen Abwesende, also das sogenannte Ungehorsamsverfahren. Die Regelung vor 1935 trug der rechtsstaatlichen Erwägung Rechnung, daß dem Strafverfahren die Aburteilung eines abwesenden Angeklagten wesensfremd ist, daß die Wahrheit in Abwesenheit des Angeklagten kaum zu erforschen ist und daß das den Strafprozeß beherrschende Prinzip der materiellen Wahrheitserforschung ein sich freiwilliges Unterwerfen des Angeklagten unter den Strafanspruch der Anklage, im Gegensatz zu dem von der Dispositionsmaxime beherrschten Zivilprozeß, nicht kennt. Für die Rechtsethik des Rechtsstaates war allenfalls eine Art Ungehorsamsverfahren erträglich. Dieses Ungehorsamsverfahren kam nur in Frage bei geringen Delikten, also nur bei solchen, welche mit Geldstrafe oder Einziehung vom Gesetz bedroht waren. Des weiteren war ein Verfahren gegen Abwesende noch unter dem Gesichtspunkt der Sicherstellung von Beweisen und der Anwendung von Maßregeln, welche auf die Gestellung des Beschuldigten abzielten, tragbar und gesetzlich eingeführt, vgl. hierzu die §§ 276ff. der alten, bis 1933 in Geltung befindlichen Strafprozeßordnung. Die Verordnung von 1935 brach mit diesen Grundsätzen. Nach ihr konnte gegen einen Beschuldigten die Hauptverhandlung auch dann durchgeführt werden, wenn das Rechtsempfinden des Volkes die alsbaldige Aburteilung der Tat verlangt. In der Praxis bedeutete dies, daß der Angeklagte überhaupt nicht vernommen zu werden brauchte, wenn das Regime dies für erforderlich hielt oder wünschte. Ein solches Abwesenheitsverfahren konnte sogar gegen einen Ausländer durchgeführt werden, wenn das Urteil wenigstens teilweise im Inland vollstreckt werden konnte. Hiermit war das im Inland befindliche Vermögen eines politisch dem Regime mißliebigen Ausländers dem Zugriff der Strafjustiz ausgeliefert, weil in totalitären Regimen, wie z. B. dem nationalsozialistischen, die politische Mißliebigkeit als solche die Verstrickung in die Macht der Strafjustiz bedeutet. Diese Verordnung der nationalsozialistischen Regierung ist ein typischer Bruch mit den Überlieferungen des Rechtsstaates, und zwar sowohl vom liberalen als auch vom konservativen Standpunkt aus. Dementsprechend sind die Bestimmungen dieser Verordnung auch der neuen Regelung und Säuberung von nazistischen Bestandteilen durch die amerikanische und britische Zonenregierung zum Opfer gefallen. Nach der Strafprozeßordnung in der *britischen* Zone kann auf die Vernehmung des Angeklagten infolge seiner Abwesenheit nur verzichtet und trotz seiner Abwesenheit gegen ihn nur verhandelt werden, wenn die den Gegenstand der Untersuchung bildende Tat nur mit Haft, Geldstrafe oder Einziehung allein oder in Verbindung miteinander bedroht ist, vgl. § 277 dieser Strafprozeßordnung. In der öffentlichen Ladung des abwesenden Angeklagten muß der Hinweis enthalten sein, daß die Hauptverhandlung auch bei seinem Ausbleiben stattfinden werde und das Urteil vollstreckbar sei. Die folgenden Paragraphen enthalten weitere Sicherheitskautelen für den Angeklagten. Somit ist die Regelung in der britischen Zone zu der früheren rechtsstaatlichen vor 1935 zurückgekehrt.

Das Gleiche gilt hinsichtlich der *amerikanischen* Zone. Dort ist die Regelung fast und im wesentlichen die gleiche wie in der britischen Zone, vgl. § 276ff. der Strafrechtspflegeordnung für Groß-Hessen, Gesetz- und Verordnungsblatt für Groß-Hessen 1946 Nr. 2—6 vom 21. 2. 1946, in Kraft seit dem 1. 3. 1946.

Merkwürdigerweise sind diese Bestimmungen der nazistischen Verordnung vom 28. 6. 1935 in der *französischen* Zone nicht aufgehoben worden. Für den Bewunderer französischer Rechtskultur ist zu hoffen, daß dies auf einem Versehen beruht oder allenfalls auf der Tatsache, daß Militär-Regierungen natur- und erfahrungsgemäß nicht in der Lage sind, allen zivilen Kulturbedürfnissen der Völker Rechnung zu tragen und in Verwechselung mit den ehrwürdigen Grundsätzen militärischer Disziplin der Mißachtung von Individualrechten ohne bösen Willen verfallen.

Dagegen wird es niemand wundernehmen, daß in der *sowjetischen* Besatzungszone diese nazistische Verordnung vom Juni 1935 bewußt aufrechterhalten worden ist, und zwar auch in Verfahren, welche die Todesstrafe zum Ziel und zum Ergebnis haben. In einer Konferenz der Justizminister der Länder der sowjetischen Besatzungszone vom 12. 10. 1948 ist nochmals ausdrücklich beschlossen worden, das Verfahren gegen Flüchtige, wie es die Nazis eingeführt haben, weiter für zulässig zu erklären. Diesem Beschluß kommt selbstverständlich keine Gesetzeskraft zu. Er ist aber charakteristisch für die in der sowjetischen Zone herrschende Justizauffassung auch der sogenannten dortigen deutschen Regierungen. Dem philosophischen Betrachter ideologisch orientierter Staatssysteme erscheint dieser Vorgang in der sowjetischen Besatzungszone als durchaus natürlich, und der Verfasser dieses Ref. hat keinen Zweifel, daß auch die juristischen Vertreter dieser Besatzungsmacht die Aufregung und Entrüstung über eine solche Bestimmung gar nicht verstehen und als ein Zeichen westlerischer Dekadenz betrachten werden. Diese Regelung ist nicht etwa nur akademisch. Sie ist jetzt gerade entschieden worden bei den durch die Weltpresse behandelten Strafprozessen der sächsischen Gerichte in Glauchau und Merane gegen dortige Industrielle und Kaufleute. Mehrere der dort Angeklagten waren in die Westzonen geflohen und hatten sich somit dem Zugriff des sächsischen Staatsanwalts entzogen. Diese wurden in diesem Abwesenheitsverfahren zum Tode verurteilt, also zum Tode, ohne von ihrem Richter vernommen zu werden und damit die Möglichkeit zu haben, persönlich zu den Vorwürfen der Anklage Stellung zu nehmen. Zur Zeit der Abfassung dieses Referates ist gegen dieses Urteil Revision eingelegt, und zwar an das Oberlandesgericht in Dresden. Dessen Urteil bleibt abzuwarten. Es ist nicht Aufgabe dieses Referats, Prophezeiungen für die Zukunft dahingehend niederzulegen, ob das Oberlandesgericht Dresden dieses Urteil bestätigen wird und welches Schicksal ein dieses Urteil nicht bestätigendes Urteil des Oberlandesgerichts oder das Oberlandesgericht selbst in diesem Falle haben würde. So bietet das Thema dieses Referates schon innerhalb des sogenannten deutschen Rechtsgebietes ein verschiedenartiges Bild und wird wohl immer einer Rechtsvergleichung ausländischen Rechts mit deutschem eine solche innerhalb des Gebietes der verschiedenen deutschen Länder voran gehen müssen. Es ist nicht Aufgabe dieses Referates, zum Ausdruck zu bringen, welche Empfindungen diese Tatsache, insbesondere bei deutschen Rechtsgelehrten hervorrufen muß, welche lebendige oder studierende Zeugen der Rechtseinheitsbewegungen innerhalb Deutschlands auf prozessualem Gebiet gewesen sind, welche Einheitsbestrebungen mit der Reichsjustizgesetzgebung von 1879, also vor 70 Jahren, ihren Abschluß fanden. Es gab also bis 1945 66 Jahre, in welchen dieses Thema einheitlich für Gesamtdeutschland dargestellt werden konnte.

Soweit nun im folgenden diejenigen Grundsätze dargestellt werden, welche die *Vernehmung des Angeklagten* beherrschen, wird die hier gegebene Darstellung den Gesamtbereich des deutschen Rechtsbodens umfassen, insoweit nicht im einzelnen auf Unterschiede in den einzelnen Zonen hingewiesen werden sollte. Es muß jedoch hierbei der Vorbehalt gemacht werden, daß die Darstellung des in der *sowjetischen* Zone praktisch geltenden Rechts außerordentlich kompliziert und von dem Arbeitsplatz des Verfassers dieses Referats aus teilweise unmöglich ist. Wenn, wie oben ausgeführt, nach den Erlassen der dortigen MilReg. im allgemeinen das Recht vor dem 30. 1. 1933 gilt und das in der Nazizeit geschaffene erst nach Prüfung auf etwaigen nat.-soz. Gehalt und doch wohl damit mit dessen gewollter Ausmerzung, so ergibt sich auf Grund der nicht nachkontrollierbaren Judikatur der einzelnen Gerichte schon deswegen nicht einmal ein Maßstab für das wahrscheinlich geltende Recht, weil, wie oben ausgeführt, nicht einmal so ausgesprochen nazistische Bestimmungen wie diejenige der Verordnung vom 28. 6. 1935 als nazistisch und damit nicht mehr in Kraft angesehen werden, sondern im Gegenteil weiter gelten. Inwieweit die Praxis der deutschen Gerichte in der sowjetischen Zone Opfer der Tatsache geworden ist, daß jedem autoritären und totalitären Staatssystem die Justiz, damit insbesondere der Strafprozeß und damit auch die Vernehmung des Angeklagten, ein politisches Instrument zur Bekämpfung von Systemgegnern und zur Durchsetzung der in der Macht befindlichen Ideologie ist, ist schlechterdings zur Zeit nicht faßbar. Die Schauprozesse großen politischen Formats hinter dem eisernen Vorhang geben nur einen Hinweis, wie es wahrscheinlich aussieht, aber nicht, wie es sicher ist. Nur letzteres kann aber zum Gegenstand wissenschaftlicher Betrachtungen und Mitteilungen gemacht werden.

Nach den Leitsätzen für die Referate zum Haager Kongreß für Rechtsvergleichung soll in den Referaten nur deutsches Recht dargestellt werden. Die Rechtsvergleichung ergebe sich von selbst daraus, daß aus den anderen Ländern entsprechende Berichte eingehen. Wenn aber schon in diesen Leitsätzen auf die Notwendigkeit hingewiesen wird, sich über das entsprechende ausländische Recht zu unterrichten, um bei der Abfassung des Berichtes über Deutschland die Punkte beachten zu können, die für das Ausland von besonderem Interesse sind, so erhellt aus dieser richtigen Erkenntnis, daß die Unterschiedlichkeiten deutschen Rechtes am prägnantesten dadurch zum Ausdruck kommen, daß sie in dieser Unterschiedlichkeit hervorgehoben und illustriert werden. Dies gilt insbesondere für das Verhältnis des *Richters zum Angeklagten*, welches im *deutschen* Recht in der Vernehmung des Angeklagten durch den Richter, im *anglikanischen* Rechtskreis aber in der Art zum Ausdruck kommt, mit welcher der Richter die Vernehmung des Angeklagten „hört". Im *anglikanischen* Rechtskreis hört der Richter nur zu, wie der

Verteidiger im direkten Verhör, der Ankläger im Kreuzverhör und der Verteidiger wieder im Rückverhör den Angeklagten vernimmt und stellt seinerseits höchstens von ihm für seine richterlichen Aufgaben für notwendig gehaltene aufklärende Ergänzungsfragen. Im *deutschen* Verfahren, wie überhaupt im *kontinentalen*, führt der Richter die Vernehmung des Angeklagten durch. Der Richter „hört" den Angeklagten nicht nur, sondern er „vernimmt" ihn, und zwar mit dem Ziel, seine Fragen in den Dienst der materiellen Wahrheitsforschung zu stellen. Im *anglikanischen* Rechtskreis ist deshalb für die Aufgaben des Richters eine Vorbereitung aus den Akten nicht erforderlich. Ja sie ist, und zwar mit dem Ziel und dem Ergebnis der völligen Unvoreingenommenheit des Richters bei Eintritt in die Verhandlung, gar nicht gewollt. Insofern findet das Prinzip der Mündlichkeit im Strafprozeß des anglikanischen Rechtskreises seine ideale Erfüllung. Dort gilt „quod est in actis, non est in mundo". Die Urteilsbildung erfolgt allein auf Grund des Inhalts der mündlichen Hauptverhandlung, welche im Rekord ihren Niederschlag, und zwar vollständig, findet. Da die Vernehmung des Angeklagten im *deutschen* Strafprozeß und überhaupt im *kontinentalen* Strafprozeß in den Händen des Richters liegt, ist eine Vorbereitung desselben aus den sogenannten Ermittlungsakten unentbehrlich. Die Ermittlungen werden im *deutschen* Prozeß bis zur Erhebung der Anklage von der Staatsanwaltschaft und deren Hilfsorganen, insbesondere also der Polizei, geführt. Die Staatsanwaltschaft ist zwar gesetzlich verpflichtet, nicht bloß die zur Belastung, sondern auch die zur Entlastung dienenden Umstände zu ermitteln, vgl. § 160 II der alten reichseinheitlichen Strafprozeßordnung sowie ebenfalls den gleichen Paragraphen der Strafprozeßordnung für Groß-Hessen und § 160 der Strafprozeßordnung für die britische Zone. Diese gesetzliche Bestimmung hat einen sehr berühmten Generalstaatsanwalt der kaiserlichen Zeit Deutschlands zu dem oft zitierten Ausspruch veranlaßt:

> — „Die Staatsanwaltschaft ist die objektivste Behörde". —
> „Leicht beieinander wohnen die Gedanken, doch hart im Raume stoßen sich die Sachen".

In der Praxis wird eine Behörde, deren Amt und Sendung in der Vorbereitung, der Erhebung und der forensischen Durchkämpfung der strafrechtlichen Anklage besteht, den belastenden Momenten im Ermittlungsstadium die Priorität vor den entlastenden geben und sei dies auch nur unbewußt. Auch bei der wissenschaftlichen Betrachtung gesetzlicher Vorschriften darf nicht außer acht gelassen werden, daß auch die Durchführung von Gesetzen in Menschenhand liegt, ihnen deshalb all die Relativität zukommt, welche durch gottgewollte menschliche Unzulänglichkeit, sei es auch nur im Unterbewußtsein, zum Ausdruck kommt. Jedenfalls lehrt die Erfahrung, daß das Bild des Angeklagten und seiner

Tat in den Ermittlungsakten der Staatsanwaltschaft meist in einer düstereren Beleuchtung erscheint, als es sich aus der Hauptverhandlung unter der Sonne der richterlichen Objektivität und den Einwirkungen der Verteidigung ergibt. Künftige Gesetzgeber sowohl als auch derjenige, welcher Gesetze, ihre Auslegung und Handhabung in einem wissenschaftlichen Referate darzustellen hat, müssen deshalb von der m. E. unumstößlichen Erkenntnis ausgehen, daß der kontinentale und damit auch der deutsche Richter in die Verhandlung mit einer Einstellung tritt, welche er aus diesen Akten der Staatsanwaltschaft gewonnen hat. Zwar steht dem Verteidiger frei, auch schon *vor* der Hauptverhandlung den Standpunkt der Verteidigung in Schutzschriften zum Ausdruck zu bringen. Insofern hat der den Angeklagten in der Hauptverhandlung gleich zu deren Beginn vernehmende Richter auch schon die andere Seite gehört. Dies muß zugegeben werden, jedoch mit dem Vorbehalt, daß diese Einwirkungsmöglichkeit der Verteidigung auf den Richter vor dem Eintritt in die Verhandlung eine ungleich schwächere ist und sein muß, als diejenige des staatsanwaltschaftlichen Akteninhalts. Die Mitwirkung des Verteidigers im Ermittlungsverfahren ist äußerst beschränkt. Ihre Erweiterung ist von jeher Gegenstand der Aspiration des Berufsstandes der Verteidigung, also der deutschen Rechtsanwälte, gewesen. De lege lata ist der Verteidiger sowohl in seinem Recht, die Ermittlungsakten einzusehen als auch in der Möglichkeit, selbst Beweiserhebungen vorzunehmen, also Zeugen und Sachverständige zu hören, äußerst beschränkt. Grundsätzlich kann er erst nach Abschluß der Ermittlungen, d. h. nach Erhebung der Anklage, die Ermittlungsakten einsehen. Die Zeugenvernehmung durch ihn außerhalb der Hauptverhandlung, sei es vor ihr, sei es während derselben, ist aber eine für den deutschen Verteidiger äußerst heikle und mit starken Gefahren für sich und den Angeklagten verbunden. Der Vorwurf der *Zeugenbeeinflussung* liegt nahe und wird fast immer gehört, wenn sich in der Hauptverhandlung herausstellt, daß ein Verteidiger vorher mit einem Zeugen gesprochen hat, selbst wenn dieser ein Entlastungszeuge ist. Grundsätzlich gehen die deutschen Strafprozeßordnungen davon aus, daß auch der Verteidiger sein Bild über das, was die Zeugen zu bekunden haben, sich ausschließlich in der Hauptverhandlung unter Kontrolle des Gerichts formen soll. Auf der anderen Seite wird ein pflichtbewußter Verteidiger die Einführung von neuen Entlastungszeugen nicht entbehren können. Er muß also seine Fühler nach solchen ausstrecken. Er wird es kaum mit Erfolg können, ohne sie zu hören oder hören zu lassen. Er würde pflichtwidrig handeln, einen Entlastungszeugen in die Hauptverhandlung einzuführen, der entweder nichts oder nur für den Angeklagten Ungünstiges auszusagen weiß. Im ersteren Fall würde er von Gericht und Staatsanwaltschaft nur Vorwürfe wegen Zeit- und Arbeitsverschwendung ernten, im zweiten wahrscheinlich

Hohn und entsprechende Blamage. Es gibt keine feste Regel, wie der Verteidiger sich Entlastungsmaterial, insbesondere in der Person von Entlastungszeugen beschaffen darf. Das gleiche gilt für Sachverständige. Der Verteidiger wird ins Blaue hinein einen Sachverständigen kaum nur wegen seines Rufes benennen können, denn wenn ein Sachverständiger, der auf Antrag der Verteidigung mit Bewilligung des Gerichts durch den Staatsanwalt zur Hauptverhandlung geladen wird, und nur auf diesem Wege kann der Verteidiger Sachverständige und Zeugen in die Hauptverhandlung einführen, — abgesehen von den wenigen Fällen, wo er sie in der Hauptverhandlung sistiert und dann für ihre Vernehmung nur ein Gerichtsbeschluß notwendig ist — zu Ungunsten des Angeklagten aussagen würde, so gilt das gleiche wie oben. Jeder Verteidiger, der im deutschen Strafprozeß vor und außerhalb der Verhandlung mit Zeugen oder Sachverständigen zu seiner Information in Verbindung tritt, steht mit einem Fuß nahe dem Vorwurf der Zeugenbeeinflussung und entsprechender strafgerichtlicher oder disziplinärer Maßnahmen. Die einzige Richtschnur ist hier nur die loyale Gesinnung und der forensische Takt. Beides liegt oft im Auge des Beschauers und ist stark subjektiver Betrachtung ausgeliefert. Die *deutsche* Regelung läßt „den armen Verteidiger schuldig werden und überläßt ihn dann der Pein". Der Verfasser dieses mußte sich mit diesen rechtstatsächlichen Zuständen auseinandersetzen, weil es im Rahmen dieses Referats notwendig ist, die Situation in objektiver und subjektiver Beziehung klarzulegen, in welcher sich der Angeklagte befindet, wenn sein Verhör durch den Richter beginnt. Es ist die These des Verfassers, daß hierbei der Angeklagte einem notwendig vorerst *voreingenommenen* Richter begegnet. Der Verfasser mußte sich deshalb mit dem naheliegenden Einwand auseinandersetzen, daß gegenüber dieser von dem Verfasser angenommenen Voreingenommenheit des Richters, beruhend auf seiner Information aus den staatsanwaltschaftlichen Akten, ja die Möglichkeit der Schutzschriften des Verteidigers steht. Die Relativität dieses Gegengewichtes aufzudecken und zu illustrieren, war notwendig. Es ist einer der bedeutsamsten Charakteristika des deutschen Strafprozesses, und zwar zu Ungunsten des Angeklagten, daß er von einem Richter aus dem Blickpunkt der staatsanwaltschaftlichen Akten verhört wird. Es ist für den Verfasser kein Zweifel, daß die richterliche Objektivität durch diese Entwicklung seiner Erkenntnisschöpfung gemindert wird, und zwar bis zum Schluß der Hauptverhandlung. Jeder Kenner des Lebens weiß, daß Voreingenommenheiten die am schwersten einzunehmenden geistigen Festungen sind. Ganz anders der Richter des *anglikanischen* Rechtskreises. Er betritt das Forum mit der *Unvoreingenommenheit* gänzlicher Ahnungslosigkeit über den Prozeßstoff. Er kennt die Akten der Investigatoren und Prosekutoren nicht. Er darf sie nicht kennen. Für ihn gilt der Satz „quod est in actis prosecutorum et investigatorum non est in mundo". „In mundo" ist für ihn nur, was im Rekord steht, d. h. also das, was im offenen Forum gesagt und sonst geschehen ist. Gewiß begegnet er einem zunächst einseitigen Sach- und Beweisvortrag, nämlich was das Verhör des Angeklagten anlangt, zunächst der Vernehmung des Angeklagten durch den Verteidiger, dem erst dann dessen Kreuzverhör durch den Staatsanwalt mit entsprechendem Rückverhör des Verteidigers folgt. Der Verteidiger wird im anglikanischen Rechtskreis dem Angeklagten keine Frage stellen, deren Beantwortung durch den letzteren diesem Schaden bringt. Es bleibt der forensischen Kunst des Kreuzverhörs vorbehalten, das günstige Bild, welches der vernehmende Verteidiger aus dem Angeklagten hervorgeholt hat, zu des letzteren Nachteil zu verändern, wobei der Verteidiger dann im Rückverhör der Fechtkunst des Staatsanwalts parieren kann. Es gilt im anglikanischen Rechtskreis, soweit der Verfasser orientiert ist, wenigstens war das in Nürnberg so, als durchaus erlaubt und wird sogar erwartet, daß der Verteidiger Inhalt und Aufbau seiner Fragenstellung an den Angeklagten mit diesem bespricht und vorbereitet. Nur der kreuzverhörende Staatsanwalt muß extemporieren, genau so wie es der kreuzverhörende Verteidiger bei den von der Staatsanwaltschaft gerufenen Zeugen muß. Selbstverständlich darf auch hierbei der Verteidiger das Gericht nicht in die Irre führen. Auch bei dieser Regelung spielen Loyalität und forensischer Takt eine große Rolle. Auch hier lassen sich diese nicht gesetzlich normen. Die Fragen des Taktes und der Loyalität sind für eine gesetzliche Normierung kraft ihrer Nuancen ungeeignet. Aber das Spiel ist ehrlich. Der Richter weiß, daß er Parteien hört, der Richter weiß, daß Parteien subjektiv sind. Soweit er es notwendig hat, zur Erkenntnis der Wahrheit noch weitere Aufklärung zu suchen, benutzt er das ergänzende, von keinem Parteistandpunkt aus beeinflußte richterliche Fragerecht. Es ist nicht Aufgabe dieses Referates, eine Untersuchung darüber anzustellen, welchem der beiden Systeme der Vorzug gebührt. Diese Unterschiede im Verhältnis des Richters zum Angeklagten bei dessen Verhör mußten aber klar herausgestellt werden, um die Eigenart des deutschen Prozesses zu beleuchten. Im anglikanischen Prozeß hört der Richter den Angeklagten, wenn dieser dem Ruf seines Verteidigers, in den Zeugenstand zu treten, folgt und sich damit dem Kreuzverhör des Staatsanwalts unterwerfen muß. Er schwebt als Richter über den Wassern der sich auf dem Wasser bekämpfenden Parteien. — Im *anglikanischen* sowohl wie im *deutschen* Strafprozeß kann der Angeklagte seine Aussage verweigern. In beiden Prozessen braucht er zur Sache nicht auszusagen. Im *deutschen* Prozeß wird ein solches Verhalten bei der Beweiswürdigung desselben durch das Gericht meist zu seinen Ungunsten ausfallen. Die Wirkungen der Tatsache, daß der Angeklagte im *anglikanischen* Prozeß von seinem Verteidiger nicht in den Zeugenstand gerufen wird, sind nach Beobachtung des Verfassers imponderabiler Natur. Da aber der anglikanische Prozeß von der Dispositionsmaxime beherrscht wird, d. h. ein reiner Parteienstreit ist, sollte man hieraus den Schluß ziehen, daß, wenn eine Partei von einem Verteidigungsmittel keinen Gebrauch macht, dies der Verzicht auf ein prozessuales Parteirecht ist, dessen Nichtwahrnehmung dem Angeklagten auf jeden Fall nicht so schaden wird, wie dies bestimmt im deutschen Prozeß in der Mehrzahl der Fälle der Fall ist, wenn der Angeklagte sich weigert, zur Sache auszusagen. Der Richter im *deutschen* Prozeß entscheidet *keinen Parteienstreit*. Er ist *nicht* an den Prozeßstoff gebunden, weder in tatsächlicher, noch in rechtlicher Beziehung, welchen die Parteien, also Staatsanwaltschaft und Verteidigung, seiner richterlichen Cognition unterbreiten, wie dies bei dem *anglikanischen* Richter der Fall ist. Können doch diese Parteien im anglikanischen Prozeß über die Feststellung einer Tatsache sogar *Vereinbarungen* treffen, sogenannte *Stipulationen*. Der Inhalt dieser Vereinbarungen ist für den Richter des anglikanischen Prozesses *bindend*, auch wenn er weiß, daß er falsch ist. Die Parteien beherrschen eben den Prozeß, und wenn etwas nicht streitig ist, so bedarf es nicht der richterlichen Feststellung hierüber. Ganz anders im *deutschen* Prozeß und wohl auch im gesamten *kontinentalen*. Hier vernimmt der Richter zum Zwecke der Feststellung und Ermittlung der materiellen Wahrheit. Es herrscht das sogenannte *Offizialprinzip*. Der Angeklagte tritt nicht als Partei vor seinen Richter mit der Bitte, den Streit, den er über seine Schuld mit dem Staatsanwalt führt, zu entscheiden oder den Streit, den er über das Maß seiner Schuld mit der Staatsanwaltschaft führt, wenn er zur Schuld geständig ist. Der Angeklagte ist im deutschen Prozeß für den Richter Auskunftsperson. Wenn der Angeklagte im deutschen Prozeß die sachliche Auskunft gegenüber dem Richter verweigert, so wird der Richter das immer zu seinen Ungunsten deuten, wenn die Schuld des Angeklagten zweifelhaft ist und der Richter glaubt, auf Grund einer sachlichen Auskunft des Angeklagten dem von ihm gesuchten Ziel der Wahrheit näher zu kommen. Vor allem aber folgt aus diesem Offizialprinzip im Gegensatz zu dem *anglikanischen Dispositionsprinzip*, daß im deutschen Prozeß der Richter den Angeklagten nicht als über den Wassern schwebend hört, besser gesagt ihm zuhört und sich das seine dann denkt, sondern daß der Richter den Angeklagten verhört, ihn inquiriert, was der anglikanische Richter nie tut. Es kann deshalb im anglikanischen Prozeß nie zu solchen Auseinandersetzungen und Streitigkeiten zwischen Richter einerseits und Angeklagten mit Verteidiger andererseits kommen, wie wir sie im forensischen Leben Deutschlands des öfteren beobachten. Die Rolle des anglikanischen Richters ist sozusagen vornehmer, ja olympischer. Er führt keinen Kampf mit dem Angeklagten. Dazu ist er zu vornehm. Der Angeklagte darf ihn auch gar nicht anreden. Um Wünsche oder

Anträge zu Gehör des Gerichts zu bringen, darf er sich nur der Vermittlung seines Verteidigers bedienen. Um es überspitzt auszudrücken: Der deutsche Richter muß, um sein Verhör erfolgreich gestalten zu können, eine genaue Kenntnis der Ermittlungsakten besitzen. Nur diese geben ihm die Möglichkeit, sein Verhör erfolgreich zu gestalten und zum Beispiel bei Ausflüchten des Angeklagten diesem entsprechende Vorhalte aus den Ermittlungsakten zu machen. Kurz und gut, der *deutsche Richter* muß das tun, was im *anglikanischen Prozeß* ständig der *Investigator* tut. Dies drückt den deutschen Richter aber in dem Niveau seines forensischen Eindrucks auf Publikum und alle Prozeßbeteiligten im Gegensatz zum anglikanischen Richter herab. Ein sich völlig Heraushalten aus dem Streit der Prozeßbeteiligten zur Sache mit dem Recht, nur das wissen zu brauchen, was die Parteien vortragen, wirkt aber immer vornehmer und würdiger, als eine bisweilen vielleicht sogar hitzige Diskussion auf Grund gründlicher und überlegener Aktenkenntnis zu führen und führen zu können. Die Unbeteiligtheit des anglikanischen Richters am Streit mit dem Recht und dem Vorbehalt, sich das seine zu denken, hebt psychologisch seine Autorität in hohem Maße und damit seine soziale Stellung. Der fleißige deutsche, auch gute Richter ist immer Beamter und wirkt immer als Beamter und damit als Vertreter des Staates und sein Diener. Der anglikanische Richter leitet zwar seine Jurisdiktionsgewalt, sein Imperium auch vom Staate ab. Er wird in vielen Fällen verwaltungsrechtlich auch Beamter sein, aber soziologisch wirkt er nicht als solcher, steht vielmehr als Richter in der soziologischen Wirkung über dem Staat. Deshalb hat, gleichgültig wie man die Licht- und Schattenseiten der beiden voneinander grundsätzlich verschiedenen Verfahren, des kontinentalen und des anglikanischen, verteilt, das *anglikanische* nach Überzeugung des Verfassers auf jeden Fall *zwei Vorteile* sowohl für den Angeklagten als auch für den Richter. Der Angeklagte hat von vornherein einen völlig unvoreingenommenen Richter vor sich, denn die Nichtkenntnis und völlige Unorientiertheit ist die beste Garantie jeder Unvoreingenommenheit. Eine Auseinandersetzung mit dem Richter hat der Angeklagte nicht zu fürchten. Seine Gefahrenklippen ruhen in der stürmischen See und unter dem scharfen Wind des Kreuzverhörs. Der Richter aber hat in seinem Beruf den wahrhaft olympischen Genuß völligen Schwebens über den Wassern; er braucht nur zu richten und nicht zu inquirieren, was immer der Höhepunkt einer berechtigten Noblesse und keines Standesdünkels ist.

Die übrigen Unterschiede zwischen dem deutschen und dem anglikanischen Verfahren, deren Erörterung notwendig wäre, um zu einer Entscheidung zu kommen, welchem der beiden der Vorzug zu geben ist, liegen außerhalb des Themas dieses Referates, welches sich nur mit der Vernehmung des Angeklagten zu beschäftigen hat und deshalb nur die Frage zu beantworten hat, *wer* vernimmt, *wie* geht diese Vernehmung vor sich und welche *Wirkung* hat sie? Die erste und letzte Frage scheint genugsam erörtert. Es bleibt die Erörterung des Verlaufs der *Vernehmung*.

Im *Vorverfahren* wird der Angeklagte entweder vom Staatsanwalt oder dessen Hilfsorganen, also hauptsächlich der Polizei oder bisweilen auch von einem Richter vernommen. Letzterer ist aber nie derjenige, welcher ihn in der *Hauptverhandlung* vernimmt und über ihn das Urteil spricht. Zu einer solchen Vernehmung muß der Angeklagte, welcher in diesem Stadium der Ermittlungen von dem Gesetz zunächst „Beschuldigter" genannt wird, schriftlich geladen werden, vgl. § 133 sowohl der früheren reichseinheitlichen Strafprozeßordnung wie derjenigen in der britischen und amerikanischen Zone. Die Praxis behandelt diese Bestimmung nicht als Pflicht. Es erfolgt sehr oft telefonische Ladung. Die vorerwähnten Richtlinien des Reichs-Justiz-Ministers vom Jahre 1935 schreiben sogar vor, daß bei der Ladung zum Ausdruck kommen muß, daß der Geladene als Beschuldigter vernommen werden soll, also nicht als Zeuge oder Sachverständiger. Bekanntlich kennt das deutsche Strafprozeßrecht die Vernehmung des Angeklagten oder Beschuldigten als Zeuge in eigener Sache überhaupt nicht. Diese Richtlinien des Justizministers schreiben weiter vor, daß der Gegenstand der Beschuldigungen auf dieser Ladung kurz anzugeben sei, soweit es mit dem Zweck der Untersuchung vereinbar sei. Die Praxis, zumindesten in der nazistischen Zeit, hat diese Richtlinien wenig befolgt. Sie blieben mehr oder minder Papier. Die Richtlinien schreiben auch vor, daß die *Ladung* mittels Briefs, also nicht per Postkarte zu erfolgen habe. Auch diese Vorschrift diente dem Schutz und der Schonung des Beschuldigten. Auch hier gilt stark wieder der Erfahrungssatz des Unterschiedes zwischen Theorie und Praxis.

Es wurde bereits ausgeführt, daß eine *Pflicht zur* sachlichen *Aussage nicht* besteht. Während in Rechtsprechung und Wissenschaft wohl Einigkeit darüber besteht, daß der Angeklagte die *sachliche* Auskunft, d. h. die Auskunft zu den gegen ihn erhobenen Vorwürfen, verweigern kann, wird von der herrschenden Meinung diese Auskunftspflicht für die *persönlichen* Verhältnisse des Angeklagten bejaht. Die Frage ist aber, wie fast alles in der juristischen Wissenschaft, umstritten. Es ist wohl auch nur ein akademischer Streit. Für den Angeklagten ist die Frage insofern praktisch, als der Angeklagte bzw. der Beschuldigte in Untersuchungshaft genommen werden kann, wenn gegen ihn Tat- und Flucht- oder Kollusionsverdacht vorliegt. *Wann* dies der Fall ist, unterliegt freiem richterlichen Ermessen, welches seine Grenze nur im Ermessensmißbrauch hat. Wenn also ein Beschuldigter die Auskunft über seine persönlichen Verhältnisse, zu welcher er akademisch verpflichtet sein mag, verweigert, so läuft er selbstverständlich Gefahr, daß der ihn vernehmende Beamte diese Weigerung als ein Indiz für die Tatbestände ansieht, bei deren Vorhandensein er den Beschuldigten verhaften kann. Diese Haft muß spätestens am folgenden Tage von einem Richter bestätigt werden. Diese Vorschrift war während der Nazizeit in abusus gekommen oder die richterliche Vernehmung zur Farce geworden. Es hatte auch gar keinen Zweck, daß ein Richter im Interesse des Angeklagten hier Unabhängigkeit und Mut zeigte, denn dann nannte man diese Haft „Schutzhaft", und diese Haft bedurfte nicht der Bestätigung des Richters. Es ist zu hoffen, daß diese Bestimmung der richterlichen Nachprüfung der bei der ersten Vernehmung des Beschuldigten angeordneten Haft jetzt wieder zu einer existentiellen Durchführung kommt.

Nach den Richtlinien des Reichs-Justiz-Ministers der nationalsozialistischen Regierung, die als solche, wie gesagt, reichlich wenig nazistisch sind, soll ein *Geständnis* ausführlich protokolliert werden. Wird der Beschuldigte zu diesem Geständnis erst durch Vorhaltungen veranlaßt, so bezeichnen es diese Richtlinien als angebracht, dies im Protokoll gegebenenfalls durch Wiedergabe der einzelnen Fragen und Antworten besonders hervorzuheben. Die Richtlinien schreiben ausdrücklich vor, daß dem Beschuldigten bei jeder Vernehmung Gelegenheit gegeben werden muß, sich ausführlich zu äußern und auch solche Umstände zur Sprache zu bringen, nach denen er von dem Vernehmenden nicht befragt worden ist oder die ihn zu entlasten geeignet sind. Die Richtlinien fahren dann fort: „Daß die Aussage dem Beschuldigten weder in den Mund gelegt, noch in einem von ihm nicht gewollten, aber dem Vernehmenden erwünschten Sinne niedergelegt werden darf, versteht sich von selbst". Leider hat sich in diesem Satz der Reichs-Justiz-Minister des dritten Reichs geirrt. Es verstand sich in der Praxis leider damals nicht von selbst. — In § 136 sämtlicher drei Fassungen kommt des weiteren zum Ausdruck, daß der Angeklagte nicht verpflichtet ist, auf die Beschuldigungen *Auskunft* zu geben; denn es heißt dort ausdrücklich, der Beschuldigte ist zu fragen, ob er etwas auf die Beschuldigungen erwidern wolle. Dieses Recht des Angeklagten, seine Aussage zur Sache zu verweigern, besteht auch für die Hauptverhandlung. In dieser darf der Angeklagte sowohl jede Gesamteinlassung wie auch die Beantwortung einzelner Fragen verweigern. Ein sehr angesehener langjähriger Präsident eines Strafsenats des alten deutschen Reichsgerichts hat hierzu ausdrücklich ausgeführt, daß der Vorsitzende auch nicht berechtigt ist, ein solches Verhalten des Angeklagten einer abfälligen Kritik zu unterziehen. Ja, er und andere Schriftsteller gehen noch weiter und bejahen sogar das Recht zur Lüge, indem sie dem Vorsitzenden das Recht versagen, auch einen zu Unrecht leugnenden Angeklagten abfällig zu kritisieren. Der Streit über das Recht des Angeklagten zur Lüge ist ein rein theoretisch akademischer. Fest steht nur, daß viele Angeklagte lügen und erfahrungsgemäß deshalb strenger bestraft werden, weil sie hartnäckig bis zuletzt geleugnet hatten. Die

Konzession an den Angeklagten, das Recht zu haben, zu lügen, ist also ein gewaltiges Danaergeschenk. Der ganze Streit hat keine praktische Bedeutung. Es ist historisch und psychologisch nur interessant, daß in der Nazizeit sogenannte prominente Vertreter der Rechtswissenschaft und Rechtsprechung feierlich die Pflicht zur Wahrheit des Angeklagten verkündeten. In sehr scharfer Form war der berüchtigte Präsident des Volksgerichtshofes ein Repräsentant dieser „reinen Lehre", während in meiner Jugend ein so hoch konservativer wie ethisch sehr hochstehender und tief religiös empfindender Mann wie der unvergeßliche *Adolf Wach* die Lehre von dem „Recht des Angeklagten zur Lüge" vertrat, und zwar nur aus konsequenter Durchdenkung der Rechtstatsache, daß der Angeklagte kein Subjekt, sondern nur ein *Objekt* des deutschen Strafprozesses ist, auch als Beweismittel in ihn nicht eingeführt ist, das Gesetz deshalb a priori seine Unglaubwürdigkeit unterstelle. Aus sauberem Durchdenken einer durch das Gesetz geschaffenen Rechtslage entschloß sich also *Wach* zu der Bejahung einer prima vista frivolen These, die seinem inneren ethisch hochstehenden Wesen gar nicht adäquat war, während *Freisler* als Blutrichter des dritten Reiches, wenn auch in ein ethisches Mäntelchen gehüllt, alles bejahte, was der Vernichtung der Feinde des dritten Reichs, mit denen er es ja zumeist auf der Anklagebank des Volksgerichtshofs zu tun hatte, dienen konnte. Praktisch und wissenschaftlich ist der ganze Streit ohne jedes Interesse. Und die überwiegend inquisitorische Natur des deutschen Strafprozesses, insofern in ihm der Angeklagte nur Objekt der Verhandlung ist, liegt auch, ohne daß man zu dieser theoretischen Streitfrage Stellung nimmt, auf der Hand.

Wird gegen den Angeklagten die *gerichtliche Voruntersuchung* durch einen Richter gemäß § 178 aller drei erwähnten Strafprozeßordnungen angeordnet, so erfolgt hier die *zweite* Möglichkeit einer richterlichen Vernehmung des Beschuldigten vor der Hauptverhandlung. In der Praxis des nazistischen Deutschland war die gerichtliche Voruntersuchung mit der Zeit ganz in den Hintergrund getreten und lagen deshalb die Ermittlungen fast ausschließlich in den Händen der Staatsanwaltschaft. Auch jetzt soll die gerichtliche Voruntersuchung nur stattfinden, wenn außergewöhnliche Umstände es gebieten. In der Praxis werden jedoch diese außergewöhnlichen Umstände nicht darin gesehen werden, daß die weiteren Ermittlungen von einem nicht anklagemäßig, sondern richterlich geschulten und trainierten Justizbeamten geschehen sollen, also nicht zu dem Zweck, um die Objektivität des Ermittlungsergebnisses zu verstärken. Die Tatsache der gerichtlichen Voruntersuchung beseitigt also nicht die am Anfang dieser Ausführungen aufgestellte These, daß der deutsche Richter, welcher in der Hauptverhandlung das Urteil zu fällen und in ihr den Angeklagten zu vernehmen hat, in die Hauptverhandlung mit dem einseitigen Bilde der Ermittlungsakten der Staatsanwaltschaft eintritt. Die gesetzliche Behandlung der gerichtlichen Voruntersuchung ist ein Pegel für den Rückgang rechtsstaatlichen Denkens in Deutschland, soweit dieses sich auf die Individualrechte des Lebens, der Freiheit und der Ehre des einzelnen Staatsbürgers bezieht. In der kaiserlichen und Weimaraner Zeit war die gerichtliche Voruntersuchung in Strafsachen vor dem Reichsgericht, den Oberlandesgerichten und den Schwurgerichten zwingend vorgeschrieben. Darüber hinaus hing ihre Anordnung von diesbezüglichen Anträgen sowohl der Staatsanwaltschaft als des Angeschuldigten ab (Angeschuldigter heißt ein Beschuldigter nach Erhebung der Anklage). Einzelheiten hierüber überschreiten den Rahmen dieses Referates. Aber schon in den Richtlinien des Reichsjustizministers vom Jahre 1935 wurde darauf hingewiesen, die gerichtliche Voruntersuchung möglichst einzuschränken und nur auf die Fälle der notwendigen Voruntersuchung zu beschränken. Letztere wurde im Laufe der Entwicklung abgeschafft und die gerichtliche Voruntersuchung nur auf die Fälle beschränkt, in denen die Staatsanwaltschaft dies beantragte, was sie ganz selten tat. Leider haben die Strafprozeßordnungen der britischen und der amerikanischen Zone diese Praxis der nazistischen Entwicklung fortgesetzt. Es ist bei der *Beseitigung* der notwendigen Voruntersuchung verblieben, und die Staatsanwaltschaft soll diese nur beantragen, wenn außergewöhnliche Umstände es erfordern, die selbstverständlich nur in dem Umfang der Sache liegen werden, der es der Staatsanwaltschaft unmöglich macht, die Ermittlungen neben ihren sonstigen Dienstgeschäften zu erledigen. Der Verfasser kennt jedenfalls trotz einer gewiß nicht geringen Erfahrung keinen Fall, wo Voruntersuchung aus einem anderen Grunde angeordnet wurde als wegen des Umfangs der Sache. Sicherlich nie aus dem psychologischen Grunde, eine komplizierte Sache auch durch das Auge eines Richters prüfen zu lassen. Selbst in dem Kommentar von *Loewe* zur alten Strafprozeßordnung von 1879, der erstmals im Dezember 1878 erschien, wird dieser Gesichtspunkt nicht behandelt, sondern nur auf den Umfang der Beweiserhebung und auf die etwaige Haft des Angeschuldigten hingewiesen. In dieser gerichtlichen Voruntersuchung, falls sie stattfindet, muß der Angeschuldigte nochmals vernommen werden, vgl. § 192 der Gesetze in der britischen und amerikanischen Zone und auch den gleichen Paragraphen in der alten reichseinheitlichen Strafprozeßordnung. Er muß in ihr auch dann vernommen werden, wenn er bereits vor ihrer Eröffnung vernommen worden ist. Seine Vernehmung erfolgt jedoch in Abwesenheit sowohl der Staatsanwaltschaft als des Verteidigers.

Nach *Anordnung der Hauptverhandlung* kommt der Angeklagte vor das erkennende Gericht, in welchem, wenn es ein Kollegialgericht ist, die oben geschilderte Vernehmung des Angeklagten in den Händen des Vorsitzenden dieses Gerichtes liegt. Nach den Gesetzen in der britischen und in der amerikanischen Zone bedarf es der nochmaligen Vernehmung eines Angeklagten in der Hauptverhandlung, weil gegen einen ausgebliebenen Angeklagten grundsätzlich eine Hauptverhandlung nicht stattfinden kann, vgl. § 230 dieser Gesetze und auch § 230 der alten kaiserlichen und Weimaraner Strafprozeßordnung bis zu der oben erwähnten Verordnung vom Jahre 1935. Ich verweise hierbei auf die früheren Ausführungen auf S. 904. Auf eine Vernehmung des Angeklagten in der Hauptverhandlung kann auch dann verzichtet werden, wenn der Angeklagte dies beantragt und keine höhere Strafe als Freiheitsstrafe bis zu 6 Monaten oder Geldstrafe oder Einziehung allein oder in Verbindung miteinander zu erwarten ist. Es muß aber dann ein verlesungsfähiges richterliches Protokoll über eine Vernehmung des Angeklagten vorliegen, vgl. § 233 II dieser Strafprozeßgesetze. Der Angeklagte kann auch von den beisitzenden Richtern eines Kollegialgerichts befragt werden. Dem Staatsanwalt sowohl wie dem Verteidiger muß Gelegenheit gegeben werden, dem Angeklagten ihre Fragen vorzulegen oder vorlegen zu lassen. Hierbei ist in Rechtsprechung und Literatur streitig, ob und inwieweit ein direktes Fragerecht besteht oder ob diese Fragen über den Vorsitzenden geleitet werden müssen. Es ist uninteressant, auf diesen Gelehrtenstreit hier näher einzugehen. Letztendlich entscheidet in solchen Fragen der forensische Takt. Nach jeder Zeugen- und Sachverständigenaussage sowie nach jeder Aussage eines Mitangeklagten sowie nach der Verlesung eines jeden Schriftstückes soll der Vorsitzende den Angeklgaten fragen, ob er etwas hierzu zu erklären habe, s. § 257 der in Frage stehenden Gesetze.

Schließlich gebührt wohl entsprechend einer internationalen Übung dem Angeklagten das sogenannte *letzte Wort*. Diese Vorschrift besagt nur, daß nicht der Staatsanwalt, sondern dem Angeklagten und seinem Verteidiger das letzte Wort gebührt und daß neben dem Verteidiger auch der Angeklagte selbst zum Wort kommen muß. Dagegen ist mit dieser Vorschrift nicht, und zwar wohl nach einhelliger Meinung von Rechtsprechung und Wissenschaft, gesagt, daß der Angeklagte auch gegenüber seinem Verteidiger das letzte Wort haben muß, also notwendig nach ihm sprechen müsse. Diese Ausführungen des Angeklagten stehen selbstverständlich unter den *ordnungspolizeilichen* Befugnissen des Vorsitzenden des Kollegialgerichts bzw. des Einzelrichters, s. § 238 I der in Frage stehenden Verordnung. Grundsätzlich muß der Angeklagte seine Ausführungen beenden können. Jedoch kann der Richter unsachgemäße Ausführungen abschneiden. Liegt jedoch in diesem Abschneiden eine Beschränkung der Verteidigung, so kann diese zu einer Aufhebung des Urteils in der Revisionsinstanz führen, wenn die Maßnahmen des Vorsitzenden durch einen vom Angeklagten oder von seinem Verteidiger herbeigeführten Gerichtsbeschluß bestätigt worden sind.

Die vorstehende Darstellung der Vernehmung des Angeschuldigten im deutschen Prozeß erweist, daß bei loyaler, lebens- und berufserfahrener sowie taktvoller Handhabung der prozessualen Vorschriften und bei einem Einfühlungsvermögen des vernehmenden Richters in die Psyche und das Milieu des vor ihm stehenden Angeklagten durchaus ein Ergebnis erzielt werden kann, das den Erfordernissen der Gerechtigkeit entspricht. Insbesondere muß davor gewarnt werden, die Heilung irgendwie erkannter oder jeweils vielleicht sogar irrig angenommener Mißstände durch schnelles Gesetzemachen zu suchen. Es werden in Deutschland zu viel und zu schnell Gesetze gemacht. Jede gesunde Rechtsprechung hat einen konservativen Charakter insofern, als ihr eine gewisse Ehrfurcht vor einem einmal bestehenden und entsprechend gründlich vorbereiteten Gesetz innewohnen soll. Im übrigen braucht die Fortentwicklung des Rechts durchaus nicht immer in Novellen gesucht zu werden. Der Weg der richterlichen Handhabung des alten Gesetzes mit dem Ziel der Fortentwicklung seiner Auslegung ist vorzuziehen. Immer tiefer die ratio des Gesetzes erforschende und immer elastischer werdende Anpassung des Gesetzes an die Fortentwicklung und Vielgestaltigkeit des Lebens braucht durchaus nicht eine Analogierechtsprechung im nazistischen Sinne zu sein, welche selbstverständlich abzulehnen ist. Aber auch dieses Thema kann man wohl mit der Feststellung schließen, daß gute und bedeutende Richter wichtiger sind als noch so gute Gesetze.

DIE AUSSETZUNG AUF WOHLVERHALTEN

Von Dr. ADOLF SCHÖNKE
ord. Professor an der Universität Freiburg i. Br.

A. Die Strafen gegen Erwachsene

I. Ein wichtiges Mittel, einen straffällig gewordenen Menschen zu einem gesetzestreuen Verhalten zu veranlassen, ist der bedingte Straferlaß. Dem Täter wird Gelegenheit gegeben, durch sein Verhalten nach der Tat deren Rechtsfolgen von sich abzuwenden oder zu mildern. Dieser Gedanke tritt in verschiedenartiger Ausprägung auf. Die Hauptunterschiede ergeben sich aus der Beantwortung zweier Fragen. Die eine geht dahin, wann dem straffällig gewordenen die Gelegenheit zur Bewährung gegeben werden soll, ob schon vor Erlaß des Urteils, sogleich mit dem Urteil oder erst nach Verbüßung eines Teils der Strafe. Die andere Frage ist, ob der bedingte Straferlaß durch das Gericht oder durch eine Verwaltungsbehörde ausgesprochen werden soll. In der Beantwortung dieser Fragen unterscheiden sich die einzelnen Rechtsordnungen.

II. Verschiedene Rechtsordnungen gewähren dem Täter schon *vor dem Urteil* eine Bewährungsfrist mit der Aussicht auf einen Straferlaß.

1. Einige Rechte kennen bereits eine *bedingte Unterlassung der Anklage* durch die Anklagebehörde. Diese Form der Bewährungsfrist wird in Norwegen, Dänemark, Holland und Japan verwandt. Im norwegischen Recht z. B. kann die Unterlassung der Anklageerhebung davon abhängig gemacht werden, daß der Beschuldigte sich nicht eines neuen vorsätzlichen Verbrechens oder einer neuen vorsätzlichen Übertretung innerhalb einer von der Anklagebehörde festgesetzten Frist schuldig macht; die Frist darf nicht die für die strafbare Handlung festgesetzte Verjährungsfrist und in keinem Falle zwei Jahre übersteigen (§ 85 II norwegische StPO)[1].

Das deutsche Recht enthält keine besondere Vorschrift über die probeweise Aufschiebung der Anklage. Eine bedingte Unterlassung der Anklage ist aber möglich im Rahmen des § 153 StPO. Nach dieser Vorschrift kann der Staatsanwalt bei einem Vergehen mit Zustimmung des Amtsrichters von der Erhebung der öffentlichen Klage absehen,

---

[1] Über andere Rechte vgl. *Hoefer*, Bewährungsfrist vor dem Urteil (1931) 10ff.

wenn die Schuld des Täters gering und die Folgen der Tat unbedeutend sind. In der Praxis kommt es vor, daß die Staatsanwaltschaft dem Beschuldigten eröffnet, sie werde bei guter Führung die Zustimmung des Gerichts zum Absehen von der öffentlichen Klage beantragen; es liegt dann eine Aussetzung der Strafverfolgung auf Wohlverhalten vor[2].

2. Ein bedingte Einstellung des Verfahrens *auch nach der Klageerhebung* ist in einigen Rechten für das Jugendstrafrecht bekannt. In Deutschland wird in der Praxis ein im Ergebnis gleicher Weg auf Grund des schon genannten § 153 StPO beschritten. Es kommt vor, daß die Hauptverhandlung vertagt und die Einstellung des Verfahrens gemäß § 153 StPO in Aussicht gestellt wird, wenn der Angeklagte binnen einer bestimmten Frist den Schaden wieder gut macht und die Gerichtskosten bezahlt[3].

III. In verschiedener Weise behandeln die Rechtsordnungen die Frage, ob *zusammen mit dem Urteilsspruch* eine Bewährungsfrist festgesetzt werden kann.

1. Ein bedingter Aufschub des Urteilsspruchs ist vor allem dem englisch-amerikanischen Recht bekannt. Für England sieht die Probation of Offenders Act von 1907 zwei Möglichkeiten vor: Die Aussetzung des Schuldspruchs und die Aussetzung des Strafausspruchs. Die erste Möglichkeit besteht nur für das summarische Verfahren vor dem Polizei- und Friedensrichter; hier wird probeweise der gesamte Urteilsspruch aufgeschoben. In dem für schwerste Verbrechen geltenden ordentlichen Verfahren ist dagegen nur der probeweise Aufschub des Strafausspruchs nach erfolgter Schuldfeststellung zulässig. Diese Aussetzung erfolgt mit der Maßgabe, daß sich der Täter bei Verfall einer bestimmten Summe verpflichtet, sich künftig gut zu führen und zur Verkündung des Strafausspruchs im Falle der Ladung, die binnen einer festgesetzten nicht drei Jahre übersteigenden Frist erfolgen kann, zu erscheinen. Dabei kann das Gericht Schutzaufsicht anordnen sowie Auflagen (besondere Pflichten) festsetzen.

2. Eine andere Ausgestaltung der Bewährungsmöglichkeit im Zusammenhang mit dem Urteil ist vor allem in Belgien und Frankreich entwickelt worden. In diesen Ländern ergeht eine bedingte Verurteilung ohne Anordnung einer Schutzaufsicht oder Auferlegung von Weisungen. Die Strafe wird gegen den Schuldigen alsbald festgesetzt; der Richter kann aber die Wirkungen des Urteils auf Probezeit aussetzen. Bei straffreier Führung während der Probezeit gilt dann die Verurteilung als nicht erfolgt.

---

[2] *Peters*, Die kriminalpolitische Stellung des Strafrichters (1932) 149 Anm. 7.

[3] Vgl. *Peters* a. a. O. 149 Anm. 7.

3. Das deutsche Recht kennt nicht den Aufschub des Urteils mit gewissen Bedingungen; weder das anglo-amerikanische noch das belgisch-französische System sind in Deutschland übernommen worden.

IV. Das geltende deutsche Recht hat als besondere Institute den bedingten Straferlaß *nach Fällung des Urteils* ausgebildet, und zwar in den beiden Formen der vorläufigen Entlassung und der bedingten Strafaussetzung.

V. Die eine Form des bedingten Straferlasses ist die *vorläufige Entlassung*; diese ist in den §§ 23—26 StGB geregelt[4]. Der Zweck dieser Institution ist es, den Gefangenen für gute Führung zu belohnen. Die Probezeit soll das Durchgangsstadium für die Rückkehr in die volle Freiheit bilden.

1. *Voraussetzung* der vorläufigen Entlassung ist die Verurteilung zu einer längeren Zuchthaus- oder Gefängnisstrafe; bei einer Haftstrafe kommt sie nicht in Betracht. Es ist erforderlich, daß der Verurteilte $^3/_4$, mindestens aber ein Jahr der ihm auferlegten Strafe verbüßt hat (§ 23 StGB). Für kurzfristige Freiheitsstrafen scheidet diese Institution also aus.

Als persönliche Voraussetzung der Entlassung bestimmt das Gesetz, daß der Verurteilte sich während der in der Strafanstalt zugebrachten Zeit „gut geführt" habe. Was das Gesetz mit guter Führung meint, ist bestritten. Zum Teil wird hierunter eine innere Wandlung, eine sogen. moralische Besserung verstanden. Von anderen wird es dagegen als ausreichend angesehen, daß sich der Verurteilte äußerlich legal verhält; es wird eine sogen. bürgerliche Besserung als genügend betrachtet. Man wird sich mit der sogen. bürgerlichen Besserung begnügen müssen, d. h. also einem Verhalten, das die Annahme rechtfertigt, der Verurteilte werde sich in der Freiheit gut führen. Die Begründung zu dem deutschen Vorentwurf eines StGB von 1909 umschreibt diese Voraussetzung dahin, daß „ein vertrauenerweckender innerer Zustand des Gefangenen verlangt wird, der, wenn auch nicht auf einer völligen moralischen Umwandlung, doch auf einer durch bessere Einsicht herbeigeführten Sinnesänderung beruht" (Begründung 105).

Schließlich wird vorausgesetzt, daß der Verurteilte der vorläufigen Entlassung zustimmt.

Es ist nicht zulässig, die Entlassung von weiteren Voraussetzungen abhängig zu machen, die mit der gesetzlichen Regelung nicht vereinbar sind; unzulässig ist es insbesondere, die Vergangenheit des zu Entlassenden zu berücksichtigen; weiter darf die Entlassung auch nicht von Unterkunft und Arbeitsgelegenheit abhängig gemacht werden.

---

[4] Vgl. *Schumacher*, Die vorläufige Entlassung (§§ 23—26 StGB) (Strafrechtliche Abhandlungen Heft 336).

2. Die Entscheidung über die vorläufige Entlassung wird nicht vom Richter getroffen, sondern von der obersten Justizaufsichtsbehörde (§ 25 StGB). Vor dem Beschluß über die Entlassung ist die Gefängnisverwaltung zu hören.

3. Bei der vorläufigen Entlassung wird eine *Probezeit* festgesetzt. Die Dauer dieser Probezeit entspricht nach dem geltenden Recht dem Rest der noch zu verbüßenden Strafe. Dies ergibt sich aus § 26 StGB, wonach die Freiheitsstrafe als verbüßt gilt, falls die festgesetzte Strafzeit abgelaufen ist, ohne daß ein Widerruf der vorläufigen Entlassung erfolgt ist. In der Regel besteht die Probezeit demnach aus dem letzten Viertel der auferlegten Strafe; denn nach § 23 StGB müssen $^3/_4$ der Strafe verbüßt sein, wenn eine vorläufige Entlassung in Betracht kommen soll. Die Probezeit ist also sehr kurz. In wenigen Monaten wird nur selten ein Urteil über die Bewährung des Verurteilten möglich sein; in den meisten Fällen ist eine Beobachtung über einen längeren Zeitraum hin erforderlich. Die kurze Dauer der Probezeit ist der Hauptgrund dafür, daß von der vorläufigen Entlassung nur noch sehr wenig Gebrauch gemacht wird.

Dem Verurteilten können bei der vorläufigen Entlassung für die Probezeit *besondere Verpflichtungen* auferlegt werden (arg. § 24 StGB). Die in Betracht kommenden Pflichten sind nicht im StGB benannt; die Umgrenzung des Pflichtenkreises ist Ausführungsvorschriften der Länder überlassen. Als derartige Pflichten sind vor allem Beschränkungen in der Wahl des Aufenthaltsortes und Wirtshausverbot aufgestellt worden. Schwierigkeiten bereitet die Frage, wie die Einhaltung der auferlegten Pflichten zu überwachen ist. Nicht zu empfehlen ist es, den Entlassenen durch Polizeibeamte überwachen zu lassen. Die Erfahrung zeigt, daß der Polizeibeamte nicht zwischen denjenigen unterscheidet, die unter Polizeiaufsicht stehen, und denjenigen, die vorläufig entlassen sind und einer Betreuung bedürfen. Bei weitem mehr zu empfehlen ist der in verschiedenen Teilen Deutschlands beschrittene Weg, die Organe der Entlassenenfürsorge mit der Aufsicht zu betrauen.

4. Die vorläufige Entlassung kann bei schlechter Führung des Entlassenen oder, wenn derselbe den ihm bei der Entlassung auferlegten Verpflichtungen zuwiderhandelt, jederzeit *widerrufen* werden (§ 24 StGB). Auch bei Verstößen gegen die auferlegten Verpflichtungen ist der Widerruf nicht zwingend vorgeschrieben; bei leichteren Verstößen können weniger einschneidende Maßregeln ergriffen werden wie z. B. Verschärfung der Aufsicht, Disziplinarmaßnahmen, Ordnungsstrafen, unter Umständen auch Verlängerung der Bewährungsfrist; der Widerruf soll das letzte und schärfste Mittel sein.

Erfolgt ein Widerruf, so hat dies die Wirkung, daß die seit der vorläufigen Entlassung bis zur Wiedereinlieferung verflossene Zeit auf die festgesetzte Strafdauer nicht angerechnet wird (§ 24 II StGB).

Zuständig für den Widerruf ist dieselbe Behörde, welche die vorläufige Entlassung verfügt hat, nämlich die oberste Justizaufsichtsbehörde (§ 25 I StGB).

5. Ist die festgesetzte Strafzeit abgelaufen, ohne daß ein Widerruf der vorläufigen Entlassung erfolgt ist, so gilt die Freiheitsstrafe als verbüßt (§ 26 StGB).

6. Die vorläufige Entlassung spielt in der deutschen Praxis kaum noch eine Rolle. Besonders seit dem ersten Weltkrieg ist dieses Institut immer mehr außer Übung gekommen; in verschiedenen Teilen Deutschlands sind seit 1920 vorläufige Entlassungen nicht mehr erfolgt[5].

VI. An die Stelle der vorläufigen Entlassung ist die *bedingte Strafaussetzung* getreten; diese spielt in der Praxis eine große Rolle.

1. Die Gnadenbehörden können die Vollstreckung rechtskräftig erkannter Freiheitsstrafen von nicht mehr als einem Jahr ganz oder teilweise unter Bewilligung einer Bewährungsfrist aussetzen (§ 20 Gnadenordnung).

In der Gnadenordnung sind Richtlinien für die Entscheidung über die bedingte Strafaussetzung gegeben. § 21 der Gnadenordnung lautet:

(1) „Bei der Ausübung der ihr erteilten Ermächtigung hat die Gnadenbehörde stets davon auszugehen, daß die Bewilligung der Strafaussetzung nur ausnahmsweise erfolgen soll. Die Achtung vor den Gesetzen und der staatlichen Straffestsetzung gebietet, daß die im Gesetz angedrohte Strafe gegen den Gesetzesbrecher regelmäßig voll zur Verwirklichung kommt. Die Frage, ob Strafaussetzung unter Bewilligung einer Bewährungsfrist ausnahmsweise gewährt werden soll, ist daher in jedem einzelnen Fall mit größter Sorgfalt zu prüfen und dabei vor allem zu beachten, daß die Bewilligung der Strafaussetzung nur angängig ist, wenn trotz dieses Gnadenerweises die Erreichung des vom Gesetzgeber mit der Aufstellung der Strafbestimmung verfolgten Zwecks in keiner Hinsicht beeinträchtigt oder in Frage gestellt wird.

(2) Die Aussetzung der Strafvollstreckung darf daher regelmäßig nur gewährt werden, wenn die begangene Verfehlung nicht durch Verdorbenheit und verbrecherische Neigung, sondern durch Leichtsinn, Unerfahrenheit, Verführung oder Not veranlaßt worden ist und wenn nach der Überzeugung der Gnadenbehörde mit Sicherheit erwartet werden kann, daß der Verurteilte sich durch gute Führung während der Bewährungsfrist eines künftigen Gnadenerweises würdig erzeigen wird ....

(3) Vorbestraften soll bedingte Strafaussetzung in der Regel nicht gewährt werden .....“.

---

[5] Nachweise im einzelnen bei *Umhauer*, Vorläufige Entlassung und Beurlaubung auf Wohlverhalten in: *Bumke*, Deutsches Gefängniswesen (1928) 411ff.

2. Die Entscheidung über die bedingte Entlassung erfolgt als Verwaltungsentscheidung. Auch soweit ein Richter (der Amtsrichter) als Gnadenbehörde tätig wird, handelt er als Organ der Justizverwaltung nach bindenden Weisungen, die der Träger des Gnadenrechts generell erteilt.

3. Bei der bedingten Strafaussetzung wird eine bestimmte *Bewährungsfrist* festgesetzt. Diese Frist beträgt in der Regel 3 Jahre, in besonders leichten Fällen 2 Jahre, und höchstens 5 Jahre. Die Frist kann durch die Gnadenbehörde nachträglich bis auf insgesamt 5 Jahre verlängert werden. Eine nachträgliche Abkürzung der Frist ist nicht zulässig (§ 24 Gnadenordnung).

Die Aussetzung der Strafvollstreckung kann unter besonderen *Auflagen und Bedingungen* erteilt werden. Genannt werden in § 22 der Gnadenordnung z. B. die Unterbringung in einer passenden Lehr- oder Dienststelle, die Fürsorgeerziehung oder sonstige Maßnahmen des Vormundschaftsgerichts, die Unterstellung unter die Schutzaufsicht einer Vertrauensperson (Fürsorge, Fürsorgeausschuß, Kreiswohlfahrtsamt, Jugendamt, Trinkerfürsorgestelle). Hat der Verurteilte einen Dritten durch seine Straftat geschädigt, so soll ihm in der Regel bedingte Strafaussetzung nur unter der Auflage gewährt werden, daß er den angerichteten Schaden nach besten Kräften wieder gut macht. Aber wenn kein Dritter geschädigt worden ist, kann dem Verurteilten bei der Bewilligung der bedingten Strafaussetzung die Auflage der Zahlung einer Geldbuße zu Gunsten der Staatskasse gemacht werden. Die Entrichtung der Geldbuße allein begründet kein Anrecht auf den in Aussicht genommenen Gnadenerweis; ein solcher ist vielmehr in jedem Falle von dem Wohlverhalten des Verurteilten während der Bewährungsfrist abhängig. Wird mit Rücksicht auf das Verhalten des Verurteilten die Vollstreckung der Strafe angeordnet, nachdem er die Buße ganz oder teilweise bezahlt hat, so hat er keinen Anspruch auf Rückzahlung (§ 23 der Gnadenordnung).

4. Während der Bewährungsfrist ist ein *Widerruf* der Aussetzung zulässig. Gegen Ablauf der Bewährungsfrist muß geprüft werden, ob sich der Verurteilte während dieser Zeit gut geführt hat. „Zum Nachweis einer guten Führung genügt es nicht, daß über den Verurteilten nichts nachteiliges bekannt geworden ist, sondern es bedarf der tatsächlichen Feststellung eines guten Gesamtverhaltens. Insbesondere ist zu prüfen, ob der Verurteilte den ihm bei der Gewährung der Strafaussetzung gemachten Auflagen nachgekommen ist" (§ 31 II Gnadenordnung).

Ergibt sich aus den eingezogenen Erkundigungen, daß sich der Verurteilte während der Bewährungsfrist gut geführt hat, so ist die Gnadenbehörde ermächtigt, die ausgesetzte Strafe zu erlassen.

5. Die bedingte Strafaussetzung hat in der Praxis eine große Bedeutung; sie hat fast vollständig die im StGB vorgesehene vorläufige Entlassung verdrängt. Bei der bedingten Strafaussetzung kann die Dauer der Probezeit so bemessen werden, daß eine Beobachtung und Beurteilung des Verurteilten möglich ist. Durch Verwaltungsanordnung ist bestimmt worden, daß Gesuche um vorläufige Entlassung grundsätzlich in erster Linie als Gesuche um bedingte Strafaussetzung zu behandeln sind[6].

B. Die Maßregeln der Sicherung und Besserung

Ob auch bei sichernden Maßregeln eine Aussetzung auf Wohlverhalten vorgesehen werden kann, ist umstritten und zweifelhaft[7]. Der X. Internationale Strafrechts- und Gefängniskongreß in Prag hat sich dahin ausgesprochen, daß abgesehen von besonders gelagerten Fällen die Vollstreckung der sichernden Maßregeln nicht soll aufgeschoben werden können[8]. Das geltende deutsche Recht sieht bei den Maßregeln der Sicherung und Besserung eine Aussetzung auf Wohlverhalten vor.

1. Bei den mit Freiheitsentziehung verbundenen Maßregeln der Sicherung und Besserung dauert die Unterbringung so lange, als es ihr Zweck erfordert. Erfolgt eine Entlassung, weil der Zweck der Unterbringung als erreicht angesehen worden ist, so gilt dies als *bedingte Aussetzung der Unterbringung* (§ 42h I StGB). Die Regelung des § 42h StGB entspricht der bedingten Aussetzung eines Strafrestes. Eine dem bedingten Straferlaß, d. h. der Aussetzung des Vollzugs der ganzen Strafe entsprechende Einrichtung ist für Maßregeln der Sicherung und Besserung nicht vorgesehen.

2. Die Entscheidung über die bedingte Aussetzung wird hier von einem Gericht erlassen, und zwar von dem Vollstreckungsgericht.

3. Bei der bedingten Aussetzung der Unterbringung wird nicht eine Probezeit festgesetzt; als gesetzliche Probezeit gilt die Verjährungsfrist für die Vollstreckung der Maßregeln.

Das Gericht kann dem Untergebrachten bei der Entlassung und auch noch später besondere Pflichten auferlegen; es kann diese Anordnungen jederzeit ändern, zurücknehmen oder ergänzen. Für die Entlassung aus der Sicherungsverwahrung kommt insbesondere die Auflage in Betracht, zunächst nach der Entlassung in ein Übergangsheim einzutreten und dort für eine von der Führung des Verwahrten und der Auffindung einer Arbeitsstelle abhängigen Zeit zu verbleiben, das Heim

---

[6] Rundverfügung v. 30. 4. 1935, abgedruckt bei *Krug-Schäfer-Stolzenburg*, Strafrechtliche Verwaltungsvorschriften (3. Aufl. 1943) 835 zu 20.

[7] Dafür *Exner*, Die Theorie der Sicherungsmittel (1914) 182ff.

[8] Actes du Congrès Pénal et Pénitentiaire International de Prague (Berne 1931) Ib, 46.

auch nur mit Genehmigung des Gerichts oder der Vollstreckungsbehörde zu verlassen. Weiter kommt etwa die Auflage in Betracht, sich unter Schutzaufsicht zu stellen, das Wirtshaus zu vermeiden, den Wohnungswechsel oder Aufenthalt jeweils der Polizeibehörde oder dem Gericht zu melden.

4. Die Entlassung ist zu *widerrufen*, wenn der Entlassene durch sein Verhalten in der Freiheit zeigt, daß der Zweck der Maßregel seine erneute Unterbringung erfordert. Es rechtfertigt aber nicht jede geringfügige strafbare Handlung den Widerruf, noch weniger jeder geringfügige Verstoß gegen eine auferlegte Pflicht wie etwa gegen eine Meldepflicht. Nur bedeutsamere Verfehlungen krimineller oder sonstiger Art lassen den Schluß zu, daß die erneute Unterbringung geboten ist.

Der Widerruf erfolgt durch einen Beschluß des Vollstreckungsgerichts.

Ausgeschlossen ist der Widerruf, wenn inzwischen die Vollstreckungsverjährung eingetreten ist, bei den Maßregeln mit bestimmten Höchstfristen weiter dann, wenn die Höchstdauer bereits erreicht ist (§ 42h II StGB).

C. *Das Jugendstrafrecht*

I. Es bestehen hier verschiedene Möglichkeiten, schon vor dem Urteil eine Bewährungsfrist festzusetzen mit der Aussicht, daß dann von einer Strafverfolgung abgesehen wird.

1. Bei der Tat eines Jugendlichen kann der Staatsanwalt das Verfahren einstellen, wenn eine erzieherische Maßnahme oder ein Disziplinarmittel angeordnet wird (§ 30 RJGG). Ob eine Einstellung auf Grund dieser Vorschrift geboten und richtig ist, läßt sich nicht immer sofort entscheiden. Wenn es sich als notwendig erweist, für diese Entscheidung das weitere Verhalten des Beschuldigten abzuwarten, kann eine Bewährungsfrist gewährt werden. Voraussetzung hierfür ist, wie in allen Fällen des § 30 RJGG, daß die Schuldfrage geklärt ist und fest steht.

2. Nach Einreichung der Anklage kann der Jugendrichter das Verfahren einstellen, wenn eine erzieherische Maßnahme, nämlich eine Arbeitsauflage oder ein Disziplinarmittel bereits angeordnet ist und eine Ahndung durch den Richter entbehrlich macht (§ 31 RJGG). Der Richter kann, bevor er diese Entscheidung trifft, zunächst eine Bewährungsfrist festsetzen.

II. Auch für das Jugendstrafrecht sieht das deutsche Recht nicht die Möglichkeit vor, bereits mit dem Urteilsspruch eine Bewährungsfrist durch den Richter festzusetzen. Von den verschiedenen Formen der Strafaussetzung auf Wohlverhalten kennt das Jugendstrafrecht nur die Strafaussetzung *nach Verbüßung eines Teils der Strafe.*

1. Bei einer fest bestimmten Strafe ist eine *Strafaussetzung auf Probe* möglich (§ 58 RJGG). Eine Jugendgefängnisstrafe kann auf Probe aus-

gesetzt werden, wenn der Verurteilte einen wesentlichen Teil, mindestens ein Drittel der Strafe verbüßt hat und eine weitere Strafverbüßung nicht erforderlich ist. Über diese Voraussetzung entscheidet der Vollstreckungsleiter, und zwar auf Antrag oder nach Anhören des Vollzugsleiters und des Staatsanwalts.

Die Probezeit beträgt mindestens zwei und höchstens fünf Jahre; sie kann nachträglich bis auf zwei Jahre verkürzt oder bis auf fünf Jahre verlängert werden. Der Vollstreckungsleiter kann dem Verurteilten Auflagen machen und ihn unter Bewährungsaufsicht stellen; er kann solche Anordnungen auch nachträglich treffen oder ändern. Als Auflagen kommen z. B. in Betracht Buße, Arbeitsleistungen, Schadensersatz, Abbitte. Die Auflage kann nicht nur die Freiheit des Verurteilten, sondern auch die des Erziehungsberechtigten beschränken, wie z. B. die Auflage, an einem bestimmten Ort eine bestimmte Stelle anzutreten.

Bewährt sich der Verurteilte in der Probezeit, dann wird der Strafrest nicht vollstreckt. Führt er sich in der Probezeit schlecht, so widerruft der Vollstreckungsleiter die Strafaussetzung und ordnet die weitere Vollstreckung an.

2. Ist ein Jugendlicher zu einer *Jugendgefängnisstrafe von unbestimmter Dauer* verurteilt worden, so kann er auf Probe entlassen werden, wenn anzunehmen ist, daß er sich künftig in die Gemeinschaft einordnet. Die Entlassung ist nicht zulässig, bevor der Verurteilte das im Urteil festgesetzte Mindestmaß der Strafe verbüßt hat (§ 59 RJGG).

Die Entlassung erfolgt nur auf Bewährung. Es ist auch hier eine Probezeit zu bestimmen, die mindestens 2 Jahre und höchstens 5 Jahre beträgt. Während der Probezeit ist der Entlassene unter Aufsicht zu stellen; diese ist obligatorisch. Dem Entlassenen können besondere Pflichten auferlegt werden. Diese können dazu dienen, ihn weiterhin erzieherisch zu beeinflussen oder ihn vor ungünstigen äußeren Einflüssen zu sichern.

3. Bei dem Jugendarrest ist eine Aussetzung auf Wohlverhalten durch einen Vollstreckungsakt nicht zulässig. Der Jugendarrest soll eine sofort fühlbare Reaktion für den straffällig gewordenen Jugendlichen sein: ein Erfolg dieser Maßnahme ist nur bei einem sofortigen wirklichen Vollzug möglich. Beim Jugendarrest kann aber endgültig von der weiteren Vollstreckung abgesehen werden. Ist der Jugendarrest teilweise verbüßt, dann sieht der Vollstreckungsleiter von der Vollstreckung des Restes ab, wenn dies aus Gründen der Erziehung geboten ist (§ 62 RJGG)

D. Die strafrechtlichen Reformarbeiten

In den Vorarbeiten für eine Strafrechtsreform wird in verschiedener Weise versucht, das System der Aussetzung auf Wohlverhalten zu verbessern.

1. Im amtlichen Entwurf des Einführungsgesetzes zum Allgemeinen Strafgesetzbuch und zum Strafvollzugsgesetz aus dem Jahre 1930 ist

die Möglichkeit bedingter Aufschiebung der Anklageerhebung und bedingten Aufschubs des gerichtlichen Strafverfahrens vorgesehen. Nach diesem Entwurf kann die Staatsanwaltschaft in denjenigen Vergehensfällen, in denen sie aus Opportunitätsgründen von Erhebung der Anklage absehen kann, die Entscheidung bis zur Dauer eines Jahres widerruflich aussetzen, wenn der Führung des Beschuldigten während dieser Zeit Bedeutung für die Entscheidung zukommt. Die Staatsanwaltschaft soll hierüber ohne richterliche Zustimmung in denjenigen besonders leichten Fällen entscheiden können, in denen schon nach den Vorschriften des materiellen Strafrechts ein Absehen von Strafe möglich wäre; in allen anderen Fällen soll sie der Zustimmung des Amtsrichters bedürfen (Art. 70 Nr. 88). Unter den gleichen Voraussetzungen, unter denen vor der Anklage die Staatsanwaltschaft das Verfahren einstellen kann, soll nach der Anklage das Gericht bis zum Beginn der Hauptverhandlung das Verfahren einstellen dürfen. Auch hier kann die Entscheidung bis zur Dauer eines Jahres widerruflich ausgesetzt werden. Das Gericht bedarf aber zur widerruflichen Aussetzung in allen Fällen der Zustimmung der Staatsanwaltschaft (Art. 70 Nr. 88).

2. Die Frage, ob ein bedingter Aufschub des Urteilsspruchs gewährt werden soll, ist in den deutschen Entwürfen verschieden behandelt worden.

a) Der Entwurf eines allgemeinen deutschen Strafgesetzbuchs von 1927 hat einen bedingten Straferlaß vorgesehen. Bei der Verurteilung zu Gefängnis- oder Einschließungsstrafen bis zu sechs Monaten oder Geldstrafen kann das Gericht anordnen, daß die Strafe nicht vollstreckt wird, wenn sich der Verurteilte während einer Probezeit gut führt (§ 40 des Entwurfs). Dieser Entwurf sieht den bedingten Straferlaß als eine Maßnahme der Strafbemessung an. Er weist daher die Entscheidung darüber, ob eine Strafe bedingt erlassen werden soll, dem erkennenden Gericht zu. Für die bedingte Strafaussetzung als ständiger Verwaltungseinrichtung sollte daneben kein Raum mehr sein.

Nach dem Entwurf von 1927 tritt der Straferlaß ein, wenn sich der Verurteilte während einer auf 2 bis 5 Jahre festzusetzenden Probezeit gut führt. Erfüllt der Verurteilte die in ihn gesetzten Hoffnungen nicht, so kann das Gericht, und zwar regelmäßig nur bis zum Ablauf der Probezeit, die Vollstreckung der Strafe anordnen; geschieht dies nicht, dann gilt die Strafe als mit dem Ablauf der Probezeit erlassen (§§ 44, 45 des Entwurfs).

b) Der Entwurf eines StGB von 1936 wollte das englisch-amerikanische System mit einer gewissen Modifikation als Verwarnung mit Strafvorbehalt übernehmen[9]. Nach vollständig durchgeführter Haupt-

[9] Hierüber *Grau* in: *Gürtner*, Das kommende deutsche Strafrecht, Allg. Teil (2. Aufl. 1935) 189.

verhandlung sollte der Angeklagte unter Verkündung des Schuldspruchs nur verwarnt werden. Das Gericht sollte sich aber vorher nicht nur über die Schuldfrage, sondern sogleich auch über die Strafe schlüssig werden. Bei der Verkündung des Schuldspruchs soll die Probezeit festgesetzt werden, bis zu deren Ablauf die Verurteilung zu der verwirkten, aber nicht verkündeten Strafe ausgesetzt wird. Die Bemessung der verwirkten Strafe soll in dem schriftlichen Urteil begründet werden. Mit dieser Lösung wollte man die Schwierigkeiten vermeiden, die bei dem reinen englisch-amerikanischen System aus der nachträglichen Straffestsetzung entstehen können.

E. Praktische Bedeutung hat in Deutschland zur Zeit nur die bedingte Strafaussetzung nach Erlaß des Urteils. An der gegenwärtigen Regelung ist vor allem unbefriedigend, daß nicht der Richter die Möglichkeit hat, über die bedingte Strafaussetzung bei der Urteilsfällung zu entscheiden, sondern daß diese Befugnis den Gnadenbehörden nach der Fällung des Urteils übertragen ist. Eine Änderung dieses Zustandes wird mit Recht aus grundsätzlichen und aus praktischen Gründen erstrebt[10]. Besonders unbefriedigend ist es, daß auch der Jugendrichter nicht zugleich mit der Urteilsfällung eine bedingte Strafaussetzung anordnen kann; dadurch ist diesem eine wichtige erzieherische Möglichkeit genommen.

[10] In dieser Richtung z. B. wieder *Breithaupt*, SJZ 1948, 375.

DER STRAFRECHTLICHE SCHUTZ DES BERUFSGEHEIMNISSES IM DEUTSCHEN RECHT

Von Dr. Gotthold Bohne
ord. Professor an der Universität Köln

und Dr. Walter Sax
Landgerichtsrat, wiss. Assistent am Kriminalwissenschaftl. Institut a. d. Universität Köln

Aus der unübersehbaren *Literatur* seien als grundlegend hervorgehoben: *Sauter*, Das Berufsgeheimnis und sein strafrechtlicher Schutz: Strafrechtl. Abhandl. Heft 123 (1910) — *Schumacher*, Das ärztliche Berufsgeheimnis nach § 300 RStGB (1931) — *Eb. Schmidt*, Der Arzt im Strafrecht (1939). — Die genannten Werke geben eine umfassende Literaturübersicht. Einzelnes Schrifttum ist im folgenden angeführt.

I

1. Ebensowenig wie fremde Rechte kennt das deutsche Strafrecht einen Schutz *des* Geheimnisses schlechthin. Nur bestimmte Angriffe gegen die Geheimnissphäre stellt es unter Strafe, die sich zum Zwecke einer Übersicht nach zwei, einander z. T. allerdings überschneidenden Gesichtspunkten abgrenzen lassen: einmal nach dem *Inhalt* des Geoffenbarten: Verrat eines Geschäfts- oder Betriebsgeheimnisses, des Briefgeheimnisses und — früher[1] — eines Staatsgeheimnisses; zum anderen nach der *Person* des Offenbarenden: Verletzung des Amtspersonen oder sonst dienstlich zugänglich gewordenen Geheimnisses (Amtsgeheimnis) oder Offenbarung des Angehörigen bestimmter Privatberufe bei deren Ausübung anvertrauten Geheimnisses. Nur letzteres, Verletzung des *Berufsgeheimnisses*, ist Gegenstand dieser Darstellung.

2. Einer Rechtsordnung steht bei der Frage des strafrechtlichen Schutzes des Berufsgeheimnisses ein weiter Rahmen von Lösungsmöglichkeiten zur Verfügung. Eine kurze Andeutung dieses Rahmens unter Hinweis auf den Standort fremder Rechte läßt die Entscheidung des deutschen Rechts auf dem Hintergrunde eines größeren Zusammenhanges plastisch hervortreten. Der Rahmen reicht von der Möglichkeit, die Verletzung eines Berufsgeheimnisses straflos zu lassen, bis zu einer Regelung, die seine Verletzung ausnahmslos, ohne Rechtfertigungsmöglichkeit für den Offenbarenden, unter Strafe stellt. Ersteres ist der

[1] Die Hoch- und Landesverratsbestimmungen des deutschen Strafrechts (§§ 80ff. StGB) sind durch KRGes. Nr. 11 v. 30. 1. 46 aufgehoben worden.

Standpunkt z. B. der Regelung in England, Griechenland, Norwegen und in Sowjet-Rußland; letzteres, der *absolute* Schutz des Berufsgeheimnisses, ist das System des französischen Rechts (Art. 378 Code pénal)[2] und der von ihm beeinflußten Rechte[3], sowie des österreichischen Rechts, soweit die Offenbarung nicht der „amtlich anfragenden Behörde" gegenüber erfolgt (§§ 498, 499 ö.StGB von 1852). Dabei grenzt das österreichische Recht den Täterkreis fest ab, während Art. 378 Code pénal ihn unbestimmt läßt. In beiden Rechten ist der Geheimnisbruch, dem absoluten Schutzcharakter der Strafbestimmungen entsprechend, Offizialdelikt. *Innerhalb* des so abgegrenzten Rahmens bemühen sich andere Rechtsordnungen um eine Regelung, die dem Offenbarenden die Möglichkeit einer Berufung auf gesetzliche oder übergesetzliche Rechtfertigungsgründe für sein Tun offen läßt (*relativer* Schutz des Berufsgeheimnisses). Auch hier wird der Täterkreis entweder unbestimmt gelassen, wie in Art. 254 Poln. StGB von 1932 und in Art. 622 Ital. StGB von 1930 (das aber in dem Erfordernis einer aus der Tat folgenden Schadensmöglichkeit ein Begrenzungselement einfügt), oder aber fest abgegrenzt, wie u. a. im schweizerischen (Art. 321 schw. StGB von 1937) und im deutschen Recht. In diesen Rechten ist die Verletzung des Berufsgeheimnisses, da es nur relativ geschützt wird, Antragsdelikt.

3. Die maßgebliche Vorschrift des deutschen Rechts, § 300 StGB, bestimmt:

> Rechtsanwälte, Notare, Verteidiger in Strafsachen, Ärzte, Wundärzte, Hebammen, Apotheker, sowie die Gehilfen dieser Personen werden, wenn sie unbefugt Privatgeheimnisse offenbaren, die ihnen kraft ihres Amtes, Standes oder Gewerbes anvertraut sind, mit Geldstrafe oder mit Gefängnis bis zu drei Monaten bestraft. Die Verfolgung tritt nur auf Antrag ein.

Aus dem Bereich des § 300 herausgenommen und einer Sonderbehandlung mit erhöhter Strafandrohung unterworfen wurden die *Ärzte* (und Wundärzte) durch § 13 Reichsärzteordnung vom 13. 12. 1935 (RGBl I 1433) — im folgenden „RÄO" abgekürzt — und die *Apotheker* durch § 24 Reichsapothekerordnung vom 18. 4. 1937 (RGBl I 457). § 13 RÄO, dem § 24 Reichsapothekerordnung für die Apotheker, ihre pharmazeutischen Mitarbeiter, sowie die zur Berufsvorbereitung oder sonst in der Apotheke Tätigen entspricht, lautet:

> Ein Arzt, der unbefugt ein fremdes Geheimnis offenbart, das ihm bei Ausübung seines Berufes anvertraut oder zugänglich geworden ist, wird mit Gefängnis bis zu einem Jahr und Geldstrafe oder einer dieser Strafen bestraft.
>
> Dem Arzt stehen seine berufsmäßig tätigen Gehilfen und die Personen gleich, die zur Vorbereitung auf den Beruf an der berufsmäßigen

---

[2] Auch in Art. 420 des Entwurfs zu einem neuen Code pénal; vgl. *Donnedieu de Vabres*, Ztschr. f. Strafrechtswiss. 55 (1936) 382f.

[3] Vgl. *Schumacher* 24.

Tätigkeit teilnehmen. Ebenso wird bestraft, wer nach dem Tode des zur Wahrung des fremden Geheimnisses nach Abs. 1 Verpflichteten das von dem Verstorbenen oder aus dessen Nachlaß erlangte Geheimnis unbefugt veröffentlicht.

Der Täter ist straffrei, wenn er ein solches Geheimnis zur Erfüllung einer Rechtspflicht oder sittlichen Pflicht oder sonst zu einem nach gesundem Volksempfinden berechtigten Zweck offenbart und wenn das bedrohte Rechtsgut überwiegt.

Die Tat wird nur auf Antrag des Verletzten verfolgt. (Anm.: ist 4. Absatz von § 13 RÄO!)

Dem § 13 RÄO entsprechende Regelungen[4] enthalten: § 19 Krankenpflegeverordnung vom 28. 9. 1938 (RGBl I 1310) für Krankenschwestern, Krankenpfleger und Personen in Ausbildung auf den Krankenpflegeberuf; § 20 Säuglings- und Kinderpflegeverordnung vom 15. 11. 1939 (RGBl I 2239) für Säuglingspflege-, Kinder- und Lernschwestern; § 30 Verordnung vom 17. 2. 1940 (RGBl I 371) für medizinisch-technische Gehilfinnen und Assistentinnen, sowie die in Vorbereitung auf diese Berufe Stehenden; endlich § 6 Verordnung vom 7. 2. 1943 (RGBl I 87) für Wochenpflegerinnen.

Alle diese nach 1933 erlassenen Bestimmungen gelten auch heute noch, da sie weder allgemein aufgehoben sind, noch irgendwie typisch nationalsozialistischen Geist verkörpern[5]. Nur Bayern hat die Reichsärzteordnung durch eigenes Ärztegesetz vom 25. 5. 1946 (Bayr. GVBl 1946, 193) ersetzt, das in Art. 34 Ziff. 4 lediglich die Regelung des ersten Absatzes von § 13 RÄO übernimmt.

II

1. Bereits ein flüchtiger Vergleich der beiden wörtlich wiedergegebenen Gesetzesbestimmungen, eine Gegenüberstellung des knappen „unbefugt" in § 300 StGB und der weitgehenden Regelung des § 13 III RÄO, läßt das Hauptproblem deutlich hervortreten, vor dem alle das Berufsgeheimnis nur relativ schützenden Rechtsordnungen stehen: die Bestimmung der Grenze zwischen gerechtfertigter und unzulässiger, also strafbarer Geheimnisoffenbarung. § 13 III RÄO und die an ihn anschließenden Bestimmungen sind das Ergebnis einer langen, heiß umkämpften Entwicklung, die die Wissenschaft und die Praxis sowohl der Gerichte als auch der Strafrechtskommissionen in ihrer Strafrechtsreformarbeit in außergewöhnlichem Maße beansprucht hat. Diese Entwicklung ist gekennzeichnet durch das Spannungsverhältnis, das das Begriffspaar „formelle — materielle Rechtswidrigkeit" zum Ausdruck bringt. Sie vollzieht sich m. a. W. innerhalb des größeren Rahmens der Entwicklung des allgemein-dogmatischen Rechtswidrigkeitsbegriffes.

[4] S. auch bereits § 10 d. Ges. zur Bekämpfung der Geschlechtskrankheiten v. 18. 2. 27 (RGBl I 61), der aber, da in den Bereich des Amtsgeheimnisschutzes hineinragend, hier nicht behandelt werden soll.

[5] S. dazu weiter unten.

Ja, die dringende praktische Notwendigkeit, im Bereiche des Berufsgeheimnisschutzes die Forderung nach grundsätzlicher Geheimniswahrung mit der anderen nach Offenbarung des Geheimnisses in bestimmten Fällen in gerechten Einklang zu bringen, ist geradezu einer der Prüfsteine der zum Durchbruch drängenden materiellen Rechtswidrigkeitsauffassungen in ihren verschiedenen Abwandlungen geworden. Eine erschöpfende Darstellung der Entwicklung vom „unbefugt" des § 300 StGB zur Regelung des § 13 RÄO hätte daher die Entwicklung des Begriffes der Rechtswidrigkeit mitzuberücksichtigen und damit ein unübersehbares Schrifttum und eine Unzahl von Theorien zu verarbeiten. Dies kann in der vorliegenden kurzen Untersuchung nicht geschehen. Sie beschränkt sich vielmehr auf eine knappe Skizzierung der einzelnen Entwicklungsstufen unter gelegentlicher Andeutung des allgemein-dogmatischen Hintergrundes. Diese Entwicklungsübersicht ist andererseits nicht entbehrlich, da sie allein die Problematik hinreichend verdeutlicht, vor der die deutsche Rechtslehre und Rechtspraxis bei der Auslegung des § 300 StGB standen, und da sie allein die Regelung des § 13 RÄO verständlich macht.

Die eigentliche Diskussion um das Problem der „unbefugten" Geheimnisoffenbarung setzt um die Jahrhundertwende ein. Gegenüber der unbefangenen formalen Auffassung, die das „unbefugt" gleichsetzt mit „nicht durch das Gesetz geboten oder gestattet", machen sich schüchterne und dogmatisch ungelenke Versuche geltend, dem dringenden Bedürfnis nach Rechtfertigung einer Geheimnisoffenbarung in Fällen Rechnung zu tragen, in denen das Gesetz sie weder gebietet noch direkt gestattet, aber von einem höheren Gesichtspunkt aus Offenbarung zu erfordern ist. Diese Versuche rufen die Verteidiger der formalen Auffassung auf den Plan, die die Blößen in der Argumentation der materiellen Ansicht aufdecken und ihre Verfechter zu neuen Anstrengungen bei der systematisch-dogmatischen Fundierung ihres materiellen Prinzips zwingen.

Noch 1898 konnten die Versuche, die berechtigten Forderungen nach Berücksichtigung höherer Interessen vor allem an ärztlicher Offenbarung anvertrauter Geheimnisse als mit § 300 StGB vereinbar zu erweisen, kurz als Gesetzesumgehung abgetan werden. Im Bestreben, die „bedauerlichen" Folgen des Gesetzes zu vermeiden, hätten sie geradezu eine Verdunkelung seiner Reformbedürftigkeit zur Folge[6]. In der Tat waren diese Versuche ungeschickt und anfechtbar. Nahm man doch zur Erläuterung des „unbefugt" sogar zu den deutschen Wörterbüchern Zuflucht und suchte in philologischer Beweisführung darzutun, daß „unbefugt" nicht dem „unberechtigt" gleichzusetzen, sondern als Verneinung von „befugt" aufzufassen sei, daß aber „Be-

[6] So *Hippe*, GoltdArchiv 16 (1898) 294.

fugnis" eine über die vom Recht verliehene Berechtigung hinausgehende, vom gesellschaftlichen Leben, der Sitte erteilte Erlaubnis darstelle[7]. Es fehlte diesen tastenden ersten Schritten fester systematischer Untergrund. Ihn gewann man erst, als sich, entgegen einer Mindermeinung[8], die Erkenntnis allgemein durchsetzte, daß „unbefugt" dem „rechtswidrig" gleichzusetzen ist, und daß sich die Rechtswidrigkeit nicht in einer formalen Gesetzwidrigkeit erschöpft. Den ersten Versuch systematischer Erfassung des Problems auf dieser Grundlage unternahm *Graf zu Dohna* im Rahmen einer dem allgemeinen Rechtswidrigkeitsproblem gewidmeten Abhandlung[9]. Seine Maxime „rechtes Mittel zum rechten Zweck", die vor und unabhängig von jeder Verbotsnorm über die Rechtmäßig- oder Rechtswidrigkeit rechtlich erheblichen Handelns entscheiden soll, gibt ihm den Maßstab für die Entscheidung auch der Frage, ob eine Geheimnisoffenbarung rechtmäßig ist oder nicht. Erfolge sie — unter Berücksichtigung der widerstreitenden Interessen der Parteien an Geheimhaltung einerseits und an Offenbarung auf der anderen Seite — als das angemessene Mittel zu einem, von den Bedürfnissen des Gemeinschaftslebens aus gesehen, angemessenen Zweck, so sei sie rechtmäßig, andernfalls rechtswidrig. Damit gelingt *Dohna* zwar eine Lösung des Problems aus dem Bereich enger positivistischer Behandlung und flacher philologischer Deutung; er treibt diese Lösung aber, wie seine Kritiker sogleich betonten, zu weit vor, da seine Auffassung von der Präexistenz der Rechtswidrigkeit vor der Verbotsnorm erstere nicht nur von einem außerrechtlichen Wertungsmaßstab abhängig macht, sondern völlig vom Recht isoliert, daher die Möglichkeit gesetzlich verbotenen rechtmäßigen Handelns theoretisch zuläßt und somit den Richter damit belastet zu entscheiden, ob ein tatbestandsmäßig-gesetzwidriges Handeln auch, an seiner eigenen Auffassung von der Idee des richtigen Rechts gemessen, unrichtig ist. Andererseits ist seine formale Maxime „rechtes Mittel zum rechten Zweck" zu allgemein gehalten, da sie im Grunde nur eine tautologische Umschreibung von „rechtmäßig" darstellt, die der praktischen Rechtsanwendung keine Handhabe gibt, zwischen Rechtem und Unrichtigem zu unterscheiden. Die Auffassung *Dohnas* erfuhr daher allgemein Ablehnung. Im Bereiche des § 300 StGB waren es vor allem *Finger*[10] und *Sauter*[11], die sie als ungeeignet zur Lösung erwiesen, da sie die Grenze von Recht und Moral verwische und dem Richter Aufgaben zuweise, die dem Gesetzgeber, nicht dem Aus-

[7] *Mittermeier*, Ztschr. f. Strafrechtswiss. 21 (1901) 221; ähnlich *Groß*, Arch. f. Kriminalanthrop. u. Kriminalistik 13 (1902) 243.

[8] *Binding*, Lehrb. d. gem. dt. Strafrechts, Bes. Teil I 2 (1902) 128 Anm. 2.

[9] Die Rechtswidrigkeit als allgemeingültiges Merkmal im Tatbestande strafbarer Handlungen (1905) 110 ff.

[10] Vgl. Darstellung d. dt. u. ausl. Strafrechts, Bes. Teil VIII (1906) 345 ff.

[11] a. a. O.

leger zukämen[12]. Beide sehen sich veranlaßt, auf die sichere Methode einer gesetzespositivistischen Auslegung des § 300 zurückzugreifen[13] und eine Geheimnisoffenbarung nur dann als gerechtfertigt anzusehen, wenn das Gesetz oder „ein sonstiges Gebiet der Rechtsordnung"[14] sie gebietet (z. B. § 139 StGB: Anzeigepflicht bei Kenntnis vom Vorhaben gewisser schwerer Verbrechen) oder gestattet (z. B. Notrecht oder Zeugnispflicht, dazu unten).

Das Dilemma, auf strafrechtseigenem Gebiet ein Prinzip zu finden, das — dogmatisch einwandfrei — die Berücksichtigung des häufigen Bedürfnisses nach Geheimnisoffenbarung trotz entgegenstehenden Willens des Anvertrauenden zuläßt, veranlaßte *W. Jellineck*[15], mit seiner Theorie vom unsittlichen Vertrag seine Zuflucht zum Zivilrecht zu nehmen. Er konstruierte einen selbständigen Geheimhaltungsvertrag des Offenbarenden mit dem, dem er das Geheimnis anvertraut. Dieser zivilrechtliche Vertrag sei aber insbesondere dann nichtig, schließe also eine Schweigepflicht und damit Strafbarkeit der Geheimnisoffenbarung aus, wenn er sittenwidrig sei, d. h. wenn die Auferlegung einer Pflicht zum Schweigen aus Gründen, die Offenbarung des Geheimnisses erforderten, wider das Anstandsgefühl aller billig und gerecht Denkenden verstoße. Ganz abgesehen von der dogmatischen Unhaltbarkeit dieser gekünstelten Konstruktion eines zivilrechtlichen Geheimhaltungsvertrages im Bereiche des § 300 StGB, die gemeinhin den Grund für die Ablehnung von *Jellinecks* Auffassung bildete[16], bedeutet sie weniger eine Lösung als eine Verschiebung des Problems. In der zivilistischen Verbrämung brachte sie es auf die Ebene des Bekannten und Vertrauten, ohne aber damit die Auslegungsschwierigkeiten (*wann* ist die Auferlegung einer Schweigepflicht als sittenwidrig anzusehen?) irgendwie zu mildern.

Der Fehlschlag der bisherigen Lösungsversuche hatte zunächst eine weitverbreitete Resignation zur Folge, die einer gesetzespositivistischen Auslegung des § 300 StGB entgegenkam. Sie wurde gefördert durch eine viel umstrittene Entscheidung des Reichsgerichts von 1905[17], in der es mit einer rechtlich fadenscheinigen und ungelenken Begründung eine aus sittlichen Gründen zweifellos gebotene Geheimnispreisgabe durch einen Arzt zu rechtfertigen versuchte. Es erkannte, daß sich der Arzt in einer Pflichtenkollision befunden hatte, verlegte sie aber in die Sphäre des gesetzten Rechts, indem es der reichsrechtlich normierten

[12] *Finger* 369, *Sauter* 230f.

[13] *Finger* 362ff., *Sauter* 231, 258ff.

[14] *Sauter* 231.

[15] Der Umfang der Verschwiegenheitspflicht des Arztes und Anwalts: Monatsschr. f. Krim.-Psych. u. Strafrechtsreform, 3 (1906/7) 656ff.

[16] S. *Heiner*, Der Begriff des Unbefugten, Köln. Diss. (1933) 21 mit Nachweisen.

[17] RGSt 38/62ff.

Schweigepflicht des Arztes eine durch landesrechtliches Gesetz betr. ärztliche Ehrengerichte angeblich auferlegte Pflicht zur Geheimnispreisgabe gegenüberstellte und aus letzterer eine Befugnis zur Offenbarung ableitete, ohne auf das Verhältnis von spezieller reichsrechtlicher zu allgemeiner landesrechtlicher Form einzugehen. Diese Entscheidung, die durch Einkleidung ihrer Argumentation zur Rechtfertigung einer sittlich gebotenen Geheimnisoffenbarung in ein völlig unzureichendes positivistisches Gewand deren Blößen mehr enthüllte als verdeckte, verstärkte zunächst nur den Abwehrwillen derer, die den Schutz des Berufsgeheimnisses vor einer völligen Aushöhlung auf einem solchen Wege gewahrt wissen wollten und sich resigniert auf die formelle Rechtswidrigkeitsauffassung zurückgezogen hatten[18]. Noch 1909 zeigte sich diese Resignation in den Arbeiten zur Strafrechtsreform. Der Vorentwurf 1909 nahm von den bisherigen Bemühungen um eine Verdeutlichung und materielle Inhaltsbestimmung des „unbefugt" in § 300 StGB keine Notiz und wollte es mangels „jeden zuverlässigen Maßstabes" für die Normierung einer rechtmäßigen Offenbarung bei der Ausdrucksweise des Strafgesetzbuches belassen[19]. Trotzdem verstummte die Forderung nach rechtlicher Anerkennung einer sittlich gerechtfertigten Geheimnisoffenbarung nicht. *Kahl*[20] bezeichnete sie geradezu als eine solche des „sittlichen Naturrechts". Schon der Gegenentwurf 1911 nahm sich ihrer an und versuchte, eine Norm für gerechtfertigte Geheimnisoffenbarung aufzustellen, die zwar erheblich zu weit ging[21], die aber doch zeigte, daß man von der Problematik offizielle Kenntnis genommen hatte. Der Abgrenzung zwischen strafbarer und strafloser Geheimnispreisgabe dienende Regelungen sind daher Bestandteil aller nachfolgenden Entwürfe von 1913, 1919, 1925, 1927, 1930. Sie spiegeln in ihren jeweils vervollkommneten Abwandlungen im Bereiche eines strafrechtlichen Einzelgebietes die Versuche der Wissenschaft um eine Materialisierung des Rechtswidrigkeitsbegriffes wider. Eine Darstellung und Entwicklung dieser Versuche, von einem „externen Standpunkt" aus die „Realdefinition der Rechtswidrigkeit"[22] zu gewinnen (Gesellschaftswidrigkeit [*v. Liszt*], Unvereinbarkeit mit einem Wertstreben, das den Zwecken der staatlichen Lebensgemeinschaft entspricht [*Sauer*], Verstoß gegen die das Recht beherrschenden Kulturnormen [*M. E. Mayer*], Widerstreit gegen das „Endziel allen Rechts": das „kompossible

[18] Vgl. vor allem die Kritik des Reichsgerichtsurteils durch *Finger* 364 Anm. 1. Über die Bedeutung, die die Entscheidung dennoch für die Strafrechtsreformarbeit gewann, s. *Schmidt* 5 ff.

[19] Begründung zum Vorentwurf zu einem Deutschen Strafgesetzbuch 1909, 730.

[20] Ztschr. f. Strafrechtswiss. 29 (1909) 359.

[21] Zur Entwicklung des Problems in den Entwürfen vgl. im einzelnen *Schmidt* 5 ff.

[22] *M. E. Mayer*, Der allg. Teil d. dt. Strafrechts (1923) 179.

Maximum der Interessenbefriedigung" [*Mezger*] usw.), kann hier nicht erfolgen, ebensowenig ihre kritische Würdigung unter dem Gesichtspunkt, ob es ihnen gelang, für die Abgrenzung des Rechts vom Unrecht einen dem Recht insgesamt immanenten Wertmaßstab zu finden und ein Unterscheidungskriterium zu entwickeln, das sich nicht in einer tautologischen Nominaldefinition erschöpft[23].

Im Bereiche unseres Teilproblems hatten diese Versuche jedenfalls zur Folge, daß sich in den Jahren nach dem ersten Weltkrieg die Erkenntnis immer mehr durchsetzte, daß — abgesehen von einer gesetzlich ausdrücklich normierten Redepflicht und den allgemeinen Gründen der Rechtfertigung strafbaren Handelns — eine Geheimnisoffenbarung dann nicht rechtswidrig sein könne, wenn sie das *erforderliche* Mittel zur Sicherung und Erhaltung eines im Vergleich zum Interesse an Geheimhaltung *höherwertigen* Interesses darstellt. Im Entwurf 1927, und gleichlautend im Entwurf 1930, fand diese Erkenntnis in folgender Fassung Niederschlag: „Der Täter ist straffrei, wenn er ein solches Geheimnis (scil. ein bei Ausübung des Berufes anvertrautes oder sonst zugänglich gewordenes Privatgeheimnis) zur Wahrung eines berechtigten öffentlichen oder privaten Interesses offenbart, das nicht auf andere Weise gewahrt werden kann, und wenn das gefährdete Interesse überwiegt". In der Rechtsprechung des Reichsgerichts hatte sich zur gleichen Zeit (1927—1931) auf zwei anderen strafrechtlichen Teilgebieten, bei denen es um eine materiell-inhaltliche Unrechtsbestimmung und -abgrenzung ging, nämlich beim „übergesetzlichen Notstand" und dem Problem der „Wahrnehmung berechtigter Interessen" bei der Beleidigung (§ 193 StGB), dieser Grundsatz der *Pflichten- und Güterabwägung* durchgesetzt[24], an den für die Frage gerechtfertigter Geheimnisoffenbarung speziell schon eine zivilrechtliche Entscheidung aus dem Jahre 1903[25] und die bereits erwähnte strafrechtliche Entscheidung aus 1905[26] anklangen.

Diese gleichzeitige, dreifache Anerkennung des Prinzips der Pflichten- und Güterwägung, durch die Wissenschaft und die Strafrechtsreformarbeit im Bereiche des Berufsgeheimnisschutzrechts selbst und durch die Rechtsprechung des höchsten deutschen Gerichtshofes auf wesensgleichem Strafrechtsteilgebiet, erweist seine Überzeugungskraft. Gegen Ende der zwanziger Jahre bereits ist es daher herrschende Meinung[27],

---

[23] Hierzu neuerdings z. B. *Nagler*, Der Begriff der Rechtswidrigkeit: Festgabe für R. v. Frank (1930) I 339ff.

[24] RGSt 61/142; 62/35 für übergesetzlichen Notstand; RGSt 62/93; 63/92, 202; 65/333, 422 für Wahrnehmung berechtigter Interessen.

[25] RGZ 53/315.

[26] RGSt 38/62.

[27] Vgl. statt aller *Ebermayer-Lobe-Rosenberg*, RStGB, 3. Aufl. (1925) § 300 Anm. 7; *Frank*, Das Strafgesetzbuch, 18. Aufl. (1931) § 300 Anm. III 2 — beide mit Nachweisen.

daß im Bereiche des § 300 StGB dieses Prinzip — de lege lata — allein eine gerechte Abgrenzung rechtmäßiger Geheimnisoffenbarung von unbefugter in den Fällen gestatte, in denen weder eine Pflicht oder ein Recht zur Offenbarung ausdrücklich gesetzlich normiert ist, noch die allgemeinen Rechtfertigungsgründe eingreifen. Ausdrückliche Gesetzeskraft erlangt es schließlich durch § 13 RÄO und die an ihn anknüpfenden Regelungen für einen Lebensbereich, den der Heil- und Pflegetätigkeit, in dem der Widerstreit zwischen dem Interesse an Geheimhaltung eines geoffenbarten oder zugänglich gewordenen Privatgeheimnisses mit dem anderen an sittlich gerechtfertigter oder gar gebotener Offenbarung sich besonders häufig einstellt und zur Vermeidung tragischer Konflikte und schwerwiegender Schäden besonders dringlich einer Lösung bedarf.

§ 13 III RÄO knüpft ersichtlich an die Regelung der zu diesem Punkte miteinander übereinstimmenden Entwürfe 1927 und 1930 an. Zwar sprechen diese von einer Geheimnisoffenbarung „zur Wahrnehmung eines berechtigten öffentlichen oder privaten Interesses", während § 13 III RÄO eine Offenbarung „zur Erfüllung einer Rechtspflicht oder sittlichen Pflicht oder sonst zu einem nach gesunden Volksempfinden berechtigten Zweck" u. U. für straflos erklärt; in der Sache selbst aber besteht keine Abweichung. Gegenüber der farblosen Formel „öffentliches oder privates Interesse" versucht § 13 III RÄO nur eine nähere Konkretisierung: neben dem Offenbaren zur Erfüllung von Pflichten, die durch das gesetzte Recht selbst oder durch eine sittliche Auffassung vom Recht erfordert werden, steht ein solches zur Erfüllung aller sonstigen einer sittlichen Rechtsauffassung entsprechenden Zwecke. Insbesondere ist die Wendung „zu einem nach gesundem Volksempfinden berechtigten Zweck" nur eine Zusammenfassung aller über die vorerwähnten rechtlichen und sittlichen *Pflichten* hinausgehenden Gesichtspunkte (insbesondere der *Rechte* des Arztes), die nach materieller Rechtsauffassung eine Geheimnisoffenbarung zu rechtfertigen geeignet sind[28], in einer Wortfassung, die dem Gesetzessprachgebrauch zur Zeit des Gesetzeserlasses entspricht. Sie ist also nur eine Einkleidung des von Wissenschaft und Praxis vor 1933 erarbeiteten Rechtsprinzips in ein nationalsozialistisches Sprachgewand.

Eine Abweichung gegenüber den Entwürfen 1927 und 1930 scheint § 13 III RÄO aber insofern zu enthalten, als er nichts darüber bestimmt, daß die Offenbarung *erforderlich* gewesen sein muß. In der Tat ist ein Eingriff in ein gesetzlich normiertes Recht zur Bewährung sittlich-sozialer Forderungen nur dann erträglich, wenn er zum Schutze des höher zu bewertenden Rechtsgutes *erforderlich* ist, ein Gesichtspunkt, den das Reichsgericht bereits in seiner vorerwähnten Entscheidung

[28] Vgl. dazu *Bohne*, Die strafrechtlichen Bestimmungen der RÄO v. 15. XII. 1935: Dt. Medizin. Wochenschr. (1936) 940ff. (953), sowie *Schmidt* 52f.

von 1905 schüchtern anklingen ließ und der in den Entwürfen von 1913 bis 1930 ständig seine ausdrückliche Formulierung gefunden hatte. Er braucht aber nicht erst, wie *Schmidt* meint[29], in § 13 III RÄO „hineingelegt" zu werden; er befindet sich bereits in ihm. Soweit es sich um Rechtspflichten zur Offenbarung handelt, ist in den sie normierenden Gesetzesvorschriften Umfang und Adressat der gebotenen Offenbarung bestimmt. Eine sittliche Pflicht zur Offenbarung besteht aber nur und sie erfolgt nur dann zu einem „nach gesundem Volksempfinden" gerechtfertigten Zweck, wenn und soweit sie das Maß des Erforderlichen nicht überschreitet. Während also die farblose Wortfassung „öffentliches oder privates Interesse" in den Entwürfen eine ausdrückliche Normierung des Gesichtspunktes der Erforderlichkeit der Offenbarung nötig machte, ist er § 13 III RÄO wegen seiner konkreteren Formulierung *immanent*.

Somit ist der Kreis geschlossen: Das von Wissenschaft und Praxis erarbeitete Prinzip der Güter- und Pflichtenabwägung beherrschte nach überwiegender Ansicht bereits die Auslegung des „unbefugt" in § 300 StGB; in § 13 III RÄO und den an ihn anschließenden Bestimmungen ist es für einen besonders wichtigen Lebensbereich gesetzlich normiert worden, und diese gesetzliche Festlegung wirkt wieder auf die Auslegung des § 300 StGB, sie festigend, zurück. Dieses Prinzip ist in der Tat geeignet, die ständigen Konflikte zwischen dem Interesse an Geheimhaltung und dem an Offenbarung zur Sicherung auch nur sittlich schutzwürdiger Güter einer gerechten Lösung zuzuführen. Zwar bereitet es der Rechtsanwendung durch seine allgemeine Fassung im Einzelfall Schwierigkeiten. Aber Schwierigkeiten geben weitgefaßte Generalklauseln, die auch im Strafrecht unumgänglich sind, der Rechtspraxis stets auf. Zudem ist es gerade die allgemeine und weite Formulierung, die diesem Prinzip die Erfassung einer denkbar großen Zahl von Konfliktsfällen ermöglicht. Schließlich enthält es in den Gesichtspunkten der *Güterabwägung* und der *Erforderlichkeit* gerade des erfolgten Eingriffes zwei Elemente, die bei aller Schwierigkeit der genauen Bestimmung im Einzelfall eine *objektive Wertung* ermöglichen und die Lösung des einzelnen Konfliktfalles herausheben aus dem Bereich rein subjektiver Erwägungen und Abschätzungen, sei es des Richters, der die Konfliktslösung auf ihre Rechtmäßigkeit zu beurteilen hat, sei es desjenigen, der sich im Konflikt befindet.

Alle Mängel und Schwierigkeiten, die sich bei der praktischen Anwendung im Einzelfall trotzdem noch einstellen, haben letztlich ihren Grund in der Entscheidung des deutschen Rechts für einen nur *relativen Schutz* des Berufsgeheimnisses; sie ließen sich nur beseitigen durch die Normierung seines absoluten Schutzes. Damit wäre der Rechtssicherheit gedient, aber der Gerechtigkeit nicht geholfen.

---

[29] a. a. O. 46.

2. Daß bei Vorliegen eines der allgemeinen Rechtfertigungsgründe (Einwilligung, Notrecht) eine Geheimnisoffenbarung nicht unbefugt ist, wurde bereits erwähnt und ist selbstverständlich, gleichfalls, daß in zahlreichen Fällen, insbesondere des Gesundheitswesens[30] und zur Verbrechensverhütung[31], durch Gesetz eine Redepflicht auferlegt ist, vor der die grundsätzliche Pflicht zur Verschwiegenheit der §§ 300 StGB, 13 RÄO usw. zurückzutreten hat. Einer Erwähnung bedarf aber in diesem Zusammenhang das Verhältnis der Schweigepflicht zur öffentlichrechtlichen *Zeugnispflicht*, das infolge der von einander abweichenden und nicht auf § 300 StGB bzw. § 13 RÄO usw. abgestimmten Regelung des Zeugnisverweigerungsrechtes in Zivilprozeßordnung (ZPO) und Strafprozeßordnung (StPO) der Auslegung Schwierigkeiten bereitet hat.

Das deutsche Recht hat sich weder für einen absoluten Vorrang der Schweigepflicht vor der Zeugnispflicht entschieden, was die Anerkennung eines absoluten Schutzes des Berufsgeheimnisses vorausgesetzt hätte, noch hat es, wie frühere Rechtsordnungen[32], die Erfüllung der staatsbürgerlichen Pflicht der Zeugnisablegung für so grundlegend gehalten, daß die Schweigepflicht ihr gegenüber zurücktreten müsse. Es hat vielmehr, als Ausnahme von der grundsätzlichen Zeugnispflicht, dem von der gesetzlichen Schweigepflicht erfaßten Personenkreis ein Recht zur *Zeugnisverweigerung* gewährt in einem Umfange, der, den verschiedenen Zwecken von Zivilprozeß und Strafprozeß entsprechend, in ZPO und StPO verschieden ist. Nach § 383 I Ziff. 5 ZPO steht ein Zeugnisverweigerungsrecht, über den Personenkreis der strafrechtlichen Bestimmungen zum Berufsgeheimnisschutz hinausgehend, *allen* zur Verschwiegenheit verpflichteten Personen in bezug auf Tatsachen zu, die ihnen „kraft ihres Amtes, Standes oder Gewerbes" anvertraut sind. Dagegen können sich nach § 53 StPO nur Verteidiger des Beschuldigten in bezug auf das, was ihnen in dieser Eigenschaft anvertraut ist (Ziff. 2), sowie Rechtsanwälte und Ärzte hinsichtlich dessen auf ein Zeugnisverweigerungsrecht berufen, was ihnen bei Berufsausübung anvertraut worden ist (Ziff. 3). Alle genannten Personen sind aber zur Aussage verpflichtet, wenn sie von der Schweigepflicht entbunden worden sind (§ 385 II ZPO, § 53 II StPO). Die Gründe, die ihnen die Zeugnisverweigerung gestatten, berechtigen sie nach § 408 I S. 1 ZPO und § 76 I S. 1 StPO. auch zur Verweigerung eines Sachverständigengutachtens.

Nach dieser Regelung sind also in einem *Strafprozeß* alle in den §§ 300 StGB, 13 RÄO usw. genannten Personengruppen, mit Ausnahme der Verteidiger, Rechtsanwälte und Ärzte in bezug auf Tatsachen, die ihnen anvertraut sind, ohne Rücksicht auf ihre Schweigepflicht zur Zeugen-

[30] Vgl. die Zusammenstellung bei *Ebner*, Die Meldepflicht des Arztes: Dt. Ärzteblatt (1940) I 232ff.

[31] Vgl. z. B. den bereits erwähnten § 139 StGB.

[32] Siehe *Schmidt* 53.

aussage *verpflichtet.* Im Strafprozeß tritt also ihre Geheimhaltungspflicht hinter dem öffentlichen Interesse an Wahrheitsermittlung zurück. Die öffentlich-rechtliche Pflicht zur Zeugnisablegung als die gesetzlich höher bewertete *rechtfertigt* die Verletzung des privaten Geheimhaltungsinteresses. In einem *Zivilprozeß* dagegen steht es, ebenso wie im Falle der Verteidiger, Rechtsanwälte und Ärzte im Strafprozeß, im eigenen pflichtmäßigen Ermessen aller zur Verschwiegenheit Verpflichteten zu entscheiden, ob sie als Zeugen aussagen oder das Zeugnis verweigern wollen, vorbehaltlich nur einer Entbindung von der Schweigepflicht. Insoweit bestand von jeher Einigkeit. Darüberhinaus folgerte aber die lange herrschende Ansicht[33] aus der Gesetzesfassung „zur Verweigerung des Zeugnisses . . . *berechtigt*" ein *Recht* andererseits zur Aussage, so daß die durch die Zeugenaussage bewirkte Verletzung der Schweigepflicht nicht mehr „unbefugt" sein könne. Gegenüber dieser formalistischen Auffassung wiesen schon frühzeitig[34] zahlreiche Stimmen auf den Wesensunterschied von materiellem und prozessualem Recht hin, der wegen der Verschiedenheit der Zwecke, den beide verfolgen (Wertung des rechtlich erheblichen Verhaltens zur Bewährung des Rechtes einerseits — Verfahrensregelung zur Gewinnung eines Urteils andererseits), eine verschiedene Wertung der Handlungen der Prozeßbeteiligten bedinge[35]. Daher sei die Aussage eines zur Verschwiegenheit Verpflichteten, der von seinem Zeugnisverweigerungsrecht keinen Gebrauch mache, zwar *prozeßordnungsmäßig*, über ihre *Rechtmäßigkeit* entscheide aber allein das materielle Recht. Diese Auffassung hat sich durchgesetzt und ist heute herrschend[36]. Der Schweigepflichtige, dem ein Zeugnisverweigerungsrecht zur Seite steht, muß selbst entscheiden, ob er von diesem Recht Gebrauch macht, oder ob einer der besprochenen Gründe vorliegt, der seine Aussage zu einer rechtmäßigen macht. Diese Entscheidung kann ihm auch das Gericht nicht abnehmen, vor dem er als Zeuge steht. Eine Pflicht zur Belehrung über das Zeugnisverweigerungsrecht angesichts der Schweigepflicht besteht nach ausdrücklicher Gesetzesvorschrift nicht (§ 383 II ZPO, § 52 II StPO ist in § 53 StPO nicht wiederholt), und das Gericht hat sich zur Vermeidung einer prozeßordnungswidrigen Aussage jeder Einflußnahme auf die Entscheidung des Zeugen zu enthalten, die über eine Belehrung hinausgeht, daß er sich nach eigenem pflichtmäßigen Ermessen für oder wider seine Aussage entscheiden müsse[37].

---

[33] Nachweise bei *Löwe-Rosenberg*, StPO (19. Aufl. 1934) § 53 Anm. 18.

[34] Darstellung und Nachweise bei *Sauter* 250ff., der selbst nicht dazugehört.

[35] Vgl. die klare Darstellung bei *Schmidt* 54f.

[36] Nachweise bei *Schumacher* 86 Anm. 344; *Schönke*, StGB (4. Aufl. 1949) § 300 Anm. III. *A. A.* heute noch *Frank* § 300 Anm. III 2c, *Schwarz*, StGB (13. Aufl. 1949) § 300 Anm. 3 A d.

[37] Vgl. *Schmidt* 59ff. mit kritischer Würdigung der einschlägigen Rechtsprechung des Reichsgerichts.

Diese Regelung wird den Zeugen, der vor der Wahl: Zeugnisverweigerung oder Aussage steht, nicht selten in einen schwierigen Konflikt bringen. Aber sie ist die Konsequenz des relativen Geheimnisschutzes. Allein der Zeuge ist in dem Augenblick, wo die Konfliktssituation entsteht, im Besitze aller Tatsachen, die eine Wertabschätzung der einander widerstreitenden Interessen an Geheimhaltung und Offenbarung und eine Bestimmung der Erforderlichkeit von Art und Umfang einer als höherwertig erkannten Offenbarung zulassen. Jede schematische Behandlung, wie sie die früher herrschende Meinung für richtig hielt, würde den Berufsgeheimnisschutz in dem normalen Konfliktsbereich sozialen Zusammenlebens, dem Prozeß, wo er sich ganz besonders bewähren soll, praktisch beseitigen.

Die bereits von *Finger*[38] angeregte und neuerdings[39] wieder empfohlene Ausdehnung des § 172 Gerichtsverfassungsgesetz (Ausschluß der Öffentlichkeit bei Gefährdung der Sittlichkeit usw.) auch auf den Fall der Gefährdung eines Berufsgeheimnisses hätte zwar nicht zur Folge, daß der Zeuge in nichtöffentlicher Verhandlung der Pflicht zur Prüfung der Rechtmäßigkeit seiner Aussage enthoben wäre; denn auch die Bekundung einer geheimzuhaltenden Tatsache in einem Verfahren unter Ausschluß der Öffentlichkeit wäre Offenbarung eines anvertrauten Geheimnisses im Sinne der Strafbestimmungen. Eine solche Regelung würde aber, falls der Zeuge die Offenbarungspflicht pflichtgemäß höher einschätzt als die Schweigepflicht und daher aussagt, auf prozessualem Wege und mit prozessualen Mitteln das Prinzip der *Erforderlichkeit* gerade dieses Eingriffs in das Recht des Betroffenen auf Geheimhaltung verstärkt zur Geltung bringen und dem Berufsgeheimnis auch dort noch einen gewissen Schutz verleihen, wo es an sich einem höheren Interesse an Offenbarung weichen muß.

III

Die Abgrenzung unbefugter von rechtlich zulässiger Offenbarung anvertrauter Geheimnisse, die im vorangegangenen Abschnitt kurz skizziert wurde, ist das Zentralproblem des deutschen Berufsgeheimnisschutzrechtes. Ihm gegenüber verlieren die übrigen Elemente, die den strafrechtlichen Tatbestand des Geheimnisbruches ausmachen, an grundsätzlicher Bedeutung, obgleich auch sie der Rechtsauslegung erhebliche Schwierigkeiten gemacht haben und noch bereiten.

Dies gilt insbesondere vom Begriffe des *Privatgeheimnisses* selbst, weniger von den Tatbestandsmerkmalen des *Anvertrauens* und *Offenbarens*.

---

[38] a. a. O. 367.

[39] *Becker*, Um das ärztliche Berufsgeheimnis im Strafverfahren: Medizinische Welt (1942) 733ff.

1. Daß die Wortfassung „*Privat*geheimnis" in § 300 StGB zu eng ist und darunter nicht nur, wie früher vertreten wurde, Geheimnisse des Privatlebens, sondern alle Geheimnisse, auch die des öffentlichen Lebens, zu verstehen sind, die dem Schweigepflichtigen in der Privatsphäre seines Klienten zugänglich werden, ist heute unbestritten[40], zudem durch die Fassung „fremde Geheimnisse" in § 13 RÄO vom Gesetzgeber selbst klargestellt. Ebenso herrscht Klarheit darüber, daß nur *Tatsachen*, innere oder äußere, tauglicher Gegenstand eines Geheimnisses sein können, und daß nur die Offenbarung *wahrer* Tatsachen einen Geheimnisbruch darstellen kann.

Dagegen besteht über die Auslegung des Begriffes *Geheimnis* noch heute eine große Meinunsverschiedenheit. Sie beruht letztlich darauf, daß bereits in die Begriffsbestimmung eine *inhaltliche Abgrenzung* schutzwürdiger von nicht zu schützenden Geheimnissen hineinverlegt wird (dazu unten).

Nach natürlicher Auffassung ist Geheimnis eine Tatsache, die nur bestimmten Personen bekannt ist und nicht bekannt werden soll. Über das erste dieser beiden Elemente der Umschreibung herrscht grundsätzliche Übereinstimmung. Es steht im Gegensatz zu *Offenkundigkeit*, und eine Tatsache ist offenkundig, die die Sphäre des Alleinwissenden oder der zur Verschwiegenheit verbundenen gemeinsam Wissenden in einer Weise verlassen hat, die es nach praktischer Lebenserfahrung als unwahrscheinlich erscheinen läßt, daß sie sich noch innerhalb eines übersehbaren und feststellbaren Kreises zu ihrer weiteren Geheimhaltung Entschlossener befindet[41]. Es genüge also weder die *Möglichkeit der Kenntnisnahme* durch eine unbegrenzte Vielzahl, noch ist das *Bekanntsein* der Tatsache bei einem unbegrenzten Personenkreis erforderlich[42]. Eine klare Entscheidung, ob eine Tatsache noch geheim oder bereits offenkundig ist, wird sich jedoch stets nur an Hand der besonderen Umstände des Einzelfalles treffen lassen; jede Formel kann hierfür nur eine Richtlinie geben.

Das zweite Element der obigen Umschreibung des Geheimnisbegriffes, „Tatsache, die nicht bekannt werden soll", ist dagegen noch lebhaft umstritten. Wer entscheidet darüber: der *Wille* des Geheimnisträgers, *sein Interesse* oder das eines *vernünftigen, uninteressierten Dritten?* Alle Gesichtspunkte sind vertreten worden und haben zur Bildung von Theorien mit Anspruch auf ausschließliche Geltung geführt („Willenstheorie", „Interessentheorie"). Die *Willenstheorie*, die nach dem Zeugnis

---

[40] Vgl. *Bohne* 946.

[41] Vgl. im einzelnen *Schmidt* 26. Zu eng neuerdings RGSt 74/110 (1940), wonach es zur Bejahung eines Geheimnisses genügen soll, daß die Tatsache trotz Bekanntseins „an anderer Stelle noch unbekannt ist".

[42] Vgl. *Schmidt* 26.

von *Schmidt*[43] heute überwunden sein soll, hat zweifellos den richtigen Ausgangspunkt (dazu unten). Sie muß aber zur Konstruktion eines vermuteten Willens greifen in Fällen, wo dem Geheimnisträger selbst die Existenz des Geheimnisses nicht bekannt ist (schwere innere Erkrankung, von der der Patient selbst nichts weiß, usw.) oder wo er gestorben ist, ohne seinen Geheimhaltungswillen zu erklären[44]. Sie kann also ihre richtige Ausgangsgrundlage nur mittels einer Fiktion halten, die als Konstruktionselement immer suspekt ist. Dies vermeidet die *Interessentheorie*[45], die den Kreis der geheimzuhaltenden, nicht bekannten Tatsachen nach einem objektiven Interessengesichtspunkt bestimmen will. Soweit sie ihn aber als „vernünftiges, sachliches" Interesse definiert[46], belastet sie, wie eingangs angedeutet, die Begriffsbestimmung mit einer Wertung unter dem Gesichtspunkt der Schutzwürdigkeit des Geheimnisses. Auch ein unvernünftiges, unsachliches Interesse daran, daß eine nichtbekannte Tatsache nicht bekannt werde, begründet *dem Begriffe nach* ein Geheimnis. Ob Offenbarung eines solchen Geheimnisses allerdings strafbar ist, ist eine andere Frage, und sie beurteilt sich mangels anderer Rechtfertigungsgründe nach dem oben aufgezeigten Prinzip der Güter- und Interessenabwägung; hier allein, bei der Frage der *Rechtswidrigkeit* der Offenbarung, entscheidet der Gesichtspunkt der *Sachlichkeit* des Interesses an Geheimhaltung.

Auch *Schmidt*, der für die Feststellung des Interesses zunächst nicht den objektiven Gesichtspunkt der sachlichen Vernünftigkeit, sondern allein die *subjektive* Einstellung des Geheimnisträgers ausschlaggebend sein läßt, beschwert die Begriffsbestimmung unzulässigerweise mit einer Wertung, wenn er insofern Sachlichkeit des Interesses fordert, als sich das Interessiertsein an Nichtbekanntwerden nicht als „lächerliche Laune und bare Willkür" darstellen dürfe[47]. Daß die Rechtsordnung ein solches Interesse nicht schützen kann, ist selbstverständlich, hindert aber keineswegs, daß die Tatsache, an deren Nichtbekanntwerden der Geheimnisträger aus Laune oder Willkür interessiert ist, *begrifflich* für ihn ein Geheimnis darstellt. Denn „subjektives Interesse" ist die Wertschätzung, die der einzelne den Dingen und Ereignissen seines Lebensbereiches zuteil werden läßt, und sie wird erkenntlich zunächst aus seinem ausdrücklich oder konkludent erklärten *Willen*, mangels eines solchen aus den *besonderen Verhältnissen seiner individuellen Lebensgestaltung* insgesamt, und erst wenn beides für die Feststellung des subjektiven Interesses keine Anhaltspunkte gibt, kann es rückschließend aus der *üblichen Wertschätzung eines vernünftigen Dritten* in

---

[43] 23, dort auch Nachweise.
[44] Vgl. dazu *Schumacher* 33f.
[45] Nachweise bei *Schmidt* 23 Anm. 79.
[46] so *Frank* § 300 Anm. I 4.
[47] *Schmidt* 24, 29.

ähnlicher Lebenslage gefolgert werden. Demgemäß entscheidet für die Frage, welche Tatsachen nicht bekannt werden sollen, zunächst der irgendwie erklärte *Wille* des Betroffenen, sodann seine *spezielle Interessenrichtung*, die sich aus seiner in der Lebenshaltung manifestierten allgemeinen Werteschätzung folgern läßt, schließlich das Interesse, das ein *vernünftiger Mensch* in ähnlicher Lebenslage am Nichtbekanntwerden haben würde. Das bedeutet eine Kombination von Willens- und Interessentheorie, die den Willen des Geheimnisträgers als Ausgangspunkt nimmt, aber, anstatt einen Geheimhaltungswillen zu fingieren, dort sein erkennbares spezielles Interesse oder, mangels Erkennbarkeit eines solchen, das eines vernünftigen Dritten maßgeblich sein läßt, wo ein Wille nicht vorhanden oder nicht erklärt ist. *Geheimnisbruch* ist es daher auch, wenn eine Tatsache geoffenbart wird, deren Geheimhaltung, sei es durch erklärten Willen, sei es durch das spezielle subjektive Interesse des Geheimnisträgers, nur aus Laune oder Willkür gefordert wird. Seine *Rechtswidrigkeit* und damit Strafbarkeit scheidet aber, falls nicht bereits die allgemeinen Rechtfertigungsgründe eingreifen, deshalb aus, weil bei der dann erforderlichen *Güter-* und *Interessenabwägung* das sachlich anzuerkennende Interesse an Geheimhaltung einer *nur* aus Laune oder Willkür verheimlichten Tatsache gleich Null ist und die Frage nach der *Erforderlichkeit* des „Eingriffs", weil ein solcher nicht vorliegt, gar nicht erst entstehen kann.

Diese Auffassung vom Begriff des Geheimnisses kommt daher praktisch zu den gleichen Ergebnissen wie die geläuterte Interessentheorie, entlastet aber die Begriffsbestimmung von den, subtile Unterscheidungen erfordernden[48] Abgrenzungs- und Wertungsgesichtspunkten, indem sie sie dorthin verlegt, wo sie hingehören: in den Bereich der Rechtswidrigkeit der Offenbarung.

Sie entscheidet auch darüber, wer als *Geheimnisträger* anzusehen, also derjenige ist, der von der Schweigepflicht entbinden kann und zur Stellung des Strafantrages bei Geheimnisbruch berechtigt ist. Diese Frage kann, da mehr technisch im Einzelfall erheblich als von grundlegender Bedeutung, hier nur kurz angedeutet werden[49]. Geheimnisträger ist derjenige, dessen — ausdrücklich oder konkludent — erklärter Wille oder dessen subjektives bzw. aus der üblichen Einstellung eines vernünftigen Dritten zu folgerndes Interesse erkennen läßt, daß die anvertraute Tatsache nicht bekannt werden soll. Das wird in der Regel derjenige sein, der die Dienste des Schweigepflichtigen in Anspruch nimmt; daneben treten aber auch diejenigen, die mit ihm in Familien- oder sonstiger Lebensgemeinschaft stehen, sowie Außenstehende, deren Interessenbereich in die Privatsphäre des Dienstberechtigten hineinragt.

[48] Vgl. *Schumacher* 35—39.

[49] Im übrigen vgl. die ausführlichen Darstellungen bei *Schumacher* 40ff. und *Schmidt* 64ff.

Insbesondere hier, wo es um die Frage *formeller* Berechtigungen, zur Entbindung von der Schweigepflicht und zur Stellung des Strafantrags, geht, darf die Entscheidung nicht von dem *materiellen* Gesichtspunkt der Vernünftigkeit des Geheimhaltungswillens oder der Sachlichkeit des Geheimhaltungsinteresses abhängig gemacht werden. Zwar wird dadurch der Kreis der Geheimnisträger folgerichtig theoretisch weit gezogen; praktisch ergeben sich aber keine Schwierigkeiten: Der Schweigepflichtige braucht sich bei der Frage, wer ihn von der Schweigepflicht entbinden kann, nur an die ihm erkennbar sachlich an der Geheimhaltung Interessierten zu halten; unsachlich, d. h. nur aus Laune oder Willkür am Nichtbekanntwerden Interessierten gegenüber, deren Entbindungserklärung er nicht einholt, begeht er durch Offenbarung keinen *rechtswidrigen* Geheimnisbruch. Gegenüber ihm nicht erkennbar sachlich an Geheimhaltung Interessierten wird es stets am Vorsatz der Geheimnisverletzung fehlen und anerkanntermaßen ist nur ein *vorsätzlicher* Geheimnisbruch strafbar. Sodann: der Strafantrag jemandes, der nur aus Laune auf Geheimnisschutz besteht, wird die Ausnahme bilden; erfolgt er, so wird er sich bereits im vorbereitenden Verfahren erledigen lassen (Einstellung des Verfahrens wegen Geringfügigkeit), jedenfalls mangels Rechtswidrigkeit der Offenbarung nicht zur Bestrafung führen. Stellt schließlich jemand Strafantrag wegen Geheimnisbruches, der, dem Schweigepflichtigen nicht erkennbar, sachlich an Geheimhaltung interessiert ist, so wird ebenfalls zumindest der Mangel des Vorsatzes der Geheimnisverletzung eine Bestrafung ausschließen.

2. Wann ein Geheimnis als „kraft Amtes, Standes oder Gewerbes anvertraut" anzusehen ist, hat der Rechtsprechung und Rechtslehre bereits zu § 300 StGB, trotz dessen enger Wortfassung, keine Schwierigkeiten bereitet. Weder hat die Ausdrucksweise „*kraft* Amtes usw." zu der Auslegung veranlaßt, daß gerade die spezifische Berufsausübung *als solche* die Kenntnis vom Geheimnis vermittelt haben müsse, noch galten ihnen lediglich solche Geheimnisse als „*anvertraut*", die, der engen Gesetzesformulierung entsprechend, dem Schweigepflichtigen unter dem Siegel der Verschwiegenheit *mitgeteilt* wurden. Vielmehr waren bereits unter der Alleinherrschaft des § 300 StGB als „anvertraut" alle geheimzuhaltenden Tatsachen anzusehen, die dem Schweigepflichtigen bei Berufsausübung irgendwie *zugänglich* geworden waren, ob sie nun dem Geheimnisträger selbst bekannt waren oder nicht. Und als „*kraft* Amtes, Standes oder Gewerbe anvertraut" hatten sie dann zu gelten, wenn ein unmittelbarer innerer Zusammenhang zwischen Amts- usw. ausübung und Kenntnisnahme bestand, also erstere nicht nur die äußere Gelegenheit zu einer Kenntnisnahme bot, die auch jedem anderen offengestanden hätte. Diese Auslegung des § 300 StGB[50]

[50] Nachweise bei *Schmidt* 32 Anm. 106.

haben § 13 RÄO und die an ihn anschließenden Regelungen für das Berufsgeheimnis im Bereiche der Heil- und Pflegetätigkeit durch die Fassung „*bei* Ausübung seines Berufes anvertraut *oder zugänglich geworden*" gesetzlich bestätigt und sie, auf § 300 StGB zurückwirkend, gefestigt.

Jedoch bedingt die innere Voraussetzung eines *Vertrauensverhältnisses* zwischen dem Geheimnisträger und dem Schweigepflichtigen, die den Bestimmungen über den strafrechtlichen Schutz des Berufsgeheimnisses zugrunde liegt, eine Einschränkung des gefundenen Ergebnisses: fehlt dieses Vertrauensverhältnis, wird also eine der in § 300 StGB usw. genannten Personen nicht unmittelbar im Interesse des Geheimnisträgers tätig, sondern z. B. auf Grund behördlichen Auftrages (als Gerichtssachverständiger) oder als Amtsperson (als Amtsarzt usw.), so sind ihr zugänglich werdende Geheimnisse insoweit nicht anvertraut, als sie durch die im Rahmen des Auftrages oder des amtlichen Zweckes durchgeführte Untersuchung ihr bekannt werden. Insoweit trifft sie eine Schweigepflicht nur gegenüber außenstehenden Dritten, nicht gegenüber der beauftragenden oder anstellenden Behörde. Aber auch in einem solchen Falle sind diejenigen Geheimnisse „anvertraut", besteht also eine Schweigepflicht auch gegenüber der Behörde, die dem Untersuchenden nicht *durch* die Untersuchung selbst, sondern nur *bei ihrer Gelegenheit*, etwa durch freiwillige Mitteilung des Geheimnisträgers selbst, zugänglich werden[51].

3. Ebenso wie zur Feststellung der „Offenkundigkeit" einer Tatsache (s. o.) läßt sich auch für die Auslegung des weiteren Tatbestandselementes der *Offenbarung* anvertrauter Geheimnisse nur eine allgemeine Richtlinie geben, die der Konkretisierung an Hand der besonderen Umstände des Einzelfalles bedarf. Über diese Richtlinie aber herrscht in Rechtspraxis und Rechtslehre im wesentlichen Einverständnis[52]. Da das Gesetz (abgesehen von dem Sonderfall des § 13 II S. 2 RÄO) kein „Veröffentlichen", d. h. Bekanntgabe an einen unbegrenzten Personenkreis, verlangt, ist irgendein, aktives oder passives, Verhalten des Schweigepflichtigen als Offenbarung anzusehen, das die Kenntnis vom Geheimnis mit dem Bewußtsein und dem Willen seiner Bekanntgabe einem solchen Dritten vermittelt, der weder auf der Seite des Geheimnisträgers noch des Schweigepflichtigen in das die Geheimhaltungspflicht begründende Vertrauensverhältnis einbezogen ist. Diese gedrängte Umschreibung bedarf einer kurzen Erläuterung. Kenntnis vom Geheimnis kann nur an denjenigen vermittelt werden, der es nicht bereits kennt, wie auch an jemanden, der nur Vermutungen hat oder von

[51] Näheres hierzu bei *Jungmichel*, Über das Berufsgeheimnis des beamteten Arztes als gerichtlicher Sachverständiger: Dtsch. Ztschr. f. d. ges. gerichtl. Medizin, 37 (1943) 118ff. und dazu *Müller*, ebd. 38 (1943) 35ff.

[52] Vgl. *Schumacher* 59ff., *Schmidt* 35ff., jeweils mit Nachweisen.

Gerüchten weiß, die durch das Verhalten des Schweigepflichtigen zur sicheren Kenntnis verdichtet werden. An dem Vertrauensverhältnis sodann, das der Verpflichtung zur Verschwiegenheit zugrundeliegt, sind auf Seiten des Schweigepflichtigen alle seine Hilfspersonen beteiligt, deren er sich, wie allgemein üblich und bekannt, zur sachgemäßen Ausübung seines Berufes zu bedienen pflegt. Entsprechend sind auf der Seite des Geheimnisträgers selbst alle diejenigen Personen in das Vertrauensverhältnis mittelbar einbezogen, die mit ihm in Familien- oder sonstiger Lebensgemeinschaft stehen, und gegenüber denen man generell oder unter den speziellen Umständen des Einzelfalles Geheimnisse nicht zu haben pflegt (Verhältnis der Ehegatten zueinander, der kranken Hausangestellten zu der sie pflegenden Hausfrau, usw.) oder Geheimnisse im allgemeinen nicht anerkannt sind (wie im Verhältnis minderjähriger Kinder zu den Eltern). Zwar kann der unmittelbare Geheimnisträger den Kreis der am Vertrauensverhältnis Beteiligten durch ausdrückliche Erklärung einschränken. Wie dieser Kreis aber, abgesehen davon, im Einzelfall zu begrenzen ist, ist stets eine Frage der besonderen Umstände dieses Falles. Eine nähere Konkretisierung des aufgezeigten Grundsatzes könnte nur durch Vervielfältigung der Beispiele erfolgen.

IV.

In den bisherigen Ausführungen ist der Kreis der möglichen *Täter* eines Geheimnisbruches als bekannt vorausgesetzt worden. Dazu berechtigte zunächst die Aufzählung der zur Verschwiegenheit verpflichteten Personen in den eingangs wörtlich aufgeführten Gesetzesbestimmungen. Aber trotz dieser gesetzlichen Aufzählung ist der Täterkreis nicht eindeutig.

Wenig Schwierigkeiten bieten die RÄO und die an sie anknüpfenden Sonderregelungen der Heil- und Kinderpflegetätigkeit, welche eine dem § 13 RÄO entsprechende Sanktionierung des Geheimnisschutzes enthalten. Sie alle normieren die Voraussetzungen von Ausbildung und Zulassung, die jemanden berechtigen, eine der von ihnen erfaßten Heil- und Pflegetätigkeiten auszuüben. Sie legen damit fest, wer von der Schweigepflicht betroffen ist. So wird z. B. von § 13 RÄO nur der *Arzt* erfaßt, d. h. jemand, der gemäß § 2 RÄO zur Ausübung der Heilkunde unter der Bezeichnung „Arzt" approbiert ist. Dazu gehören also nicht Zahnärzte und Tierärzte, noch die sog. Heilkundigen[53], und ausländische Ärzte[53] nur insoweit, als ihnen eine ärztliche Tätigkeit im Inlande gestattet ist (§ 11 RÄO). Diese gesetzlichen Bestimmungen umschreiben auch den Kreis derjenigen, die als Hilfspersonen des Schweigepflichtigen oder als zu ihrer Ausbildung bei ihm beruflich Tätige in das zwischen

[53] Vgl. *Bohne* 940ff., 947.

ihm und dem Geheimnisträger begründete Vertrauensverhältnis der Natur der Sache nach einbezogen sind und daher ebenfalls der Schweigepflicht unterliegen. Insoweit bestehen keine grundsätzlichen Auslegungsschwierigkeiten.

Auch § 300 StGB ist auf den ersten Blick eindeutig. Die Begriffe „Rechtsanwälte", „Notare", „Hebammen" sind durch die entsprechenden Zulassungsordnungen fest umrissen, so daß z. B. die Patentanwälte nicht unter § 300 fallen. Ausländische Rechtsanwälte (Advokaten) werden nur insoweit erfaßt, als ihre Tätigkeit im Inlande anerkannt ist[54]; und „Verteidiger in Strafsachen" sind solche Personen, die als Nicht-Rechtsanwälte von der StPO ausdrücklich zur Gewährung von Rechtsbeistand in Strafprozessen zugelassen sind. Dagegen herrscht nach wie vor darüber Streit, ob Zahnärzte in § 300 einzubeziehen sind oder nicht[55] (für Tierärzte ist diese Frage negativ entschieden, da ihnen nach § 13 Reichstierärzteordnung vom 3. 4. 1936 (RGBl I 347) die Schweigepflicht ohne strafrechtliche Sanktion nur als Sollpflicht obliegt). Er läßt sich nicht — negativ — mit der Erwägung entscheiden, daß § 85 RÄO die Geltung des § 300 StGB für Ärzte aufgehoben habe und daher seine Anwendung auf Ärzte jeder Art verboten sei[56]; denn die RÄO bezieht sich nicht auf Zahnärzte. Nur eine gesetzliche Regelung kann hier endgültige Klarheit schaffen.

Von grundlegender Bedeutung ist aber schließlich eine Entscheidung in der Streitfrage, wie in § 300 StGB der Kreis der ebenfalls zur Verschwiegenheit verpflichteten Hilfspersonen abzugrenzen ist. § 300 spricht schlechthin von den „Gehilfen", und diese Fassung hat die vorherrschende Meinung[57] dazu geführt, auch nur *gelegentliche*, nichtberufsmäßige Helfer eines Schweigepflichtigen bei seiner Berufsausübung als seine „Gehilfen" im Sinne von § 300 StGB anzusehen. Eine solche Auffassung erscheint untragbar. Sie setzt u. U. Personen einer strafrechtlichen Verfolgung wegen Geheimnisbruches aus, die als rein zufällige, einmalige Helfer eines Schweigepflichtigen weder wissen noch überhaupt vermuten können, daß für sie eine Verschwiegenheitspflicht besteht. Ratio legis ist es, daß die Schweigepflicht Personen treffen soll, die durch ihren Beruf erfahrungsgemäß besonders weitgehend Zugang zu der Geheimnissphäre Dritter gewinnen und die daher eine Standesethik entwickelt haben, für die die Schweigepflicht das notwendige und selbstverständliche Korrelat dieser weiten Möglichkeit der Einsicht in fremde Geheimnisse darstellt. Folgerichtig kann die Geheimhaltungspflicht nur auf solche Hilfspersonen des in erster

[54] *Schwarz* § 300 Anm. 2 A a.

[55] Von der herrschenden Meinung (Nachweise bei *Schönke* § 300 Anm. IV 2) bejaht.

[56] So *Morgen*, Dtsch. zahnärztl. Wochenschrift (1943) 328.

[57] Nachweise bei *Schmidt* 14 Anm. 43, 44.

Linie Schweigepflichtigen erstreckt werden, die zufolge ihre *ständigen* oder regelmäßigen Beauftragung mit dieser Hilfstätigkeit mit der Standesethik ihres Dienstherrn vertraut sind oder sein müssen[58]; das sind aber nur die *berufsmäßigen* Gehilfen. Der weitergehenden herrschenden Ansicht liegt anscheinend das Bestreben zugrunde, das Berufsgeheimnisse durch möglichst weite Fassung des Kreises derjenigen, denen es zugänglich werden kann, besonders wirksam zu schützen. Dieses Ziel läßt sich aber auf einem Wege, der der ratio legis besser entspricht, in gleicher Weise erreichen. Faßt man eine nur gelegentliche, zufällige Hilfsperson eines Schweigepflichtigen nicht als seinen „Gehilfen" im Sinne von § 300 StGB auf, so gehört sie nicht zu denjenigen, die auf seiner Seite an seinem Vertrauensverhältnis zum Geheimnisträger teilhaben; ein Offenbaren des Geheimnisses ihr gegenüber ist somit Geheimnisbruch. Bei dieser Auffassung wird sich der Schweigepflichtige daher im eigenen Interesse nur seiner berufsmäßigen Gehilfen zur Unterstützung bei seiner Tätigkeit bedienen und zufällige Dritte nur dann zuziehen, wenn die Interessen des Geheimnisträgers im Einzelfall keinen anderen Ausweg offenlassen. Im letzteren Fall wird die Offenbarung aber nicht rechtswidrig sein (Güter- und Interessenabwägung mangels anderer Rechtsfertigungsgründe). Richtiger Auffassung nach sind daher bereits von § 300 StGB nur „*berufsmäßig tätige* Gehilfen" erfaßt, was durch die entsprechende gesetzliche Formulierung in § 13 II RÄO für den Bereich ärztlicher Tätigkeit nur seine ausdrückliche gesetzliche Bestätigung gefunden hat.

---

[58] *Schmidt* 14 hält dieses Argument für nicht entscheidend.

VÖLKERRECHT

DIE RECHTSSTELLUNG DER INTERNATIONALEN FUNKTIONÄRE

Von Dr. Paul Barandon

Gesandter a. D., Dozent an der Universität Hamburg, Leiter der Forschungsstelle für Völkerrecht und ausländisches öffentliches Recht an der Universität Hamburg

„Herr Heiliger Vater, du weißt, wie wir sind,
bescheidene Leute von Ahne zu Kind,
doch werden wir an den Moneten verkürzt,
wir kommen wie brüllende Löwen gestürzt!"
(aus: Schweizer Garde von C. F. Meyer.)

Literatur: *Secretan*, Les immunités diplomatiques des Représentants des Etats Membres et des Agents de la Société des Nations (1928) — *Frei*, De la Situation juridique des Représentants des Membres et des Agents de la Société des Nations (1928) — *Ray*, Commentaire du Pacte de la Société des Nations (1930) — *F. Schmidt*, Die völkerrechtliche Stellung der Mitglieder des Ständigen Sekretariats des Völkerbundes, des Internationalen Arbeitsamtes und des Ständigen Internationalen Gerichtshofes im Vergleich zueinander (Diss. 1930) — *Balz*, Die besonderen Staatenvertreter und ihre völkerrechtliche Stellung (Diss. 1931) — *Basdevant*, Les Fonctionnaires Internationaux (1931) — *Barandon*, Das Kriegsverhütungsrecht des Völkerbundes (1933) — *Brand*, Das Deutsche Beamtengesetz vom 26. Januar 1937 (1937) — *Fischbach*, Das Deutsche Beamtengesetz (1940) — *Barandon*, Die Vereinten Nationen und der Völkerbund in ihrem rechtsgeschichtlichen Zusammenhang (1948) — *Gacon y Maria*, Les Fonctionaires Internationaux: Recueil des Cours (1932 III) — *Négulesco*, Principes du Droit International Administratif: Recueil des Cours (1935 I) — *Jessup*, Modernisation of the Law of International contractual Agreements: American Journal of Internat. Law 1947, 387ff. — *Kunz*, Privileges and Immunities of International Organizations: American Journal of Internat. Law 1947, 827ff. — *Yuen-Li Liang*, The Legal Status, Privileges and Immunities of the Specialized Agencies: American Journal of Internat. Law 1948, 900ff.

I. Begriffsbestimmung

Das Wort *Funktionär* findet sich im innerdeutschen Recht nicht. Sachlich ist es gleichbedeutend mit „*Beamter*". Bevor man sich der Begriffsbestimmung des „*internationalen*" Beamten zuwendet, tut man gut, sich die innerstaatliche Stellung des Beamten zu vergegenwärtigen. In diesem deutschen Landesreferat wird dabei von deutschen Verhältnissen ausgegangen, jedoch werden die so gewonnenen Ergebnisse auf alle Kulturstaaten anwendbar sein und können daher als Grundlage für die Begriffsbestimmung auch des „*internationalen*" Beamten dienen.

Im deutschen Recht gab es bis zum Deutschen Beamtengesetz vom 26. 1. 1937 keine allgemeine Begriffsbestimmung der Beamten. Die in diesem Gesetz enthaltene Definition ist jedoch so auf den nat.-soz. Staat zugeschnitten, daß sie sich für heutige Verhältnisse, geschweige denn für den internationalen Gebrauch, nicht eignet. Jedoch kann man davon ausgehen, daß der Beamte in einem besonderen Dienst- und Treueverhältnis zum Staat steht. Er ist der Repräsentant eines Staatsamts und damit der Staatsgewalt. Sein Dienstverhältnis ist ein öffentliches, wobei es unwesentlich ist, ob er staatliche Hoheitsrechte oder andere Funktionen ausübt. Aus den „landesherrlichen Bedienten" der absoluten Fürsten entwickelte sich der „Staatsdiener", der den Aufgaben und Zwecken des Staates mit seiner ganzen Person und Arbeitskraft zu dienen hat, einem besonderen Disziplinarrecht untersteht und einen rechtlich geschützten Anspruch auf Gehalt und Ruhegehalt genießt.

Die hier angegebenen Begriffsmerkmale des Beamten (Funktionärs) sind zwar dem deutschen Recht entnommen, jedoch kann angenommen werden, daß sie im Wesentlichen dem innerstaatlichen öffentlichen Recht aller Länder der Völkerrechtsgemeinschaft entsprechen. Legt man sie auch für den internationalen Funktionär zugrunde, so befolgt man damit die Methode des Internationalen Gerichtshofes, der nach Art. 38 Ziff. 3 seines Statuts die von den zivilisierten Staaten anerkannten allgemeinen Rechtsgrundsätze anwendet, u. a. also solche Rechtsgrundsätze, die sich zunächst unabhängig in foro domestico entwickelt und schließlich zu international übereinstimmenden Grundauffassungen geführt haben. (Ohne eine solche Übereinstimmung der Grundauffassungen wäre ein internationales Recht gar nicht möglich.)

Bei Zugrundelegung der Begriffsbestimmung des nationalen Beamten auf den internationalen Funktionär müssen zunächst diejenigen Merkmale ausscheiden, die sich aus der Verschiedenheit des Dienstherrn ergeben. An die Stelle des Landesherrn bzw. des nationalen Staats tritt ein *internationaler Dienstherr*, in der Regel eine Mehrheit von Staaten oder eine Staatengemeinschaft. An die Stelle des nationalen Beamtenrechts tritt eine *völkerrechtliche Rechtsquelle*. Bestehen bleiben jedoch die oben genannten, in den Kulturstaaten übereinstimmend geltenden Merkmale, d. h. der internationale Funktionär bekleidet ein *internationales Amt*, er ist der *Repräsentant von Völkerrechtssubjekten*, sein *Dienstverhältnis* ist ein *öffentlichrechtliches*, wobei es gleichfalls nicht darauf ankommt, ob er internationale Hoheitsrechte oder andere internationale Funktionen ausübt; er dient den internationalen Aufgaben und Zwecken mit seiner ganzen Person und Arbeitskraft, untersteht einem besonderen Disziplinarrecht und genießt einen rechtlich geschützten Anspruch auf Gehalt und Ruhegehalt. So gelangt man im wesentlichen zu der auch von *Suzanne Basdevant* in ihrem nach wie vor grundlegenden Werk „Les Fonctionnaires Internationaux" gegebenen Begriffsbestimmung:

„Est fonctionnaire international tout individu chargé par les représentants de plusieurs Etats ou par un organisme agissant en leur nom, à la suite d'un accord interétatique et sous le contrôle des uns ou de l'autre, d'exercer, en étant soumis à des règles juridiques spéciales d'une façon continue et exclusive des fonctions dans l'intérêt de l'ensemble des Etats en question[1]."

II. Der Dienstherr

Der internationale Beamte muß durch mehrere Staaten oder durch eine Staatenorganisation auf Grund eines völkerrechtlichen Abkommens ernannt sein. Die Entstehung eines solchen Dienstherrn setzt eine bereits fortgeschrittene Entwicklung der internationalen Zusammenarbeit voraus. Denn es genügt nicht, daß zwei oder mehrere Staaten gemeinsam vertragsmäßig vereinbarte Aufgaben erfüllen; das können sie auch mit einzelstaatlichen Beamten oder Agenten leisten. Zur Ernennung eines internationalen Beamten ist als Dienstherr eine wenn auch lose organisierte *Staatengemeinschaft* erforderlich.

Solche organisierten Gemeinschaften haben sich erst in neuerer Zeit gebildet, seit die zunehmende wirtschaftliche und kulturelle Verflechtung sowie die Liquidierung der großen Kriege die Staaten vor neuartige gemeinsame Aufgaben stellte. Auf dem Gebiete des Verkehrs sind hier vor allem die Internationalen Stromkommissionen zu nennen, deren beamtete Organe in den beteiligten Ländern auch heute noch ihre Funktionen ausüben, also die Europäische Donaukommission, die Internationale Donaukommission, die Zentralkommission für die Rheinschiffahrt, die Elbe-Kommission und die Oder-Kommission[2]. Mannigfache Sachgebiete von internationaler Bedeutung regeln die Internationalen Verwaltungsunionen wie der Weltpostverein (Büro in Bern), das Internationale Institut für Landwirtschaft in Rom, die Unionen zum Schutze des gewerblichen Eigentums und von Werken der Literatur und Kunst (Büro in Bern) und zahlreiche andere[3]. Der Liquidation

---

[1] *Basdevant* 53.

[2] Näheres: *Kunz* 831; *Basdevant* 112.

[3] Übersicht: *Verdroß*, Völkerrecht (1937) (Anhang) sowie *Kunz* und *Basdevant* a. a. O.

des ersten Weltkrieges dienten die verschiedenen Grenz- und Abstimmungskommissionen, die Gemischten Schiedsgerichte (hier waren nur die Präsidenten international bestellte Gemeinschaftsorgane), die Reparationskommission sowie andere Gemeinschaftsorgane, deren zeitbedingte Aufgaben inzwischen erfüllt sind. An ihre Stelle sind nunmehr nach dem zweiten Weltkrieg andere internationale Behörden mit ähnlichen Funktionen getreten wie die Internationale Reparationsstelle in Brüssel (IARA), ein Gemeinschaftsorgan von 18 Nationen.

Von größter völkerrechtlicher Wichtigkeit jedoch sind die nach den Erfahrungen der Weltkriege entstandenen neuartigen großen Staatenorganisationen wie seinerzeit der Völkerbund und heute die Organisation der Vereinten Nationen mit ihren zahlreichen Spezialorganisationen sowie der alte und der neue Internationale Gerichtshof. Dazu kommen schließlich die allerneuesten Organe der erst jetzt sich entwickelnden wirtschaftlichen Staaten-Unionen, nämlich die Internationale Ruhrbehörde (diese noch vorwiegend ein unmittelbares Ergebnis des Krieges), die Organisation für europäische wirtschaftliche Zusammenarbeit (OEEC), Pariser Konvention vom 16. 4. 1948) und die am 3. 5. 1949 in London gegründete Europa-Union. Mitglieder des früheren Kontrollrats und der jetzigen Hohen Kommission für Deutschland gehören nicht hierher, da sie zwar mit internationalen Aufgaben betraut, aber nationale Funktinäre sind.

Die Organisation der Vereinten Nationen findet, wie seinerzeit auch der Völkerbund, ihr partikularrechtliches Spiegelbild in der Organisation der amerikanischen Staaten. Während die Staaten Europas erst neuerdings und tastend über Marshallhilfe, OEEC und Europa-Union einen organisierten Zusammenschluß suchen, besteht ein solcher auf dem amerikanischen Kontinent schon seit Jahrzehnten in der Panamerikanischen Union. In ihrem Rahmen ist auf der Neunten Internationalen Konferenz der Amerikanischen Staaten (Bogota, 30. 3.—2. 5. 1948) die Satzung der Organisation der Amerikanischen Staaten (Bogota-Charter) angenommen worden. Die Bogota-Charter enthält in ihrem Kap. XIII beamtenrechtliche Vorschriften, auf die im gegebenen Zusammenhang noch zurückzukommen sein wird.

Alle diese nur summarisch genannten internationalen Gemeinschaftsorgane sind Dienstherren von internationalen Beamten. Es kommt hier nicht darauf an, alle in Betracht kommenden Dienstherren erschöpfend aufzuzählen, ebensowenig wie es erforderlich sein wird, die besonderen Anstellungsverhältnisse sämtlicher internationaler Beamten darzustellen. Es genügt, die wichtigsten Dienstherren herauszugreifen, um an deren Beispiel diejenigen typischen Merkmale zu erkennen, die heute allgemein für die Rechtsstellung der internationalen Beamten charakteristisch sind.

III. Das Dienstverhältnis

1. Die Anstellung

Das *Dienstverhältnis* des internationalen Beamten ist ein öffentlich-rechtliches und beruht auf Völkerrecht. Da er im Interesse mehrerer Staaten oder einer Staatengemeinschaft tätig ist, muß seine Anstellung letzten Endes auf einer völkerrechtlichen Vereinbarung beruhen, auch wenn der Beamte nicht unmittelbar von den interessierten Staaten oder deren Gemeinschaftsorgan ernannt ist und diese die Anstellungsbefugnis einem höheren internationalen Beamten übertragen haben.

So wurde der erste Generalsekretär des *Völkerbundes* (*Sir Eric Drummond*, jetzt *Lord Perth*) in der Anlage zur Völkerbundssatzung bestimmt,, die ihrerseits einen Teil der Friedensverträge bildete. Gemäß Art. 6 der Satzung ernannte der Generalsekretär die Sekretäre und das Personal des Sekretariats mit Zustimmung des Völkerbundsrats. Der Direktor, jetzt General-Direktor, des *Internationalen Arbeitsamts* wird vom Verwaltungsrat ernannt und stellt das Personal an (Art. 394, 395 Vers. Vertrag und Art. 8 und 9 der abgeänderten Verfassung von 1946). Der Generalsekretär der *Vereinten Nationen* wird von der Generalversammlung auf Empfehlung des Sicherheitsrates ernannt und ernennt seinerseits das Personal nach den von der Generalversammlung zu erlassenden Vorschriften (Art. 97 und 101 der Charter). Die Mitglieder des *Internationalen Gerichtshofs* werden von der Generalversammlung und dem Sicherheitsrat der Vereinten Nationen in einem besonders geregelten Verfahren gewählt (Art. 4—13 des Statuts) und wählen selbst ihren Präsidenten (Art. 21). Der Generaldirektor der *Ernährungs- und Landwirtschaftsorganisation der Vereinten Nationen* (FAO) wird von der aus Regierungsvertretern bestehenden Konferenz ernannt und ernennt seinerseits das Personal (Art. VII und VIII der Verfassung der FAO). Ähnliches gilt für die *Organisation für Erziehung, Wissenschaft und Kultur* (UNESCO), die *Organisation für Internationale Luftfahrt* (ICAO), die *Weltgesundheitsorganisation* (WHO), die *Internationale Flüchtlingsorganisation* (IRO), die *Internationale Handelsorganisation* (ITO), die *Internationale Bank für Wiederaufbau* und den *Internationalen Währungsfond*[4] sowie für die *Organisation der europäischen Zusammenarbeit in Wirtschaftsfragen* (OEEC)[5]. Der Generalsekretär der *Organisation der Amerikanischen Staaten* wird gemäß Kap. XIII der Bogota Charter gleichfalls von den Vertretern der konstituierenden Staaten gewählt und ernennt seinerseits das Personal.

---

[4] Die Verfassungen der Spezialorganisationen der Vereinten Nationen sind abgedruckt in Yearbook of the United Nations 1946/47.

[5] Art. 17, 18 des Pariser Abkommens der sechzehn Marshall-Plan-Länder und der westlichen Besatzungszonen Deutschlands v. 16. 4. 1948, abgedruckt: Jahrb. f. internat. u. ausl. öff. R. II/III (1948) 473ff.

Es erübrigt sich, alle Bestimmungen über den Anstellungsakt hier im Einzelnen aufzuzählen. Ihnen allen ist gemeinsam, daß die Anstellungskompetenz in dem aus Regierungsvertretern bestehenden Hauptorgan der völkerrechtlichen Organisation wurzelt. Dieses Hauptorgan ernennt den leitenden Beamten, an den in der Regel die Anstellung des übrigen Personals delegiert ist.

Auch für den Anstellungs*akt* haben sich seit den Anfängen in der Völkerbundszeit bis zum heutigen Ausbau der UNO und ihrer zahlreichen Spezialorganisationen typische Formen herausgebildet.

Da es sich um ein öffentlich-rechtliches Dienstverhältnis handelt und wenn man — wie es in diesem Landesreferat zu geschehen hat — von deutschen beamtenrechtlichen Vorstellungen ausgeht, liegt die Annahme nahe, daß die Anstellung nicht in den Formen des Privatrechts durch Vertrag, sondern durch einseitigen Hoheitsakt, die *Ernennung*, erfolgt, durch welche der Ernannte automatisch in das gesetzlich geregelte und gesetzlich abänderlicde Beamtenverhältnis tritt.

Tatsächlich erfolgte jedoch die Anstellung der Völkerbundsbeamten durch den Generalsekretär in *Vertragsform*. Das führte für die Völkerbundsbeamten anfänglich zu der Auffassung, daß es sich bei ihnen um einen privatrechtlichen Dienstvertrag handelte. Die Vertreter dieser Auffassung gingen dabei von der Vorstellung aus, daß „Beamte" nur zu einem Staat in öffentlich-rechtlichem Dienstverhältnis stehen könnten und daß der Völkerbund kein Staat sei. Letzteres ist zwar richtig, nicht richtig ist aber, daß nur Staaten Beamte anstellen können. Eine solche Auffassung wurzelt noch in Vorstellungen, die der völkerrechtlichen Entwicklung der modernen zwischenstaatlichen Organisationen und internationalen Unions-Formen nicht gerecht werden. Hiernach könnte es überhaupt keine internationalen Beamten geben. Es gehört aber gerade zu der heute allgemein anerkannten Definition des internationalen Beamten, daß sein Dienstverhältnis ein öffentlich-rechtliches ist, auf Völkerrecht beruht und gegenüber mehreren Staaten oder einer Staatenorganisation eingegangen ist. So hatte sich denn auch der Völkerbundsrat die Auffassung eines Juristengutachtens zu eigen gemacht, wonach die Völkerbundsbeamten in einem öffentlich-rechtlichen Dienstverhältnis stehen[6].

Da die Ernennungen in *Genf* gleichwohl nicht durch einseitigen Hoheitsakt, sondern in *Vertragsform* erfolgten, wurden die Rechtsfolgen eines solchen Vertrages in dem Augenblick zweifelhaft, als es sich darum handelte, die vertraglich festgesetzten Gehälter herabzusetzen. Das geschah um das Jahr 1930. Infolge der Weltwirtschaftskrise sahen sich zahlreiche Regierungen — darunter die deutsche — genötigt, die Bezüge ihrer nationalen Beamten herabzusetzen, und eine Reihe von

[6] Näheres: *Basdevant* 75—79.

Regierungsvertretern vertrat in Genf die Ansicht, was die einzelnen Mitgliedstaaten innerhalb ihrer eigenen Zuständigkeit rechtmäßig tun könnten, müßte ihnen auch in ihrer Gesamtheit und in Ausübung ihrer völkerrechtlichen Organfunktion der internationalen Bürokratie gegenüber erlaubt sein. Der Völkerbund war damals in zahlreichen Ländern bereits nicht mehr populär, und seine Beamtenschaft wurde in Unkenntnis ihrer Leistungen und Lebensbedingungen als eine „overstaffed and fatly paid burocracy" scheel angesehen. Der Verfasser dieses Berichts wurde mit einem internen Gutachten betraut (wobei ihm das Standardwerk von *Suzanne Basdevant* zustatten kam) und kam zu folgendem Ergebnis:

Da es sich um ein öffentlich-rechtliches Dienstverhältnis handelt, stand es der Staatenorganisation des Völkerbundes als Dienstherrn bei der Anstellung der Beamten frei, die Anstellung durch *Hoheitsakt* oder in *Vertragsform* zu vollziehen. Sie hat die *zweite Art* gewählt, und damit hat sie sich gebunden. Die Frage, nach welchem Recht das Vertragsverhältnis zu beurteilen sei, ob etwa nach schweizerischem Recht oder nach dem heimatstaatlichen Recht eines jeden Beamten, wurde dahin beantwortet, daß es sich hier um eine Anwendung der in Art. 38 Ziff. 4 des Statuts des Ständigen Internationalen Gerichtshofes vorgesehenen Rechtsquelle handelte, nämlich um einen der von den zivilisierten Staaten anerkannten allgemeinen Rechtsgrundsätze (Dienstverträge müssen entsprechend der zweiseitigen Vereinbarung erfüllt werden). Das Dienstverhältnis sei also ausschließlich nach dem Inhalt des konkreten Anstellungsvertrages zu beurteilen.

Der Generalsekretär und die zuständigen *Völkerbundsorgane* schlossen sich dieser Auffassung an, und man nahm von einseitig verfügten Gehaltskürzungen Abstand, nicht ohne allerdings für die Zukunft in die Anstellungsverträge eine Klausel aufzunehmen, wonach die Gehaltsskala Abänderungen durch die Völkerbundsorgane unterworfen sein sollte.

Im Beamtenrecht der *Vereinten Nationen* wird der öffentlich-rechtliche Charakter des Dienstverhältnisses dadurch betont, daß die Sekretariatsmitglieder als *international civil servants* bezeichnet werden[7]. Die Anstellung vollzieht sich durch Annahme der Ernennungsurkunde und Eidesleistung. Die Ernennungsurkunde enthält die Anstellungsbedingungen und ist von einem Abdruck der Personal-Dienstordnung begleitet. Die Annahme-Erklärung erfolgt schriftlich, desgleichen die Eidesleistung. „Die Ernennungsurkunde und die schriftliche Annahme-Erklärung bilden den Anstellungsvertrag"[8]. Der Anstellungsakt ist also ein *zweiseitiger* und in *Vertragsform* gekleidet. Da sich der Beamte bei der

[7] Provisional Staff Regulations, Reg. 1, U. N. Yearbook 1946/47, 86, 639.

[8] Provisional Staff Rules, a. a. O. 642.

Anstellung nicht nur der Personaldienstordnung, sondern auch allen künftigen Ergänzungen und Abänderungen unterwirft, die die Generalversammlung etwa beschließt, können Streitfragen über die Rechtmäßigkeit künftiger Gehaltsänderungen nicht mehr auftreten, wie das im Völkerbunds-Sekretariat zeitweise der Fall war[9].

Für die Anstellung haben Männer und Frauen die gleiche Anwartschaft. Die Redaktoren der Charta von San Francisco haben auf diesen Grundsatz so entscheidenden Wert gelegt, daß sie ihn nicht in das das Sekretariat behandelnde Kap. XV aufgenommen, sondern ihn im Art. 8 auf alle Stellen in den Haupt- und Hilfsorganen erstreckt haben. Auch nach Art. 7 der Völkerbunds-Satzung waren alle Ämter des Bundes oder seines Verwaltungsdienstes in gleicher Weise Männern wie Frauen zugänglich. Da der Ständige Internationale Gerichtshof kein Organ des Völkerbundes war, fand der Grundsatz auf ihn keine Anwendung. Nachdem jedoch der neue Internationale Gerichtshof ein Hauptorgan der UNO geworden ist, sind die Richterstellen nunmehr auch Frauen zugänglich.

Da die Vereinten Nationen die umfassendste und vom organisatorischen Gesichtspunkt aus *vollendetste Staatenverbindung* darstellen, kann ihr Beamtenrecht als die *typische* Form des *internationalen Dienstverhältnisses* gelten. Ebenso wie bei den später zu behandelnden Privilegien und Immunitäten, die die Beamten bei Ausübung ihrer Dienstfunktionen genießen, haben die zahlreichen Spezialorganisationen die Tendenz, ihr Personalstatut demjenigen des UNO-Sekretariats anzugleichen und so zu standardisierten Rechtsformen zu gelangen. Es ist daher auch hier nicht erforderlich, die besonderen Dienstverhältnisse sämtlicher internationaler Beamter darzustellen, für die Zwecke dieses in seinem Umfang begrenzten Berichts müssen die *wesentlichen* Typenformen genügen.

2. Die Beamtenpflichten

Ebenso wie der nationale Beamte den Aufgaben und Zwecken des Staates mit seiner ganzen Person und Arbeitskraft dienen zu hat, gehört es auch zur Begriffsbestimmung des internationalen Beamten, daß sein Dienst ein *ausschließlicher* ist und ihn voll beansprucht. Hierin unterscheidet der internationale Beamte sich vom internationalen *Agenten*, der zwar gleichfalls in einem öffentlich-rechtlichen internationalen Dienstverhältnis steht, dessen Tätigkeit aber nur zusätzlicher Art ist und ihn u. a. nicht hindert, hauptberuflich im Dienste seines Heimatstaates zu bleiben[10]. Der Internationale Gerichtshof braucht im Hinblick auf die UNO den Ausdruck „Agent" im weitesten Sinne

---

[9] Provisional Staff Regulations, Reg. 28, a. a. O. 88.

[10] *Basdevant* 52.

für jede Person, deren die Organisation sich zur Ausübung ihrer Funktionen bedient, so daß auch die bezahlten und dauernd angestellten Beamten darunter fallen[11]. Beide Personenkreise, die Beamten und die Agenten, genießen zwar bei Ausübung ihrer Funktionen, wie sich noch zeigen wird, weitgehend denselben besonderen Rechtsschutz, aber nur der Beamte unterliegt einem besonderen Personalstatut. In den UNO-Staff Regulations ist bestimmt, daß die gesamte Zeit des Sekretariatsbeamten zur Verfügung des Dienstherrn stehen soll. Ihr Dienstverhältnis ist dasjenige eines „*international civil service*", es ist ein *Dauer*verhältnis und bietet die Möglichkeit eines Aufstiegs innerhalb der Organisation. Entsprechendes gilt für die UNESCO, und in diesem Zusammenang ist der Art. XIII der UNESCO-Verfassung[12] von besonderem Interesse, wonach UNO und UNESCO, also die Hauptorganisation und die specialized agency, ihre Personalbestimmungen einander anzugleichen gewillt sind, um damit die Entwicklung eines einheitlichen internationalen Dienstes (a single unified international civil service) zu ermöglichen. Hier werden also die Formen des *UNO-Beamtenrechts* als *Muster-* und *Typenformen* für ein künftiges *Allgemeines Internationales Beamtenrecht* anerkannt.

Die Funktionen des internationalen Beamten richten sich nach den *Zwecken*, die der internationale Dienstherr kraft völkerrechtlicher Vereinbarung zu verfolgen hat. Blickt man auf die oben (II) gegebene summarische Übersicht der heutigen internationalen Dienstherren, so ergibt sich, daß diese Zwecke um so vielfältiger geworden sind, als die internationalen Organisationen immer weitere Lebensgebiete umfaßt haben. Die internationalen Vereinigungen, als deren Organe die internationalen Beamten fungieren, und damit diese Beamten selbst üben *politische*, *richterliche*, *administrative*, *wirtschaftliche*, *technische*, *wissenschaftliche* und *überhaupt alle* Funktionen auf *allen* Gebieten aus, die der internationalen Regelung fähig sind. Die Beamten haben außerdem diejenigen Dienste zu leisten, die die innere Verwaltung und der Betrieb einer internationalen Behörde mit sich bringt (Haushalt, Personalangelegenheiten usw.). Bei einer solchen Vielfalt der möglichen Aufgaben ist eine *Einteilung* der internationalen Beamten in Kategorien je nach ihrem Arbeitsgebiet *nicht* angängig.

Die Grundvoraussetzung für einen pflichtbewußten internationalen Beamten ist die *absolute Loyalität* gegenüber dem Dienstherrn, und hier liegt ein wichtiges psychologisches Problem. Für den nationalen Beamten ist die Treue zum Heimatstaat selbstverständliche staatsbürgerliche Pflicht. Die in diesem Referat behandelten Beamten sind zwar international, aber sie sind nicht entnationalisiert, sie bleiben als

---

[11] Avis consultatif v. 11. 4. 1949 betr. Ersatz für im Dienst der UN erlittenen Schäden.

[12] U. N. Yearbook 1946/47, 712.

Menschen und Staatsbürger den heimatlichen Bindungen unterworfen. „L'homme international n'existe pas"[13]. Gewissenskonflikte sollten sich aber schon deshalb nicht ergeben können, weil der Heimatstaat des internationalen Beamten in der Regel ein völkerrechtlich verpflichtetes Mitglied der dienstherrlichen Organisationen ist, so daß der Beamte, indem er den Gemeinschaftszielen dient, auf internationaler Ebene *auch* seinem Lande dient. Hier liegt ein wesentlicher Unterschied zwischen dem *internationalen Beamten* und den *Delegierten* ihres Heimatstaates, aus denen sich die dienstherrlichen Organisationen zusammensetzen. Der nationale Delegierte einer politischen Staatenorganisation wie der UNO ist häufig in der Lage, in den Rechtsformen der völkerrechtlichen Gemeinschaft weisungsgemäß nationalpolitische Ziele verfolgen zu müssen. Für den internationalen Beamten darf es solche Pflichtenkollisionen *nicht* geben. Sollten sie auftreten — es ist, wie noch zu zeigen sein wird, sehr viel seltener der Fall als allgemein angenommen wird — so muß der Beamte sich entscheiden, ob er seinen internationalen Pflichten den Vorrang geben oder seine Funktion einstellen will. Als ein Beispiel kann dasjenige des japanischen Untergeneralsekretärs im Völkerbundssekretariat dienen. Er enthielt sich jeder auf den Mandschureikonflikt bezüglichen politischen Mitarbeit.

Bevor auf die in dieser Hinsicht allgemein geltenden Richtlinien näher eingegangen wird, muß kurz der Sonderstellung der höchsten internationalen Beamten gedacht werden, der Richter des Internationalen Gerichtshofes und des Generalsekretärs der UNO.

Die *Richter des Internationalen Gerichtshofes* haben gemäß Art. 20 des Statuts und Art. 5 des Reglements bei Amtsantritt eine feierliche Erklärung abzugeben, wonach sie ihre Pflichten und Obliegenheiten als Richter in Ehren und in Treue sowie in völliger Unparteilichkeit und Gewissenhaftigkeit ausüben werden. Angesichts dieser für einen internationalen Richter selbstverständlichen Pflichten sollte man annehmen, daß das verfassungsmäßig gewählte Richterkollegium nunmehr auch ohne Rücksicht auf die Staatsangehörigkeit der Richter uneingeschränktes Vertrauen genösse. Das ist aber offensichtlich nicht ganz der Fall. Denn nach Art. 31 des Statuts behalten zwar die Richter, die Staatsangehörige einer streitenden Partei sind, Sitz und Stimme, falls aber in einem Rechtsstreit das Kollegium keine Richter mit Staatsangehörigkeit einer oder beider Parteien enthält, dann kann die interessierte Partei einen zusätzlichen judex ad hoc ernennen lassen, der ihre Staatsangehörigkeit besitzt. Hier wird von der Annahme ausgegangen, daß auch ein internationaler Richter sich möglicherweise von Parteilichkeit zugunsten seines Heimatstaates nicht freimachen kann, und beim judex ad hoc wird eine solche Parteilichkeit als Gegengewicht

[13] *Basdevant* 108.

gegen seinen Kollegen von der anderen Seite geradezu vorausgesetzt. Auch im Völkerrecht handeln eben letzen Endes nicht Staaten, sondern Menschen, das Menschliche kann im Organisatorischen nicht aufgehen, und so trifft der Satz „l'homme international n'existe pas" ein Kernproblem des internationalen Beamtentums.

Ein weiteres Kernproblem nicht nur des internationalen Beamtentums, sondern der großen internationalen Organisationen überhaupt tritt in den Funktionen des *Generalsekretärs der UNO* zutage. Hier handelt es sich um die Tatsache, daß der Wille des Gemeinschaftsorgans von demjenigen der Einzelstaaten zu unterscheiden, daß die Gesamtorganisation mehr ist als die Summe der Mitgliedstaaten und daß das Gemeinschaftsorgan diesen verselbständigt gegenübertreten kann. Das tut der Generalsekretär der Vereinten Nationen. Während der Generalsekretär des *Völkerbundes* außerhalb seiner Verwaltungsfunktionen satzungsgemäß nicht aus eigener Initiative handelte — er hatte insbesondere nach Art. 11 im Falle eines Krieges oder einer Bedrohung mit Krieg zwar unverzüglich den Rat einzuberufen, aber nur auf Antrag eines Bundesmitgliedes — kann der Generalsekretär der *UNO* nach Art. 99 der Charta von sich aus jede Angelegenheit, die seiner Meinung nach den internationalen Frieden und die Sicherheit bedrohen kann, vor den Sicherheitsrat bringen, ihm steht also eine selbständige politische Entscheidung zu. Auch tritt er weit mehr persönlich hervor als sein Vorgänger im Völkerbunde. Während in Genf der Generalsekretär in den Sitzungen der Organe zwar stets anwesend und zur Auskunftserteilung bereit war, ergriff er doch niemals aus eigener Initiative und zu eigener Stellungnahme das Wort. Herr *Trygve Lie* dagegen hat zum Beispiel im September 1947 bei Eröffnung der Generalversammlung an die Mitgliedstaaten, insbesondere die Großmächte, die Mahnung gerichtet, „zu dem alten Geiste der Zusammenarbeit zurückzukehren, der zur Gründung der Vereinten Nationen geführt hat".

Immerhin ist der *Unterschied* zwischen dem Rechtszustande der UNO und des Völkerbundes in dieser Hinsicht *nicht* ganz so *groß*, wie es nach dem obigen scheinen mag. Denn durch die *Praxis* des Völkerbundes waren in gewissen Fällen dem Generalsekretär gleichfalls selbständige politische Entscheidungen anvertraut. So hatte er, wenn der Rat mit einer Streitfrage oder mit einem Investigationsantrage befaßt war, von sich aus in Funktion zu treten, indem er eine Bitte um Stellungnahme und Auskunft an die Parteien richtete und sie an einen Ratsbeschluß erinnerte, wonach die beteiligten Regierungen alle erforderlichen Maßnahmen zu ergreifen hatten, um auf ihren Gebieten alles zu verhindern, was geeignet sein könnte, die Prüfung oder Regelung durch den Rat zu beeinträchtigen. Auch war es dem selbständigen Ermessen des Generalsekretärs überlassen, ob in gewissen Dringlichkeitsfällen der jeweilige Ratspräsident die geeignete Persönlichkeit für eine Interventionshandlung war, oder ob vielmehr der nächstfrühere Präsident um eine Demarche zu bitten war. Schließlich war dem Generalsekretär noch in Verbindung mit dem Betrieb der (jetzt von den Vereinten Nationen übernommenen) Funkstation des Völkerbundes eine wichtige politische Entscheidung anvertraut. Die Station „Radio-Nations" war in normalen Zeiten von der Gesellschaft „Radio-Suisse" zu betreiben, in Krisenzeiten ging jedoch der Betrieb auf den Völkerbund über. Der Übergang erfolgte, wenn der Generalsekretär der Schweizerischen Regierung den „Beginn einer Krisenzeit" bekanntgegeben hatte. Diese kraft eigener Entschließung abgegebene Erklärung konnte weitgehende Rechtsfolgen insofern haben, als damit die Voraussetzungen für eine Intervention des Rats offiziell dokumentiert wurden. Hiernach haben die Funktionen des Generalsekretärs des Völkerbundes im Laufe der Jahre eine bemerkenswerte Ausdehnung erfahren, eine Entwicklung der selbständigen politischen Funktionen des höchsten internationalen Beamten, die durch Art. 99 der Charta und die Praxis der Vereinten Nationen fortgesetzt wird[14].

Was nunmehr die für das *Gros* der internationalen Beamten allgemein geltenden Richtlinien betrifft, so können auch diese am besten durch die für die UNO-Beamten geltenden Vorschriften erläutert werden, denn das UNO-Beamtenrecht bietet die am meisten durchgebildete Typen- und Musterform. Sie ist neuerdings weitgehend in das Personenstatut der Organisation für europäische wirtschaftliche Zusammenarbeit (OEEG) sowie in die Charta der Welthandelsorganisation übernommen, ebenso in das Ruhrstatut (Art. 10)[15]. Auch die Bogota-Charter erhält für das Personal der Organisation der amerikanischen Staaten im Art. 89 eine dem Art. 100 der UNO-Charta entsprechende Verpflichtung.

Nach diesem Art. 100 der UNO-Charta dürfen der Generalsekretär und das Personal des Sekretariats bei Erfüllung ihrer Pflichten keine Instruktionen von irgendeiner Regierung oder einer anderen, außerhalb der Organisation stehenden Autorität einholen oder entgegennehmen. Sie haben jede Handlung zu unterlassen, die unvereinbar ist mit ihrer Stellung als internationale Beamte, die lediglich der Organisation verantwortlich sind. Ferner sind alle Mitglieder der Vereinten Nationen verpflichtet, dem ausschließlich internationalen Charakter der Befugnisse des Generalsekretärs und seines Personals Rechnung zu tragen und nicht den Versuch zu machen, sie bei Erfüllung

[14] Hierzu: *Barandon*, Kriegsverhütungsrecht 51ff. und *derselbe*, Vereinte Nationen 59ff.

[15] Schlußakte der Zweiten Sitzung des Ausschusses für europäische wirtschaftliche Zusammenarbeit, Paris, 16. 4. 1948: Europa-Archiv 1948, 1565ff. — Charter of the International Trade Organisation, 1948 — Le Statut International de la Ruhr: La Documentation Française, 10. 1. 1949.

ihrer Aufgaben zu beeinflussen. Diese dem internationalen Charakter des Beamten entsprechenden Richtlinien sind in den Staff Regulations hinsichtlich der Beamtenpflichten spezialisiert und ergänzt. Darin wird insbesondere die Wahrung des Dienstgeheimnisses und Zurückhaltung bei öffentlichen Äußerungen und öffentlicher Tätigkeit gefordert. Es wird von den Beamten nicht erwartet, daß sie „ihre nationalen Gefühle oder ihre politischen und religiösen Überzeugungen" aufgeben, aber sie sollen jederzeit auf diejenige Zurückhaltung und denjenigen Takt bedacht sein, die ihnen wegen ihres internationalen Status obliegen. Ein öffentliches Amt politischen Charakters dürfen die Sekretariatsbeamten nicht bekleiden, ebensowenig wie jedes andere Amt, das nach Ansicht des Generalsekretärs mit ihren Dienstpflichten unvereinbar ist. Orden, Ehrenzeichen oder andere Emolumente, außer für Kriegsdienste(!), dürfen sie nicht annehmen.

Die Erfüllung dieser im wesentlichen auch für die Völkerbundsbeamten gültig gewesenen Pflichten versichert der Sekretariatsbeamte bei seiner Anstellung, wie bereits erwähnt, durch einen Eid.

3. Die Beamtenrechte

Es gehört zum Wesen des internationalen Beamten, daß er seine Tätigkeit dauernd und ausschließlich dem internationalen Dienstherrn und seinen Zwecken widmet. Dem entspricht, wie bei jedem Beamten, der Anspruch auf *Gehalt* und *Versorgung*. Dabei ergeben sich jedoch für den internationalen Beamten besondere Gesichtspunkte, die für den nationalen Beamten, soweit dieser seine Tätigkeit im Inland ausübt, im Allgemeinen nicht gelten.

Da der internationale Beamte mit seiner Familie in der Regel außerhalb seines Heimatlandes lebt, müssen seine *Dienstbezüge* den besonderen Verhältnissen des Gastlandes *angepaßt* sein. Ferner muß er durch besonders gesicherten *Urlaub* in die Lage versetzt werden, regelmäßig seine Heimat zu besuchen. Schließlich kann der internationale Beamte wegen der besonderen völkerrechtlichen Stellung seines Dienstherrrn bei *Streitigkeiten* aus dem Dienstverhältnis im Allgemeinen *nicht* die *ordentlichen nationalen Gerichte* anrufen, er bedarf also in dieser Hinsicht eines besonderen *Rechtsschutzes*.

Allen diesen Erfordernissen, den allgemeinen und den besonderen, wird für das Sekertariatspersonal der Vereinten Nationen, ebenso wie seinerzeit in Genf, durch das Personalstatut nebst Ausführungsbestimmungen weitgehend Rechnung getragen[16]. Die Gehälter und Gehaltsklassen sowie die Aufstiegsmöglichkeiten sind eingehend geregelt. Für die Altersversorgung besteht eine Pensionskasse. Die Bestimmungen

[16] Einzelheiten: U. N. Yearbook 1946/47, 639ff.

über den Heimaturlaub nehmen einen breiten Raum ein. Schließlich sind ein Verwaltungsgericht und eine Beschwerdekammer eingerichtet.

Das Sekretariat der UNO ist derjenige internationale Beamtenkörper, dessen Rechtslage am eingehendsten geregelt ist. Das UNO-Beamtenrecht bildet daher, wie sich auch im folgenden Abschnitt noch ergeben wird, die Musterform für das internationale Beamtenrecht. So bestimmt z. B. Art. 85 der Havanna-Charta[17], daß die Dienstverhältnisse des Personals der Internationalen Handelsorganisation (ITO), soweit möglich, entsprechend denjenigen der Sekretariatsmitglieder der UNO und der Spezialorganisationen geregelt werden sollen. Damit ist ein wichtiger Schritt zur Kodifikation des Rechts der internationalen Beamten getan.

IV. *Der Rechtsschutz bei Ausübung der Funktionen*

1. Allgemeines Recht

Das Bedürfnis nach einem besonderen *Rechtsschutz* bei und zur Ausübung seiner internationalen Funktionen ergibt sich für den internationalen Beamten aus der Tatsache, daß er seinen Dienst nicht wie sein nationaler Kollege im Hoheitsgebiet des Dienstherrn ausübt. Der nationale Beamte ist ein Teil der staatlichen Behördenorganisation und als solcher durch die Gesetze seines Staates geschützt. Nur insoweit, als er seinen Dienst im Auslande ausübt, bedarf er des besonderen diplomatischen Schutzes, worauf noch zurückzukommen sein wird. Der internationale Beamte dagegen, der einer Staatenorganisation und nicht einem Einzelstaat dient, befindet sich insoweit immer im Auslande, auch an seinem Amtssitz, auch in seinem Heimatstaat. Zwar kann man vom UNO-Beamten mit einer gewissen oratorischen Übertreibung sagen, sein Feld sei die Welt und er sei überall zu Hause. Dies wäre juristisch aber doch nur richtig, wenn es einen Weltstaat gäbe, dessen Gesetze auch die Tätigkeit der internationalen Beamten regelte, die dann Weltstaatsbeamte wären. Da ein solcher Rechtszustand nicht besteht, bedarf es auch auf diesem Gebiete besonderer internationaler Abmachungen.

Diese Abmachungen kleideten sich zunächst in die hergebrachten Rechtsformen. Als völkerrechtliches Muster für die vereinbarten Vorrechte, Exemtionen und Immunitäten, deren internationale Beamte zur unbehinderten Ausübung ihrer Dienstfunktionen bedurften, boten sich die hergebrachten Regelungen für Diplomaten, in deren Hand der zwischenstaatliche Verkehr bis ins 19. Jh. fast ausschließlich lag. Bei der Einrichtung der ersten ständigen internationalen Organisationen

[17] Charter of the International Trade Organization, Signed at Havanna, March 24, 1948: International Organization 1948, 573ff.

mit eigenen Beamten begnügte man sich damit, für diese den Genuß der *diplomatischen* Vorrechte und Immunitäten zu vereinbaren, so insbesondere in den internationalen Konventionen über die Schiffahrt auf der Donau, dem Rhein, der Elbe und der Oder sowie über die verschiedenen aus den Friedensverträgen von 1920 erwachsenen internationalen Organe[18]. Dementsprechend heißt es auch noch in Art. 7 der Völkerbundssatzung: „Die Vertreter der Bundesmitglieder und die Beauftragten des Bundes genießen in der Ausübung ihres Amtes die Vorrechte und die Unverletzlichkeit der Diplomaten", ebenso genießen die Mitglieder des Internationalen Gerichtshofes nach Art. 19 des alten und des neuen Statuts während der Ausübung ihres Amtes die diplomatischen Vorrechte und Befreiungen.

Bei der wachsenden Entwicklung und Ausdehnung der internationalen Organisationen konnte es jedoch nicht ausbleiben, daß die Gründerstaaten sich über den grundsätzlichen *Unterschied* zwischen Diplomaten und internationalen Beamten Rechenschaft gaben. Der *Diplomat*, insbesondere der Missionschef, repräsentiert auf fremdem Hoheitsgebiet seinen Landesherren und seinen Heimatstaat; er nimmt die nationalen Interessen seines Landes und seiner Staatsangehörigen im Auslande wahr. Der *internationale Beamte* „repräsentiert" überhaupt nicht; er übt keine Schutzfunktion aus, dient keinen nationalen Interessen, sondern erfüllt die Sachaufgaben einer internationalen Gemeinschaft, von der sein Heimatstaat ein Teil ist. Lediglich nach diesem Gesichtspunkte sind die ihm zu bewilligenden Vorrechte und Immunitäten zu bemessen und können je nach Bedarf enger oder auch weitergehend sein als die diplomatischen Sonderrechte. Die aus ganz anderen Bedingungen erwachsenen Gebräuche der internationalen Courtoisie spielen keine Rolle, nur auf den Schutz der sachlichen Funktionen kommt es an[19]. Dabei ergeben sich Probleme, die im Diplomatenrecht nur äußerst selten auftraten, wie dasjenige des *agent international régnicole*, also die Stellung des räumlich in seinem Heimatstaat tätigen internationalen Beamten, wo namentlich auf dem Gebiete der Steuerpflicht und der Gerichtsbarkeit mannigfache Fragen zu regeln sind. Der Zustand wird treffend von *Kunz*[20] folgendermaßen charakterisiert:

„Ebenso wie die ersten Eisenbahnwagen und Autos wie Pferdewagen ohne Pferde aussahen und wie es einige Zeit dauerte, ehe die neuen Transportmittel eine ihrer Funktion entsprechende Form fanden, so begann das Problem der Vorrechte und Immunitäten internationaler Organisationen historisch nach Analogie, als eine Ausdehnung diplomatischer Privilegien auf Nicht-Diplomaten. Jetzt hat die Entwicklung

[18] Näheres *Kunz* 827ff.; dort auch Übersicht über die außerordentlich umfangreiche Literatur.

[19] *Kunz* a. a. O.

[20] *Kunz* a. a. O.

jedoch einen Punkt erreicht, wo die Verschiedenartigkeit des neuen Problems anerkannt wird und wo ein neues Recht unabhängig und losgelöst vom Diplomatenrecht geschaffen werden muß".

Auf dieser Erkenntnis beruht es denn auch, wenn in der Charta der Vereinten Nationen von diplomatischen Vorrechten nicht mehr die Rede ist. Nach Art. 105 II genießen die Beamten der Organisation diejenigen Vorrechte und Immunitäten, die notwendig sind, damit sie ihre in Verbindung mit der Organisation stehenden Aufgaben in voller Unabhängigkeit ausüben können. Damit ist die sprachliche Reminiszenz an das Diplomatenrecht preisgeben und der „funktionellen Grundlage" Ausdruck verliehen, die mit staatlicher Representation, staatlicher Verantwortlichkeit und staatlicher Gegenseitigkeit nichts mehr zu tun hat[21].

Die Dienstfunktionen, in deren Ausübung die internationalen Beamten geschützt sind, sind Funktionen des *Dienstherrn*. Der *Rechtsschutz resultiert* also aus der *völkerrechtlichen Stellung des Dienstherrn*. Was die UNO betrifft, so genießt sie innerhalb ihres Aufgabenkreises die Handlungsfähigßeit eines völkerrechtlichen und privatrechtlichen Rechtssubjekts. Sie ist von den Mitgliedstaaten innerhalb ihres Aufgabenkreises mit den Kompetenzen eines Staates ausgestattet, wozu die Fähigkeit gehört, vor dem Internationalen Gerichtshof als Partei aufzutreten[22]. Sie stellt *nicht als* ein Staat, aber *wie* ein Staat Beamte an, die ihre Funktionen in vielen Ländern ausüben. Sie schließt gemäß Art. 43 der Charta durch den Sicherheitsrat völkerrechtliche Abkommen hochpolitischer Art. Sie schließt durch den Generalsekretär weitere völkerrechtliche Abkommen, die ihr die Durchführung ihrer Aufgaben ermöglichen. Hierher gehört der Vertrag zwischen den Vereinten Nationen und den Vereinigten Staaten über das Grundstück für die Gebäude der UNO in New York[23].

Ausdrücklich bestätigt ist diese Rechts- und Handlungsfähigkeit durch das am 13. 2. 1946 von der Generalversammlung angenommene und von den Mitgliedstaaten durch Beitritt geschlossene *Abkommen über die Vorrechte und Immunitäten der Vereinten Nationen*[24].

Im Art. V dieses Abkommens sind die *Vorrechte und Immunitäten* des Generalsekretärs und der UNO-Beamten vertraglich geregelt. Sie betreffen Gerichtsbarkeit, Steuern, nationale Dienstverpflichtungen, Einwanderung, Geldwechsel, Heimschaffung und Zoll. Wenn dabei im Einzelnen bisweilen auf die für diplomatische Vertreter geltenden Bestimmungen verwiesen wird, so bedeutet das *nicht*, daß die UNO-Funktionäre *als* diplomatische Vertreter sondern daß sie *wie* solche zu

[21] *Kunz* 854.

[22] Cour Internationale de Justice, Avis Consultatif vom 11. 4. 1949 (Schadensersatz für die Folgen des Bernadotte-Attentats).

[23] *Jessup* a. a. O. 378ff.

[24] Friedenswarte 1946, 397ff.

behandeln sind. Art. VIII enthält über Passierscheine und Reiseerleichterungen Sondervorschriften, die auch auf die Beamten der Spezialorganisationen anwendbar sind. Die ganze Regelung ist von dem Grundsatz beherrscht, daß die Vorrechte und Immunitäten den Beamten ausschließlich zur Wahrung der Belange der Vereinten Nationen und nicht etwa zu ihrem persönlichen Vorteil gewährt sind, weshalb denn auch der Generalsekretär (und für diesen selbst der Sicherheitsrat) das Recht und die Pflicht hat, nötigenfalls die Immunität eines Beamten aufzuheben.

Die Einzelheiten der so vereinbarten Vorrechte und Immunitäten können in diesem Referat nicht behandelt werden, es muß in dieser Hinsicht auf die einschlägigen Publikationen verwiesen werden[25].

Der *beamtenrechtliche* Teil des Abkommens über die Vorrechte und Immunitäten der Vereinten Nationen enthält die bis jetzt umfassendste Regelung dieser Materie und stellt den ersten Schritt dar zur Schaffung eines allgemeinen Rechts der internationalen Beamten. Eine beträchtliche Ausbreitung hat dieses System bereits dadurch gefunden, daß die für die UNO-Beamten geltenden Grundsätze in die Verfassungen einer Reihe der Spezialorganisationen aufgenommen sind und daß die Generalversammlung außer dem genannten Abkommen über die UNO-Beamten ein weiters *Abkommen über die Vorrechte und Immunitäten der Spezialorganisationen* beschlossen hat[26]. Auf diese Weise haben sich für den Rechtsschutz der internationalen Beamten typische Musterformen (standards) herausgebildet, die für eine allgemeine Anwendung verwertbar sind. Die Redaktoren des am 16. April 1948 in Paris geschlossenen *Abkommens über die Organisation für europäische wirtschaftliche Zusammenarbeit* (OEEC) haben sich im Zusatzprotokoll Nr. I, Art. 14 dieser Musterformen bereits bedient. Damit ist die Kodifikation dieses Rechtsgebietes weitgehend vorgeschritten.

2. Deutsches Recht

Der Rechtsschutz der internationalen Funktionäre erscheint wegen der besonderen Lage Deutschlands *hier* unter einem besonderen Aspekt. Gewisse international bedingte Regelungen des deutschen Reichsrechts, nämlich Bestimmungen über die verschiedenen internationalen Stromkommissionen, gelten auch heute noch. Im übrigen aber gehört Deutschland als ein außenpolitisch nicht handlungsfähiger Staat den großen Internationalen Organisationen nicht als Mitglied an, so daß z. B. das UNO-Beamtenrecht für Deutschland nicht unmittelbar verbindlich ist. Deutschland unterliegt dem Besatzungsstatut, wonach für die internationalen Funktionäre, soweit sie in Deutschland tätig werden, in

---

[25] Außer *Basdevant* und *Kunz* a. a. O. auch *Yuen-Li Liang* a. a. O.
[26] Journal of the General Assembly, Second Session, No. 60, pp. 3—4.

erster Linie das Sonder-Fremdenrecht der Angehörigen der Vereinten Nationen gilt. Die Rechtsstellung der Beamten der Internationalen Reparationsstelle (IARA), der Ruhrbehörde sowie der Hohen Kommission und ihres Personals regelt sich nach dem jeweiligen Organisationsstatut. Das Statut der Alliierten Hohen Kommission für Deutschland enthält im Art. IX eine besondere besatzungsrechtliche Vorschrift über die Tätigkeit der Organisationen (Mehrzahl!) der Vereinten Nationen in Deutschland. Hiernach können Organisationen mit Sonderaufgaben (also insbesondere die specialized agencies) in der Deutschen Bundesrepublik unter den Bedingungen arbeiten, die mit dem Alliierten Rat zu vereinbaren sind.

Im übrigen hat eine Umfrage bei der Verwaltung des Vereinigten Wirtschaftsgebiets und den westdeutschen Landesregierungen noch folgende Einzelheiten ergeben:

Die *Zentralkommission für die Rheinschiffahrt* ist auf Grund der Rheinschiffahrtsakte vom 17. 10. 1868 (Mannheimer Akte) eingesetzt worden. In diesem Abkommen ist keine Bestimmung über die Rechtsstellung der Kommissionsmitglieder getroffen worden. Jedoch war eine solche in der vorläufigen Vereinbarung (modus vivendi) vom 4. 5. 1936 vorgesehen; Art. 83 dieser Vereinbarung sah vor:

> „Die Vertragsstaaten gewähren den Mitgliedern der Kommission zur Erfüllung ihrer Aufgaben für ihre Person, das Personal ihrer Abordnung und ihre Archive diejenigen Vorrechte und Befreiungen, die den bei ihnen beglaubigten diplomatischen Vertretungen gewährt werden. Die Kommission genießt jederzeit diese Vorrechte und Befreiungen für das Personal ihres Sekretariats, für ihre Einrichtungen und für ihre Archive.
>
> Die Bestimmungen in den beiden vorhergehenden Absätzen bezwecken nicht, das Verhältnis zwischen den Staaten und ihren eigenen Angehörigen zu regeln."

Diese Vereinbarung war allerdings am 14. 11. 1936 durch eine Note der Deutschen Regierung gekündigt worden, in der erklärt wurde, daß die auf dem Versailler Vertrag beruhenden internationalen Stromakten nicht mehr als verbindlich anerkannt würden. Gleichwohl wird heute die Rheinschiffahrtsakte in Rheinland-Pfalz als weitergeltend betrachtet. Tatsächlich besaßen und besitzen auch der Generalsekretär und einige Funktionäre (Chefingenieure usw.) Diplomatenpässe auf Grund der besonderen internationalen Stellung der Zentralkommission.

Die *Internationale Donaukommission* wurde auf Grund der Donauakte vom 23. 7. 1921 (vgl. Ges. betr. den Vertrag zum Abschluß der endgültigen Donauakte vom 30. 3. 1922) eingesetzt. Die Rechtsstellung der Funktionäre ist in Art. XXXVII Abs. 1 festgelegt:

> „Die Internationale Kommission genießt sowohl für ihre Einrichtungen als für die Person ihrer Delegierten dieselben Vorrechte und Befreiungen, wie sie in Friedens- und Kriegszeiten den beglaubigten diplomatischen Vertretern zuerkannt werden."

Im August 1948 ist in Belgrad zwischen der Sowjet-Union und den mit ihr verbündeten Donaustaaten ein neues *Donau-Schiffahrtsabkommen* geschlossen worden. Nach Art. 16 des Abkommens genießen die Mitglieder der Kommission und ihre Funktionäre die Immunität von Diplomaten; ihre Büros, Archive und schriftlichen Unterlagen jeder Art sind unantastbar. Bekanntlich haben die Westmächte die neue Donauakte nicht unterzeichnet. Nach einer Pressemeldung hat der sowjetische Vertreter auf der Belgrader Konferenz erklärt, daß Deutschland und Österreich automatisch Sitze in der Kommission erhalten werden, „sobald die Vorbedingungen erfülllt seien".

Die *Internationale Elbekommission* ist auf Grund des Versailler Vertrages durch die Elbeschiffahrtsakte vom 22. 2. 1922 (vgl. Ges. betr. die Elbeschiffahrtsakte vom 22 3. 1923 — RGBl 1923 II 183 —) gebildet worden. Nach Art. 8 der Elbeschiffahrtsakte genießen die Delegierten, der Generalsekretär und sein Gehilfe die üblichen diplomatischen Vorrechte. Es ist weiter bestimmt, daß die Uferstaaten ihnen und den von der Kommission bestimmten Personen alle Erleichterungen gewähren, deren sie zur Erfüllung ihrer Obliegenheiten bedürfen. Wieweit diese Vorschriften in den deutschen Ländern zurzeit Anwendung finden, ist nicht bekannt.

Im übrigen regelt sich die Stellung der internationalen Funktionäre in Deutschland, wie gesagt, nach *Besatzungs-Sonderrecht.* Die hier am meisten interessierende Vorschrift ist diejenige des Art. 28b des *Ruhrstatuts.* Hiernach genießen die Angehörigen des Personals der Ruhrbehörde, soweit sie nicht deutsche Staatsangehörige sind, und ihre Begleitung bis auf Weiteres die Vorrechte und Immunitäten wie das Personal der Besatzungsbehörden. Für einen späteren Zeitpunkt ist jedoch vorgesehen, daß das im vorigen Abschnitt erwähnte Abkommen über die Vorrechte und Immunitäten der Vereinten Nationen Anwendung finden soll.

Schließlich kommen noch die folgenden besatzungsrechtlichen Sonderbestimmungen auch den nichtdeutschen internationalen Funktionären zugute:

Nach der Verordnung Nr. 29 der britischen Militärregierung (Amtsblatt Nr. 9, 204) haben die deutschen Gerichte — sofern keine ausdrückliche Ermächtigung der Militärregierung vorliegt — keine Gerichtsbarkeit über Staatsangehörige der Vereinten Nationen.

Nach Abschnitt 1 II der Einkommensteuer-Richtlinien des Landes Nordrhein-Westfalen für 1946 unterliegt das nichtdeutsche Personal der zugelassenen Hilfsorganisationen der Vereinten Nationen mit seinen Einkünften aus der Tätigkeit bei diesen Organisationen im Allgemeinen nicht der deutschen Einkommensteuer.

Nach Circulaire der französischen Besatzungsmacht Nr. 2100 vom 14. 6. 1947 sind zur Entgegennahme von Leistungen hinsichtlich Wohnung, Unterkunft und Zubehör, die im Requisitionswege zugelassen werden, u. a. berechtigt: die Dienststellen, Missionen und andere nichtdeutsche Organisationen, die beim Commandement en Chef Francais en Allemagne akkreditiert oder von ihm zugelassen sind, zum Zwecke der Ausübung einer Tätigkeit, die sich mit den Zielen der Besatzungsmacht deckt.

V. *Zur Psychologie des internationalen Beamten*

Zum Schluß sei es erlaubt, einige auf langjähriger intimer persönlicher Erfahrung beruhende Bemerkungen aus der Schrift des Referenten über die Vereinten Nationen und den Völkerbund zu wiederholen.

Das Gefühl, „internationaler Beamter" zu sein, ist natürlich ein *zwiespältiges*, denn schließlich sind auch Sekretariatsbeamte keine entnationalisierten Automaten, sondern Menschen, die ihre natürlichen staatsbürgerlichen Bindungen behalten. Daß im Schoße jeder internationalen Organisation, auch der umfassendsten, die eine Welt- und Menschheitspolitik auf ihre Fahne geschrieben hat, die widerstreitenden nationalen Interessen sich geltend machen, wird natürlich auch in den internationalen Sekretariatsbehörden fühlbar. So trägt jeder internationale Beamte zwei Seelen in seiner Brust, aber ein Ausgleich ist bei einigem Takt und gutem Willen durchaus möglich. Zunächst handelt es sich ja nicht immer um Haupt- und Staatsaktionen, sondern meist um technische Routinearbeit, Vorbereitung der Konferenzen, Bearbeitung der Konferenzbeschlüsse, Redigierung der Protokolle und Abkommen, Sammlung und Auswertung der Berichte und des sonstigen Materials auf dem Gebiete der Politik, des Rechts, der Wirtschaft, der Kultur, der Gesundheitspflege und sozialen Fürsorge, des Verkehrs usw. Aber auch bei Verhandlungen hochpolitischen Inhalts, betreffend die Abrüstung oder konkrete internationale Streitfälle, kann und muß der Sekretariatsbeamte die materielle Wahrnehmung der Interessen seines Landes den Delegierten überlassen. Er dient der Gesamtheit und damit auf einem anderen Niveau seinem Lande. Wenn beispielsweise in Genf der Justitiar der Abrüstungskonferenz — es war ein Deutscher — mit einem französischen Kollegen nach den Sitzungen die Texte zum Konventionsentwurf redigierte, so kämpfte der Franzose nicht um seine Sicherheit und der Deutsche nicht um seine Gleichberechtigung,sondern beide bemühten sich gemeinsam um eine Textredaktion die von der Konferenz geschluckt werden konnte. Bei sochen Arbeitsmethoden hatte sich in Genf ein esprit de corps herausgebildet, der die damalige internationale Bürokratie zu Leistungen befähigte, wie sie jedem nationalen Ministerium ebenbürtig sind, und die Hoffnung ist berechtigt, daß die in Genf gebildete Tradition sich auch in der UNO bewährt.

Noch eine Bemerkung zur Psychologie des internationalen Beamten sei hier gestattet. Der Sekretariatsdienst bringt es mit sich, daß bei angenehmen Lebensverhältnissen die Aufstiegsmöglichkeiten doch gering sind und sich außer bei den höchsten Spitzen wenig Gelegenheit bietet, persönlich und führend hervorzutreten. Hinzu kommt, daß der Nationalitätenschlüssel für die Stellenbesetzung doch meist auf politischen Erwägungen beruht. In Art. 101 Ziff 3 der UNO-Charta ist vorgeschrieben, daß sich das Personal auf möglichst breiter geographischer Grundlage rekrutieren soll, ein Grundsatz, der auch in Genf befolgt wurde. So liegt für die Regierungen das Bestreben nahe, möglichst viele Schlüsselpositionen mit eigenen Staatsangehörigen zu besetzen, und Beamte, die den Sekretariatsdienst nur als ein Zwischen- und Übergangsstadium ansehen, sind der Versuchung ausgesetzt, die Rücksicht auf künftige Karriere und die Beziehungen zur eigenen Regierung bei ihrer Tätigkeit in den Vordergrund zu stellen. Daher empfehlen sich langfristige Anstellungsverhältnisse. Wer Freude an der vielseitigen und interessanten sachlichen Arbeit hat, wird sich durch die notwendig damit verbundene Anonymität und unbefriedigten Ehrgeiz nicht bedrücken lassen. Von vielen anerkennenden Kritiken, die einem früheren Sekretariatsbeamten über ein von ihm verfaßtes Buch über Völkerbundsrecht zugingen, bereitete der folgende Satz ihm das meiste Vergnügen: „On se demande, si l'auteur en citant des rapports de personnes célèbres n'éprouve pas parfois le plaisir secret de se citer lui-même".

DIE INTERNATIONALEN GERICHTE UND DIE PRIVATEN INTERESSEN

Von Dr. Ernst Wolff
Präsident des Obersten Gerichtshofes für die Britische Zone
Honorarprofessor an der Universität Köln

I

1. Damit ein Privatinteresse Anlaß zur Anrufung von internationalen Gerichten[1] geben kann, muß es etwas mehr sein als ein Interesse im weitesten Sinne. Gerichte haben *nicht* über *Interessen* zu entscheiden, sondern über *Ansprüche*. Anders ausgedrückt: Nur solche Streitigkeiten können vor Gerichte, auch vor internationale Gerichte, gebracht werden, die das sind, was im angelsächsischen Sprachgebrauch „justiciable" genannt wird. Nach englisch-amerikanischem Sprachgebrauch, wie er sich in mehreren Schiedsgerichtsverträgen findet, sind Streitigkeiten justiciable, wenn „susceptible of decision by the application of the principles of law or equity". Es muß also möglich sein, sie unter Anwendung von Rechts- oder Equity-Grundsätzen zu entscheiden. Entscheidung nach equity ist in diesem Sinne nicht identisch mit einer Entscheidung ex aequo et bono[2], vielmehr ist an den Begriff der angelsächsischen equity gedacht, die zwar als außerhalb des common law stehend empfunden wird, aber doch ein geschlossenes System bindender Regeln, also positives Recht, darstellt und sich insofern von der Billigkeit als einer des normativen Charakters entbehrenden Abstellung auf aequum et bonum unterscheidet. Streitigkeiten sind also dann justiciable, wenn die klagende Partei ihren Anspruch auf Normen, sei es auch nur solche der equity, stützt.

Daß der Ausdruck „intérêts" oder englisch „interests" für derartige Rechte gebraucht wird, ist verhältnismäßig jungen Datums. Die Kriegsgesetzgebung Frankreichs während des ersten Weltkrieges hatte den Ausdruck „intérêts" für Beteiligungen an gewerblichen Unterneh-

---

[1] Im Nachstehenden werden die folgenden Werke nur mit dem Namen ihrer Verfasser zitiert: *Hudson*, International Tribunals; *Oppenheim*, International Law (6. Aufl. 1946 v. *Lauterpacht*), zit. *Oppenheim-Lauterpacht*; *Schwarzenberger*, A Manual of International Law (1947).

[2] Vgl. hierüber unten S. 989.

mungen gebraucht[3], und deshalb war es üblich geworden, von „biens, droits et intérêts" zu sprechen. Diesen Ausdruck nahmen die den ersten Weltkrieg beendenden Friedensverträge auf[4], deren französischer Text von „biens, droits et intérêts", deren englischer Text von „property, rights and interests" sprach. Dieselbe Wendung findet sich in den Pariser Friedensverträgen, welche im Jahre 1947 zwischen den siegreichen Mächten einerseits, Italien und jedem seiner Bundesgenossen andererseits geschlossen wurden. Im Anschluß hieran ist es üblich geworden, Rechte, die Privatparteien zustehen, als „private interests" („intérêts privés"), oder schlechthin als „interests" zu bezeichnen. Ein jüngstes Beispiel bildet das Besatzungsstatut für Deutschland, dessen § 2b von „foreign interests", (im französischen Text: „intérêts") handelt. Für die schillernde Natur dieses Begriffs, die eine völlig adäquate Übersetzung in die deutsche Sprache nicht zuläßt, ist kennzeichnend, daß die beiden halbamtlichen deutschen Übersetzungen des Besatzungsstatuts, die vorliegen, verschiedene Worte gebrauchen. Die Übersetzung im Verordnungsblatt für die brit. Zone 1949 Nr. 50 spricht von „ausländischen Vermögenswerten", die im Amtsblatt der Alliierten Kommission Nr. 1 von „ausländischen Interessen". Keine Übersetzung ist ganz scharf: es *braucht* nicht gerade ein Vermögensinteresse vorzuliegen, und andererseits *genügt* nicht jedes Interesse im weitesten Sinne; vielmehr bedeutet sowohl im Besatzungsstatut wie in den Friedensverträgen der Ausdruck „Interessen" weniger, als das Wort im allgemeinen besagt, also nicht jedes Anliegen einer Privatpartei, sondern nur ein solches, das seiner Natur nach gerichtlich verfolgt werden kann. Der Unterschied wird an folgendem Beispiel klar:

Ein übervölkertes Land hat ein Interesse an der Auswanderung, nicht nur der Staat als solcher, sondern diejenigen seiner Angehörigen, die glauben, in einem fremden Lande, in das sie auswandern wollen, bessere Lebensbedingungen zu finden. Ein solches Interesse ist aber kein vor irgendwelchen gerichtlichen Instanzen durchzusetzendes Interesse, denn es gibt, jedenfalls im gegenwärtigen Völkerrecht, keine Rechtsnorm, daß ein Land den Bevölkerungsüberschuß eines anderen Landes aufnehmen müsse. Besteht aber zwischen zwei konkreten Ländern ein Vertrag, etwa ein Handels- und Niederlassungsvertrag, kraft dessen das eine Land verpflichtet ist, unter gewissen Voraussetzungen Auswanderer des anderen Landes bei sich aufzunehmen, so besteht ein

---

[3] Vgl. *Fuchs*, Die Grundsätze des Versailler Vertrags über die Liquidation und Beschlagnahme deutschen Privatvermögens im Ausland (*Leske-Löwenfeld* VI 2, S. 47, 48). Die Ansicht von *Jsay*, Versailler Vertrag (3. Aufl.) § 31, der Ausdruck „interests" stamme aus der angelsächsischen Rechtssprache, dürfte nicht zutreffend sein.

[4] Vgl. u. a. Abschnitt IV, besonders Art. 297 des Versailler Vertrags und die entsprechenden Artikel der anderen Friedensverträge.

Interesse im engeren Sinne, ein Anspruch, zu dessen Verwirklichung unter demnächst zu schildernden Voraussetzungen Gerichte angerufen werden können. In diesem Sinne wird der Ausdruck „*Interesse*" im Laufe dieser Arbeit gebraucht werden, also in dem Sinne, *daß es sich um einen aus Rechtsnormen abgeleiteten Anspruch handelt.*

2. Wenn ein Interesse, um einer Verwirklichung vor gerichtlichen Instanzen fähig zu sein, auf Rechtsnormen beruhen muß, so ist damit nicht umgekehrt gesagt, daß *jedes Anliegen*, mit dem eine gerichtliche oder quasi-gerichtliche Instanz befaßt werden kann, einen *Rechtsanspruch* darstellt.

Als ein Beispiel sei auf Art. 14 der Charter der Vereinten Nationen hingewiesen. Deren Mitgliederversammlung kann Maßnahmen für die friedliche Anpassung irgendeiner Lage empfehlen, die nach ihrer Ansicht das allgemeine Wohlergehen oder freundschaftliche Beziehungen zwischen den Nationen gefährden kann. Wenn auf Grund dieser Bestimmung Indien auf der Versammlung der Vereinten Nationen beantragt hat, daß die Südafrikanische Union indische Auswanderer aufnehmen muß mit der Begründung, die Verweigerung der Aufnahme beeinträchtige die allgemeine Wohlfahrt und gefährde die freundschaftlichen Beziehungen zwischen Indien und Südafrika[5], so stempelt ein solcher Antrag das indische Interesse an der Aufnahme seines Bevölkerungsüberschusses durch Südafrika nicht zu einem Interesse im Sinne des Themas, d. h. zu einem rechtlich erzwingbaren Interesse, selbst dann nicht, wenn die Versammlung der Vereinten Nationen Maßnahmen direkt beschließen, nicht nur, worauf sich Art. 14 beschränkt, ihre Annahme den interessierten Mächten empfehlen könnte. Solche Maßnahmen würden nicht auf gerichtlichen oder quasi-gerichtlichen Entscheidungen beruhen, durch welche bestehende Ansprüche anerkannt werden, sondern es würde sich um Maßnahmen für das handeln, was in der englischen Literatur „peaceful change" genannt wird. Die Versammlung würde also nicht als Gericht, sondern als eine Art Gesetzgeber tätig werden. Auch die von manchen Seiten, vor allem von der New Commonwealth-Gesellschaft empfohlene *Equity Court*[6] würde in Wahrheit kein Gericht, sondern ein gesetzgeberisches Organ darstellen, denn trotz des irreführenden Ausdrucks Equity Court soll sie nach den Gedanken ihrer Befürworter nicht auf Grund von equity, also von Rechtsnormen, bestehende Ansprüche verwirklichen, sondern den vorhandenen Rechtszustand ex aequo et bono ändern, wenn dadurch das allgemeine Wohlergehen gefördert oder eine friedensgefährdende Spannung beseitigt werden kann.

---

[5] Vgl. *meinen* Aufsatz SJZ 1949, 593.

[6] Vgl. den Entwurf einer Satzung für einen solchen Gerichtshof in der englischen Zeitschrift „New Commonwealth" 8 (1944) 305ff.

3. Vor internationale Gerichte können Ansprüche von Privatparteien nur dann gebracht werden, wenn diese Ansprüche *völkerrechtlicher Natur* sind. Mit einem Anspruch, der ausschließlich dem Privatrecht angehört, kann nicht wohl eine internationale Instanz befaßt werden, selbst dann nicht, wenn Gläubiger und Schuldner verschiedenen Staaten angehören. Der Umstand, daß der Franzose A gegen den Engländer B einen Anspruch hat, begründet keine Zuständigkeit eines internationalen Gerichts. Natürlich können sich, falls der Anspruch bestritten wird, Frankreich und Großbritannien über die Anrufung eines Schiedsgerichts einigen. Aber dann handelt es sich entweder um ein nur privates Schiedsgericht, dessen privater Charakter nicht dadurch ausgeschlossen wird, daß es auf Betreiben der beiden Regierungen zustandegekommen ist, oder die franz. Regierung nimmt den Anspruch ihres Staatsangehörigen auf; dann wird der Anspruch aus einem privatrechtlichen der Privatpartei A zu einem völkerrechtlichen des franz. Staats. Das kann z. B. geschehen, wenn dem Gläubiger von den Gerichten des Landes seines Schuldners Rechtsschutz verweigert wird (denial of justice). Das Beispiel macht klar, daß auch ein Tatbestand, der an sich dem privatrechtlichen Bereich angehört, einen völkerrechtlichen Anspruch auslösen kann, wie in unserem Beispiel der privatrechtliche Anspruch eines Franzosen gegen einen Engländer, etwa auf Grund eines Darlehens. Völkerrechtlichen Charakter erhält ein Anspruch dadurch, daß der Staat des Schuldners ein völkerrechtliches Delikt begeht, indem er dem Gläubiger den Rechtsschutz versagt. Auch ohne Verweigerung des Rechtsschutzes kann der private Anspruch des Gläubigers zu einem vor völkerrechtlichen Instanzen verfolgbaren werden, wenn der Staat des Gläubigers sich dieses Anspruchs annimmt[7]. Das kann aber der Staat des Gläubigers, falls keine Rechtsverweigerung vorliegt, nur mit Zustimmung des Staats des Schuldners; ohne diese Zustimmung bleibt der Anspruch rein privatrechtlich und gehört deshalb nicht zur Zuständigkeit eines internationalen Gerichts. In den in Fußnote 7 erwähnten Fällen der brasilianischen und serbischen Anleihen waren zwischen der französischen und der brasilianischen bzw. serbischen Regierung Schiedsabkommen abgeschlossen worden, ohne welche die französische Regierung weder die Ansprüche ihrer Staatsangehörigen hätte „espouse"[8] noch den Ständigen Internationalen Gerichtshof (Cour permanente de Justice Internationale, StIG) hätte anrufen können. Die Gerichte des Schuldnerstaates begehen ein ihren Staat verpflichtendes völkerrechtliches Delikt nicht etwa dadurch, daß sie den Anspruch aus materiellen Gründen ablehnen, sondern nur dadurch, daß sie dem Gläubiger ordnungsmäßiges rechtliches Gehör verweigern.

---

[7] Vgl. die Ansprüche der Gläubiger aus den brasilianischen und serbischen Anleihen: Entscheidungen des StIG, Series A 20 und 21.

[8] Vgl. hierüber unten III 1.

Der Anspruch muß sich also, damit die Zuständigkeit einer internationalen Instanz begründet ist, auf eine Norm des Völkerrechts stützen, etwa die Norm, daß Justizverweigerung ein völkerrechtliches, zum Schadensersatz verpflichtendes Delikt des Staates darstellt, dem die justizverweigernden Gerichte angehören, oder daß der Staat, von dem oder dessen Angehörigen der Gläubiger eine Leistung verlangt, dazu kraft völkerrechtlicher Norm, etwa auf Grund eines völkerrechtlichen Vertrages, verpflichtet ist.

4. Es ist natürlich *nicht möglich*, einen *Katalog* aller derjenigen Ansprüche aufzustellen, die vor internationalen Gerichten verfolgt werden können. Das zu tun, liefe auf eine Darstellung des Völkerrechts in extenso hinaus. Jede völkerrechtliche Norm kann Ansprüche der verschiedensten Art erzeugen, und wenn sich das Völkerrecht weiter entwickelt, können neue Ansprüche entstehen. Es sei z. B. auf die Menschenrechte verwiesen. In der UN-Satzung wird an mehreren Stellen von den Menschenrechten gesprochen. In der Einleitung bestätigen die Vereinten Nationen ihren Glauben an die fundamentalen Menschenrechte sowie die Würde und den Wert der menschlichen Person. Als einer der Zwecke der Vereinten Nationen wird die internationale Zusammenarbeit „in promoting and encouraging respect for human rights and for the fundamental freedoms" angegeben. Gleichwohl sind nach weitaus überwiegender Meinung[9] die Menschenrechte auf Grund der Satzung der Vereinten Nationen kein Recht, auf dessen Verwirklichung vor einer gerichtlichen Instanz geklagt werden könnte. Vor kurzem aber hat die Konsultative Versammlung des Europäischen Rats eine Liste der Menschenrechte aufgestellt und die Errichtung eine europäischen Gerichtshofs zu ihrem Schutze empfohlen[10]. Wird diese Empfehlung in die Praxis umgesetzt, so erlangen die Angehörigen der den Europäischen Rat bildenden Nationen einen Rechtsanspruch auf die Gewährung dieser Rechte, und bei Verletzung dieses Anspruchs könnte der Gerichtshof zum Schutze der Menschenrechte angerufen werden. Damit ist nicht gesagt, daß die verletzte Privatpartei selbst den Gerichtshof anrufen kann. In der geplanten Satzung[11] ist vorgesehen, daß sie das mit Zustimmung der Kommission für den Schutz der Menschenrechte tun kann. Aber auch wenn diese Zustimmung versagt wird, handelt es sich gleichwohl um einen völkerrechtlichen Anspruch. Daß dieser Anspruch nicht von der interessierten Privatpartei, sondern nur von ihrem Staat gerichtlich geltend gemacht werden kann, ist auch sonst für die gerichtliche Geltendmachung völkerrechtlicher Ansprüche üblich[12].

[9] Vgl. *Oppenheim-Lauterpacht* § 292.

[10] Vgl. Manchester Guardian, Weekly Edition, vom 15. 9. 1949 S. 8.

[11] Vgl. Mouvement Européen projet de convention des droits de l'homme et du citoyen Art. 12; *Berweiller*, Courier de France, Heft 88 v. 16. 3. 1950; sowie *Brügel*, Europa-Archiv 1950 Heft 3.

[12] Vgl. unten unter II.

Das Beispiel zeigt, daß die Rechte, die vor internationalen Instanzen verfolgt werden können, *nicht Vermögensrechte* zu sein brauchen, sondern, zum mindesten bei entsprechender Fortbildung des Völkerrechts, auch *idealer* Natur sein können.

II

1. Es gibt keine ein für allemal *bestimmte* völkerrechtliche *Instanz*, welche für die Entscheidung von Streitigkeiten über Ansprüche der in Rede stehenden Art zuständig wäre. Die UN-Satzung (Art. 7, 92—96) sieht allerdings einen Internationalen Gerichtshof (International Court of Justice, IGH) vor, ebenso wie unter dem Völkerbund eine solche Instanz in der Gestalt des StIG bestand. Aber die *Zuständigkeit* des IGH ist keine allumfassende. Nach Art. 36 seines Statuts ist der Gerichtshof zuständig für alle Fälle, welche die Parteien ihm unterbreiten, sowie für alle Angelegenheiten, die in der UN-Satzung ihm besonders zugewiesen sind oder für welche seine Zuständigkeit in völkerrechtlichen Verträgen bestimmt ist. Staaten, die den Vereinten Nationen angehören, können allerdings, ebenso wie es nach der Satzung des StIG zulässig war, die sogenannte „optional clause" unterschreiben. Das hat zur Folge, daß im Verhältnis zu anderen Staaten, welche die Klausel gleichfalls unterschrieben haben, die Zuständigkeit des Gerichts ohne besondere Vereinbarung gegeben ist, auch dann allerdings nur, sofern es sich handelt: (1) um die *Auslegung* eines völkerrechtlichen Vertrages, (2) um irgendeine Frage des *Völkerrechts*, (3) das Bestehen irgendeines *Tatbestandes*, der, falls festgestellt, die Verletzung einer völkerrechtlichen Verpflichtung darstellen würde, (4) die Natur oder den Umfang einer *Wiedergutmachung*, die für die Verletzung einer völkerrechtlichen Verpflichtung zu leisten ist. Also selbst im Verhältnis zwischen zwei Staaten, welche die optional clause unterschrieben haben, ist die Zuständigkeit des IGH nicht schlechthin, sondern nur für gewisse, allerdings sehr weit gefaßte Streitigkeiten gegeben. Haben die beteiligten Staaten die optional clause nicht unterschrieben, oder handelt es sich um einen Tatbestand, der durch die optional clause nicht gedeckt ist, so müssen die Parteien einen besonderen Schiedsvertrag (sog. *Kompromiß*) schließen, um die Zuständigkeit des IGH zu begründen.

2. Eine andere gerichtliche Instanz als der IGH, dessen Zuständigkeit, wie gezeigt, beschränkt ist, besteht nach der UN-Satzung *nicht*, wohl aber sind in zahlreichen völkerrechtlichen Verträgen internationale Instanzen für eine beschränkte Gattung von Streitigkeiten vorgesehen worden. Erinnert sei an die Gemischten Schiedsgerichte, die auf Grund der Friedensverträge nach dem ersten Weltkrieg zwischen fast allen Signatarmächten der Friedensverträge errichtet wurden[13]. Die Friedens-

[13] Darüber daß sich diese Gerichte von anderen internationalen Gerichten hinsichtlich des Zutritts von Privatparteien unterschieden, siehe unten IV 2.

verträge von 1946 zwischen den Signatarmächten einerseits, Italien und seinen früheren Bundesgenossen andererseits sehen ähnliche Instanzen vor. Sie heißen allerdings nicht Schiedsgerichte, sondern Schlichtungsausschüsse (conciliation commissions), und ob es sich dabei um Gerichte im eigentlichen Sinne oder eben nur um Schlichtungsausschüsse handelt, deren Aufgabe es ist, Streitigkeiten beizulegen, die aber im Falle der Erfolglosigkeit kein Recht haben, Streitigkeiten zu entscheiden, mit anderen Worten, ob die ihnen zu unterbreitenden Streitigkeiten justiciable sein müssen, mag zweifelhaft sein[14]. Ferner sind in großem Umfange zwischen einer Reihe von Staaten sogenannte Gemischte Kommissionen, sei es für alle entstehenden Streitigkeiten, sei es für Streitigkeiten einer bestimmten Gattung, errichtet worden. Solche Mixed Claims Commissions wurden z. B. zwischen den Vereinigten Staaten von Amerika und Mexiko errichtet, ferner, soweit es sich um Streitigkeiten mit Bezug auf den ersten Weltkrieg handelte, zwischen den Vereinigten Staaten und Deutschland. Die Vereinigten Staaten hatten bekanntlich den Versailler Vertrag nicht ratifiziert. Zu der Errichtung eines in diesem Vertrage vorgesehenen Gemischten Schiedsgerichts zwischen den Vereinigten Staaten und Deutschland war es deshalb nicht gekommen. Stattdessen wurde zwischen den beiden Mächten eine Mixed Claims Commission errichtet, der eine ähnliche, aber beschränktere Zuständigkeit verliehen wurde, wie sie nach dem Versailler Vertrag ein Gemischtes Schiedsgericht gehabt hätte[15]. Die Kommission konnte aber nur von den vertragschließenden Staaten, nicht von Privatparteien angerufen werden.

3. Neben diesen, sei es im ganzen Umfang der Vereinten Nationen, sei es im Verhältnis zwischen einzelnen Mächten bestehenden internationalen Gerichten sind im Laufe der Zeit zahlreiche *Schiedsgerichte ad hoc*[16] errichtet worden, deren Aufgabe sich auf die Entscheidung eines konkreten Rechtsstreites zwischen konkreten Staaten beschränkte. Bei solchen individuellen Schiedsgerichten hängen die Zusammensetzung des Schiedsgerichts und das Verfahren vor ihm von den Bestimmungen des konkreten Schiedsvertrages ab, aber es hat sich doch in gewissem Umfange ein Schema herausgebildet, dem in der Praxis häufig gefolgt wird[17]. Oft bedienen sich die Parteien für die Zusammensetzung des Schiedsgerichts und des Verfahrens vor ihm der Maschinerie des Haager

[14] *Mein* Buch „Vorkriegsverträge in Friedensverträgen“ (1949) 158 sowie unten IV 3.

[15] Vgl. *mein* in obiger Note zitiertes Buch S. 9 und *Kiesselbach*, Probleme und Entscheidungen der deutsch-amerikanischen Schadenskommission.

[16] Vgl. *Hudson* § 11 105ff.

[17] *Hudson* 22 stellt diejenigen Punkte zusammen, in denen die meisten Schiedsgerichts-Kompromisse übereinstimmen.

Ständigen Schiedsgerichtshofs (Cour permanente d'Arbitrage, StSchGH), d. h. sie wählen ihren Schiedsrichter aus der beim StSchGH befindlichen Liste geeigneter Persönlichkeiten, sie nehmen die Muster-Schiedsgerichtsordnung des StSchGH an usf.

III

1. *Subjekte des Völkerrechts* sind *Staaten* und *nicht Privatparteien*. Dies ist noch immer der das Völkerrecht beherrschende Grundsatz, obwohl er gelegentlich in der Praxis Milderungen erfährt und gelegentlich in der Theorie angezweifelt wird. Aus diesem Grundsatz folgt ein weiterer, nämlich daß als *Parteien* vor internationalen Gerichten *nur Staaten* auftreten können und *nicht Privatparteien*. Die Satzung des IGH sagt dies ausdrücklich (Art. 34), ebenso wie es die Satzung des StIG tat. Dieser Grundsatz schließt nicht aus, daß ein internationales Gericht mit Ansprüchen befaßt wird, die in der Person von Privatparteien entstanden sind. Es gehört zu den unumstrittenen Regeln des Völkerrechts, daß die Geltendmachung von völkerrechtlichen Ansprüchen gegen einen ausländischen Staat dem Staate obliegt, dessen Angehörige in ihren Rechten verletzt sind. Der Staat — so lautet der technische Ausdruck — „espouses" den Anspruch seines Angehörigen, oder, wie es auch formuliert wird, der Staat hat für Ansprüche seiner Angehörigen gegen fremde Staaten einen *locus standi*. Vermittelt wird dieser locus standi durch die Staatsangehörigkeit der interessierten Privatpartei, und zwar muß diese Staatsangehörigkeit vorhanden gewesen sein in dem Augenblick, wo der Anspruch entstand, und ununterbrochen weiterbestehen bis zu dem Augenblick, da die Entscheidung des internationalen Gerichts ergeht[18]. Daß die interessierte Privatpartei noch eine andere Staatsangehörigkeit hat, ist im allgemeinen unschädlich, nur darf sie nicht die Angehörigkeit des Staates haben, gegen den der Anspruch geltend gemacht wird.

Die *Feststellung der Staatsangehörigkeit* von physischen Personen wirft in der Regel keine besonderen Probleme auf. Grundsätzlich richtet sich die Staatsangehörigkeit nach dem Recht des Staates, um dessen Angehörige es sich handelt[19]. Schwierigere Probleme entstehen mit Bezug auf die Staatsangehörigkeit von Korporationen; es handelt sich dabei um Probleme des Internationalen Privatrechts (IPR), auf die im Rahmen dieser Arbeit nicht eingegangen werden kann[20].

---

[18] *Oppenheim-Lauterpacht* § 155b zu Anm. 3.

[19] *Oppenheim-Lauterpacht* § 293 zu Anm. 2.

[20] Vgl. *Sir Arnold D. McNair*, The national character and status of corporations: British Year Book for Internat. Law (1923) 4; *derselbe*, Legal effects of war (3. Aufl. 1948) chapter 11 und die dort angeführte Rechtsprechung und Literatur.

2. Die Ausdrucksweise, daß ein Staat die Ansprüche seiner Angehörigen „espouses", daß er „locus standi" für diese Interessen hat, könnte zu der Annahme führen, daß der Anspruch, den der Staat geltend macht, der Anspruch seines Angehörigen ist, daß der Staat also etwas besitzt, was man im deutschen Zivilprozeßrecht unter Prozeßstandschaft versteht. In Wahrheit ist dem nicht so. Der vom Staat geltend gemachte Anspruch ist *nicht* der Anspruch seines Angehörigen, sondern ein ihm — dem Staat — selbst zustehender *völkerrechtlicher Anspruch*. Der Anspruch gründet sich darauf, daß der Schuldnerstaat durch die Verletzung der Interessen des Angehörigen des Gläubigerstaates gegenüber dem letzteren ein völkerrechtliches Delikt begangen hat, für das er dem Gläubigerstaat verantwortlich ist. Wie es der IGH ausgedrückt hat, übt der Gläubigerstaat das Recht aus, durchzusetzen, daß in der Person seiner Staatsangehörigen die Regeln des Völkerrechts befolgt werden[21]. Er fordert also Sanktionen für die Verletzung eines ihm gegenüber, nicht seinem Angehörigen gegenüber begangenen Unrechts, und der Ersatz, den er dafür verlangt, gebührt ihm, nicht seinem Angehörigen. Auch die Art des Ersatzes kann dadurch beeinflußt werden. Zwar ist die Wiedergutmachung, die vom Schuldnerstaat gewährt werden muß, grundsätzlich dieselbe, die sich überhaupt an die Verletzung eines Rechts knüpft. Es ist der Zustand wiederherzustellen, der bestehen würde, wenn das Recht nicht verletzt worden wäre, das heißt Naturalherstellung, und falls sie nicht möglich ist, Schadensersatz in Geld. Der StIG hat dies als einen Grundsatz des Völkerrechts in seinem Urteil Nr. 13 in Sachen *Chorzow* vom 13. 9. 1928 nachgewiesen[22]. Der Umstand, daß es im Verhältnis von Staat zu Staat nicht die Privatpartei ist, der eine Wiedergutmachung gebührt, sondern der Staat selbst, kann sich dahin auswirken, daß neben der materiellen Wiedergutmachung dem Staat eine ideelle Wiedergutmachung zugebilligt wird, etwa bei offensichtlicher Verletzung klarer Rechte eine Entschuldigung, Absetzung des verantwortlichen Beamten oder ähnliches.

3. Da der Staat aus eigenem Recht einen Anspruch geltend macht, bedarf er *nicht* der *Zustimmung* der *beteiligten Privatpartei*, ja selbst ihr Widerspruch hindert den Staat nicht, den Anspruch zu verfolgen. Der interessierten Privatpartei wird gelegentlich gestattet, sich an dem Prozeß inoffiziell zu beteiligen, z. B. dadurch, daß sie einen Rechtsbeistand bestellt, der dem Prozeßbevollmächtigten des Staates zur Seite steht[23]. Die Privatpartei hat aber kein Recht darauf, vielmehr hängt es von dem Ermessen des Staats ab, ob der Privatpartei eine solche Mitwirkung gestattet wird. Auch wenn dies geschieht, bekommt dadurch die Privatpartei keine offizielle Stellung im Prozeß, wie etwa

[21] *Hudson* § 12, 192.
[22] *Schwarzenberger* 68, 73. Vgl. auch *Erich Kaufmann*, ArchÖffR 1949, 13.
[23] *Hudson* 68.

die des Nebenintervenienten, sondern ihre Tätigkeit beschränkt sich darauf, die eigentliche Prozeßpartei, den Staat, zu unterstützen. Eine zunächst befremdende Folgerung aus der Gläubigerstellung des Staats besteht darin, daß er völkerrechtlich nicht verpflichtet ist, das, was er erstreitet, an die verletzte Privatpartei abzuführen, jedenfalls nicht nach völkerrechtlichen Grundsätzen, denn das Völkerrecht enthält keine Regeln über das Verhältnis des Staates zu seinen eigenen Angehörigen. Eine Abführungspflicht könnte deshalb höchstens durch das Landesrecht begründet werden. Man könnte versucht sein, eine solche Pflicht aus dem Landesrecht unter dem Gesichtspunkt der Geschäftsführung ohne Auftrag oder, um die Terminologie des englischen Rechts zu gebrauchen, unter dem Gesichtspunkt herzuleiten, daß die Krone in solchen Fällen als Trustee für die beteiligte Privatpartei tätig wird. Mit Bezug auf die Abführung des vor einem internationalen Gericht Erstrittenen an die interessierte Privatpartei ist die Frage, soweit ersichtlich, noch nicht zur gerichtlichen Entscheidung gekommen. Wohl aber hat die verwandte Frage die Gerichte beschäftigt, ob, wenn sich ein Staat in einem völkerrechtlichen Vertrage Vorteile zu Gunsten seiner Staatsangehörigen ausbedingt, er diese Vorteile an sie abführen muß. Solche Ansprüche sind von englischen, schweizer und niederländischen Gerichten abgelehnt worden[24]. Entscheidungen deutscher Gerichte zu dieser Frage sind nicht bekannt geworden. Derartige Ansprüche würden aber wohl auch nach deutschem Recht abgelehnt werden; denn wenn der Staat in Ausübung völkerrechtlicher Befugnisse einen Anspruch geltend macht, dessen Voraussetzungen sich in der Person eines seiner Angehörigen verwirklicht haben, besorgt er damit ein eigenes Geschäft und nicht im Sinne von § 677 BGB das Geschäft seines Angehörigen[25].

4. Der Staat *kann* klagen; *muß* er klagen? Völkerrechtlich ist er dazu nicht verpflichtet. Denn wie schon mehrfach erwähnt, enthält das Völkerrecht keine Regeln über das Verhältnis des Staates zu seinen Angehörigen, und deshalb hat der Staat zwar das Recht, aber nicht die Pflicht, sich seines Angehörigen anzunehmen, wenn ihm durch die Handlungen eines ausländischen Staates Schaden zugefügt wird[26]. Eine Pflicht des Staates, sich seines verletzten Angehörigen anzunehmen, kann deshalb nur auf seinem internen Recht beruhen. Es gibt Länder, nach deren internem Staatsrecht der Staat verpflichtet ist, sich seiner Angehörigen anzunehmen, falls sie gegenüber einem ausländischen Staat Schutz benötigen. Es bestimmte z. B. Art. 112 II WeimRV:

[24] Vgl. die bei *Oppenheim-Lauterpacht* § 289 S. 581 Anm. 2 wiedergegebene Rechtsprechung.

[25] Cf. *Achilles-Greiff*, Bürgerliches Gesetzbuch, Vorbemerkung 2a zum 11. Titel (S. 328).

[26] *Oppenheim-Lauterpacht* § 319.

„Dem Ausland gegenüber haben alle Reichsanhörigen innerhalb und außerhalb des Reichsgebietes Anspruch auf den Schutz des Reiches."

Das Bonner Grundgesetz (GG) enthält keine entsprechende Bestimmung, was wohl darauf beruht, daß Deutschland zur Zeit noch kein voll souveräner Staat ist und die Siegermächte sich vor allem die auswärtigen Beziehungen vorbehalten haben[27]. Die Bundesrepublik Deutschland ist also nicht in der Lage, den Schutz ihrer Angehörigen gegenüber dem Ausland auszuüben. Ob die Besatzungsmächte dazu befugt, vielleicht sogar dazu verpflichtet sind, kann hier nicht untersucht werden[28]. Daß nach Art. 25 GG die allgemeinen Regeln des Völkerrechts Bestandteil des Bundesrechts sind und unmittelbar für die Bewohner des Bundesgebiets Rechte und Pflichten erzeugen, begründet keine Pflicht des Bundes, Ansprüche seiner Angehörigen gegen fremde Staaten zu verfolgen; denn abgesehen davon, daß dem Bunde, wie dargelegt, zur Zeit die völkerrechtliche Handlungsfähigkeit dafür fehlt, beschränkt sich eben die Regel des Völkerrechts darauf, daß ein Staat sich der Ansprüche seiner Angehörigen an einen ausländischen Staat annehmen kann, besagt aber nicht, daß er sich ihrer annehmen muß. Wäre der Deutsche Bund seinen Angehörigen zur Gewährung des Schutzes gegenüber dem Ausland verpflichtet, dann könnte die Erfüllung dieser Pflicht möglicherweise sogar von den Interessenten erzwungen werden. Nach den in der brit. und am. Zone in Kraft befindlichen Verwaltungsgerichtsgesetzen[29] gibt es eine Klage im Verwaltungsverfahren nicht nur, wenn die Verwaltung eine Handlung begangen hat, deren Rechtswidrigkeit behauptet wird, sondern auch, wenn die Verwaltung eine Handlung unterläßt, zu der sie rechtlich verpflichtet ist. Es könnte also, wenn ein Anspruch gegen einen ausländischen Staat nicht geltend gemacht wird, obwohl in der Person des beteiligten deutschen Staatsangehörigen diese Voraussetzungen verwirklicht sind, vor dem Verwaltungsgericht auf die Geltendmachung dieses Anspruchs geklagt werden. Aber, wie gesagt, diese Möglichkeit kann erst entstehen, wenn nach Wiederherstellung der vollen völkerrechtlichen Handlungsfähigkeit Deutschlands eine Norm geschaffen wird, ähnlich wie in der Weimarer Verfassung, durch welche die deutsche Regierung verpflichtet wird, deutschen Staatsangehörigen Schutz gegenüber dem Ausland zu gewähren.

5. Eine *formelle Voraussetzung* muß erfüllt sein, bevor ein Staat eine internationale Instanz mit Ansprüchen befassen kann, die sich in der Person eines seiner Angehörigen verwirklicht haben: der Anspruch muß

---

[27] Besatzungsstatut § 2c.

[28] Vgl. *Stödter*, Die völkerrechtliche Lage Deutschlands (1948) und *Herbert Kraus*, Die auswärtige Stellung der Bundesrepublik Deutschland (1950) 8.

[29] Vgl. VOBlBritZ. (1948) 263, und hinsichtlich der in den Ländern der amerikanischen Zone geltenden Gesetze über die Verwaltungsgerichtsbarkeit beispielsweise das bayerische Gesetz: BayGuVBl 1946, 281.

zunächst vor den nach dem internen Recht des Schuldnerstaats zuständigen Instanzen verfolgt und es muß dieser Instanzenzug erschöpft sein[30]. Ob und welche Instanzen das sind, die angerufen werden müssen, bevor ein internationales Gericht angegangen werden kann, richtet sich nach dem internen Recht des Schuldnerstaates. Es gibt Länder, wo keine Gerichte — weder ordentliche noch Verwaltungsgerichte — Gerichtsbarkeit über den eigenen Staat haben, andere, z. B. bis vor kurzem England, wo der Staat nur mit seiner Zustimmung im Wege der sogenannten „petition of rights" verklagt werden konnte. Inzwischen ist der Crown Proceeding Act[31] in Kraft getreten. Dadurch wurden die petitions of right abgeschafft und dem brit. Staatsangehörigen, aber nur diesem, die Möglichkeit eröffnet, von wenigen Ausnahmen abgesehen, den Staat — in England sagt man die Krone — vor den Gerichten zu verklagen.

Kann der Staat überhaupt nicht verklagt werden, so kommt eine Anrufung eigener Gerichte vor Anrufung einer internationalen Instanz nicht in Betracht. Kann der Staat nur mit seiner Zustimmung verklagt werden, so braucht ein Landesgericht nur dann angerufen zu werden, wenn die Zustimmung erteilt ist. Auch dann ist die Anrufung der internen Gerichte überflüssig, wenn es von vornherein feststeht, daß sie nutzlos sein würde: nationale Gerichte haben ihr eigenes Recht anzuwenden, auch wenn es mit dem Völkerrecht im Widerspruch steht, und letzteres nur dann, wenn, wie im Bonner Grundgesetz, bestimmt ist, daß es den internen Gesetzen vorgeht. Das trifft nicht auf alle Staaten zu. Was insbesondere England und die Vereinigten Staaten von Amerika anlangt, so gilt in beiden Völkerrecht als Bestandteil des Landesrechts[32]. In England ist das ein alter Grundsatz des common law, in den Vereinigten Staaten wird die Geltung des Völkerrechts als Landesrecht aus Art. VI Abs. 2 der Verfassung hergeleitet. In beiden Ländern geht aber, falls Völkerrecht und Landesrecht voneinander abweichen, das Landesrecht vor. Das gilt für England ganz allgemein[33], für die Vereinigten Staaten gilt es mindestens dann, soweit die abweichenden Bestimmungen des Landesrechts zeitlich später liegen als die betreffenden Bestimmungen des Völkerrechts. Ob nur Bundesrecht oder auch Recht der einzelnen Staaten zu beachten ist, falls im Widerspruch zum Völkerrecht, ist kontrovers. Die Bestimmung des Art. 4 WeimRV, daß die allgemein anerkannten Regeln des Völkerrechts als bindende

---

[30] *Hudson* 193 § 13 und 206 § 6; *Oppenheim-Lauterpacht* § 162 S. 327 und S. 583 Anm. 4.

[31] 10 und 11 Geo 6c 44.

[32] Vgl. für England *Oppenheim-Lauterpacht* § 21a unter (1) 37ff., für die Vereinigten Staaten *Oppenheim-Lauterpacht* 40 zu Anm. 2

[33] *Oppenheim-Lauterpacht* 37 zu Anm 2.

Bestandteile des deutschen Reichsrechts gelten, unterlag denselben Beschränkungen. Das GG enthält in Art. 25 die Bestimmung:

> „Die allgemeinen Regeln des Völkerrechts sind Bestandteil des Bundesrechts. Sie gehen den Gesetzen vor und erzeugen Rechte und Pflichten unmittelbar für die Bewohner des Bundesgebiets."

Diese Bestimmung geht bewußt über die Beschränkungen hinaus, die in England und den Vereinigten Staaten den Gerichten für die Anwendung von Völkerrecht gesetzt sind. Die Gerichte der Bundesrepublik Deutschland haben Regeln des Völkerrechts selbst dann anzuwenden, wenn sie im Widerspruch zum Landesrecht stehen. Nur eine Einschränkung bezüglich des Verfahrens ist vorgesehen. Nach Art. 100 II GG ist die Entscheidung des Bundesverfassungsgerichts einzuholen, wenn in einem Rechtsstreit zweifelhaft ist, ob eine Regel des Völkerrechts Bestandteil des Bundesrechts ist, und ob sie unmittelbare Rechte und Pflichten für den einzelnen erzeugt. Die Entscheidung über die Unvereinbarkeit von Bundesrecht mit Völkerrecht ist also dem Verfassungsgerichtshof vorbehalten und nicht den Prozeßgerichten, nicht einmal dem Obersten oder einem Oberen Bundesgericht eingeräumt.

In einem Staate, in welchem Völkerrecht dem Landesrecht nicht vorgeht und nach dessen Landesrecht der in Rede stehende Anspruch mit Erfolg vor Landesgerichten nicht geltend gemacht werden kann, etwa weil eine Haftung des Staates aus unerlaubter Handlung nicht anerkannt wird[34] oder weil Ausländer den Staat nicht verklagen können, wäre die vorherige Anrufung der Landesgerichte eine sinnlose Formalität und brauchte deshalb nicht zu erfolgen[35]. Wird die Erledigung des Rechtsstreits vor den lokalen Instanzen ungebührlich verzögert oder liegt, was in der angelsächsischen Rechtssprache „denial of justice" genannt wird, vor, so kann eine internationale Instanz angerufen werden, auch wenn der lokale Rechtszug noch nicht erschöpft ist[36].

In diesem Zusammenhang sei darauf hingewiesen, daß sich gelegentlich Staaten gegen die Anrufung internationaler Gerichte dadurch zu schützen suchen, daß sie in Verträgen mit ausländischen Privatparteien die sogenannte *Calvo-Klausel* oder richtiger eine der Calvo-Klauseln — denn es haben sich mehrere Varianten dafür ausgebildet — in die Verträge einfügen. In der Calvo-Klausel erklärt sich die ausländische Vertragspartei damit einverstanden, daß etwaige Streitigkeiten aus dem Vertrage von den ordentlichen Gerichten entschieden werden sollen, und verzichtet auf internationalen Schutz für ihre Vertragsansprüche. Die Gültigkeit solcher Klauseln ist bestritten. Die weit überwiegende

[34] Man denke etwa an den Grundsatz des englischen Rechts: The King can do no wrong, der aber nicht mehr gilt, seit der Crown Proceeding Act in Kraft ist.

[35] *Schwarzenberger* 71.

[36] *Schwarzenberger* a. a. O.

Meinung geht dahin, daß eine Privatpartei nicht vertraglich das Recht ihres Staates ausschließen kann, sich der Ansprüche seines Staatsangehörigen anzunehmen und gegebenenfalls dieserhalb entweder ein internationales Gericht anzurufen oder diplomatische Maßnahmen zu ergreifen[37]. Schließt man sich dieser Auffassung an, die, wie gesagt, wohl als die herrschende bezeichnet werden kann, aber gelegentlich von internationalen Gerichten abgelehnt worden ist, so beschränkt sich die Wirkung der Calvo-Klausel darauf, daß internationale Gerichte erst angerufen, diplomatische Schritte erst getan werden können, wenn der lokale Instanzenzug erschöpft ist. Da aber, wie ausgeführt, ohnehin der Staat sich eines völkerrechtlichen Anspruchs eines seiner Staatsangehörigen erst annehmen kann, wenn der Staatsangehörige vergeblich versucht hat, sein Recht vor den lokalen Gerichten durchzusetzen, wird durch die Einrückung einer Calvo-Klausel die Rechtsstellung des Staates, der ihre Einfügung veranlaßt hat, im Grunde nicht gestärkt.

6. Welches Recht hat ein internationales Gericht *anzuwenden*, wenn vor ihm ein aus der Person einer Privatpartei hergeleiteter Anspruch geltend gemacht wird? Im Grunde Völkerrecht, und ausschließlich Völkerrecht, denn wie gezeigt, macht der Staat den Anspruch nicht in Prozeßstandschaft für seinen Angehörigen geltend, sondern weil in der Person seines Angehörigen der Staat selbst, sein Anspruch auf Befolgung der Regeln des Völkerrechts verletzt ist. Das Gericht hat also nur eine Frage zu prüfen, nämlich: Ist der verklagte Staat dem klagenden Staat zur Wiedergutmachung verpflichtet, weil er in der Person eines Angehörigen des Klägerstaats dessen — des Klägerstaats — Anspruch auf Beobachtung der Regeln des Völkerrechts verletzt hat? Alles Übrige sind, logisch gesehen, nur Inzidentfragen, allerdings sehr wichtige und vielfach sehr umfangreiche Inzidentfragen, von deren Beantwortung die Entscheidung abhängt und die deshalb in den Urteilen internat. Instanzen häufig den größten Raum, ja den ausschließlichen Raum einnehmen, weil der Vordersatz, nämlich die Schadensersatzpflicht des Schuldnerstaats gegenüber dem Gläubigerstaat für die Verletzung von Ansprüchen von dessen Angehörigen, für selbstverständlich gilt. Welches das Recht ist, nach dem sich die Beantwortung dieser Inzidentfragen richtet, läßt sich nicht generell sagen. Es mag selber Völkerrecht sein, völkerrechtliches Gewohnheitsrecht z. B., insofern der Anspruch darauf gestützt wird, daß der Schuldnerstaat dem Angehörigen des Gläubigerstaats nicht das Minimum von Rechten gewährt hat, das nach Völkerrecht einem Ausländer zusteht, z. B. ihn seiner Freiheit, seines Eigentums oder dergleichen widerrechtlich beraubt hat. Es kann auch Völker-Vertragsrecht sein, wenn geltend gemacht wird, der Schuldnerstaat habe ein von ihm vertraglich einge-

[37] Vgl. *Oppenheim-Lauterpacht* 312 Anm. 2 und *Hudson* 191.

räumtes Recht, etwa das Recht auf Niederlassung von Angehörigen des Gläubigerstaats im Gebiet des Schuldnerstaats, versagt. Es kommt in diesem Zusammenhang nicht darauf an, ob das Recht, dessen Verletzung behauptet wird, in dem zugrundeliegenden völkerrechtlichen Vertrage mit der Wirkung eingeräumt ist, daß es dem Angehörigen des Versragsstaats unmittelbar zugute kommen soll, oder ob es nur dem Vertragsgegner, also dem Staat als solchem, zusteht. Auch im letzteren Falle, für den die Vermutung spricht[38], kann der Staat klagen, wenn einem seiner Angehörigen das vertraglich zugesicherte Recht versagt wird, weil eben der Staat ein Recht darauf hat, daß die zugesicherten Befugnisse, beispielsweise die Niederlassung, gewährt werden, und weil dieses vertragliche Recht des Staates dadurch verletzt wird, daß es einem seiner Angehörigen nicht eingeräumt wird. Die Inzidentfrage braucht schließlich nicht dem Völkerrecht anzugehören, sondern kann rein privatrechtlich sein. Als Beispiel sei auf Ansprüche aus Anleihen von Brasilien und Serbien verwiesen; dieser seinen Staatsangehörigen zustehenden Ansprüche nahm sich Frankreich an und machte sie kraft eines Schiedsvertrags mit den Schuldnerstaaten vor dem StIG geltend (espousal)[39]. Dabei sei daran erinnert, daß diese rein privatrechtlichen Ansprüche vor den StIG nur mit Zustimmung von Brasilien und Serbien gebracht werden konnten; denn eine Völkerrechtsverletzung, welche Frankreich berechtigt hätte, sich der Ansprüche seiner Staatsangehörigen anzunehmen und eine internationale Instanz anzurufen, lag nicht vor, vor allem kein denial of justice. Die Frage, um die es sich handelte, nämlich ob die Verpflichtungen aus der Anleihe in Gold oder in Papiergeld zu erfüllen waren, erforderte zunächst die Beantwortung einer dem IPR angehörenden Vorfrage, nämlich, welches Recht, das des Gläubiger- oder das des Schuldnerstaats, maßgebend ist. Der Gerichtshof entschied, daß im allgemeinen das Recht des Schuldnerstaats, also brasil. bezw. serb. Privatrecht, anwendbar sei, daß aber die Bedeutung der Goldklausel als dem Währungsstatut angehörig dem franz. Recht unterliege[40]. Der Gerichtshof betonte, daß der Streit des internationalen Charakters nicht deshalb entbehre, weil es bei seiner Entscheidung hauptsächlich auf IPR und auf das materielle Recht der beiden beteiligten Länder ankäme. Es mag nicht ganz unzweifelhaft sein, ob der jetzige IGH, der auf Grund der UN-Charter eingesetzt ist, gleicher Meinung sein würde. In Art. 38 des Statuts des IGH ist nämlich bestimmt, daß der Gerichtshof, in Übereinstimmung mit Völkerrecht,

[38] Vgl. *Oppenheim-Lauterpacht* I 21 zu Anm. 4 und § 289 S. 580; *Hudson* 188 § 3.

[39] Siehe oben I 3 und *Jenks*, The Interpretation and Application of Municipal Law by the Permanent Court of International Justice: British Year Book 19 (1938) 10ff.

[40] Vgl. *Hudson* 209 § 10.

die Streitigkeiten entscheiden soll, die ihm unterbreitet werden. Soll das bedeuten[41], daß der Gerichtshof ausschließlich internationales Recht anzuwenden hat? M. E. nein, jedenfalls nicht in dem Sinne, daß er nicht Inzidentfragen auf Grund von Landesrecht entscheiden könnte.

Erwähnt sei noch, daß ein internationales Gericht über Ansprüche ex aequo et bono, also außerhalb des positiven Rechts ausschließlich nach Recht und Billigkeit, nur dann entscheiden darf, wenn ihm dieses Recht von den Prozeßparteien ausdrücklich zugestanden worden ist.[42]

IV

1. Von der oben unter III 1 entwickelten Regel, daß nur Staaten den locus standi vor internationalen Gerichten haben, gibt es Ausnahmen. Gelegentlich hat die verletzte *Privatpartei* Zutritt zu dem Gericht. Das hat sie dann, und nur dann, wenn ihr ein solches Recht in dem Vertrage zugestanden ist, auf dem das internationale Gericht beruht. Ein verhältnismäßig frühes Beispiel bildet der *zentralamerikanische Gerichtshof*, der von physischen Personen gegen Staaten angerufen werden konnte. Es war dies ein von den fünf zentralamerikanischen Staaten begründeter Gerichtshof, der von 1908 bis 1918 bestand und mehrfach von Privatparteien mit Klagen gegen Staaten befaßt wurde, ohne übrigens je nach den Anträgen der klagenden Parteien zu erkennen[43]. Solcher Zutritt von Parteien zu internationalen Gerichten war jedoch vor dem Ende des ersten Weltkrieges selten. Das Internationale Prisengericht, das von der 2. Haager Friedenskonferenz vorgesehen war, zu dessen Errichtung es aber schließlich nicht kam, sollte von Privatparteien angerufen werden können[44].

2. In größerem Umfang wurden erst in den Friedensverträgen, die den ersten Weltkrieg beendeten, also in den sogenannten *Pariser Vorortverträgen* und in dem *Friedensvertrag von Lausanne*, Instanzen errichtet, zu denen Friedensparteien Zutritt hatten. Wie schon früher erwähnt, setzten diese Friedensverträge gemischte Schiedsgerichte ein, die eine sehr umfangreiche Zuständigkeit hatten. Nur die wichtigsten Streitigkeiten, die darunter fielen, seien erwähnt:

Auf Verlangen der beteiligten alliierten Macht konnten Schulden zwischen den Angehörigen dieser Macht und Deutschlands im Wege des sogenannten Clearing verrechnet werden. Zur Durchführung dieses Clearing errichteten die beiden beteiligten Staaten Ausgleichsämter, bei denen die Forderungen vom Gläubiger angemeldet und ihm im Falle des Anerkenntnisses gutgeschrieben wurden. Etwaige Streitig-

[41] *Schwarzenberger* 21 und 108 wirft diesen Zweifel auf, enthält sich aber eigener Stellungnahme.

[42] *Schwarzenberger* 109.

[43] *Hudson* 68, 172 und 201.

[44] *Hudson* 201.

keiten zwischen den beiderseitigen Ausgleichsämtern oder den beteiligten Privatparteien gehörten zur Zuständigkeit der gemischten Schiedsgerichte. In die Zuständigkeit der Schiedsgerichte fielen ferner Streitigkeiten aus privatrechtlichen Verträgen, die vor Kriegsausbruch zwischen Angehörigen der kriegführenden Länder geschlossen wurden. Weiter gehörten zur Zuständigkeit der Schiedsgerichte Schadensersatzansprüche von alliierten Staatsangehörigen wegen deutscher Kriegsmaßnahmen gegen ihr Vermögen.

Daß vor diesen Schiedsgerichten die Staatsangehörigen der beteiligten Staaten selbst, nicht nur die Staaten, Parteifähigkeit hatten, wurde in den Friedensverträgen selbst nicht ausdrücklich ausgesprochen, ebensowenig in den Prozeßordnungen, welche die gemischten Schiedsgerichte erließen, wozu sie in dem betreffenden Friedensvertrage ermächtigt waren, vielmehr ließ sich das jus standi der Privatparteien nur indirekt aus einigen Bestimmungen der Friedensverträge erschließen. Es war z. B. vorgesehen, daß gegen eine gemeinsame Entscheidung der beiden beteiligten Ausgleichsämter eine der beiden Parteien Berufung an das gemischte Schiedsgericht einlegen kann[45], oder es war bestimmt[46], daß einer Partei vom gemischten Schiedsgericht eine angemessene Entschädigung zugebilligt werden kann, falls ein an sich durch Kriegsausbruch aufgehobener Vertrag von der beteiligten alliierten Macht im Allgemeininteresse aufrechterhalten wurde.

Aus den Prozeßordnungen, die ebenfalls, wie erwähnt, den Privatparteien ein jus standi nicht ausdrücklich beilegten, ergab es sich beispielsweise aus der Bestimmung, daß die Klage Namen, Staatsangehörigkeit, Wohnsitz und Adresse des Klägers angeben soll[47].

Wunderbarerweise ist man sich der Neuartigkeit dieser Bestimmung weder in der Praxis noch in den wissenschaftlichen Erörterungen ganz bewußt geworden. Die Praxis nahm das Recht der Parteien, vor dem gemischten Schiedsgericht als Kläger oder Beklagter aufzutreten, fast als selbstverständlich hin, obwohl es doch nahezu ein völkerrechtliches Novum war. Die Befugnis der Parteien, vor den gemischten Schiedsgerichten aufzutreten, scheint nie irgendwie angezweifelt worden zu sein. Auch in den Lehrbüchern über das Recht des Versailler Vertrags, ausländischen sowohl wie deutschen, geschah dieser doch grundlegenden Neuerung kaum eine Erwähnung[48]. Es ist dies um so bemerkenswerter, als vor der deutsch-amerikanischen Schadenskommission. die durch ein

---

[45] § 20 des Anhangs hinter Art. 296 des Versailler Vertrags.

[46] Art. 299b II Versailler Vertrag.

[47] Art. 3a der Prozeßordnung des deutsch-englischen Schiedsgerichts und entsprechend die übrigen Prozeßordnungen.

[48] In dem Buch von *Isay*, Die privaten Rechte und Interessen im Friedensvertrag (1923), wird die Frage der Parteifähigkeit überhaupt nicht angeschnitten.

Abkommen zwischen den Vereinigten Staaten von Amerika und Deutschland vom 10. 8. 1922 errichtet wurde, nur die Regierungen, nicht dagegen die Privatparteien jus standi hatten[49]. Nachdem der Völkerbundsrat über die Aufteilung Oberschlesiens zwischen Deutschland und Polen entschieden hatte, wurde im Jahre 1922 durch ein Abkommen zwischen diesen beiden Staaten ein Schiedsgericht für die Entscheidung der aus der Trennung sich ergebenden Streitigkeiten vorgesehen, das Schiedsgericht für Oberschlesien[50]. Auch zu diesem Schiedsgericht hatten Privatpersonen Zutritt.

3. Nach der Beendigung des zweiten Weltkrieges sind bisher nur Friedensverträge zwischen den Siegermächten einerseits, Italien und seinen Bundesgenossen andererseits geschlossen worden, während der Kriegszustand mit Deutschland noch nicht beendet ist. Diese im Jahre 1947 abgeschlossenen *Friedensverträge* sehen gleichfalls Instanzen vor, die sich mit Streitigkeiten privatrechtlicher Natur befassen sollen. Sie heißen aber, wie schon früher erwähnt, nicht gemischte Schiedsgerichte, sondern Schlichtungsausschüsse. Die Bestimmungen der Friedensverträge über diese Schlichtungsausschüsse sind sehr kurz und lassen viele Zweifel übrig. Es ist nicht klar, ob die Streitigkeiten, damit sie vor die Schlichtungsausschüsse gebracht werden können, das sein müssen, was im englischen Recht justiciable genannt wird; es ist nicht bestimmt, ob die Schlichtungsausschüsse lediglich nach Recht und Billigkeit entscheiden oder Rechtsnormen, die der Friedensverträge und, bei Lücken der Friedensverträge, das nach den Grundsätzen des IPR zu ermittelnde Landesrecht, anwenden sollen; ebensowenig ist bestimmt, ob Privatpersonen Zutritt zu den Schlichtungsausschüssen haben sollen oder nur die Staaten, noch schließlich, ob im Umfang der Zuständigkeit der Schlichtungsausschüsse die sonst zuständigen Landesgerichte der vertragschließenden Staaten ausgeschlossen sein sollen[51]. Jeder Schlichtungsausschuß soll sein Verfahren selbst ordnen, und zwar nach Grundsätzen der Gerechtigkeit und Billigkeit. Solche Verfahrensordnungen sind, soweit ersichtlich, bisher von keinem Schlichtungsausschuß erlassen worden.

---

49 *Isay* a. a. O. 428 spricht — nicht ganz scharf — von der Klage eines amerikanischen Bürgers, die nur durch den amerikanischen Staatsvertreter eingereicht werden könne. Das ist aber dann keine Klage des amerikanischen Bürgers, sondern eine des amerikanischen Staats, der den Anspruch seines Bürgers „espoused" hat.

50 Art. 572 des deutsch-poln. Abkommens über Oberschlesien vom Jahre 1922.

51 Wegen der Zweifel im einzelnen, auf die hier nicht eingegangen werden kann, sei verwiesen auf *meinen* Vortrag, Grotius Society Transactions 33, 213, auf *mein* Buch „Vorkriegsverträge in Friedensverträgen" (1949) 154ff. sowie *Martin* in: British Yearbook (1947) 296ff.

4. Auch wenn Privatpersonen Zutritt zu gewissen internationalen Gerichten haben, bleibt den *Regierungen* ein *Mitwirkungsrecht* erhalten. Wir sahen oben, daß, wenn auch ohne rechtliche Verpflichtung und in wechselndem Umfang, Staaten den interessierten Privatparteien eine Beteiligung an Verfahren vor internationalen Gerichten gestatten. Was dort im Verhältnis zwischen dem Staat als dem eigentlichen Subjekt des Prozesses und der interessierten Privatpartei geschah, geschieht in den Fällen, in denen die Privatpartei selbst Subjekt des Prozesses ist, im Verhältnis zu ihrem Staat. Allerdings ist die Mitwirkung des Staats in solchen Prozessen weit größer als die Mitwirkung der Privatpartei in Prozessen, in denen nur der Staat ein jus standi hat. Was insbesondere die Prozesse vor den gemischten Schiedsgerichten anlangt, die in den Friedensverträgen nach Ende des ersten Weltkrieges errichtet wurden, so sahen sowohl die Friedensverträge selbst als die Prozeßordnungen der Schiedsgerichte eine Mitwirkung des Staats in weitestem Umfange vor. Die Staaten ernannten besondere Staatsvertreter. Diesen Staatsvertretern lag die prozessuale Vertretung der Staaten ob, wenn diese Staaten selbst Prozeßsubjekte waren. Es schloß nämlich der Umstand, daß die Privatparteien Zutritt zu den gemischten Schiedsgerichten hatten, nicht aus, daß in manchen Fällen die Staaten Subjekte des Prozesses, als Kläger oder als Beklagter, waren. Die geschah z. B., wenn es sich um Restitutionsansprüche für weggenommenes Eigentum handelte. Solche Ansprüche richteten sich gegen den Staat, von dem die Wegnahme ausgegangen war. Ebenso waren die Staaten selbst Partei, wenn im Ausgleichsverfahren Streitigkeiten nicht zwischen Gläubiger und Schuldner, sondern zwischen den beiderseitigen Ausgleichsämtern entstanden. Dies geschah nicht selten; denn besonders auf deutscher Seite waren die Interessen des deutschen Ausgleichsamtes und des deutschen Gläubigers oder Schuldners durchaus nicht immer identisch. Das lag daran, daß im sogenannten internen Clearing, der Verrechnung zwischen dem Staat und seinem als Gläubiger oder Schuldner beteiligten Angehörigen, der deutsche Gläubiger nur einen Prozentsatz des für ihn im Ausgleichsverfahren anerkannten Betrages erhielt, andererseits der deutsche Schuldner nur einen Prozentsatz des von ihm geschuldeten Betrages dem Staat zu erstatten hatte; Gläubiger oder Schuldner waren deshalb materiell an der Feststellung ihrer Forderung oder Schuld im Ausgleichsverfahren nur wenig interessiert.

Abgesehen von diesen Fällen der unmittelbaren Parteirolle des Staats waren die Staatsvertreter befugt, neben den beteiligten Privatparteien vor den gemischten Schiedsgerichten aufzutreten. Sie hatten dabei eine ähnliche Stellung wie der Nebenintervenient (Streitgehilfe) im deutschen Zivilprozeß. Ob sie im Prozeß eine Haltung einnehmen konnten, die von der ihres Staatsangehörigen abwich, war in den Friedensverträgen oder in den Prozeßordnungen nicht ausdrücklich bestimmt. Im deutschen Zivilprozeß ist das dem Nebenintervenienten bekanntlich nicht gestattet. Tatsächlich haben vor den gemischten Schiedsgerichten die beteiligten Staaten häufig einen Standpunkt vertreten, besonders im Clearingverfahren, der dem Standpunkt der eigentlichen Prozeßpartei ungünstig war. Entscheidungen der gemischten Schiedsgerichte über die Zulässigkeit eines solchen Verhaltens sind, soweit ersichtlich, nicht ergangen. Es scheint aber die Befugnis des Staats, eine von der seines Angehörigen abweichende Haltung einzunehmen, in der Praxis nicht bezweifelt worden zu sein. Daß der Staat versucht hätte, einen Anspruch geltend zu machen, den die Privatpartei nicht verfolgen wollte, oder daß er Ansprüche anerkannt hätte, die von der Privatpartei bestritten wurden, scheint nicht vorgekommen zu sein, abgesehen vom Clearingverfahren, wo dem Staat ein solches Recht in den Friedensverträgen ausdrücklich zugestanden war. Ebensowenig scheint vorgekommen zu sein, daß ein Staat einem Angehörigen außerhalb des Prozesses im Wege interner Gesetzgebung oder durch Verwaltungsanordnung eine bestimmte Haltung in einem Prozeß vor den gemischten Schiedsgerichten vorgeschrieben hätte. Wohl aber war in den Prozeßordnungen einiger Schiedsgerichte vorgesehen, daß Rücknahme der Klage, Anerkenntnis des Klageanspruchs oder Verzichte der Zustimmung des Staatsvertreters bedurften.

Wie die Regelung des Verfahrens überhaupt, so hängt auch die Bestimmung der *Sprache*, in welcher das Verfahren stattfindet, von den völkerrechtlichen Verträgen ab, die den internationalen Gerichten zugrunde liegen. In den Friedensverträgen von 1919 und 1921 war es meist die Sprache der beteiligten siegreichen Macht, in der vor den Schiedsgerichten verhandelt werden mußte. Für die Schiedsgerichte, an denen Japan beteiligt war, wurde wahlweise auch die englische Sprache zugelassen. Die Friedensverträge von 1947 enthalten keine Vorschrift darüber, welche Sprache vor den Schlichtungsausschüssen gebraucht werden muß.

Normalerweise kann ein internationales Gericht, zu dem eine Privatpartei Zutritt hat, von ihr nur gegen die andere vertragschließende Macht oder deren Angehörige angerufen werden. Selbstverständlich ist es für Klagen gegen Angehörige einer *dritten*, an der Errichtung des Schiedsgerichts nicht beteiligten Macht *nicht* zuständig. Ein Vertrag zwischen den Ländern A und B über die Errichtung eines gemischten Schiedsgerichts ist im Verhältnis zum Land C oder dessen Angehörigen eine res inter alios acta und gibt den Angehörigen des Staates C weder Recht noch Pflicht, vor diesem Gericht Recht zu nehmen. Natürlich können Staaten, wenn sie eine internationale Instanz errichten, dritten Staaten offenhalten, dem Vertrage beizutreten. Dann wird die Instanz auch für die Angehörigen des betreffenden Staats zugänglich, wenn er dem Vertrage beitritt.

Nicht ganz so unzweifelhaft ist folgender Punkt: Wenn zwei Staaten eine internationale Instanz begründen, so geschieht das meist mit dem Ziel, den Angehörigen des einen Staats die Anrufung eines Gerichts gegen den anderen Staat oder dessen Angehörige zu ermöglichen. In der Regel wird kein Staat ein Interesse daran haben, seinen Staatsangehörigen ein internationales Gericht für Ansprüche gegen sich selbst zu eröffnen. Es ist für einen Staat, der seinen eigenen Staatsangehörigen einen Rechtsschutz gegen sich selbst einräumen will, kein Grund ersichtlich, dafür eine internationale Instanz und nicht vielmehr eine nationale Instanz zu schaffen. Die gleichen Gründe sprechen dagegen, daß ein Staat seinen Angehörigen die Anrufung einer internationalen Instanz gegen die eigenen Landsleute einräumen sollte. Auch hier liegt es näher, eine nationale Instanz zu errichten. Ein Anlaß für die Ausdehnung der Zuständigkeit einer internationalen Instanz auf derartige Streitigkeiten könnte wohl nur darin liegen, daß das Recht, um dessen Verwirklichung es sich handelt, in einem internationalen Vertrag eingeräumt ist. In einem solchen Fall könnte der Gedanke naheliegen, daß sein Schutz auch internationalen Instanzen anvertraut werden muß. Unter diesem Gesichtspunkt brachte im Interesse eines poln. Staatsangehörigen deutscher Abstammung, des Fürsten Pleß, Deutschland beim StIG eine Klage gegen die poln. Regierung für die Zubilligung einer Entschädigung ein, auf die nach der Auffassung Deutschlands der Fürst Pleß aus dem Abkommen zum Schutz der poln. Minderheiten Anspruch hatte. Zu einer Entscheidung des StIG über seine Zuständigkeit kam es nicht, da die Klage später zurückgezogen wurde[52]. Das obenerwähnte Schiedsgericht für Oberschlesien bejahte seine Zuständigkeit[53] für die Klage eines poln. Staatsangehörigen gegen den poln. Staat auf Gewährung eines Rechts, das in dem Abkommen über Oberschlesien eingeräumt war. Der Schutz der Privatpartei — so wurde in der Entscheidung ausgeführt —, den das deutsch-poln. Abkommen über Oberschlesien bezweckte, erfordere, daß gegebenenfalls das zur Wahrung dieser Rechte eingesetzte Schiedsgericht auch gegen den eigenen Staat angerufen werden könne. Weiter ging das Schiedsgericht in einem anderen Fall, in dem es sogar dem Staatsangehörigen eines dritten, an dem Abkommen über Oberschlesien nicht beteiligten Staats die Anrufung des Schiedsgerichts zugestand. Diese Auffassung des Schiedsgerichts mutet sehr unorthodox an; wieweit ihr andere Instanzen folgen werden, bleibt abzuwarten. Wenn überhaupt, so wird es wohl nur dann geschehen, wenn es sich um Rechte handelt, die gerade einer Minderheit in völkerrechtlichen Verträgen eingeräumt sind. Solche Rechte können der Natur der Sache nach nur von dem eigenen Staat, dem Staat, dem die Minderheit zwar nicht nach ihrem Volkstum oder Religion,

[52] *Hudson* 87.

[53] *Oppenheim-Lauterpacht* I 581 Anm. 4 und die dort angeführten Urteile.

wohl aber nach ihrer Staatsangehörigkeit angehört, gefährdet werden, und ein wirksamer Schutz dieser Minderheit erfordert deshalb die Möglichkeit, eine internationale Instanz auch gegen den eigenen Staat anzurufen. Es liegt in dieser Richtung, daß Organe der Vereinten Nationen gegen Ungarn, Rumänien und Bulgarien von Großbritannien und den Vereinigten Staaten angerufen worden sind mit der Begründung, Ungarn, Rumänien und Bulgarien hätten die in den Friedensverträgen zugesicherten Menschenrechte vielfach, besonders durch Prozesse gegen Angehörige der katholischen Kirche verletzt. Der von der UN-Vollversammlung um ein Gutachten über die Rechtslage ersuchte IGH hat sich dahin geäußert[54], daß die Staaten verpflichtet sind, sich an der Bildung der in den Friedensverträgen für die Austragung solcher Streitigkeiten vorgesehenen Schlichtungsstellen zu beteiligen, was sie bisher abgelehnt haben. Sollten sie an dieser Weigerung festhalten, wird ein weiteres Gutachten des IGH erstattet werden, nämlich darüber, ob der Generalsekretär der UN Delegierte zu der Schlichtungsstelle ernennen und die so zusammengesetzte Stelle bindende Entscheidungen treffen kann. Auch hier ist also die Anrufung einer internationalen Instanz erfolgt zum Schutz von Rechten, die nicht der beschwerdeführenden Macht oder ihren Staatsangehörigen eingeräumt sind, sondern gerade Angehörigen derjenigen Macht, gegen die sich die Beschwerde richtet.

[54] American Journal of Internat. Law 1950 24ff.

FSC
www.fsc.org
MIX
Papier | Fördert gute Waldnutzung
FSC® C083411

Kolibri 360 GmbH
Ferdinand-Jühlke-Straße 7
99095 Erfurt, Deutschland
produktsicherheit@kolibri360.de